CHASE AND STUART'S CLASSICAL SERIES.

THE

HISTORIES OF LIVY,

BOOKS I, XXI, AND XXII,

WITH EXTRACTS FROM

BOOKS IX, XXVI, XXXV, XXXVIII, XXXIX, XLV.

Edited and Annotated

BY

THOMAS CHASE, M.A.,
PROFESSOR OF PHILOLOGY IN HAVERFORD COLLEGE; MEMBER OF THE AMERICAN ORIENTAL AND AMERICAN PHILOSOPHICAL SOCIETIES, ETC.

PHILADELPHIA:
ELDREDGE & BROTHER,
17 North Seventh Street.
1874.

Entered, according to Act of Congress, in the year 1872, by
ELDREDGE & BROTHER,
in the Office of the Librarian of Congress at Washington.

J. FAGAN & SON,
ELECTROTYPERS, PHILAD'A.

CAXTON PRESS OF SHERMAN & CO.

TO

THE YOUNG AND SPIRITED

CHAMPIONS

OF PHILOLOGY IN AMERICA,

ESPECIALLY

THOSE WITHIN THE WALLS

OF MY OWN ALMA MATER.

SPARTAM ORNATE!

PREFACE.

THE text of Livy, though handed down by the manuscripts in an imperfect and unsatisfactory state, has been in a great degree rescued and restored by the critical labors of many illustrious philologists. Foremost are the great names of JOHN FREDERICK GRONOV and JOHN NICHOLAS MADVIG; but around them clusters a brilliant array of scholars hardly inferior to these great chiefs, among whom Crevier, Drakenborch, Kreyssig, Bekker, Alschefski, Haupt, Hertz, and above all Weissenborn, cannot pass unmentioned. The work of an editor is made both easier and more difficult by so many and such guides: easy indeed when stars of the first magnitude shine in conjunction, but hard sometimes when they are opposed. There is, it is true, one in this list, whom a man might follow even with his eyes shut, and feel assured that he would never be led far astray. The unrivalled sagacity with which the great Danish philologist scents out the true reading in a tangled maze of hopeless obscurity is one of the marvels of our later day. It is hard to resist the fascination of such genius; yet, with due diffidence, I may say that in some cases I have been less certain that the words MADVIG gives are those which Livy actually wrote, than that they are the best possible expression in Latin of the thought Livy wished to convey. No man for the last thousand years has been a more finished master of Latin syntax and of Latin style than Madvig; no one is more competent to tell how the great Roman authors *ought* to have written. It is possible, however, that they did not always write as well as they ought. They had a share of the same freedom of composition, and the same liability to careless oversight, as our own writers, though in less degree; and we must allow them, perhaps, an occasional solecism. Furthermore—*pace tanti viri dixerim* —there are cases sometimes where a higher law than formal grammatical regularity rightly asserts itself, and offence itself is glorious. But this by no means in extenuation of the merits of the greatest of living critics, and still less to cast upon him the slightest imputation of narrow pedantry; it is only my excuse for daring sometimes to differ from one who has done more for the emendation of the text of Livy than all other scholars put together. Next to Madvig, I am indebted for my text particularly to the editions of Weissenborn, Hertz, and Alschefski. The grounds of my preference among different readings have, in some of the most important cases, been stated in the notes, so far as the special purposes of this edition seemed to permit.

As regards the forms of words, I have not hesitated, in spite of the objections of sciolists, to adopt for the most part that "new orthography" which is *the old.* With Hertz, too, as well as after the great example of Munro in his Lucretius, I have followed the manuscripts to some extent in giving different forms for the same word in different places. Munro contends that such was the practice of the old writers themselves. This course has some advantages in an edition designed for students habituated to the conventional orthography of the grammarians, and is perhaps safest while some questions remain unsolved. It is my conviction, however, that the final result of scholarly investigation in this field will be the adoption of a uniform orthography for each age or each author, with the exception of occasional variation in a few forms, which, like *hath* and *has* in English, can be proved to have stood side by side. The convenience of students has been consulted in indicating *i consonans* and *u consonans* by the characters so long appropriated to that purpose.

In the Notes it has been my aim, as it was in my editions of Horace and Virgil, to give such aid as is most necessary and most useful for students in our colleges and schools. Credit is given to various scholars whose labors have been helpful. Two of these deserve special acknowledgment,—Weissenborn, for his commentary on all the books, and Seeley for his notes on the First. Professor Seeley's "Historical Examination of Book First" deserves the careful study of every scholar. I have appended to this edition the page and a half in which he sums up the *result* of his examination, trusting that many who read it will be induced to follow its able author in the exhaustive investigation by which he arrives at these conclusions.

THOMAS CHASE.

NOTE.—Conjectural readings, adopted in the text, are indicated by *italics*.

LIVY AND HIS HISTORY OF ROME.

TITUS LIVIUS was a few years younger than Virgil and Horace, but older than Propertius and Ovid, with whom he shines in the brilliant constellation of genius which adorns the Augustan age. He was born probably in the year 59 or 57 B. C., at Patavium, now Padua, which in his day was a populous and wealthy city, while famed at the same time for strictness of morals. Livy was probably of an equestrian family; bred and living in that middle rank which is so favorable for the development of character and talent. There is some reason to believe that he was a teacher of rhetoric. He wrote books on philosophy, and also dialogues, partly historical and partly philosophical. He enjoyed the friendship of Augustus, and it was his counsel which induced the emperor's grandson, Claudius, — who was afterwards emperor, — to apply his attention to the writing of historical works. An instance of Livy's celebrity is mentioned by Pliny (Epist. ii. 3), who tells us that a Spaniard travelled from Gades to Rome solely for the purpose of seeing the author of the great Roman history, and returned as soon as he had satisfied his curiosity. The historian died in his native city, A. D. 17.

The first decad (or ten books) of Livy's "colossal history" appears to have been written between the years 27 and 20 B. C. The whole work consisted, it has been supposed, of one hundred and forty-two books, covering the whole period from the foundation of the city till the year 9 B. C.; but Niebuhr suggests that the author probably intended to complete fifteen decads, but died before he could accomplish his object. "His purpose in undertaking it was to draw, with all the charms which his artistic skill and delicate taste could give, a complete picture of the history of the Roman people, and of the laudable or blameworthy peculiarities of its prominent personages, that he might inflame the patriotic feelings of his countrymen, and contribute to the instruction and entertainment of the world at large. Livy generally looks at an historical event or character from a *moral* point of view: he wishes to excite our admiration of the great, love of the good, and hatred of the bad; he feels a proud pleasure in describing the power of the Romans, or the purity of manners by which they were at first distinguished; and the history of the early ages of the state seems to have consoled him for the wickedness and wretchedness which he had seen and felt during the civil wars. His conservatism, and habitual admiration of the olden times above the modern, merely because they were the olden times, are exhibited in the early parts of his work, especially in his description of the contests between the patricians and plebeians. Livy's partiality to the patricians may well be blamed; his conservatism, however, never led him to wink at cruelty or baseness, or to conceal or knowingly misstate facts." Truth he held as a sacred thing. At the same time he was strangely wanting in that careful, laborious research, and that skill in weighing and sifting evidence, which are among the foremost requisites of the historian. He took such materials as came to hand, founding himself especially upon the annalists, contenting himself with purging them of their absurdities, and arranging their best matter in an attractive form. Where they disagreed, he endeavored to decide between them "with the judgment of a man of sense," but not by any well-ascertained philosophical principles of historical criticism. "However turbid the current of his information, in no case did he ever dream of ascending to the fountain-head. He never attempted to test the accuracy of the assertions of others by examining ancient monuments, or investigating the antiquities of the various Italian tribes." He seems, moreover, to have performed his task piecemeal, without taking a broad and comprehensive view of his whole subject. In the history of the kings, he followed Ennius. With Polybius he was unacquainted until after he had related the first half of the Punic war; throughout the fourth decad, however, he adheres very closely to that "incomparable" authority. Of the details of the geography even of his own country, he betrays a singular ignorance, which greatly impairs the value of his narrative.

In a simply *literary* point of view, however, Livy's composition is almost faultless. His narrative "flows on in a calm but strong current, clear and sparkling but deep and unbroken; the diction displays richness without heaviness, and simplicity without tameness. Nor is his art as a painter less wonderful. There is a distinctness of outline and a warmth of coloring in all his delineations, whether of living men in action, or of things inanimate, which never fail to call up the whole scene, with all its adjuncts, before our eyes." Upon the whole, looking at the work both in its external and internal characteristics, we may well say to students of Livy, in the words of Niebuhr (*Lectures* i.

296), "*You cannot study his work too much, both as scholars, and as men who seek and love that which is beautiful.* His faults, which we cannot deny, are like the faults of a bosom friend, which we must know but towards which we ought not to be unjust, and which ought not to disturb our feelings." The first book, and some portions of the second Punic war, are, in Niebuhr's judgment, the most beautiful portions of the whole work.

Unfortunately, the larger part of this great history is no longer extant. We have the first, third, and fourth decads, and half of the fifth, —thirty-five books, — with a fragment of book ninety-first. We possess, however, summaries of all the books but two, which, though dry and meagre, are yet valuable as in some instances our sole authorities for important facts.

The peculiarities of Livy's *style*, as distinguished from Cicero and Caesar, are grouped by Grysar under the following heads: 1. Freer use of words. 2. Poetic diction. 3. Peculiarities of syntax. 4. Grecisms. 5. Bolder constructions. 6. Structure of the sentence. 1. Taking materials from old chronicles and (in the history of the kings) from Ennius, he easily adopted their forms of expression: hence *archaisms* and sometimes *pleonasm*. 2. Döderlein calls Livy an imitator of Virgil; and certainly he uses many words which, while found in the poets, are never met with in the older prose writers. The *poetic coloring* of his style appears also in the use of simple verbs for compound, in his fondness for the neuter adjective as substantive both with and without an added genitive, in various poetical constructions (as quid *turres* loquor, instead of *de turribus*), and in the frequency with which he introduces tropes and metaphors. 3. It is a peculiarity of Livy's *syntax* to use the genitive with the verb *sum* to signify participation in something, or that to which anything serves. The latter idea he often expresses by the dative of the gerundive. His use of the dative instead of the ablative with *a* or of the accusative with *ad*, is not particularly frequent. The neuter of the perfect passive participle often stands alone in Livy in the ablative absolute. The aoristic use of the perfect indicative instead of the pluperfect, and of the perfect subjunctive instead of the imperfect, is common to Livy, Nepos, Sallust, Tacitus, and other historians. More exceptional is Livy's frequent use of the infinitive instead of the subjunctive, not only in indirect questions, but also in the oratio obliqua. This use, however, is confined to passages in orations which Livy puts in the mouth of another person. He uses sometimes the infinitive for the gerund, particularly after *tempus, occasio, consilium.* The construction of the particles *prope* and *paene* with the verb is much more common with Livy than with other writers. He uses the *participles* with unusual frequency and boldness. 4. (Before proceeding to the fourth head, I cannot forbear remarking that the term "*Grecisms*" is used by Grysar in some cases too freely, as it has also been unnecessarily employed by many grammarians, to indicate constructions which are as natural and idiomatic in Latin as in Greek. (See Greenough on *The Latin Subjunctive*, p. 15.) It is true, however, that such constructions were often developed and extended from the influence of Greek writers; and a *pure* Grecism is occasionally found.) Among Livy's Grecisms, Grysar numbers the adjective use of participles (in Greek preceded by the article), as *adhortatio invicem*; ad exploranda *circa loca*; the connection of intransitive verbs with abstract substantives derived from them; the use of collective nouns with a plural verb; the free use both of the genitive to show the respect in which the signification of an adjective is taken, and of the accusative of specification; the use of the participle for an abstract substantive, as *degeneratum in aliis* (i. 53); freedom in attraction, as raptim, *quibus* quisque poterat, elatis (i. 29); and finally various Greek modes of expression, as *quid ut* (ἵνα τί), *extra quam si* (ἐκτὸς εἰ μὴ), *cum eo ut* (ἅμα τοῖσδε), and *quam pro* (ἢ κατὰ or ἢ πρὸς) after a comparative, as xxi. 29 and 32: which last construction is never found in Cicero or Caesar, though often in Tacitus. 5. Livy's *constructions* are often bold and poetical, sometimes perhaps too evidently artificial. 6. He sometimes *inserts* too many *short clauses*, to the injury of the symmetry and clearness of the sentence. To sum up, Livy appears, in accordance with the taste of his age, to have departed somewhat from the simplicity and strength of earlier writers, and to have sought to add a charm to his style by novelty and greater freedom of expression.

I subjoin Zumpt's statement of the distinction between the styles of Livy and Cicero:

"This difference is principally to be found in Livy's frequent introduction of poetical words and constructions into his prose: e. g. *tempestas* for *tempus*, *mortales* for *homines*, *letum* for *nex*, *degere* for *vivere*, or *agere vitam*, *que-que* for *et-et*; further, in the use of the mere ablative without the preposition *in*, to express place 'where;' in the pleonastic employment of adverbs, with compound verbs, to strengthen the meaning of the preposition contained in the verb; e. g. *prius praecipere*, *ante praeoccupare*, *retro repetere*, *rursus repetere*, *retro redire*, *pergere porro*, *inducere exercitum in agrum hostium*; in collective nouns in the singular being connected with a predicate in the plural: e. g. *omnis multitudo abeunt*; *ingens turba circumfusi fremebant*; *clamor concursusque populi, mirantium quid rei esset; Romanorum minus mille interfecti;* and lastly, in the use of *quam* for *magis quam;* e. g. *ipsorum quam Hannibalis interesse.* There are other variations between the language of Livy and that of Cicero, which, however, must be attributed to, and are indeed proofs of, the progressive development of Latin syntax. We may mention, as one of these, the use of the future participle active in a hypothetical sense; for example (xxiii. 44), *dedituris se Hannibali non fuisse arcessendum Romanum præsidium* — that is, 'if they had been intending to give themselves up to Hannibal,' etc."

There has been much idle speculation as to what that "Patavinity" was, with which, as Quintilian tells us, Livy was reproached by the celebrated orator, historian, and poet, Asinius Pollio. Livy's style had its peculiar characteristics, and one of them — his fondness for poetical forms and constructions — might easily be censured by a lover of classic simplicity. But it has been in all ages a cheap and easy device, whenever the accident of birth allows it, to stigmatize whatever does not please one's own taste with the charge of provincialism.

PRAEFATIO.

FACTURUSNE operae pretium sim, si a primordio urbis res populi Romani perscripserim, nec satis scio, nec, si sciam, dicere ausim, quippe qui cum veterem tum vulgatam esse rem videam, dum novi semper scriptores aut in rebus certius aliquid allaturos se aut scribendi arte rudem vetustatem superaturos credunt. Utcumque erit, juvabit tamen rerum gestarum memoriae principis terrarum populi pro virili parte et ipsum consuluisse; et si in tanta scriptorum turba mea fama in obscuro sit, nobilitate ac magnitudine eorum me, qui nomini officient meo, consoler. Res est praeterea et inmensi operis, ut quae supra septingentesimum annum repetatur, et quae ab exiguis profecta initiis eo creverit, ut jam magnitudine laboret sua; et legentium plerisque haud dubito quin primae origines proximaque originibus minus praebitura voluptatis sint, festinantibus ad haec nova, quibus jam pridem praevalentis populi vires se ipsae conficiunt. Ego contra hoc quoque laboris praemium petam, ut me a conspectu malorum, quae nostra tot per annos vidit aetas, tantisper certe, dum prisca illa tota mente repeto, avertam, omnis expers curae, quae scribentis animum, etsi non flectere a vero, sollicitum tamen efficere posset.

Quae ante conditam condendamve urbem poeticis magis decora fabulis quam incorruptis rerum gestarum monumentis traduntur, ea nec adfirmare nec refellere in animo est. Datur haec venia antiquitati, ut miscendo humana divinis primordia urbium augustiora faciat; et si cui populo licere oportet consecrare origines suas et ad deos referre auctores, ea belli gloria est populo Romano, ut, cum suum conditorisque sui parentem Martem potissimum ferat, tam et hoc gentes humanae patiantur aequo animo quam imperium patiuntur.

Sed haec et his similia, utcumque animadversa aut existimata erunt, haut in magno equidem ponam discrimine; ad illa mihi pro se quisque acriter intendat animum, quae vita, qui mores fuerint, per quos viros quibusque artibus domi militiaeque et partum et auctum imperium sit; labente deinde paulatim disciplina velut desidentis primo mores sequatur animo, deinde ut magis magisque lapsi sint, tum ire coeperint praecipites, donec ad haec tempora, quibus nec vitia nostra nec remedia pati possumus, perventum est. Hoc illud est praecipue in cognitione rerum salubre ac frugiferum, omnis te exempli documenta in inlustri posita monumento intueri: inde tibi tuaeque reipublicae quod imitere capias, inde, foedum inceptu, foedum exitu, quod vites.

Ceterum aut me amor negotii suscepti fallit, aut nulla umquam respublica nec major nec sanctior nec bonis exemplis ditior fuit, nec in quam civitatem tam serae avaritia luxuriaque inmigraverint, nec ubi tantus ac tam diu paupertati ac parsimoniae honos fuerit: adeo quanto rerum minus, tanto minus cupiditatis erat. Nuper divitiae avaritiam et abundantes voluptates desiderium per luxum atque libidinem pereundi perdendique omnia invexere. Sed querellae, ne tum quidem gratae futurae, cum forsitan necessariae erunt, ab initio certe tantae ordiendae rei absint. Cum bonis potius ominibus votisque et precationibus deorum dearumque, si, ut poëtis, nobis quoque mos esset, libentius inciperemus, ut orsis tantum operis successus prosperos darent.

[PERIOCHA LIBRI I.]

[ADVENTUS Aeneae in Italiam et res gestae. Ascani regnum Albae et Silvi et deinceps Silviorum. Numitoris filia a Marte compressa, nati Romulus et Remus. Amulius obtruncatus, urbs a Romulo condita, senatus lectus, cum Sabinis bellatum, spolia opima Feretrio Iovi lata, in curias populus divisus, Fidenates, Veientes victi, Romulus consecratus.

Numa Pompilius ritus sacrorum tradidit. porta Iani clausa.

Tullus Hostilius Albanos bello diripuit. trigeminorum pugna. Metti Fufeti supplicium. Tullus fulmine consumptus.

Ancus Marcius Latinos devicit, Ostiam condidit.

Tarquinius Priscus Latinos superavit, circum fecit, finitimos devicit, muros et cloacas fecit.

Servio Tullio caput arsit. Servius Tullius Veientes devicit et populum in classes divisit, aedem Dianae dedicavit.

Tarquinius Superbus occiso Tullio regnum invasit. Tulliae scelus in patrem. Turnus Herdonius per Tarquinium occisus. bellum cum Vulscis. fraude Sex. Tarquini Gabii direpti. Capitolium inchoatum. Termini et Iuventae arae moveri non potuerunt. Lucretia se occidit. Superbi expulsio. regnatum est annis CCLV.]

TITI LIVI

AB VRBE CONDITA

LIBER PRIMVS.

I. Jam primum omnium satis constat, Troja capta in ceteros saevitum esse Trojanos, duobus, Aeneae Antenorique, et vetusti jure hospitii et quia pacis reddendaeque Helenae semper auctores fuerunt, omne jus belli Achivos abstinuisse; casibus deinde variis Antenorem cum multitudine Enetûm, qui seditione ex Paphlagonia pulsi et sedes et ducem, rege Pylaemene ad Trojam amisso, quaerebant, venisse in intimum Adriatici maris sinum, Euganeisque, qui inter mare Alpesque incolebant, pulsis Enetos Trojanosque eas tenuisse terras. Et in quem primo egressi sunt locum, Troja vocatur, pagoque Trojano inde nomen est, gens universa Veneti appellati. Aeneam ab simili clade domo profugum, sed ad majora rerum initia ducentibus fatis, primo in Macedoniam venisse, inde in Siciliam quaerentem sedes delatum, ab Sicilia classe ad Laurentem agrum tenuisse. Troja et huic loco nomen est. Ibi egressi Trojani, ut quibus ab inmenso prope errore nihil praeter arma et naves superesset, cum praedam ex agris agerent, Latinus rex Aboriginesque, qui tum ea tenebant loca, ad arcendam vim advenarum armati ex urbe atque agris concurrunt.

Duplex inde fama est. Alii proelio victum Latinum pacem cum Aenea, deinde adfinitatem junxisse tradunt; alii, cum instructae acies constitissent, priusquam signa canerent, processisse Latinum inter primores ducemque advenarum evocasse ad conloquium; percunctatum deinde, qui mortales essent, unde aut quo casu profecti domo quidve quaerentes in agrum Laurentem exissent, postquam audierit, multitudinem Trojanos esse, ducem Aeneam, filium Anchisae et Veneris, cremata patria domo profugos sedem condendaeque urbis locum quaerere, et nobilitatem admiratum gentis virique et animum vel bello vel paci paratum, dextra data fidem futurae amicitiae sanxisse. Inde foedus ictum inter duces, inter exercitus salutationem factam. Aeneam apud Latinum fuisse in hospitio; ibi Latinum apud penates deos domesticum publico adjunxisse foedus, filia Aeneae in matrimonium data. Ea utique res Trojanis spem adfirmat tandem stabili certaque sede finiendi erroris. Oppidum condunt, Aeneas ab nomine uxoris Lavinium appellat. Brevi stirps quoque virilis ex novo matrimonio fuit, cui Ascanium parentes dixere nomen.

II. Bello deinde Aborigines Trojanique simul petiti. Turnus rex Rutulorum, cui pacta Lavinia ante adventum Aeneae fuerat, praelatum sibi advenam aegre patiens, simul Aeneae Latinoque bellum intulerat. Neutra acies laeta ex eo certamine abiit: victi Rutuli, victores Aborigines Trojanique ducem Latinum amisere. Inde Turnus Rutulique diffisi rebus ad florentes opes Etruscorum Mezentiumque regem eorum confugiunt, qui Caere, opulento tum oppido, imperitans, jam inde ab initio minime laetus novae origine urbis, et tum nimio plus quam satis tutum esset accolis rem Trojanam crescere ratus, haud gravatim socia arma Rutulis junxit.

Aeneas, adversus tanti belli terrorem ut animos Aboriginum sibi conciliaret, nec sub eodem jure solum sed etiam nomine omnes essent, Latinos utramque gentem appellavit; nec deinde Aborigines Trojanis studio ac fide erga regem Aeneam cessere. Fretusque his animis coalescentium in dies magis duorum populorum Aeneas, quamquam tanta opibus Etruria erat, ut jam non terras solum, sed mare etiam per totam Italiae longitudinem ab Alpibus ad fretum Siculum fama nominis sui implesset, tamen, cum moenibus bellum propulsare posset, in aciem copias eduxit. Secundum inde proelium Latinis, Aeneae etiam ultimum mortalium operum fuit. Situs est, quemcumque eum dici jus fasque est, super Numicum fluvium; Jovem Indigetem appellant.

III. Nondum maturus imperio Ascanius Aeneae filius erat, tamen id imperium ei ad puberem aetatem incolume mansit; tantisper tutela muliebri (tanta indoles in Lavinia erat) res Latina et regnum avitum paternumque puero stetit. Haud ambigam (quis enim rem tam veterem pro certo adfirmet?) hicine fuerit Ascanius an major quam hic, Creusa matre Ilio incolumi natus comesque inde paternae fugae, quem Iulum eundem Julia gens auctorem nominis sui nuncupat. Is Ascanius, ubicumque et quacumque matre genitus (certe natum Aenea constat) abundante Lavini multitudine, florentem jam, ut tum res erant, atque opulentam urbem matri seu novercae reliquit, novam ipse aliam sub Albano monte condidit, quae ab situ porrectae in dorso urbis Longa Alba appellata.

Inter Lavinium et Albam Longam deductam coloniam triginta ferme interfuere anni. Tantum tamen opes creverant maxime fusis Etruscis, ut ne morte quidem Aeneae nec deinde inter muliebrem tutelam rudimentumque primum puerilis regni movere arma aut Mezentius Etruscique aut ulli alii accolae ausi sint. Pax ita convenerat, ut Etruscis Latinisque fluvius Albula, quem nunc Tiberim vocant, finis esset.

Silvius deinde regnat, Ascani filius, casu quodam in silvis natus. Is Aeneam Silvium creat, is deinde Latinum Silvium. Ab eo coloniae aliquot deductae, Prisci Latini appellati. Mansit Silviis postea omnibus cognomen, qui Albae regnaverunt. Latino Alba ortus, Alba Atys, Atye Capys, Capye Capetus, Capeto Tiberinus, qui in trajectu Albulae amnis submersus celebre ad posteros nomen flumini dedit. Agrippa inde Tiberini filius, post Agrippam Romulus Silvius, a patre accepto imperio, regnat. Aventino fulmine ipse ictus regnum per manus tradidit. Is sepultus in eo colle, qui nunc pars Romanae est urbis, cognomen colli fecit. Proca deinde regnat. Is Numitorem atque Amulium procreat; Numitori, qui stirpis maximus erat, regnum vetustum Silviae gentis legat.

Plus tamen vis potuit quam voluntas patris aut verecundia aetatis: pulso fratre Amulius regnat. Addit sceleri scelus: stirpem fratris virilem interimit; fratris filiae Reae Silviae per speciem honoris, cum Vestalem eam legisset, perpetua virginitate spem partus adimit.

IV. Sed debebatur, ut opinor, fatis tantae origo urbis maximique secundum deorum opes imperii principium. Vi compressa Vestalis cum geminum partum edidisset, seu ita rata, seu quia deus auctor culpae honestior erat, Martem incertae stirpis patrem nuncupat. Sed nec dii nec homines aut ipsam aut stirpem a crudelitate regia vindicant: sacerdos vincta in custodiam datur, pueros in profluentem aquam mitti jubet.

Forte quadam divinitus super ripas Tiberis effusus lenibus stagnis nec adiri usquam ad justi cursum poterat amnis, et posse quamvis languida mergi aqua infantes spem ferentibus dabat. Ita velut defuncti regis imperio, in proxima eluvie, ubi nunc ficus Ruminalis est (Romularem vocatam ferunt) pueros exponunt. Vastae tum in his locis solitudines erant.

Tenet fama, cum fluitantem alveum, quo expositi erant pueri, tenuis in sicco aqua destituisset, lupam sitientem ex montibus, qui circa sunt, ad puerilem vagitum cursum flexisse; eam summissas infantibus adeo mitem praebuisse mammas, ut lingua lambentem pueros magister regii pecoris invenerit (Faustulo fuisse nomen ferunt), ab eo ad stabula Larentiae uxori educandos datos. Sunt qui Larentiam, vulgato corpore, lupam inter pastores vocatam putent; inde locum fabulae ac miraculo datum.

Ita geniti itaque educati, cum primum adolevit aetas, nec in stabulis nec ad pecora segnes, venando peragrare saltus. Hinc robore corporibus animisque sumpto, jam non feras tantum subsistere, sed in latrones praeda onustos impetus facere, pastoribusque rapta dividere, et cum his, crescente in dies grege juvenum, seria ac jocos celebrare.

V. Jam tum in Palatio [monte] Lupercal hoc fuisse ludicrum ferunt, et a Pallanteo, urbe Arcadica, Pallantium, dein Palatium montem appellatum. Ibi Evandrum, qui ex eo genere Arcadum multis ante tempestatibus tenuerit loca, sollemne allatum ex Arcadia instituisse, ut nudi juvenes Lycaeum Pana venerantes per lusum atque lasciviam currerent, quem Romani deinde vocaverunt Inuum.

Huic deditis ludicro, cum sollemne notum esset, insidiatos ob iram praedae amissae latrones, cum Romulus vi se defendisset, Remum cepisse, captum regi Amulio tradidisse ultro accusantes. Crimini maxime dabant in Numitoris agros ab iis impetum fieri; inde eos, collecta juvenum manu, hostilem in modum praedas agere. Sic ad supplicium Numitori Remus deditur.

Jam inde ab initio Faustulo spes fuerat, regiam stirpem apud se educari: nam et expositos jussu regis infantes sciebat, et tempus, quo ipse eos sustulisset, ad id ipsum congruere; sed rem inmaturam nisi aut per occasionem aut per necessitatem aperiri noluerat. Necessitas prior venit; ita metu subactus Romulo rem aperit. Forte et Numitori, cum in custodia Remum haberet audissetque geminos esse fratres, comparando et aetatem eorum et ipsam minime servilem indolem, tetigerat animum memoria nepotum; sciscitandoque eodem pervenit, ut haut procul esset, quin Remum agnosceret.

Ita undique regi dolus nectitur. Romulus non

cum globo juvenum (nec enim erat ad apertam vim par) sed aliis alio itinere jussis certo tempore ad regiam venire pastoribus, ad regem impetum facit, et a domo Numitoris alia comparata manu adjuvat Remus. Ita regem obtruncant.

VI. Numitor inter primum tumultum hostis invasisse urbem atque adortos regiam dictitans, cum pubem Albanam in arcem praesidio armisque obtinendam avocasset, postquam juvenes perpetrata caede pergere ad se gratulantes vidit, extemplo advocato concilio scelus in se fratris, originem nepotum, ut geniti, ut educati, ut cogniti essent, caedem deinceps tyranni seque ejus auctorem ostendit. Juvenes per mediam contionem agmine ingressi cum avum regem salutassent, secuta ex omni multitudine consentiens vox ratum nomen imperiumque regi efficit.

Ita Numitori Albana re permissa, Romulum Remumque cupido cepit in iis locis, ubi expositi ubique educati erant, urbis condendae. Et supererat multitudo Albanorum Latinorumque; ad id pastores quoque accesserant, qui omnes facile spem facerent, parvam Albam, parvum Lavinium prae ea urbe, quae conderetur, fore. Intervenit deinde his cogitationibus avitum malum, regni cupido, atque inde foedum certamen coortum a satis miti principio. Quoniam gemini essent nec aetatis verecundia discrimen facere posset, ut dii, quorum tutelae ea loca essent, auguriis legerent, qui nomen novae urbi daret, qui conditam imperio regeret, Palatium Romulus, Remus Aventinum ad inaugurandum templa capiunt.

VII. Priori Remo augurium venisse fertur sex vultures; jamque nuntiato augurio cum duplex numerus Romulo sese ostendisset, utrumque regem sua multitudo consalutaverat: tempore illi praecepto, at hi numero avium regnum trahebant. Inde cum altercatione congressi certamine irarum ad caedem vertuntur; ibi in turba ictus Remus cecidit. Vulgatior fama est, ludibrio fratris Remum novos transiluisse muros, inde ab irato Romulo, cum verbis quoque increpitans adjecisset "sic deinde, quicumque alius transiliet moenia mea!", interfectum. Ita solus potitus imperio Romulus; condita urbs conditoris nomine appellata.

Palatium primum, in quo ipse erat educatus, muniit. Sacra diis aliis Albano ritu, Graeco Herculi, ut ab Evandro instituta erant, facit. Herculem in ea loca, Geryone interempto, boves mira specie abegisse memorant, ac prope Tiberim fluvium, qua prae se armentum agens nando trajecerat, loco herbido, ut quiete et pabulo laetiore reficeret boves, et ipsum fessum via procubuisse. Ibi cum eum cibo vinoque gravatum sopor oppressisset, pastor accola ejus loci nomine Cacus, ferox viribus, captus pulchritudine boum cum avertere eam praedam vellet, quia, si agendo armentum in speluncam compulisset, ipsa vestigia quaerentem dominum eo deductura erant, aversos boves, eximium quemque pulchritudine, caudis in speluncam traxit.

Hercules ad primam auroram somno excitus cum gregem perlustrasset oculis et partem abesse numero sensisset, pergit ad proximam speluncam, si forte eo vestigia ferrent. Quae ubi omnia foras versa vidit nec in partem aliam ferre, confusus atque incertus animi ex loco infesto agere porro armentum occepit. Inde cum actae boves quaedam ad desiderium, ut fit, relictarum mugissent, reddita inclusarum ex spelunca boum vox Herculem convertit. Quem cum ad speluncam vadentem Cacus vi prohibere conatus esset, ictus clava, fidem pastorum nequiquam invocans, morte occubuit.

Evander tum ea, profugus ex Peloponneso, auctoritate magis quam imperio regebat loca, venerabilis vir miraculo litterarum, rei novae inter rudes artium homines, venerabilior divinitate credita Carmentae matris, quam fatiloquam ante Sibyllae in Italiam adventum miratae eae gentes fuerant. Is tum Evander, concursu pastorum trepidantium circa advenam manifestae reum caedis excitus, postquam facinus facinorisque causam audivit, habitum formamque viri aliquantum ampliorem augustioremque humana intuens, rogitat, qui vir esset. Ubi nomen patremque ac patriam accepit, "Jove nate, Hercules, salve" inquit; "te mihi mater, veridica interpres deum, aucturum caelestium numerum cecinit, tibique aram hic dicatum iri, quam opulentissima olim in terris gens maximam vocet tuoque ritu colat." Dextra Hercules data accipere se omen inpleturumque fata ara condita ac dicata ait. Ibi tum primum, bove eximia capta de grege, sacrum Herculi, adhibitis ad ministerium dapemque Potitiis ac Pinariis, quae tum familiae maxime inclitae ea loca incolebant, factum. Forte ita evenit, ut Potitii ad tempus praesto essent, hisque exta apponerentur, Pinarii, extis adesis, ad ceteram venirent dapem. Inde institutum mansit, donec Pinarium genus fuit, ne extis sollemnium vescerentur. Potitii ab Evandro edocti antistites sacri ejus per multas aetates fuerunt, donec tradito servis publicis sollemni familiae ministerio, genus omne Potitiorum interiit. Haec tum sacra Romulus una ex omnibus peregrina suscepit, jam tum inmortalitatis virtute partae, ad quam eum sua fata ducebant, fautor.

VIII. Rebus divinis rite perpetratis, vocataque ad concilium multitudine, quae coalescere in populi unius corpus nulla re praeterquam legibus poterat, jura dedit; quae ita sancta generi hominum agresti fore ratus, si se ipse venerabilem insignibus imperii fecisset, cum cetero habitu se augustiorem, tum maxime lictoribus duodecim sumptis fecit. Alii ab numero avium, quae augurio regnum portenderant, eum secutum numerum putant; me haut paenitet eorum sententiae esse, quibus et apparitores hoc genus ab Etruscis finitimis, unde sella curulis, unde toga praetexta sumpta est, et numerum quoque ipsum ductum placet, et ita habuisse Etruscos, quod ex duodecim populis communiter creato rege singulos singuli populi lictores dederint.

Crescebat interim urbs munitionibus alia atque alia adpetendo loca, cum in spem magis futurae multitudinis quam ad id, quod tum hominum erat, munirent. Deinde, ne vana urbis magnitudo esset, adliciendae multitudinis causa, vetere consilio condentium urbes, qui, obscuram atque humilem conciendo ad se multitudinem, natam e terra sibi prolem ementiebantur, locum, qui nunc saeptus descendentibus inter duos lucos est, asylum aperit. Eo ex finitimis populis turba omnis sine discrimine, liber an servus esset, avida novarum rerum perfugit, idque primum ad coeptam magnitudinem roboris fuit.

Cum jam virium haud paeniteret, consilium deinde viribus parat: centum creat senatores, sive quia is numerus satis erat, sive quia soli centum erant, qui creari patres possent — patres certe ab honore, patriciique progenies eorum appellati.

IX. Jam res Romana adeo erat valida, ut cuilibet finitimarum civitatum bello par esset; sed penuria mulierum hominis aetatem duratura magnitudo erat, quippe quibus nec domi spes prolis nec cum finitimis conubia essent. Tum ex consilio patrum Romulus legatos circum vicinas gentes misit, qui societatem conubiumque novo populo peterent: urbes quoque, ut cetera, ex infimo nasci; dein, quas sua virtus ac dii juvent, magnas opes sibi magnumque nomen facere; satis scire origini Romanae et deos adfuisse et non defuturam virtutem: proinde ne gravarentur homines cum hominibus sanguinem ac genus miscere. Nusquam benigne legatio audita est, adeo simul spernebant, simul tantam in medio crescentem molem sibi ac posteris suis metuebant. A plerisque rogitantibus dimissi, ecquod feminis quoque asylum aperuissent: id enim demum conpar conubium fore. Aegre id Romana pubes passa, et haud dubie ad vim spectare res coepit.

Cui tempus locumque aptum ut daret Romulus, aegritudinem animi dissimulans ludos ex industria parat Neptuno Equestri sollemnis; Consualia vocat.

Indici deinde finitimis spectaculum jubet, quantoque apparatu tum sciebant aut poterant concelebrat, ut rem claram exspectatamque faceret. Multi mortales convenere, studio etiam videndae novae urbis, maxime proximi quique, Caeninenses, Crustumini, Antemnates; etiam Sabinorum omnis multitudo cum liberis ac conjugibus venit. Invitati hospitaliter per domos cum situm moeniaque et frequentem tectis urbem vidissent, mirantur, tam brevi rem Romanam crevisse. Ubi spectaculi tempus venit, deditaeque eo mentes cum oculis erant, tum ex composito orta vis, signoque dato juventus Romana ad rapiendas virgines discurrit. Magna pars forte, in quem quaeque inciderat, raptae; quasdam forma excellentes primoribus patrum destinatas ex plebe homines, quibus datum negotium erat, domos deferebant. Unam longe ante alias specie ac pulchritudine insignem a globo Talassii cujusdam raptam ferunt, multisque sciscitantibus, cuinam eam ferrent, identidem, ne quis violaret, Talassio ferri clamitatum; inde nuptialem hanc vocem factam. Turbato per metum ludicro, maesti parentes virginum profugiunt, incusantes violati hospitii foedus deumque invocantes, cujus ad sollemne ludosque per fas ac fidem decepti venissent. Nec raptis aut spes de se melior aut indignatio est minor.

Sed ipse Romulus circumibat docebatque, patrum id superbia factum, qui conubium finitimis negassent; illas tamen in matrimonio, in societate fortunarum omnium civitatisque, et, quo nihil carius humano generi sit, liberum fore; mollirent modo iras, et, quibus fors corpora dedisset, darent animos; saepe ex injuria postmodum gratiam ortam; eoque melioribus usuras viris, quod adnisurus pro se quisque sit, ut, cum suam vicem functus officio sit, parentium etiam patriaeque expleat desiderium. Accedebant blanditiae virorum, factum purgantium cupiditate atque amore, quae maxime ad muliebre ingenium efficaces preces sunt.

X. Jam admodum mitigati animi raptis erant. At raptarum parentes tum maxime sordida veste lacrimisque et querellis civitates concitabant. Nec domi tantum indignationes continebant, sed congregabantur undique ad Titum Tatium, regem Sabinorum, et legationes eo, quod maximum Tatii nomen in iis regionibus erat, conveniebant. Caeninenses Crustuminique et Antemnates erant, ad quos ejus injuriae pars pertinebat. Lente agere his Tatius Sabinique visi sunt; ipsi inter se tres populi communiter bellum parant. Nec Crustumini quidem atque Antemnates pro ardore iraque Caeninensium satis se inpigre movent; ita per se ipsum nomen Caeninum in agrum Romanum impetum facit. Sed effuse vastantibus fit obvius cum exercitu Romulus, levique certamine docet, vanam sine viribus iram esse. Exercitum fundit fugatque, fusum persequitur; regem in proelio obtruncat et spoliat; duce hostium occiso urbem primo impetu capit.

Inde exercitu victore reducto, ipse, cum factis vir magnificus tum factorum ostentator haut minor, spolia ducis hostium caesi suspensa fabricato ad id apte ferculo gerens in Capitolium escendit, ibique ea cum ad quercum pastoribus sacram deposuisset, simul cum dono designavit templo Jovis finis cognomenque addidit deo. "Juppiter Feretri," inquit, "haec tibi victor Romulus rex regia arma fero, templumque his regionibus, quas modo animo metatus sum, dedico, sedem opimis spoliis, quae, regibus ducibusque hostium caesis, me auctorem sequentes posteri ferent."

Haec templi est origo, quod primum omnium Romae sacratum est. Ita deinde diis visum, nec inritam conditoris templi vocem esse, qua laturos eo spolia posteros nuncupavit, nec multitudine conpotum ejus doni vulgari laudem. Bina postea, inter tot annos, tot bella, opima parta sunt spolia: adeo rara ejus fortuna decoris fuit.

XI. Dum ea ibi Romani gerunt, Antemnatium exercitus per occasionem ac solitudinem hostiliter in fines Romanos incursionem facit; raptim et ad hos Romana legio ducta palantes in agris oppressit. Fusi igitur primo inpetu et clamore hostes, oppidum captum, duplicique victoria ovantem Romulum Hersilia conjunx precibus raptarum fatigata orat, ut parentibus earum det veniam et in civitatem accipiat; ita rem coalescere concordia posse. Facile impetratum.

Inde contra Crustuminos profectus bellum inferentes. Ibi minus etiam, quod alienis cladibus ceciderant animi, certaminis fuit. Utroque coloniae missae; plures inventi, qui propter ubertatem terrae in Crustuminum nomina darent. Et Romam inde frequenter migratum est, a parentibus maxime ac propinquis raptarum.

Novissimum ab Sabinis bellum ortum, multoque id maximum fuit: nihil enim per iram aut cupiditatem actum est, nec ostenderunt bellum prius quam intulerunt. Consilio etiam additus dolus. Spurius Tarpeius Romanae praeerat arci. Hujus filiam virginem auro corrumpit Tatius, ut armatos in arcem accipiat; — aquam forte ea tum sacris extra moenia petitum ierat. Accepti obrutam armis necavere, seu ut vi capta potius arx videretur, seu prodendi exempli causa, ne quid usquam fidum proditori esset. Additur fabula, quod vulgo Sabini aureas armillas magni ponderis brachio laevo gemmatosque magna specie anulos habuerint, pepigisse eam quod in sinistris manibus haberent; eo scuta illi pro aureis donis congesta. Sunt qui eam, ex pacto tradendi quod in sinistris manibus haberent, derecto arma petisse dicant, et, fraude visam agere, sua ipsam peremptam mercede.

XII. Tenuere tamen arcem Sabini; atque inde postero die, cum Romanus exercitus instructus quod inter Palatinum Capitolinumque collem campi est complesset, non prius descenderunt in aequum, quam, ira et cupiditate recuperandae arcis stimulante animos, in adversum Romani subiere. Principes utrimque pugnam ciebant, ab Sabinis Mettius Curtius, ab Romanis Hostius Hostilius. Hic rem Romanam iniquo loco ad prima signa animo atque audacia sustinebat. Ut Hostius cecidit, confestim Romana inclinatur acies fusaque est. Ad veterem portam Palatii Romulus, et ipse turbā fugientium actus, arma ad caelum tollens, "Juppiter, tuis" inquit "jussus avibus hic in Palatio prima urbi fundamenta jeci. Arcem jam scelere emptam Sabini habent; inde huc armati superata media valle tendunt. At tu, pater deum hominumque, hinc saltem arce hostes; deme terrorem Romanis fugamque foedam siste. Hic ego tibi templum Statori Jovi, quod monumento sit posteris, tua praesenti ope servatam urbem esse, voveo." Haec precatus, velut si sensisset auditas preces, "hinc," inquit, "Romani, Juppiter optimus maximus resistere atque iterare pugnam jubet." Restitêre Romani, tamquam caelesti voce jussi; ipse ad primores Romulus provolat.

Mettius Curtius ab Sabinis princeps ab arce decucurrerat et effusos egerat Romanos toto quantum foro spatium est; nec procul jam a porta Palatii erat, clamitans "vicimus perfidos hospites, inbelles hostes; jam sciunt, longe aliud esse virgines rapere, aliud pugnare cum viris." In eum haec gloriantem cum globo ferocissimorum juvenum Romulus impetum facit. Ex equo tum forte Mettius pugnabat; eo pelli facilius fuit. Pulsum Romani persecuntur, et alia Romana acies audacia regis accensa fundit Sabinos. Mettius in paludem sese, strepitu sequentium trepidante equo, conjecit; averteratque ea res etiam Sabinos tanti periculo viri. Et ille quidem, adnuentibus ac vocantibus suis, favore multorum addito animo, evadit; Romani Sabinique in media convalle duorum montium redintegrant proelium; sed res Romana erat superior.

XIII. Tum Sabinae mulieres, quarum ex injuria bellum ortum erat, crinibus passis scissaque veste, victo malis muliebri pavore, ausae se inter tela volantia inferre, ex transverso impetu facto dirimere infestas acies, dirimere iras, hinc patres hinc viros orantes, ne sanguine se nefando soceri generique respergerent, ne parricidio macularent partus suos, nepotum illi, hi liberum progeniem. "Si adfinitatis inter vos, si conubii piget, in nos vertite iras; nos causa belli, nos vulnerum ac caedium viris ac parentibus sumus; melius peribimus quam sine alteris vestrum viduae aut orbae vivemus."

Movet res cum multitudinem tum duces; silentium et repentina fit quies; inde ad foedus faciendum duces prodeunt; nec pacem modo, sed civitatem unam ex duabus faciunt; regnum consociant, imperium omne conferunt Romam. Ita geminata urbe, ut Sabinis tamen aliquid daretur, Quirites a Curibus appellati. Monumentum ejus pugnae, ubi primum ex profunda emersus palude equum Curtius in vado statuit, Curtium lacum appellarunt.

Ex bello tam tristi laeta repente pax cariores Sabinas viris ac parentibus et ante omnes Romulo ipsi fecit. Itaque, cum populum in curias triginta divideret, nomina earum curiis inposuit. Id non traditur, cum haut dubie aliquanto numerus major hoc mulierum fuerit, aetate an dignitatibus suis virorumve an sorte lectae sint, quae nomina curiis darent.

Eodem tempore et centuriae tres equitum conscriptae sunt: Ramnenses ab Romulo, ab T. Tatio Titienses appellati; Lucerum nominis et originis causa incerta est. Inde non modo commune, sed concors etiam regnum duobus regibus fuit.

XIV. Post aliquot annos propinqui regis Tatii legatos Laurentium pulsant; cumque Laurentes jure gentium agerent, apud Tatium gratia suorum et preces plus poterant. Igitur illorum poenam in se vertit: nam Lavini, cum ad sollemne sacrificium eo venisset, concursu facto interficitur. Eam rem minus aegre quam dignum erat tulisse Romulum ferunt, seu ob infidam societatem regni, seu quia haut injuria caesum credebat. Itaque bello quidem abstinuit;

ut tamen expiarentur legatorum injuriae regisque caedes, foedus inter Romam Laviniumque urbes renovatum est.

Et cum his quidem insperata pax erat: aliud multo propius atque in ipsis prope portis bellum ortum. Fidenates nimis vicinas prope se convalescere opes rati, priusquam tantum roboris esset, quantum futurum apparebat, occupant bellum facere. Juventute armata immissa, vastatur agri quod inter urbem ac Fidenas est; inde ad laevam versi, quia dextra Tiberis arcebat, cum magna trepidatione agrestium populantur, tumultusque repens ex agris in urbem inlatus pro nuntio fuit. Excitus Romulus, (neque enim dilationem pati tam vicinum bellum poterat,) exercitum educit, castra a Fidenis mille passuum locat. Ibi modico praesidio relicto, egressus omnibus copiis partem militum locis circa densa obsita virgulta obscuris subsidere in insidiis jussit; cum parte majore atque omni equitatu profectus, id quod quaerebat, tumultuoso et minaci genere pugnae, adequitando ipsis prope portis, hostem excivit. Fugae quoque, quae simulanda erat, eadem equestris pugna causam minus mirabilem dedit. Et cum, velut inter pugnae fugaeque consilium trepidante equitatu, pedes quoque referret gradum, plenis repente portis effusi hostes, inpulsa Romana acie, studio instandi sequendique trahuntur ad locum insidiarum. Inde subito exorti Romani transversam invadunt hostium aciem. Addunt pavorem mota castris signa eorum, qui in praesidio relicti fuerant. Ita multiplici terrore perculsi Fidenates, prius paene quam Romulus, quique cum eo visi erant, circumagerent frenis equos, terga vertunt; multoque effusius, quippe vera fuga, qui simulantes paulo ante secuti erant, oppidum repetebant. Non tamen eripuere se hosti: haerens in tergo Romanus, priusquam fores portarum obicerentur, velut agmine uno inrumpit.

XV. Belli Fidenatis contagione inritati Veientium animi et consanguinitate, (nam Fidenates quoque Etrusci fuerunt,) et quod ipsa propinquitas loci, si Romana arma omnibus infesta finitimis essent, stimulabat. In fines Romanos excucurrerunt populabundi magis quam justi more belli. Itaque non castris positis, non exspectato hostium exercitu, raptam ex agris praedam portantes Veios rediere. Romanus contra, postquam hostem in agris non invenit, dimicationi ultimae instructus intentusque Tiberim transit. Quem postquam castra ponere et ad urbem accessurum Veientes audivere, obviam egressi, ut potius acie decernerent, quam inclusi de tectis moenibusque dimicarent. Ibi viribus nulla arte adjutis, tantum veterani robore exercitus rex Romanus vicit, persecutusque fusos ad moenia hostes urbe valida muris ac situ ipso munita abstinuit; agros rediens vastat, ulciscendi magis quam praedae studio: eaque clade haut minus quam adversa pugna subacti, Veientes pacem petitum oratores Romam mittunt. Agri parte multatis in centum annos indutiae datae.

Haec ferme Romulo regnante domi militiaeque gesta, quorum nihil absonum fidei divinae originis divinitatisque post mortem creditae fuit, — non animus in regno avito recuperando, non condendae urbis consilium, non bello ac pace firmandae. Ab illo enim profecto viribus datis tantum valuit, ut in quadraginta deinde annos tutam pacem haberet. Multitudini tamen gratior fuit quam patribus, longe ante alios acceptissimus militum animis: trecentosque armatos ad custodiam corporis, quos Celeres appellavit, non in bello solum, sed etiam in pace habuit.

XVI. His inmortalibus editis operibus, cum ad exercitum recensendum contionem in campo ad Caprae paludem haberet, subito coorta tempestas cum magno fragore tonitribusque tam denso regem operuit nimbo, ut conspectum ejus contioni abstulerit; nec deinde in terris Romulus fuit. Romana pubes, sedato tandem pavore, postquam ex tam turbido die serena et tranquilla lux rediit, ubi vacuam sedem regiam vidit, etsi satis credebat patribus, qui proxumi steterant, sublimem raptum procella, tamen velut orbitatis metu icta maestum aliquamdiu silentium obtinuit. Deinde, a paucis initio facto, deum deo natum, regem parentemque urbis Romanae salvere universi Romulum jubent; pacem precibus exposcunt, uti volens propitius suam semper sospitet progeniem. Fuisse credo tum quoque aliquos, qui discerptum regem patrum manibus taciti arguerent: manavit enim haec quoque, sed perobscura, fama; illam alteram admiratio viri et pavor praesens nobilitavit.

Et consilio etiam unius hominis addita rei dicitur fides. Namque Proculus Julius, sollicita civitate desiderio regis et infensa patribus, gravis, ut traditur, quamvis magnae rei auctor, in contionem prodit. "Romulus," inquit, "Quirites, parens urbis hujus, prima hodierna luce caelo repente delapsus se mihi obvium dedit. Cum perfusus horrore venerabundus adstitissem, petens precibus, ut contra intueri fas esset: 'abi, nuntia,' inquit, 'Romanis, caelestes ita velle, ut mea Roma caput orbis terrarum sit; proinde rem militarem colant, sciantque et ita posteris tradant, nullas opes humanas armis Romanis resistere posse.' Haec" inquit "locutus sublimis abiit." Mirum quantum illi viro nuntianti haec fidei fuerit, quamque desiderium Romuli apud plebem exercitumque facta fide inmortalitatis lenitum sit.

XVII. Patrum interim animos certamen regni ac cupido versabat; necdum ad singulos, quia nemo magnopere eminebat in novo populo, pervenerat; factionibus inter ordines certabatur. Oriundi ab Sabinis, ne, quia post Tati mortem ab sua parte non erat regnatum, in societate aequa possessionem imperii amitterent, sui corporis creari regem volebant; Romani veteres peregrinum regem aspernabantur. In variis voluntatibus regnari tamen omnes volebant, libertatis dulcedine nondum experta. Timor deinde patres incessit, ne civitatem sine imperio, exercitum sine duce, multarum circa civitatium inritatis animis, vis aliqua externa adoriretur. Et esse igitur aliquod caput placebat, et nemo alteri concedere in animum inducebat.

Ita rem inter se centum patres, decem decuriis factis, singulisque in singulas decurias creatis, qui summae rerum praeessent, consociant. Decem imperitabant, unus cum insignibus imperii et lictoribus erat; quinque dierum spatio finiebatur imperium, ac per omnes in orbem ibat; annuumque intervallum regni fuit. Id ab re, quod nunc quoque tenet nomen, interregnum appellatum.

Fremere deinde plebs: multiplicatam servitutem, centum pro uno dominos factos; nec ultra nisi regem, et ab ipsis creatum videbantur passuri. Cum sensissent ea moveri patres, offerendum ultro rati quod amissuri erant, ita gratiam ineunt summa potestate populo permissa, ut non plus darent juris quam detinerent. Decreverunt enim, ut, cum populus regem jussisset, id sic ratum esset, si patres auctores fierent. Hodie quoque in legibus magistratibusque rogandis usurpatur idem jus, vi adempta: priusquam populus suffragium ineat, in incertum comitiorum eventum patres auctores fiunt.

Tum interrex, contione advocata, "quod bonum faustum felixque sit," inquit, "Quirites, regem create: ita patribus visum est. Patres deinde, si dignum, qui secundus ab Romulo numeretur, crearitis, auctores fient." Adeo id gratum plebi fuit, ut, ne victi beneficio viderentur, id modo sciscerent juberentque, ut senatus decerneret, qui Romae regnaret.

XVIII. Inclita justitia religioque ea tempestate Numae Pompili erat. Curibus Sabinis habitabat, consultissimus vir, ut in illa quisquam esse aetate poterat, omnis divini atque humani juris. Auctorem doctrinae ejus, quia non extat alius, falso Samium Pythagoram edunt, quem, Servio Tullio regnante Romae, centum amplius post annos, in ultima Italiae ora circa Metapontum Heracleamque et Crotonem juvenum aemulantium studia coetus habuisse constat,

Ex quibus locis, etsi ejusdem aetatis fuisset, quae fama in Sabinos? aut quo linguae commercio quemquam ad cupiditatem discendi excivisset? quove praesidio unus per tot gentes dissonas sermone moribusque pervenisset? Suopte igitur ingenio temperatum animum virtutibus fuisse opinor magis, instructumque non tam peregrinis artibus, quam disciplina tetrica ac tristi veterum Sabinorum, quo genere nullum quondam incorruptius fuit.

Audito nomine Numae patres Romani, quamquam inclinari opes ad Sabinos rege inde sumpto videbantur, tamen neque se quisquam nec factionis suae alium nec denique patrum aut civium quemquam praeferre illi viro ausi, ad unum omnes Numae Pompilio regnum deferendum decernunt. Accitus, sicut Romulus augurato urbe condenda regnum adeptus est, de se quoque deos consuli jussit. Inde ab augure, cui deinde honoris ergo publicum id perpetuumque sacerdotium fuit, deductus in arcem, in lapide ad meridiem versus consedit. Augur ad laevam ejus capite velato sedem cepit, dextra manu baculum sine nodo aduncum tenens, quem lituum appellarunt. Inde ubi, prospectu in urbem agrumque capto, deos precatus regiones ab oriente ad occasum determinavit, dextras ad meridiem partes, laevas ad septemtrionem esse dixit; signum contra, quoad longissime conspectum oculi ferebant, animo finivit; tum, lituo in laevam manum translato, dextra in caput Numae imposita, precatus ita est: "Juppiter pater, si est fas hunc Numam Pompilium, cujus ego caput teneo, regem Romae esse, uti tu signa nobis certa adclarassis inter eos fines, quos feci." Tum peregit verbis auspicia, quae mitti vellet; quibus missis declaratus rex Numa de templo descendit.

XIX. Qui regno ita potitus urbem novam, conditam vi et armis, jure eam legibusque ac moribus de integro condere parat. Quibus cum inter bella adsuescere videret non posse, (quippe efferari militia animos,) mitigandum ferocem populum armorum desuetudine ratus, Janum ad infimum Argiletum indicem pacis bellique fecit, apertus ut in armis esse civitatem, clausus pacatos circa omnes populos significaret. Bis deinde post Numae regnum clausus fuit, semel T. Manlio consule post Punicum primum perfectum bellum, iterum, quod nostrae aetati dii dederunt ut videremus, post bellum Actiacum, ab imperatore Caesare Augusto pace terra marique parta.

Clauso eo, cum omnium circa finitimorum societate ac foederibus junxisset animos, positis externorum periculorum curis ne luxuriarent otio animi, quos metus hostium disciplinaque militaris continuerat, omnium primum rem ad multitudinem inperitam et illis saeculis rudem efficacissimam, deorum metum iniciendum ratus est. Qui cum descendere ad animos sine aliquo conmento miraculi non posset, simulat sibi cum dea Egeria congressus nocturnos esse; ejus se monitu, quae acceptissima diis essent, sacra instituere, sacerdotes suos cuique deorum praeficere.

Atque omnium primum ad cursus lunae in duodecim menses describit annum, quem, quia tricenos dies singulis mensibus luna non explet desuntque dies solido anno, qui solstitiali circumagitur orbe, intercalariis mensibus interponendis ita dispensavit, ut vicesimo anno ad metam eandem solis, unde orsi essent, plenis omnium annorum spatiis dies congruerent. Idem nefastos dies fastosque fecit, quia aliquando nihil cum populo agi utile futurum erat.

XX. Tum sacerdotibus creandis animum adjecit, quamquam ipse plurima sacra obibat, ea maxime quae nunc ad Dialem flaminem pertinent. Sed quia in civitate bellicosa plures Romuli quam Numae similes reges putabat fore, iturosque ipsos ad bella, ne sacra regiae vicis desererentur, flaminem Jovi adsiduum sacerdotem creavit, insignique eum veste et curuli regia sella adornavit. Huic duos flamines adjecit, Marti unum, alterum Quirino; virginesque Vestae legit, Alba oriundum sacerdotium et genti conditoris haud alienum. Iis, ut adsiduae templi antistites essent, stipendium de publico statuit, virginitate aliisque caerimoniis venerabiles ac sanctas fecit.

Salios item duodecim Marti Gradivo legit, tunicaeque pictae insigne dedit et super tunicam aeneum pectori tegumen; caelestiaque arma, quae ancilia appellantur, ferre ac per urbem ire canentes carmina cum tripudiis sollemnique saltatu jussit.

Pontificem deinde Numam Marcium, Marci filium, ex patribus legit, eique sacra omnia exscripta exsignataque attribuit, quibus hostiis, quibus diebus, ad quae templa sacra fierent, atque unde in eos sumptus pecunia erogaretur. Cetera quoque omnia publica privataque sacra pontificis scitis subjecit, ut esset, quo consultum plebes veniret, ne quid divini juris neglegendo patrios ritus peregrinosque adsciscendo turbaretur; nec caelestes modo caerimonias, sed justa quoque funebria placandosque manes ut idem pontifex edoceret, quaeque prodigia fulminibus aliove quo visu missa susciperentur atque curarentur. Ad ea elicienda ex mentibus divinis Jovi Elicio aram in Aventino dicavit, deumque consuluit auguriis, quae suscipienda essent.

XXI. Ad haec consultanda procurandaque multitudine omni a vi et armis conversa, et animi aliquid agendo occupati erant, et deorum assidua insidens cura, cum interesse rebus humanis caeleste numen videretur, ea pietate omnium pectora imbuerat, ut fides ac jusjurandum proximo legum ac poenarum metu civitatem regerent. Et cum ipsi se homines in regis, velut unici exempli, mores formarent, tum finitumi etiam populi, qui antea castra, non urbem positam in medio ad sollicitandam omnium pacem crediderant, in eam verecundiam adducti sunt, ut civitatem totam in cultum versam deorum violare ducerent nefas.

Lucus erat, quem medium ex opaco specu fons perenni rigabat aqua: quo quia se persaepe Numa sine arbitris velut ad congressum deae inferebat, Camenis eum lucum sacravit, quod earum ibi concilia cum conjuge sua Egeria essent. Et soli Fidei sollemne instituit. Ad id sacrarium flamines bigis curru arcuato vehi jussit, manuque ad digitos usque involuta rem divinam facere, significantes, fidem tutandam, sedemque ejus etiam in dextris sacratam esse. Multa alia sacrificia locaque sacris faciendis, quae Argeos pontifices vocant, dedicavit. Omnium tamen maximum ejus operum fuit tutela per omne regni tempus haud minor pacis quam regni.

Ita duo deinceps reges, alius alia via, ille bello hic pace, civitatem auxerunt; Romulus septem et triginta regnavit annos, Numa tres et quadraginta. Cum valida tum temperata et belli et pacis artibus erat civitas.

XXII. Numae morte ad interregnum res rediit. Inde Tullum Hostilium, nepotem Hostili, cujus in infima arce clara pugna adversus Sabinos fuerat, regem populus jussit; patres auctores facti. Hic non solum proximo regi dissimilis, sed ferocior etiam quam Romulus fuit. Cum aetas viresque tum avita quoque gloria animum stimulabat. Senescere igitur civitatem otio ratus undique materiam excitandi belli quaerebat.

Forte evenit, ut agrestes Romani ex Albano agro, Albani ex Romano praedas invicem agerent. Imperitabat tum Gaius Cluilius Albae. Utrimque legati fere sub idem tempus ad res repetendas missi. Tullus praeceperat suis, ne quid prius quam mandata agerent; satis sciebat, negaturum Albanum: ita pie bellum indici posse. Ab Albanis socordius res acta; excepti hospitio ab Tullo blande ac benigne, comi fronte regis convivium celebrant. Tantisper Romani et res repetiverant priores et neganti Albano bellum in tricesimum diem indixerant. Haec renuntiant Tullo.

Tum legatis Tullus dicendi potestatem, quid petentes venerint, fecit. Illi omnium ignari primum purgando terunt tempus: se invitos quicquam, quod minus placeat Tullo, dicturos, sed imperio subigi: res repetitum se venisse, ni reddantur, bellum indicere jussos. Ad haec Tullus "nuntiate" inquit "regi vestro, regem Romanum deos facere testes, uter prius populus res repetentes legatos aspernatus dimiserit, ut in eum omnes expetant hujusce clades belli."

XXIII. Haec nuntiant domum Albani. Et bellum utrimque summa ope parabatur, civili simillimum bello, prope inter parentes natosque, Trojanam utramque prolem, cum Lavinium ab Troja, ab Lavinio Alba, ab Albanorum stirpe regum oriundi Romani essent. Eventus tamen belli minus miserabilem dimicationem fecit, quod nec acie certatum est, et, tectis modo dirutis alterius urbis, duo populi in unum confusi sunt. Albani priores ingenti exercitu in agrum Romanum impetum fecere. Castra ab urbe haud plus quinque milia passuum locant, fossa circumdant: fossa Cluilia ab nomine ducis per aliquot saecula appellata est, donec cum re nomen quoque vetustate abolevit. In his castris Cluilius, Albanus rex, moritur, dictatorem Albani Mettium Fufetium creant. Interim Tullus, ferox praecipue morte regis, magnumque deorum numen, ab ipso capite orsum, in omne nomen Albanum expetiturum poenas ob bellum impium dictitans, nocte praeteritis hostium castris, infesto exercitu in agrum Albanum pergit. Ea res ab stativis excivit Mettium. Ducit quam proxume ad hostem potest. Inde legatum praemissum nuntiare Tullo jubet, priusquam dimicent, opus esse colloquio; si secum congressus sit, satis scire, ea se allaturum, quae nihilo minus ad rem Romanam quam ad Albanam pertineant. Haud aspernatus Tullus, tametsi vana adferri rebatur, in aciem educit. Exeunt contra et Albani.

Postquam instructi utrimque stabant, cum paucis procerum in medium duces prodeunt. Ibi infit Albanus: "injurias et non redditas res, ex foedere quae repetitae sint, et ego regem nostrum Cluilium causam hujusce esse belli audisse videor, nec te dubito, Tulle, eadem prae te ferre: sed si vera potius quam dictu speciosa dicenda sunt, cupido imperii duos cognatos vicinosque populos ad arma stimulat. Neque recte an perperam interpretor; fuerit ista ejus deliberatio, qui bellum suscepit. Me Albani gerendo bello ducem creavere. Illud te, Tulle, monitum velim: Etrusca res quanta circa nos, teque maxime, sit, quo propior es Tuscis, hoc magis scis. Multum illi terra, plurimum mari pollent. Memor esto, jam cum signum pugnae dabis, has duas acies spectaculo fore, ut fessos confectosque simul victorem ac victum adgrediantur. Itaque si nos di amant, quoniam non contenti libertate certa in dubiam imperii servitiique aleam imus, ineamus aliquam viam, qua, utri utris imperent, sine magna clade, sine multo sanguine utriusque populi decerni possit." Haud displicet res Tullo, quamquam cum indole animi tum spe victoriae ferocior erat. Quaerentibus utrimque ratio initur, cui et fortuna ipsa praebuit materiam.

XXIV. Forte in duobus tum exercitibus erant trigemini fratres, nec aetate nec viribus dispares: Horatios Curiatiosque fuisse satis constat, nec ferme res antiqua alia est nobilior; tamen in re tam clara nominum error manet, utrius populi Horatii, utrius Curiatii fuerint. Auctores utroque trahunt: plures tamen invenio, qui Romanos Horatios vocent; hos ut sequar, inclinat animus.

Cum trigeminis agunt reges, ut pro sua quisque patria dimicent ferro: ibi imperium fore, unde victoria fuerit. Nihil recusatur; tempus et locus convenit. Priusquam dimicarent, foedus ictum inter Romanos et Albanos est his legibus, ut, cujus populi cives eo certamine vicissent, is alteri populo cum bona pace imperitaret.

Foedera alia aliis legibus, ceterum eodem modo omnia fiunt. Tum ita factum accepimus, nec ullius vetustior foederis memoria est: fetialis regem Tullum ita rogavit: "jubesne me, rex, cum patre patrato populi Albani foedus ferire?" jubente rege, "sagmina" inquit "te, rex, posco;" rex ait, "puram tollito;" fetialis ex arce graminis herbam puram attulit; postea regem ita rogavit: "rex, facisne me tu regium nuntium populi Romani Quiritium, vasa comitesque meos?" rex respondit: "quod sine fraude mea populique Romani Quiritium fiat, facio." Fetialis erat M. Valerius; is patrem patratum Spurium Fusium fecit, verbena caput capillosque tangens. Pater patratus ad jus jurandum patrandum, id est sanciendum fit foedus; multisque id verbis, quae longo effata carmine non operae est referre, peragit. Legibus deinde recitatis, "audi," inquit, "Juppiter, audi, pater patrate populi Albani, audi tu, populus Albanus: ut illa palam prima postrema ex illis tabulis cerave recitata sunt sine dolo malo, utique ea hic hodie rectissime intellecta sunt, illis legibus populus Romanus prior non deficiet. Si prior defexit publico consilio dolo malo, tum illo die, Juppiter, populum Romanum sic ferito, ut ego hunc porcum hic hodie feriam, tantoque magis ferito, quanto magis potes pollesque." Id ubi dixit, porcum saxo silice percussit. Sua item carmina Albani suumque jus jurandum per suum dictatorem suosque sacerdotes peregerunt.

XXV. Foedere icto, trigemini sicut convenerat arma capiunt. Cum sui utrosque adhortarentur, deos patrios, patriam ac parentes, quidquid civium domi, quidquid in exercitu sit, illorum tunc arma, illorum intueri manus, feroces et suopte ingenio et pleni adhortantium vocibus, in medium inter duas acies procedunt. Consederant utrimque pro castris duo exercitus, periculi magis praesentis quam curae expertes; quippe imperium agebatur, in tam paucorum virtute atque fortuna positum. Itaque ergo erecti suspensique in minime gratum spectaculum animo intenduntur.

Datur signum, infestisque armis, velut acies, terni juvenes, magnorum exercituum animos gerentes, concurrunt. Nec his nec illis periculum suum, — publicum imperium servitiumque obversatur animo, futuraque ea deinde patriae fortuna, quam ipsi fecissent. Ut primo statim concursu increpuere arma micantesque fulsere gladii, horror ingens spectantis perstringit, et neutro inclinata spe torpebat vox spiritusque. Consertis deinde manibus, cum jam non motus tantum corporum agitatioque anceps telorum armorumque, sed vulnera quoque et sanguis spectaculo essent, duo Romani super alium alius, vulneratis tribus Albanis, exspirantes corruerunt.

Ad quorum casum cum conclamasset gaudio Albanus exercitus, Romanas legiones jam spes tota, nondum tamen cura deseruerat, exanimes vice unius, quem tres Curiatii circumsteterant. Forte is integer fuit, ut universis solus nequaquam par, sic adversus singulos ferox. Ergo ut segregaret pugnam eorum, capessit fugam, ita ratus secuturos, ut quemque vulnere adfectum corpus sineret. Jam aliquantum spatii ex eo loco, ubi pugnatum est, aufugerat, cum respiciens videt magnis intervallis sequentes, unum haut procul ab sese abesse. In eum magno impetu rediit; et dum Albanus exercitus inclamat Curiatiis, uti opem ferant fratri, jam Horatius, caeso hoste victor, secundam pugnam petebat.

Tunc clamore, qualis ex insperato faventium solet, Romani adjuvant militem suum, et ille defungi proelio festinat. Prius itaque quam alter, qui nec procul aberat, consequi posset, et alterum Curiatium conficit. Jamque aequato Marte singuli supererant, sed nec spe nec viribus pares. Alterum intactum ferro corpus et geminata victoria ferocem in certamen tertium dabat; alter, fessum vulnere, fessum cursu trahens corpus, victusque fratrum ante se strage, victori obicitur hosti. Nec illud proelium fuit. Romanus exsultans "duos" inquit "fratrum manibus dedi, tertium causae belli hujusce, ut Romanus Albano imperet, dabo." Male sustinenti arma gladium superne jugulo defigit, jacentem spoliat.

Romani ovantes ac gratulantes Horatium accipiunt eo majore cum gaudio, quo prope metum res fuerat. Ad sepulturam inde suorum nequaquam paribus animis vertuntur, quippe imperio alteri aucti, alteri dicionis alienae facti. Sepulcra extant quo quisque loco cecidit, duo Romana uno loco propius Albam, tria Albana Romam versus, sed distantia locis, ut et pugnatum est.

XXVI. Priusquam inde digrederentur, roganti Mettio, ex foedere icto quid imperaret, imperat Tullus, uti juventutem in armis habeat; usurum se eorum opera, si bellum cum Veientibus foret. Ita exercitus inde domos abducti. Princeps Horatius ibat, trigemina spolia prae se gerens; cui soror virgo, quae desponsa uni ex Curiatiis fuerat, obvia ante portam Capenam fuit, cognitoque super umeros fratris paludamento sponsi, quod ipsa confecerat, solvit crines et flebiliter nomine sponsum mortuum appellat. Movet feroci juveni animum conploratio sororis in victoria sua tantoque gaudio publico. Stricto itaque gladio, simul verbis increpans, transfigit puellam. "Abi hinc cum inmaturo amore ad sponsum," inquit, "oblita fratrum mortuorum vivique, oblita patriae. Sic eat, quaecumque Romana lugebit hostem."

Atrox visum id facinus patribus plebique, sed recens meritum facto obstabat. Tamen raptus in jus ad regem. Rex, ne ipse tam tristis ingratique ad vulgus judicii ac secundum judicium supplicii auctor esset, concilio populi advocato, "duumviros," inquit, "qui Horatio perduellionem judicent, secundum legem facio."

Lex horrendi carminis erat: "duumviri perduellionem judicent; si a duumviris provocarit, provocatione certato; si vincent, caput obnubito, infelici arbori reste suspendito, verberato vel intra pomerium vel extra pomerium." Hac lege duumviri creati, qui se absolvere non rebantur ea lege ne innoxium quidem posse, cum condemnassent, tum alter ex his "Publi Horati, tibi perduellionem judico" inquit.

"Lictor, conliga manus." Accesserat lictor iniciebatque laqueum. Tum Horatius, auctore Tullo, clemente legis interprete, "provoco" inquit. Itaque provocatione certatum ad populum est.

Moti homines sunt in eo judicio maxime Publio Horatio patre proclamante, se filiam jure caesam judicare; ni ita esset, patrio jure in filium animadversurum fuisse. Orabat deinde, ne se, quem paulo ante cum egregia stirpe conspexissent, orbum liberis facerent. Inter haec senex juvenem amplexus, spolia Curiatiorum fixa eo loco, qui nunc pila Horatia appellatur, ostentans, "huncine," aiebat, "quem modo decoratum ovantemque victoria incedentem vidistis, Quirites, eum sub furca vinctum inter verbera et cruciatus videre potestis? quod vix Albanorum oculi tam deforme spectaculum ferre possent. I, lictor, conliga manus, quae paulo ante armatae imperium populo Romano pepererunt, i, caput obnube liberatoris urbis hujus, arbore infelici suspende, verbera vel intra pomerium, modo inter illa pila et spolia hostium, vel extra pomerium, modo inter sepulcra Curiatiorum. Quo enim ducere hunc juvenem potestis, ubi non sua decora eum a tanta foeditate supplicii vindicent?"

Non tulit populus nec patris lacrimas nec ipsius parem in omni periculo animum; absolveruntque, admiratione magis virtutis quam jure causae. Itaque, ut caedes manifesta aliquo tamen piaculo lueretur, imperatum patri, ut filium expiaret pecunia publica. Is, quibusdam piacularibus sacrificiis factis, quae deinde genti Horatiae tradita sunt, transmisso per viam tigillo, capite adoperto velut sub jugum misit juvenem. Id hodie quoque publice semper refectum manet: sororium tigillum vocant. Horatiae sepulcrum, quo loco corruerat icta, constructum est saxo quadrato.

XXVII. Nec diu pax Albana mansit. Invidia vulgi, quod tribus militibus fortuna publica conmissa fuerat, vanum ingenium dictatoris corrupit, et, quoniam recta consilia haut bene evenerant, pravis reconciliare popularium animos coepit. Igitur ut prius in bello pacem, sic in pace bellum quaerens, quia suae civitati animorum plus quam virium cernebat esse, ad bellum palam atque ex edicto gerundum alios concitat populos, suis per speciem societatis proditionem reservat. Fidenates, colonia Romana, Veientibus sociis consilii adsumptis, pacto transitionis Albanorum ad bellum atque arma incitantur.

Cum Fidenae aperte descissent, Tullus, Mettio exercituque ejus ab Alba accito, contra hostes ducit. Ubi Anienem transiit, ad confluentis collocat castra. Inter eum locum et Fidenas Veientium exercitus Tiberim transierat. Hi et in acie prope flumen tenuere dextrum cornu; in sinistro Fidenates propius montes consistunt. Tullus adversus Veientem hostem derigit suos; Albanos contra legionem Fidenatium conlocat. Albano non plus animi erat quam fidei. Nec manere ergo nec transire aperte ausus sensim ad montes succedit; inde, ubi satis subisse sese ratus est, erigit totam aciem, fluctuansque animo, ut tereret tempus, ordines explicat. Consilium erat, qua fortuna rem daret, ea inclinare vires. Miraculo primo esse Romanis, qui proxumi steterant, ut nudari latera sua sociorum digressu senserunt; inde eques citato equo nuntiat regi, abire Albanos. Tullus in re trepida duodecim vovit Salios, fanaque Pallori ac Pavori. Equitem clara increpans voce, ut hostes exaudirent, redire in proelium jubet; nihil trepidatione opus esse; suo jussu circumduci Albanum exercitum, ut Fidenatium nuda terga invadant; item imperat, ut hastas equites erigerent. Id factum magnae parti peditum Romanorum conspectum abeuntis Albani exercitus intersaepsit; qui viderant, id quod ab rege auditum erat rati, eo acrius pugnant.

Terror ad hostes transit: et audiverant clara voce dictum, et magna pars Fidenatium, ut qui coloni additi Romanis essent, Latine sciebant. Itaque, ne subito ex collibus decursu Albanorum intercluderentur ab oppido, terga vertunt. Instat Tullus, fusoque Fidenatium cornu in Veientem alieno pavore perculsum ferocior redit. Nec illi tulere impetum, sed ab effusa fuga flumen objectum ab tergo arcebat. Quo postquam fuga inclinavit, alii arma foede jactantes in aquam caeci ruebant, alii, dum cunctantur in ripis, inter fugae pugnaeque consilium obpressi. Non alia ante Romana pugna atrocior fuit.

XXVIII. Tum Albanus exercitus, spectator certaminis, deductus in campos. Mettius Tullo devictos hostes gratulatur, contra Tullus Mettium benigne adloquitur. Quod bene vertat, castra Albanos Romanis castris jungere jubet, sacrificium lustrale in diem posterum parat. Ubi inluxit, paratis omnibus, ut adsolet, vocari ad contionem utrumque exercitum jubet. Praecones, ab extremo orsi, primos excivere Albanos. Hi, novitate etiam rei moti, ut regem Romanum contionantem audirent, proximi constitere. Ex conposito armata circumdatur Romana legio; centurionibus datum negotium erat, ut sine mora imperia exsequerentur.

Tum ita Tullus infit: "Romani, si umquam ante alias ullo in bello fuit, quod primum dis inmortalibus gratias ageretis, deinde vestrae ipsorum virtuti, hesternum id proelium fuit. Dimicatum est enim non magis cum hostibus, quam, quae dimicatio major atque periculosior est, cum proditione ac perfidia sociorum. Nam, ne vos falsa opinio teneat, injussu meo Albani subiere ad montes, nec imperium illud meum, sed consilium et imperii simulatio fuit, ut nec vobis, ignorantibus deseri vos, averteretur a certamine animus, et hostibus, circumveniri se ab tergo ratis, terror ac fuga iniceretur. Nec ea culpa, quam arguo, omnium Albanorum est: ducem secuti sunt, ut et vos, si quo ego inde agmen declinare voluissem, fecissetis. Mettius ille est ductor itineris hujus, Mettius foederis Romani Albanique ruptor. Audeat deinde talia alius, nisi in hunc insigne jam documentum mortalibus dedero."

Centuriones armati Mettium circumsistunt; rex cetera, ut orsus erat, peragit: "quod bonum faustum felixque sit populo Romano ac mihi vobisque, Albani, populum omnem Albanum Romam traducere in animo est, civitatem dare plebi, primores in patres legere, unam urbem, unam rem publicam facere; ut ex uno quondam in duos populos divisa Albana res est, sic nunc in unum redeat." Ad haec Albana pubes, inermis ab armatis saepta, in variis voluntatibus communi tamen metu cogente, silentium tenet. Tum Tullus "Metti Fufeti," inquit, "si ipse discere posses fidem ac foedera servare, vivo tibi ea disciplina a me adhibita esset; nunc, quoniam tuum insanabile ingenium est, at tu tuo supplicio doce humanum genus ea sancta credere, quae a te violata sunt. Ut igitur paulo ante animum inter Fidenatem Romanamque rem ancipitem gessisti, ita jam corpus passim distrahendum dabis."

Exinde duabus admotis quadrigis, in currus earum distentum inligat Mettium; deinde in diversum iter equi concitati, lacerum in utroque curru corpus, qua inhaeserant vinculis membra, portantes. Avertere omnes ab tanta foeditate spectaculi oculos. Primum ultimumque illud supplicium apud Romanos exempli parum memoris legum humanarum fuit; in aliis gloriari licet, nulli gentium mitiores placuisse poenas.

XXIX. Inter haec jam praemissi Albam erant equites, qui multitudinem traducerent Romam. Legiones deinde ductae ad diruendam urbem. Quae ubi intravere portas, non quidem fuit tumultus ille nec pavor, qualis captarum esse urbium solet, cum, effractis portis stratisve ariete muris aut arce vi capta, clamor hostilis et cursus per urbem armatorum omnia ferro flammaque miscet; sed silentium triste ac tacita maestitia ita defixit omnium animos, ut prae metu obliti, quid relinquerent, quid secum ferrent, deficiente consilio rogitantesque alii alios, nunc in liminibus starent, nunc errabundi domos suas, ultimum illud visuri, pervagarentur.

Ut vero jam equitum clamor exire jubentium instabat, jam fragor tectorum, quae diruebantur, ultimis urbis partibus audiebatur, pulvisque ex distantibus locis ortus velut nube inducta omnia impleverat, raptim, quibus quisque poterat, elatis, cum larem ac penates tectaque, in quibus natus quisque educatusque esset, relinquentes exirent, jam continens agmen migrantium inpleverat vias, et conspectus aliorum mutua miseratione integrabat lacrimas, vocesque etiam miserabiles exaudiebantur, mulierum praecipue, cum obsessa ab armatis templa augusta praeterirent ac velut captos relinquerent deos. Egressis urbem Albanis, Romanus passim publica privataque omnia tecta adaequat solo, unaque hora quadringentorum annorum opus, quibus Alba steterat, excidio ac ruinis dedit. Templis tamen deum (ita enim edictum ab rege fuerat) temperatum est.

XXX. Roma interim crescit Albae ruinis. Duplicatur civium numerus; Caelius additur urbi mons, et, quo frequentius habitaretur, eam sedem Tullus regiae capit, ibique deinde habitavit. Principes Albanorum in patres, ut ea quoque pars rei publicae cresceret, legit, Tullios, Servilios, Quinctios, Geganios, Curiatios, Cloelios; templumque ordini ab se aucto curiam fecit, quae Hostilia usque ad patrum nostrorum aetatem appellata est. Et ut omnium ordinum viribus aliquid ex novo populo adiceretur, equitum decem turmas ex Albanis legit, legiones et veteres eodem supplemento explevit et novas scripsit.

Hac fiducia virium Tullus Sabinis bellum indicit, genti ea tempestate secundum Etruscos opulentissimae viris armisque. Utrimque injuriae factae ac res nequiquam erant repetitae: Tullus ad Feroniae fanum mercatu frequenti negotiatores Romanos conprehensos querebatur; Sabini, servos suos prius in lucum confugisse ac Romae retentos. Hae causae belli ferebantur.

Sabini, haut parum memores, et suarum virium partem Romae ab Tatio locatam et Romanam rem nuper etiam adjectione populi Albani auctam, circumspicere et ipsi externa auxilia. Etruria erat vicina, proximi Etruscorum Veientes. Inde, ob residuas bellorum iras maxime sollicitatis ad defectionem animis, voluntarios traxere, et apud vagos quosdam ex inopi plebe etiam merces valuit; publico auxilio nullo adjuti sunt, valuitque apud Veientes (nam de ceteris minus mirum est) pacta cum Romulo indutiarum fides.

Cum bellum utrimque summa ope pararent, vertique in eo res videretur, utri prius arma inferrent, occupat Tullus in agrum Sabinum transire. Pugna atrox ad silvam malitiosam fuit, ubi et peditum quidem robore, ceterum equitatu aucto nuper plurimum Romana acies valuit. Ab equitibus repente invectis turbati ordines sunt Sabinorum, nec pugna deinde illis constare nec fuga explicari sine magna caede potuit.

XXXI. Devictis Sabinis, cum in magna gloria magnisque opibus regnum Tulli ac tota res Romana esset, nuntiatum regi patribusque est, in monte Albano lapidibus pluvisse. Quod cum credi vix posset, missis ad id visendum prodigium, in conspectu, haut aliter quam cum grandinem venti glomeratam in terras agunt, crebri cecidere caelo lapides. Visi etiam audire vocem ingentem ex summi cacuminis luco, ut patrio ritu sacra Albani facerent, quae, velut diis quoque simul cum patria relictis, oblivioni dederant, et aut Romana sacra susceperant aut fortunae, ut fit, obirati cultum reliquerant deûm. Romanis quoque ab eodem prodigio novendiale sacrum publice susceptum est, seu voce caelesti ex Albano monte missa (nam id quoque traditur) seu aruspicum monitu; mansit certe sollemne, ut, quandoque idem prodigium nuntiaretur, feriae per novem dies agerentur.

Haud ita multo post pestilentia laboratum est. Unde cum pigritia militandi oreretur, nulla tamen ab armis quies dabatur a bellicoso rege, salubriora etiam credente militiae quam domi juvenum corpora esse, donec ipse quoque longinquo morbo est inplicatus. Tunc adeo fracti simul cum corpore sunt spiritus illi feroces, ut, qui nihil ante ratus esset minus regium quam sacris dedere animum, repente omnibus magnis parvisque superstitionibus obnoxius degeret, religionibusque etiam populum inpleret. Vulgo jam homines, eum statum rerum, qui sub Numa rege fuerat, requirentes, unam opem aegris corporibus relictam, si pax veniaque ab diis impetrata esset, credebant. Ipsum regem tradunt volventem conmentarios Numae, cum ibi quaedam occulta sollemnia sacrificia Jovi Elicio facta invenisset, operatum iis sacris se abdidisse; sed non rite initum aut curatum id sacrum esse, nec solum nullam ei oblatam caelestium speciem, sed ira Jovis sollicitati prava religione fulmine ictum cum domo conflagrasse. Tullus magna gloria belli regnavit annos duos et triginta.

XXXII. Mortuo Tullo, res, ut institutum jam inde ab initio erat, ad patres redierat, hique interregem nominaverant. Quo comitia habente Ancum Marcium regem populus creavit; patres fuere auctores.

Numae Pompili regis nepos, filia ortus, Ancus Marcius erat. Qui ut regnare coepit, et avitae gloriae memor et quia proximum regnum, cetera egregium, ab una parte haut satis prosperum fuerat, aut neglectis religionibus aut prave cultis, longe antiquissimum ratus sacra publica ut a Numa instituta erant facere, omnia ea ex commentariis regis pontificem in album elata proponere in publico jubet.

Inde et civibus otii cupidis et finitimis civitatibus facta spes, in avi mores atque instituta regem abiturum. Igitur Latini, cum quibus Tullo regnante ictum foedus erat, sustulerant animos, et, cum incursionem in agrum Romanum fecissent, repetentibus res Romanis superbe responsum reddunt, desidem Romanum regem inter sacella et aras acturum esse regnum rati.

Medium erat in Anco ingenium, et Numae et Romuli memor; et praeterquam quod avi regno magis necessariam fuisse pacem credebat cum in novo tum feroci populo, etiam, quod illi contigisset otium sine injuria, id se haud facile habiturum; temptari patientiam et temptatam contemni, temporaque esse Tullo regi aptiora quam Numae. Ut tamen, quoniam Numa in pace religiones instituisset, a se bellicae caerimoniae proderentur, nec gererentur solum, sed etiam indicerentur bella aliquo ritu, jus ab antiqua gente Aequiculis, quod nunc fetiales habent, descripsit, quo res repetuntur.

Legatus ubi ad fines eorum venit, unde res repetuntur, capite velato filo (lanae velamen est) "audi, Juppiter," inquit, "audite fines" (cujuscumque gentis sunt, nominat), "audiat fas! ego sum publicus nuntius populi Romani; juste pieque legatus venio, verbisque meis fides sit." Peragit deinde postulata. Inde Jovem testem facit: "si ego injuste impieque illos homines illasque res dedier mihi exposco, tum patriae compotem me numquam siris esse." Haec, cum fines suprascandit, haec, quicumque ei primus vir obvius fuerit, haec portam ingrediens, haec forum ingressus, paucis verbis carminis concipiendique juris jurandi mutatis, peragit. Si non deduntur quos exposcit, diebus tribus et triginta (tot enim sollemnes sunt) peractis bellum ita indicit: "audi, Juppiter, et tu, Jane Quirine; diique omnes caelestes, vosque terrestres vosque inferni, audite! ego vos testor, populum illum" (quicumque est, nominat) "injustum esse neque jus persolvere; sed de istis rebus in patria majores natu consulemus, quo pacto jus nostrum adipiscamur." Cum his nuntius Romam ad consulendum redit. Confestim rex his ferme verbis patres consulebat: "quarum rerum, litium, causarum condixit pater patratus populi Romani Quiritium patri patrato Priscorum Latinorum hominibusque Priscis Latinis, quas res nec dederunt nec solverunt nec fecerunt, quas res dari, solvi, fieri oportuit, dic," inquit ei, quem primum sententiam rogabat, "quid censes?" Tum ille: "puro pioque duello quaerendas censeo, itaque consentio consciscoque." Inde ordine alii rogabantur; quandoque pars major eorum, qui aderant, in eandem sententiam ibat, bellum erat consensum. Fieri solitum, ut fetialis hastam ferratam aut sanguineam praeustam ad fines eorum ferret et, non minus tribus puberibus praesentibus, diceret: "quod populi Priscorum Latinorum hominesque Prisci Latini adversus populum Romanum Quiritium fecerunt, deliquerunt, quod populus Romanus Quiritium bellum cum Priscis Latinis jussit esse, senatusque populi Romani Quiritium censuit, consensit, conscivit, ut bellum cum Priscis Latinis fieret, ob eam rem ego populusque Romanus populis Priscorum Latinorum hominibusque Priscis Latinis bellum indico facioque." Id ubi dixisset, hastam in fines eorum emittebat. Hoc tum modo ab Latinis repetitae res ac bellum indictum, moremque eum posteri acceperunt.

XXXIII. Ancus, demandata cura sacrorum flaminibus sacerdotibusque aliis, exercitu novo conscripto, profectus Politorium, urbem Latinorum, vi cepit; secutusque morem regum priorum, qui rem Romanam auxerant hostibus in civitatem accipiendis, multitudinem omnem Romam traduxit. Et cum circa Palatium, sedem veterum Romanorum, Sabini Capitolium atque arcem, Caelium montem Albani inplessent, Aventinum novae multitudini datum. Additi eodem haut ita multo post, Tellenis Ficanaque captis, novi cives.

Politorium inde rursus bello repetitum, quod vacuum occupaverant Prisci Latini; eaque causa diruendae urbis ejus fuit Romanis, ne hostium semper receptaculum esset. Postremo omni bello Latino Medulliam conpulso, aliquamdiu ibi Marte incerto varia victoria pugnatum est: nam et urbs tuta munitionibus praesidioque firmata valido erat, et, castris in aperto positis, aliquotiens exercitus Latinus comminus cum Romanis signa contulerat. Ad ultimum omnibus copiis conisus Ancus acie primum vincit, inde ingenti praeda potens Romam redit, tum quoque multis milibus Latinorum in civitatem acceptis, quibus, ut jungeretur Palatio Aventinum, ad Murciae datae sedes.

Janiculum quoque adjectum, non inopia loci, sed ne quando ea arx hostium esset. Id non muro solum, sed etiam ob commoditatem itineris ponte sublicio, tum primum in Tiberi facto, conjungi urbi placuit. Quiritium quoque fossa, haut parvum munimentum a planioribus aditu locis, Anci regis opus est. Ingenti incremento rebus auctis, cum in tanta multitudine hominum, discrimine recte an perperam facti confuso, facinora clandestina fierent, carcer ad terrorem increscentis audaciae media urbe inminens foro aedificatur.

Nec urbs tantum hoc rege crevit, sed etiam ager finesque: silva Messia Veientibus adempta usque ad mare imperium prolatum, et in ore Tiberis Ostia urbs condita; salinae circa factae, egregieque rebus bello gestis, aedis Jovis Feretrii amplificata.

XXXIV. Anco regnante Lucumo, vir inpiger ac divitiis potens, Romam commigravit cupidine maxime ac spe magni honoris, cujus adipiscendi Tarquiniis (nam ibi quoque peregrina stirpe oriundus erat) facultas non fuerat. Demarati Corinthii filius erat, qui ob seditiones domo profugus cum Tarquiniis forte consedisset, uxore ibi ducta, duos filios genuit. Nomina his Lucumo atque Arruns fuerunt. Lucumo superfuit patri bonorum omnium heres; Arruns prior quam pater moritur, uxore gravida relicta. Nec diu manet superstes filio pater; qui cum, ignorans nurum ventrem ferre, inmemor in testando nepotis decessisset, puero, post avi mortem in nullam sortem bonorum nato, ab inopia Egerio inditum nomen. Lucumoni contra, omnium heredi bonorum, cum divitiae jam animos facerent, auxit ducta in matrimonium Tanaquil, summo loco nata et quae haud facile iis, in quibus nata erat, humiliora sineret ea, quo innupsisset. Spernentibus Etruscis Lucumonem, exule advena ortum, ferre indignitatem non potuit, oblitaque ingenitae erga patriam caritatis, dummodo virum honoratum videret, consilium migrandi ab Tarquiniis cepit. Roma est ad id potissima visa; in novo populo, ubi omnis repentina atque ex virtute nobilitas sit, futurum locum forti ac strenuo viro; regnasse Tatium Sabinum, arcessitum in regnum Numam a Curibus, et Ancum Sabina matre ortum nobilemque una imagine Numae esse. Facile persuadet ut cupido honorum et cui Tarquinii materna tantum patria esset.

Sublatis itaque rebus amigrant Romam. Ad Janiculum forte ventum erat; ibi ei carpento sedenti cum uxore aquila suspensis demissa leniter alis pilleum aufert, superque carpentum cum magno clangore volitans, rursus, velut ministerio divinitus missa, capiti apte reponit; inde sublimis abit. Accepisse id augurium laeta dicitur Tanaquil, perita, ut vulgo Etrusci, caelestium prodigiorum mulier. Excelsa et alta sperare conplexa virum jubet: eam alitem, ea regione caeli et ejus dei nuntiam venisse; circa summum culmen hominis auspicium fecisse; levasse humano superpositum capiti decus, ut divinitus eidem redderet.

Has spes cogitationesque secum portantes urbem ingressi sunt, domicilioque ibi comparato L. Tarquinium Priscum edidere nomen. Romanis conspicuum eum novitas divitiaeque faciebant; et ipse fortunam, benigno adloquio, comitate invitandi, beneficiisque quos poterat sibi conciliando, adjuvabat, donec in regiam quoque de eo fama perlata est. Notitiamque eam brevi apud regem liberaliter dextreque obeundo officia in familiaris amicitiae adduxerat jura, ut publicis pariter ac privatis consiliis bello domique interesset, et per omnia expertus postremo tutor etiam liberis regis testamento institueretur.

XXXV. Regnavit Ancus annos quattuor et viginti, cuilibet superiorum regum belli pacisque et artibus et gloria par. Jam filii prope puberem aetatem erant. Eo magis Tarquinius instare, ut quam primum comitia regi creando fierent; quibus indictis, sub tempus pueros venatum ablegavit. Isque primus et petisse ambitiose regnum et orationem dicitur habuisse ad conciliandos plebis animos compositam. Cum se non rem novam petere, quippe qui non primus, quod quispiam indignari mirarive posset, sed tertius Romae peregrinus regnum adfectet; et Tatium non ex peregrino solum, sed etiam ex hoste regem factum, et Numam ignarum urbis, non petentem, in regnum ultro accitum; se, ex quo sui potens fuerit, Romam cum conjuge ac fortunis omnibus commigrasse; majorem partem aetatis ejus, qua civilibus officiis fungantur homines, Romae se quam in vetere patria vixisse; domi militiaeque sub haut paenitendo magistro, ipso Anco rege, Romana se jura, Romanos ritus didicisse; obsequio et observantia in regem cum omnibus, benignitate erga alios cum rege ipso certasse; — haec eum haut falsa memorantem ingenti consensu populus Romanus regnare jussit.

Ergo virum cetera egregium secuta, quam in petendo habuerat, etiam regnantem ambitio est; nec minus regni sui firmandi quam augendae rei publicae memor, centum in patres legit, qui deinde minorum gentium sunt appellati, factio haut dubia regis, cujus beneficio in curiam venerant.

Bellum primum cum Latinis gessit, et oppidum ibi Apiolas vi cepit; praedaque inde majore, quam quanta belli fama fuerat, revecta, ludos opulentius instructiusque quam priores reges fecit. Tunc primum circo, qui nunc maximus dicitur, designatus locus est. Loca divisa patribus equitibusque, ubi spectacula sibi quisque facerent; fori appellati. Spectavere furcis duodenos ab terra spectacula alta sustinentibus pedes. Ludicrum fuit equi pugilesque, ex Etruria maxime acciti. Sollemnes deinde annui mansere ludi, Romani magnique varie appellati. Ab eodem rege et circa forum privatis aedificanda divisa sunt loca, porticus, tabernaeque factae.

XXXVI. Muro quoque lapideo circumdare urbem parabat, cum Sabinum bellum coeptis intervenit. Adeoque ea subita res fuit, ut prius Anienem transirent hostes quam obviam ire ac prohibere exercitus Romanus posset. Itaque trepidatum Romae est; et primo dubia victoria, magna utrimque caede pugnatum est. Reductis deinde in castra hostium copiis, datoque spatio Romanis ad conparandum de integro bellum, Tarquinius, equitem maxime suis deesse viribus ratus, ad Ramnis, Titienses, Luceres, quas centurias Romulus scripserat, addere alias constituit suoque insignes relinquere nomine.

Id quia inaugurato Romulus fecerat, negare Attus Navius, inclitus ea tempestate augur, neque mutari neque novum constitui, nisi aves addixissent, posse. Ex eo ira regi mota; eludensque artem, ut ferunt, "age dum," inquit, "divine tu, inaugura, fierine possit, quod nunc ego mente concipio." Cum ille in augurio rem expertus profecto futuram dixisset, "atqui hoc animo agitavi," inquit, "te novacula cotem discissurum: cape haec et perage, quod aves tuae fieri posse portendunt." Tum illum haud cunctanter discidisse cotem ferunt. Statua Atti capite velato, quo in loco res acta est, in comitio in gradibus ipsis ad laevam curiae fuit; cotem quoque eodem loco sitam fuisse memorant, ut esset ad posteros miraculi ejus monumentum.

Auguriis certe sacerdotioque augurum tantus honos accessit, ut nihil belli domique postea nisi auspicato gereretur, concilia populi, exercitus vocati, summa rerum, ubi aves non admisissent, dirimerentur. Neque tum Tarquinius de equitum centuriis quicquam mutavit; numero alterum tantum adjecit, ut mille et octingenti equites in tribus centuriis essent. Posteriores modo sub isdem nominibus, qui additi erant, appellati sunt; quas nunc, quia geminatae sunt, sex vocant centurias.

XXXVII. Hac parte copiarum aucta iterum cum Sabinis confligitur. Sed praeterquam quod viribus creverat Romanus exercitus, ex occulto etiam additur dolus, missis, qui magnam vim lignorum, in Anienis ripa jacentem, ardentem in flumen conicerent; ventoque juvante accensa ligna, et pleraque in ratibus inpacta sublicis cum haererent, pontem incendunt. Ea quoque res in pugna terrorem attulit Sabinis, et fusis eadem fugam inpediit; multique mortales, cum hostes effugissent, in flumine ipso periere; quorum fluitantia arma ad urbem cognita in Tiberi prius paene, quam nuntiari posset, insignem victoriam fecere.

Eo proelio praecipua equitum gloria fuit: utrimque ab cornibus positos, cum jam pelleretur media peditum suorum acies, ita incurrisse ab lateribus ferunt, ut non sisterent modo Sabinas legiones ferociter instantes cedentibus, sed subito in fugam averterent. Montes effuso cursu Sabini petebant, et pauci tenuere; maxima pars, ut ante dictum est, ab equitibus in flumen acti sunt. Tarquinius instandum perterritis ratus, praeda captivisque Romam missis, spoliis hostium (id votum Vulcano erat) ingenti cumulo accensis, pergit porro in agrum Sabinum exercitum inducere; et, quamquam male gestae res erant, nec gesturos melius sperare poterant, tamen, quia consulendi res non dabat spatium, iere obviam Sabini tumultuario milite; iterumque ibi fusi, perditis jam prope rebus, pacem petiere.

XXXVIII. Collatia, et quicquid citra Collatiam agri erat, Sabinis ademptum; Egerius (fratris hic filius erat regis) Collatiae in praesidio relictus. Deditosque Collatinos ita accipio, eamque deditionis formulam esse: rex interrogavit: "estisne vos legati oratoresque missi a populo Conlatino, ut vos populumque Conlatinum dederetis?" — "Sumus." — "Estne populus Conlatinus in sua potestate?" — "Est." — "Deditisne vos populumque Conlatinum, urbem, agros, aquam, terminos, delubra, utensilia, divina humanaque omnia, in meam populique Romani dicionem?" — "Dedimus." — "At ego recipio."

Bello Sabino perfecto Tarquinius triumphans Romam redit. Inde Priscis Latinis bellum fecit, ubi nusquam ad universae rei dimicationem ventum est: ad singula oppida circumferendo arma omne nomen Latinum domuit. Corniculum, Ficulea vetus, Cameria, Crustumerium, Ameriola, Medullia, Nomentum, haec de Priscis Latinis aut qui ad Latinos defecerant capta oppida. Pax deinde est facta.

Majore inde animo pacis opera inchoata, quam quanta mole gesserat bella, ut non quietior populus domi esset quam militiae fuisset: nam et muro lapideo, cujus exordium operis Sabino bello turbatum erat, urbem, qua nondum munierat, cingere parat, et infima urbis loca circa forum aliasque interjectas collibus convalles, quia ex planis locis haut facile evehebant aquas, cloacis fastigio in Tiberim ductis siccat, et aream ad aedem in Capitolio Jovis, quam voverat bello Sabino, jam praesagiente animo futuram olim amplitudinem loci, occupat fundamentis.

XXXIX. Eo tempore in regia prodigium visu eventuque mirabile fuit. Puero dormienti, cui Servio Tullio fuit nomen, caput arsisse ferunt multorum in conspectu; plurimo igitur clamore inde ad tantae rei miraculum orto, excitos reges, et, cum quidam familiarium aquam ad restinguendum ferret, ab regina retentum, sedatoque eam tumultu moveri vetuisse puerum, donec sua sponte experrectus esset; mox cum somno et flammam abisse. Tum abducto in secretum viro Tanaquil "viden' tu puerum hunc," inquit, "quem tam humili cultu educamus? Scire licet hunc lumen quondam rebus nostris dubiis futurum praesidiumque regiae adflictae; proinde materiam ingentis publice privatimque decoris omni indulgentia nostra nutriamus."

Inde puerum liberum loco coeptum haberi erudirique artibus, quibus ingenia ad magnae fortunae cultum excitantur. Evenit facile, quod diis cordi est. Juvenis evasit vere indolis regiae, nec, cum quaereretur gener Tarquinio, quisquam Romanae juventutis ulla arte conferri potuit, filiamque ei suam rex despondit.

Hic quacumque de causa tantus illi honos habitus credere prohibet, serva natum eum parvumque ipsum servisse. Eorum magis sententiae sum, qui, Corniculo capto, Servi Tulli, qui princeps in illa urbe fuerat, gravidam viro occiso uxorem, cum inter reliquas captivas cognita esset, ob unicam nobilitatem ab regina Romana prohibitam ferunt servitio partum Romae edidisse Prisci Tarquini domo; inde tanto beneficio et inter mulieres familiaritatem auctam et puerum, ut in domo a parvo eductum, in caritate atque honore fuisse; fortunam matris, quod capta patria in hostium manus venerit, ut serva natus crederetur, fecisse.

XL. Duodequadragesimo ferme anno, ex quo regnare coeperat Tarquinius, non apud regem modo, sed apud patres plebemque longe maximo honore Servius Tullius erat. Tum Anci filii duo, etsi antea semper pro indignissimo habuerant, se patrio regno tutoris fraude pulsos, regnare Romae advenam non modo vicinae, sed ne Italicae quidem stirpis, tum inpensius iis indignitas crescere, si ne ab Tarquinio quidem ad se rediret regnum, sed praeceps inde porro ad servitia caderet, ut in eadem civitate post centesimum fere annum quod Romulus, deo prognatus, deus ipse, tenuerit regnum, donec in terris fuerit, id servus serva natus possideat. Cum commune Romani nominis, tum praecipue id domus suae dedecus fore, si, Anci regis virili stirpe salva, non modo advenis, set servis etiam regnum Romae pateret.

Ferro igitur eam arcere contumeliam statuunt: sed et injuriae dolor in Tarquinium ipsum magis quam in Servium eos stimulabat, et [quia] gravior ultor caedis, si superesset, rex futurus erat quam privatus; tum, Servio occiso, quemcumque alium generum delegisset, eundem regni heredem facturus videbatur; ob haec ipsi regi insidiae parantur. Ex pastoribus duo ferocissimi delecti ad facinus, quibus consueti erant uterque agrestibus ferramentis, in vestibulo regiae quam potuere tumultuosissimae specie rixae in se omnes apparitores regios convertunt; inde, cum ambo regem appellarent clamorque eorum penitus in regiam pervenisset, vocati ad regem pergunt. Primo uterque vociferari et certatim alter alteri obstrepere; coerciti ab lictore et jussi invicem dicere tandem obloqui desistunt; unus rem ex conposito orditur. Dum intentus in eum se rex totus averteret, alter elatam securim in caput dejecit, relictoque in vulnere telo ambo se foras eiciunt.

XLI. Tarquinium moribundum cum qui circa erant excepissent, illos fugientes lictores conprehendunt. Clamor inde concursusque populi mirantium, quid rei esset. Tanaquil inter tumultum claudi regiam jubet, arbitros eicit, simul quae curando vulneri opus sunt, tamquam spes subesset, sedulo conparat, simul, si destituat spes, alia praesidia molitur.

Servio propere accito cum paene exsanguem virum ostendisset, dextram tenens orat, ne inultam mortem soceri, ne socrum inimicis ludibrio esse sinat. "Tuum est," inquit, "Servi, si vir es, regnum, non eorum, qui alienis manibus pessimum facinus fecere. Erige te deosque duces sequere, qui clarum hoc fore caput divino quondam circumfuso igni portenderunt. Nunc te illa caelestis excitet flamma, nunc expergiscere vere. Et nos peregrini regnavimus; qui sis, non unde natus sis, reputa. Si tua re subita consilia torpent, at tu mea consilia sequere." Cum clamor impetusque multitudinis vix sustineri posset, ex superiore parte aedium per fenestras in Novam viam versas (habitabat enim rex ad Jovis Statoris) populum Tanaquil adloquitur. Jubet bono animo esse: sopitum fuisse regem subito ictu; ferrum haut alte in corpus descendisse; jam ad se redisse; inspectum vulnus absterso cruore; omnia salubria esse; confidere, prope diem ipsum eos visuros; interim Servio Tullio jubere populum dicto audientem esse; eum jura redditurum obiturumque alia regis munia esse. Servius cum trabea et lictoribus prodit, ac, sede regia sedens, alia decernit, de aliis consulturum se regem esse simulat. Itaque per aliquot dies, cum jam exspirasset Tarquinius, celata morte, per speciem alienae fungendae vicis suas opes firmavit; tum demum palam factum est conploratione in regia orta. Servius, praesidio firmo munitus, primus injussu populi voluntate patrum regnavit. Anci liberi jam tum, cum, conprensis sceleris ministris, vivere regem et tantas esse opes Servi nuntiatum est, Suessam Pometiam exulatum ierant.

XLII. Nec jam publicis magis consiliis Servius quam privatis munire opes, et, ne, qualis Anci liberum animus adversus Tarquinium fuerat, talis adversus se Tarquini liberum esset, duas filias juvenibus regiis Lucio atque Arrunti Tarquiniis jungit; nec rupit tamen fati necessitatem humanis consiliis, quin invidia regni etiam inter domesticos infida omnia atque infesta faceret.

Peropportune ad praesentis quietem status bellum cum Veientibus (jam enim indutiae exierant) aliisque Etruscis sumptum. In eo bello et virtus et fortuna enituit Tulli; fusoque ingenti hostium exercitu, haut dubius rex, seu patrum seu plebis animos periclitaretur, Romam rediit. Adgrediturque inde ad pacis longe maximum opus, ut, quemadmodum Numa divini auctor juris fuisset, ita Servium conditorem omnis in civitate discriminis ordinumque, quibus inter gradus dignitatis fortunaeque aliquid interlucet, posteri fama ferrent. Censum enim instituit, rem saluberrimam tanto futuro imperio, ex quo belli pacisque munia non viritim, ut ante, sed pro habitu pecuniarum fierent; tum classis centuriasque et hunc ordinem ex censu descripsit, vel paci decorum vel bello.

XLIII. Ex iis, qui centum milium aeris aut majorem censum haberent, octoginta confecit centurias, quadragenas seniorum ac juniorum: primae classis omnes appellati; seniores ad urbis custodiam ut praesto essent, juvenes ut foris bella gererent. Arma his imperata galea, clipeum, ocreae, lorica, omnia ex aere, haec, ut tegumenta corporis essent, tela in hostem hastaque et gladius. Additae huic classi duae fabrum centuriae, quae sine armis stipendia facerent; datum munus, ut machinas in bello ferrent. Secunda classis infra centum usque ad quinque et septuaginta milium censum instituta, et ex iis, senioribus junioribusque, viginti conscriptae centuriae; arma imperata scutum pro clipeo et praeter loricam omnia eadem. Tertiae classis [in] quinquaginta milium censum esse voluit; totidem centuriae et hae, eodemque discrimine aetatium factae; nec de armis quicquam mutatum; ocreae tantum ademptae. In quarta classe census quinque et viginti milium; totidem centuriae factae, arma mutata; nihil praeter hastam et verutum datum. Quinta classis aucta; centuriae triginta factae; fundas lapidesque missiles hi secum gerebant. In his accensi, cornicines, tubicinesque, in tres centurias distributi. Undecim milibus haec classis censebatur. Hoc minor census reliquam multitudinem habuit; inde una centuria facta est, immunis militia.

Ita pedestri exercitu ornato distributoque, equitum ex primoribus civitatis duodecim scripsit centurias; sex item alias centurias, tribus ab Romulo institutis, sub isdem, quibus inauguratae erant, nominibus fecit. Ad equos emendos dena milia aeris ex publico data, et, quibus equos alerent, viduae attributae, quae bina milia aeris in annos singulos penderent. Haec omnia in dites a pauperibus inclinata onera.

Deinde est honos additus: non enim, ut ab Romulo traditum ceteri servaverant reges, viritim suffragium eadem vi eodemque jure promisce omnibus datum est; sed gradus facti, ut neque exclusus quisquam suffragio videretur et vis omnis penes primores civitatis esset. Equites enim vocabantur primi; octoginta inde primae classis centuriae [primum peditum vocabantur]; ibi si variaret, quod raro incidebat, ut secundae classis vocarentur, nec fere umquam infra ita descenderent, ut ad infimos pervenirent. Nec mirari oportet, hunc ordinem, qui nunc est post expletas quinque et triginta tribus, duplicato earum numero centuriis juniorum seniorumque, ad institutam ab Servio Tullio summam non convenire. Quadrifariam enim urbe divisa regionibus collibusque, qui habitabantur, partes eas tribus appellavit, ut ego arbitror, a tributo; nam ejus quoque aequaliter ex censu conferendi ab eodem inita ratio est; neque eae tribus ad centuriarum distributionem numerumque quicquam pertinuere.

XLIV. Censu perfecto, quem maturaverat metu legis de incensis latae cum vinculorum minis mortisque, edixit, ut omnes cives Romani, equites peditesque, in suis quisque centuriis, in campo Martio prima luce adessent. Ibi instructum exercitum omnem suovetaurilibus lustravit, idque conditum lustrum appellatum, quia is censendo finis factus est. Milia octoginta eo lustro civium censa dicuntur; adicit scriptorum antiquissimus Fabius Pictor, eorum, qui arma ferre possent, eum numerum fuisse.

Ad eam multitudinem urbs quoque amplificanda visa est. Addit duos colles, Quirinalem Viminalemque; inde deinceps auget Esquilias, ibique ipse, ut loco dignitas fieret, habitat. Aggere et fossis et muro circumdat urbem; ita pomerium profert. Pomerium, verbi vim solam intuentes, postmoerium interpretantur esse; est autem magis circamoerium, locus, quem in condendis urbibus quondam Etrusci, qua murum ducturi erant, certis circa terminis inaugurato consecrabant, ut neque interiore parte aedificia moenibus continuarentur, quae nunc vulgo etiam conjungunt, et extrinsecus puri aliquid ab humano cultu pateret soli. Hoc spatium, quod neque habitari neque arari fas erat, non magis quod post murum esset quam quod murus post id, pomerium Romani appellarunt; et in urbis incremento semper, quantum moenia processura erant, tantum termini hi consecrati proferebantur.

XLV. Aucta civitate magnitudine urbis, formatis omnibus domi et ad belli et ad pacis usus, ne semper armis opes acquirerentur, consilio augere imperium conatus est, simul et aliquod addere urbi decus. Jam tum erat inclitum Dianae Ephesiae fanum. Id communiter a civitatibus Asiae factum fama ferebat. Eum consensum deosque consociatos laudare mire Servius inter proceres Latinorum, cum quibus publice privatimque hospitia amicitiasque de industria junxerat. Saepe iterando eadem perpulit tandem, ut Romae fanum Dianae populi Latini cum populo Romano facerent. Ea erat confessio, caput rerum Romam esse, de quo totiens armis certatum fuerat.

Id quamquam omissum jam ex omnium cura Latinorum ob rem totiens infeliciter temptatam armis videbatur, uni se ex Sabinis fors dare visa est privato consilio imperii recuperandi. Bos in Sabinis nata cuidam patri familiae dicitur miranda magnitudine ac specie; fixa per multas aetates cornua in vestibulo templi Dianae monumentum ei fuere miraculo. Habita, ut erat, res prodigii loco est, et cecinere vates, cujus civitatis eam civis Dianae immolasset, ibi fore imperium; idque carmen pervenerat ad antistitem fani Dianae. Sabinus, ut prima apta dies sacrificio visa est, bovem, Romam actam, deducit ad fanum Dianae et ante aram statuit. Ibi antistes Romanus, cum eum magnitudo victimae celebrata fama movisset, memor responsi, Sabinum ita adloquitur: "quidnam tu, hospes, paras?" inquit, "inceste sacrificium Dianae facere? Quin tu ante vivo perfunderis flumine? infima valle praefluit Tiberis." Religione tactus hospes, qui omnia, ut prodigio responderet eventus, cuperet rite facta, extemplo descendit ad Tiberim; interea Romanus immolat Dianae bovem. Id mire gratum regi atque civitati fuit.

XLVI. Servius quamquam jam usu haut dubium regnum possederat, tamen, quia interdum jactari voces a juvene Tarquinio audiebat, se injussu populi regnare, conciliata prius voluntate plebis agro capto ex hostibus viritim diviso, ausus est ferre ad populum, vellent juberentne se regnare; tantoque consensu, quanto haud quisquam alius ante, rex est declaratus. Neque ea res Tarquinio spem adfectandi regni minuit; immo eo inpensius, quia de agro plebis adversa patrum voluntate senserat agi, criminandi Servii apud patres crescendique in curia sibi occasionem datam ratus est, et ipse juvenis ardentis animi et domi uxore Tullia inquietum animum stimulante. Tulit enim et Romana regia sceleris tragici exemplum, ut taedio regum maturior veniret libertas, ultimumque regnum esset, quod scelere partum foret.

Hic L. Tarquinius (Prisci Tarquini regis filius neposne fuerit, parum liquet; pluribus tamen auctoribus filium ediderim) fratrem habuerat Arruntem Tarquinium, mitis ingenii juvenem. His duobus, ut ante dictum est, duae Tulliae, regis filiae, nupserant, et ipsae longe dispares moribus. Forte ita inciderat, ne duo violenta ingenia matrimonio jungerentur, fortuna, credo, populi Romani, quo diuturnius Servi regnum esset constituique civitatis mores possent. Angebatur ferox Tullia, nihil materiae in viro neque ad cupiditatem neque ad audaciam esse; tota in alterum aversa Tarquinium eum mirari, eum virum dicere ac regio sanguine ortum; spernere sororem, quod, virum nacta, muliebri cessaret audacia. Contrahit celeriter similitudo eos, ut fere fit malum malo aptissimum; sed initium turbandi omnia a femina ortum est. Ea secretis viri alieni adsuefacta sermonibus, nullis verborum contumeliis parcere, de viro ad fratrem, de sorore ad virum; et se rectius viduam et illum caelibem futurum fuisse contendere, quam cum inpari jungi, ut elanguescendum aliena ignavia esset. Si sibi eum, quo digna esset, dii dedissent virum, domi se prope diem visuram regnum fuisse, quod apud patrem videat. Celeriter adulescentem suae temeritatis implet. Ita Lucius Tarquinius et Tullia minor, prope continuatis funeribus cum domos vacuas novo matrimonio fecissent, junguntur nuptiis, magis non prohibente Servio quam adprobante.

XLVII. Tum vero in dies infestior Tulli senectus, infestius coepit regnum esse. Jam enim ab scelere ad aliud spectare mulier scelus; nec nocte nec interdiu virum conquiescere pati, ne gratuita praeterita parricidia essent: non sibi defuisse, cui nupta diceretur, nec cum quo tacita serviret; defuisse, qui se regno dignum putaret, qui meminisset, se esse Prisci Tarquini filium, qui habere quam sperare regnum mallet. "Si tu is es, cui nuptam esse me arbitror, et virum et regem appello; sin minus, eo nunc pejus mutata res est, quod istic cum ignavia est scelus. Quin accingeris? Non tibi ab Corintho nec ab Tarquiniis, ut patri tuo, peregrina regna moliri necesse est; di te penates patriique et patris imago et domus regia et in domo regale solium et nomen Tarquinium creat vocatque regem. Aut si ad haec parum est animi, quid frustraris civitatem? quid te ut regium juvenem conspici sinis? Facesse hinc Tarquinios aut Corinthum; devolvere retro ad stirpem, fratris similior quam patris." His aliisque increpando juvenem instigat, nec conquiescere ipsa potest, si, cum Tanaquil, peregrina mulier, tantum moliri potuisset animo, ut duo continua regna viro ac deinceps genero dedisset, ipsa, regio semine orta, nullum momentum in dando adimendoque regno faceret.

His muliebribus instinctus furiis Tarquinius circumire et prensare minorum maxime gentium patres; admonere paterni beneficii ac pro eo gratiam repetere; adlicere donis juvenes; cum de se ingentia pollicendo, tum regis criminibus, omnibus locis crescere. Postremo, ut jam agendae rei tempus visum est, stipatus agmine armatorum in forum inrupit. Inde, omnibus perculsis pavore, in regia sede pro curia sedens, patres in curiam per praeconem ad regem Tarquinium citari jussit. Convenere extemplo, alii jam ante ad hoc praeparati, alii metu, ne non venisse fraudi esset, novitate ac miraculo attoniti et jam de Servio actum rati.

Ibi Tarquinius maledicta ab stirpe ultima orsus: 'servum servaque natum, post mortem indignam parentis sui, non interregno, ut antea, inito, non comitiis habitis, non per suffragium populi, non auctoribus patribus, muliebri dono regnum occupasse. Ita natum, ita creatum regem, fautorem infimi generis hominum, ex quo ipse sit, odio alienae honestatis ereptum primoribus agrum sordidissimo cuique divisisse; omnia onera, quae communia quondam fuerint, inclinasse in primores civitatis; instituisse censum, ut insignis ad invidiam locupletiorum fortuna esset et parata, unde, ubi vellet, egentissimis largiretur.'

XLVIII. Huic orationi Servius cum intervenisset trepido nuntio excitatus, extemplo a vestibulo curiae magna voce "quid hoc" inquit, "Tarquini, rei est? qua tu audacia me vivo vocare ausus es patres aut in sede considere mea?" Cum ille ferociter ad haec: "se patris sui tenere sedem, multo quam servum potiorem filium regis regni heredem; satis illum diu per licentiam eludentem insultasse dominis," clamor ab utriusque fautoribus oritur, et concursus populi fiebat in curiam, apparebatque, regnaturum, qui vicisset. Tum Tarquinius, necessitate jam etiam ipsa cogente ultima audere, multo et aetate et viribus validior, medium arripit Servium elatumque e curia in inferiorem partem per gradus deicit; inde ad cogendum senatum in curiam redit. Fit fuga regis apparitorum atque comitum; ipse prope exsanguis ab iis, qui missi ab Tarquinio fugientem consecuti erant, interficitur. Creditur, quia non abhorret a cetero scelere, admonitu Tulliae id factum. Carpento certe, id quod satis constat, in forum invecta, nec reverita coetum virorum, evocavit virum e curia, regemque prima appellavit. A quo facessere jussa ex tanto tumultu, cum se domum reciperet pervenissetque ad summum Cyprium vicum, ubi Dianium nuper fuit, flectenti carpentum dextra in Urbium clivum, ut in collem Esquiliarum eveheretur, restitit pavidus atque inhibuit frenos is qui jumenta agebat, jacentemque dominae Servium trucidatum ostendit. Foedum inhumanumque inde traditur scelus, monumentoque locus est: Sceleratum vicum vocant, quo, amens, agitantibus furiis sororis ac viri, Tullia per patris corpus carpentum egisse fertur, partemque sanguinis ac caedis paternae cruento vehiculo, contaminata ipsa respersaque, tulisse ad penates suos virique sui, quibus iratis malo regni principio similes prope diem exitus sequerentur.

Servius Tullius regnavit annos quattuor et quadraginta ita, ut bono etiam moderatoque succedenti regi difficilis aemulatio esset; ceterum id quoque ad gloriam accessit, quod cum illo simul justa ac legitima regna occiderunt. Id ipsum tam mite ac tam moderatum imperium tamen, quia unius esset, deponere eum in animo habuisse quidam auctores sunt, ni scelus intestinum liberandae patriae consilia agitanti intervenisset.

XLIX. Inde L. Tarquinius regnare occepit, cui Superbo cognomen facta indiderunt, quia socerum gener sepultura prohibuit, Romulum quoque insepultum perisse dictitans, primoresque patrum, quos Servi rebus favisse credebat, interfecit; conscius deinde male quaerendi regni ab se ipso adversus se exemplum capi posse, armatis corpus circumsaepsit; neque enim ad jus regni quicquam praeter vim habebat, ut qui neque populi jussu neque auctoribus patribus regnaret. Eo accedebat, ut in caritate civium nihil spei reponenti metu regnum tutandum esset. Quem ut pluribus incuteret, cognitiones capitalium rerum sine consiliis per se solus exercebat, perque eam causam occidere, in exilium agere, bonis multare poterat non suspectos modo aut invisos, sed unde nihil aliud quam praedam sperare posset.

Praecipue ita patrum numero inminuto, statuit nullos in patres legere, quo contemptior paucitate ipsa ordo esset minusque per se nihil agi indignarentur. Hic enim regum primus traditum a prioribus morem de omnibus senatum consulendi solvit; domesticis consiliis rem publicam administravit; bellum, pacem, foedera, societates per se ipse, cum quibus voluit, injussu populi ac senatus, fecit diremitque.

Latinorum sibi maxime gentem conciliabat, ut peregrinis quoque opibus tutior inter cives esset, neque hospitia modo cum primoribus eorum, sed adfinitates quoque jungebat. Octavio Mamilio Tusculano (is longe princeps Latini nominis erat, si famae credimus, ab Ulixe deaque Circa oriundus), ei Mamilio filiam nuptum dat, perque eas nuptias multos sibi cognatos amicosque ejus conciliat.

L. Jam magna Tarquini auctoritas inter Latinorum proceres erat, cum in diem certam, ut ad lucum Ferentinae conveniant, indicit; esse, quae agere de rebus communibus velit. Conveniunt frequentes prima luce; ipse Tarquinius diem quidem servavit, sed paulo ante quam sol occideret venit. Multa ibi toto die in concilio variis jactata sermonibus erant. Turnus Herdonius ab Aricia ferociter in absentem Tarquinium erat invectus: 'haud mirum esse, Superbo inditum Romae cognomen' (jam enim ita clam quidem mussitantes, volgo tamen, eum appellabant); 'an quicquam superbius esse quam ludificari sic omne nomen Latinum? Principibus longe a domo excitis, ipsum, qui concilium indixerit, non adesse. Temptari profecto patientiam, ut, si jugum acceperint, obnoxios premat. Cui enim non apparere, adfectare eum imperium in Latinos? Quod si sui bene crediderint cives, aut si creditum illud, et non raptum parricidio sit, credere et Latinos, quamquam ne sic quidem alienigenae, debere; sin suos ejus paeniteat, quippe qui alii super alios trucidentur, exulatum eant, amittant bona, quid spei melioris

Latinis portendi? Si se audiant, domum suam quemque inde abituros, neque magis observaturos diem concilii quam ipse, qui indixerit, observet.'

Haec atque alia eodem pertinentia seditiosus facinorosusque homo hisque artibus opes domi nactus cum maxime dissereret, intervenit Tarquinius. Is finis orationi fuit. Aversi omnes ad Tarquinium salutandum; qui, silentio facto, monitus a proxumis, ut purgaret se, quod id temporis venisset, disceptatorem ait se sumptum inter patrem et filium, cura reconciliandi eos in gratiam moratum esse, et, quia ea res exemisset illum diem, postero die acturum, quae constituisset. Ne id quidem ab Turno tulisse tacitum ferunt; dixisse enim, nullam breviorem esse cognitionem quam inter patrem et filium, paucisque transigi verbis posse: ni pareat patri, habiturum infortunium esse.

LI. Haec Aricinus in regem Romanum increpans ex concilio abiit. Quam rem Tarquinius aliquanto quam videbatur aegrius ferens confestim Turno necem machinatur, ut eundem terrorem, quo civium animos domi oppresserat, Latinis iniceret. Et quia pro imperio palam interfici non poterat, oblato falso crimine insontem oppressit. Per adversae factionis quosdam Aricinos servum Turni auro corrupit, ut in deversorium ejus vim magnam gladiorum inferri clam sineret. Ea cum una nocte perfecta essent, Tarquinius, paulo ante lucem accitis ad se principibus Latinorum, quasi re nova perturbatus, moram suam hesternam, velut deorum quadam providentia inlatam, ait saluti sibi atque illis fuisse. Ab Turno dici sibi et primoribus populorum parari necem, ut Latinorum solus imperium teneat. Adgressurum fuisse hesterno die in concilio; dilatam rem esse, quod auctor concilii afuerit, quem maxime peteret. Inde illam absentis insectationem esse natam, quod morando spem destituerit. Non dubitare, si vera deferantur, quin prima luce, ubi ventum in concilium sit, instructus cum conjuratorum manu armatusque venturus sit. Dici gladiorum ingentem esse numerum ad eum convectum. Id vanum necne sit, extemplo sciri posse. Rogare eos, ut inde secum ad Turnum veniant. Suspectam fecit rem et ingenium Turni ferox et oratio hesterna et mora Tarquinii, quod videbatur ob eam differri caedis potuisse. Eunt inclinatis quidem ad credendum animis, tamen, nisi gladiis deprehensis, cetera vana existimaturi.

Ubi est eo ventum, Turnum, ex somno excitatum, circumsistunt custodes; conprehensisque servis, qui caritate domini vim parabant, cum gladii abditi ex omnibus locis deverticuli protraherentur, enimvero manifesta res visa, injectaeque Turno catenae; et confestim Latinorum concilium magno cum tumultu advocatur. Ibi tam atrox invidia orta est gladiis in medio positis, ut indicta causa, novo genere leti, dejectus ad caput aquae Ferentinae, crate superne injecta saxisque congestis, mergeretur.

LII. Revocatis deinde ad concilium Latinis Tarquinius conlaudatisque, qui Turnum novantem res pro manifesto parricidio merita poena adfecissent, ita verba fecit: 'posse quidem se vetusto jure agere, quod, cum omnes Latini ab Alba oriundi sint, [in] eo foedere teneantur, quo ab Tullo res omnis Albana cum coloniis suis in Romanum cesserit imperium; ceterum se utilitatis [id] magis omnium causa censere, ut renovetur id foedus, secundaque potius fortuna populi Romani ut participes Latini fruantur, quam urbium excidia vastationesque agrorum, quas Anco prius, patre deinde suo regnante perpessi sint, semper aut exspectent aut patiantur.'

Haut difficulter persuasum Latinis, quamquam in eo foedere superior Romana res erat; ceterum et capita nominis Latini stare ac sentire cum rege videbant, et Turnus sui cuique periculi, si adversatus esset, recens erat documentum. Ita renovatum foedus, indictumque junioribus Latinorum, ut ex foedere die certa ad lucum Ferentinae armati frequentes adessent. Qui ubi ad edictum Romani regis ex omnibus populis convenere, ne ducem suum neve secretum imperium propriave signa haberent, miscuit manipulos ex Latinis Romanisque, ut ex binis singulos faceret binosque ex singulis; ita geminatis manipulis centuriones inposuit.

LIII. Nec, ut injustus in pace rex, ita dux belli pravus fuit; quin ea arte aequasset superiores reges, ni degeneratum in aliis huic quoque decori offecisset. Is primus Volscis bellum in ducentos amplius post suam aetatem annos movit, Suessamque Pometiam ex iis vi cepit.

Ubi cum divendenda praeda quadraginta talenta argenti refecisset, concepit animo eam amplitudinem Jovis templi, quae digna deûm hominumque rege, quae Romano imperio, quae ipsius etiam loci majestate esset; captivam pecuniam in aedificationem ejus templi seposuit.

Excepit deinde eum lentius spe bellum, quo Gabios, propinquam urbem, nequiquam vi adortus, cum obsidendi quoque urbem spes pulso a moenibus adempta esset, postremo minime arte Romana, fraude ac dolo, adgressus est. Nam cum, velut posito bello, fundamentis templi jaciendis aliisque urbanis operibus intentum se esse simularet, Sextus filius ejus, qui minimus ex tribus erat, transfugit ex composito Gabios, patris in se saevitiam intolerabilem conquerens: 'jam ab alienis in suos vertisse superbiam, et liberorum quoque eum frequentiae taedere, ut, quam in curia solitudinem fecerit, domi quoque faciat, ne quam stirpem, ne quem heredem regni relinquat. Se quidem inter tela et gladios patris elapsum nihil usquam sibi tutum nisi apud hostes L. Tarquini credidisse. Nam ne errarent, manere iis bellum, quod positum simuletur, et per occasionem eum incautos invasurum. Quod si apud eos supplicibus locus non sit, pererraturum se omne Latium, Volscosque [se] inde et Aequos et Hernicos petiturum, donec ad eos perveniat, qui a patrum crudelibus atque impiis suppliciis tegere liberos sciant. Forsitan etiam ardoris aliquid ad bellum armaque se adversus superbissimum regem ac ferocissimum populum inventurum.'

Cum, si nihil morarentur, infensus ira porro inde abiturus videretur, benigne ab Gabinis excipitur. Vetant mirari, si, qualis in cives, qualis in socios, talis ad ultimum in liberos esset; in se ipsum postremo saeviturum, si alia desint. Sibi vero gratum adventum ejus esse, futurumque credere brevi, ut, illo adjuvante, a portis Gabinis sub Romana moenia bellum transferatur.

LIV. Inde in consilia publica adhiberi. Ubi cum de aliis rebus adsentire se veteribus Gabinis diceret, quibus eae notiores essent, ipse identidem belli auctor esse et in eo sibi praecipuam prudentiam adsumere, quod utriusque populi vires nosset, sciretque invisam profecto superbiam regiam civibus esse, quam ferre ne liberi quidem potuissent. Ita cum sensim ad rebellandum primores Gabinorum incitaret, ipse cum promptissimis juvenum praedatum atque in expeditiones iret, et, dictis factisque omnibus ad fallendum instructis, vana accresceret fides, dux ad ultimum belli legitur. Ibi cum, inscia multitudine quid ageretur, proelia parva inter Romam Gabiosque fierent, quibus plerumque Gabina res superior esset, tum certatim summi infimique Gabinorum Sex. Tarquinium dono deûm sibi missum ducem credere. Apud milites vero obeundo pericula ac labores pariter, praedam munifice largiendo, tanta caritate esse, ut non pater Tarquinius potentior Romae quam filius Gabiis esset.

Itaque postquam satis virium collectum ad omnes conatus videbat, tum ex suis unum sciscitatum Romam ad patrem mittit, quidnam se facere vellet, quandoquidem, ut omnia unus Gabiis posset, ei dii dedissent. Huic nuntio, quia, credo, dubiae fidei videbatur, nihil voce responsum est; rex velut deliberabundus in hortum aedium transit, sequenti nuntio filii; ibi inambulans tacitus summa papaverum capita dicitur baculo decussisse. Interrogando exspectandoque responsum nuntius fessus, ut re inperfecta, redit Gabios; quae dixerit ipse quaeque viderit, refert: seu ira seu odio seu superbia insita ingenio nullam eum vocem emisisse. Sexto ubi, quid vellet parens quidque praeciperet tacitis ambagibus, patuit, primores civitatis criminando alios apud populum, alios sua ipsos invidia opportunos interemit. Multi palam, quidam, in quibus minus speciosa criminatio erat futura, clam interfecti. Patuit quibusdam volentibus fuga, aut in exilium acti sunt, absentiumque bona juxta atque interemptorum divisui fuere. Largitiones inde praedaeque; et dulcedine privati commodi sensus malorum publicorum adimi, donec orba consilio auxilioque Gabina res regi Romano sine ulla dimicatione in manum traditur.

LV. Gabiis receptis, Tarquinius pacem cum Aequorum gente fecit, foedus cum Tuscis renovavit. Inde ad negotia urbana animum convertit; quorum erat primum, ut Jovis templum in monte Tarpeio monumentum regni sui nominisque relinqueret: Tarquinios reges ambos, patrem vovisse, filium perfecisse. Et ut libera a ceteris religionibus area esset tota Jovis templique ejus, quod inaedificaretur, exaugurare fana sacellaque statuit, quae aliquot ibi a Tatio rege primum in ipso discrimine adversus Romulum pugnae vota, consecrata inaugurataque postea fuerant. Inter principia condendi hujus operis movisse numen ad indicandam tanti imperii molem traditur deos; nam cum omnium sacellorum exaugurationes admitterent aves, in Termini fano non addixere; idque omen auguriumque ita acceptum est, non motam Termini sedem unumque eum deorum non evocatum sacratis sibi finibus firma stabiliaque cuncta portendere. Hoc perpetuitatis auspicio accepto, secutum aliud magnitudinem imperii portendens prodigium est: caput humanum integra facie aperientibus fundamenta templi dicitur apparuisse, quae visa species haut per ambages arcem eam imperii caputque rerum fore portendebat; idque ita cecinere vates, quique in urbe erant quosque ad eam rem consultandam ex Etruria acciverant. Augebatur ad inpensas regis animus; itaque Pomptinae manubiae, quae perducendo ad culmen operi destinatae erant, vix in fundamenta suppeditavere. Eo magis Fabio, praeterquam quod antiquior est, crediderim, quadraginta ea sola talenta fuisse, quam Pisoni, qui quadraginta milia pondo argenti seposita in eam rem scribit, summam pecuniae neque ex unius tum urbis praeda sperandam et nullius ne horum quidem [magnificentiae] operum fundamenta non exsuperaturam.

LVI. Intentus perficiendo templo, fabris undique ex Etruria accitis, non pecunia solum ad id publica est usus, sed operis etiam ex plebe. Qui cum haut parvus et ipse militiae adderetur labor, minus tamen plebs gravabatur, se templa deûm exaedificare manibus suis, quam postquam et ad alia, ut specie minora, sic laboris aliquanto majoris, traducebantur opera, foros in circo faciendos, cloacamque maximam, receptaculum omnium purgamentorum urbis, sub terra agendam; quibus duobus operibus vix nova haec magnificentia quicquam adaequare potuit. His laboribus exercita plebe, quia et urbi multitudinem, ubi usus non esset, oneri rebatur esse, et colonis mittendis occupari latius imperii fines volebat, Signiam Circeiosque colonos misit, praesidia urbi futura terra marique.

Haec agenti portentum terribile visum: anguis ex columna lignea elapsus cum terrorem fugamque in regia fecisset, ipsius regis non tam subito pavore perculit pectus quam anxiis inplevit curis. Itaque cum ad publica prodigia Etrusci tantum vates adhiberentur, hoc velut domestico exterritus visu Delphos ad maxime inclitum in terris oraculum mittere statuit. Neque responsa sortium ulli alii committere ausus, duos filios per ignotas ea tempestate terras, ignotiora maria, in Graeciam misit. Titus et Arruns profecti.

Comes iis additus L. Junius Brutus, Tarquinia, sorore regis, natus, juvenis longe alīus ingenii, quam cujus simulationem induerat. Is cum primores civitatis, in quibus fratrem suum, ab avunculo interfectos audisset, neque in animo suo quicquam regi timendum neque in fortuna concupiscendum relinquere statuit, contemptuque tutus esse, ubi in jure parum praesidii esset. Ergo ex industria factus ad imitationem stultitiae, cum se suaque praedae esse regi sineret, Bruti quoque haut abnuit cognomen, ut sub ejus obtentu cognominis liberator ille populi Romani animus latens opperiretur tempora sua. Is tum ab Tarquiniis ductus Delphos, ludibrium verius quam comes, aureum baculum inclusum corneo cavato ad id baculo tulisse donum Apollini dicitur, per ambages effigiem ingenii sui.

Quo postquam ventum est, perfectis patris mandatis, cupido incessit animos juvenum sciscitandi, ad quem eorum regnum Romanum esset venturum. Ex infimo specu vocem redditam ferunt: "imperium summum Romae habebit, qui vestrum primus, o juvenes, osculum matri tulerit." Tarquinii, ut Sextus, qui Romae relictus fuerat, ignarus responsi expersque imperii esset, rem summa ope taceri jubent; ipsi inter se, uter prior, cum Romam redisset, matri osculum daret, sorti permittunt. Brutus alio ratus spectare Pythicam vocem, velut si prolapsus cecidisset, terram osculo contigit, scilicet quod ea communis mater omnium mortalium esset. Reditum inde Romam, ubi adversus Rutulos bellum summa vi parabatur.

LVII. Ardeam Rutuli habebant, gens, ut in ea regione atque in ea aetate, divitiis praepollens; eaque ipsa causa belli fuit, quod rex Romanus cum ipse ditari, exhaustus magnificentia publicorum operum, tum praeda delenire popularium animos studebat, praeter aliam superbiam regno infestos etiam, quod se in fabrorum ministeriis ac servili tam diu habitos opere ab rege indignabantur. Temptata res est, si primo impetu capi Ardea posset; ubi id parum processit, obsidione munitionibusque coepti premi hostes. In his stativis, ut fit longo magis quam acri bello, satis liberi commeatus erant, primoribus tamen magis quam militibus; regii quidem juvenes interdum otium conviviis comisationibusque inter se terebant.

Forte potantibus his apud Sex. Tarquinium, ubi et Collatinus cenabat Tarquinius, Egerii filius, incidit de uxoribus mentio. Suam quisque laudare miris modis; inde certamine accenso, Collatinus negat verbis opus esse; paucis id quidem horis posse sciri, quantum ceteris praestet Lucretia sua. "Quin, si vigor juventae inest, conscendimus equos invisimusque praesentes nostrarum ingenia? id cuique spectatissimum sit, quod necopinato viri adventu occurrerit oculis." Incaluerant vino; "age sane!" omnes.

Citatis equis avolant Romam. Quo cum primis se intendentibus tenebris pervenissent, pergunt inde Collatiam, ubi Lucretiam hautquaquam ut regias nurus, quas in convivio luxuque cum aequalibus viderant tempus terentes, sed nocte sera deditam lanae inter lucubrantes ancillas in medio aedium sedentem inveniunt. Muliebris certaminis laus penes Lucretiam fuit. Adveniens vir Tarquiniique excepti benigne; victor maritus comiter invitat regios juvenes. Ibi Sex. Tarquinium mala libido Lucretiae per vim stuprandae capit; cum forma tum spectata castitas incitat. Et tum quidem ab nocturno juvenali ludo in castra redeunt.

LVIII. Paucis interjectis diebus Sex. Tarquinius, inscio Collatino, cum comite uno Collatiam venit. Ubi exceptus benigne ab ignaris consilii, cum post cenam in hospitale cubiculum deductus esset, amore ardens, postquam satis tuta circa sopitique omnes videbantur, stricto gladio ad dormientem Lucretiam venit, sinistraque manu mulieris pectore oppresso, "tace, Lucretia," inquit, "Sex. Tarquinius sum; ferrum in manu est; moriere, si emiseris vocem." Cum pavida ex somno mulier nullam opem, prope mortem inminentem videret, tum Tarquinius fateri amorem, orare, miscere precibus minas, versare in omnes partes muliebrem animum. Ubi obstinatam videbat et ne mortis quidem metu inclinari, addit ad metum dedecus: cum mortua jugulatum servum nudum positurum ait, ut in sordido adulterio necata dicatur. Quo terrore cum vicisset obstinatam pudicitiam velut victrix libido, profectusque inde Tarquinius ferox expugnato decore muliebri esset, Lucretia maesta tanto malo nuntium Romam eundem ad patrem Ardeamque ad virum mittit, ut cum singulis fidelibus amicis veniant; ita facto maturatoque opus esse; rem atrocem incidisse.

Spurius Lucretius cum P. Valerio, Volesi filio, Collatinus cum L. Junio Bruto venit, cum quo forte Romam rediens ab nuntio uxoris erat conventus. Lucretiam sedentem maestam in cubiculo inveniunt. Adventu suorum lacrimae obortae, quaerentique viro "satin salve?" "minime" inquit, "quid enim salvi est mulieri amissa pudicitia? Vestigia viri alieni, Collatine, in lecto sunt tuo; ceterum corpus est tantum violatum, animus insons; mors testis erit. Sed date dextras fidemque, haud inpune adultero fore. Sex. est Tarquinius, qui, hostis pro hospite, priore nocte vi armatus mihi sibique, si vos viri estis, pestiferum hinc abstulit gaudium." Dant ordine omnes fidem; consolantur aegram animi, avertendo noxam ab coacta in auctorem delicti: mentem peccare, non corpus, et, unde consilium afuerit, culpam abesse. "Vos" inquit "videritis, quid illi debeatur; ego me etsi peccato absolvo, supplicio non libero; nec ulla deinde inpudica Lucretiae exemplo vivet." Cultrum, quem sub veste abditum habebat, eum in corde defigit, prolapsaque in vulnus moribunda cecidit. Conclamat vir paterque.

LIX. Brutus, illis luctu occupatis, cultrum ex volnere Lucretiae extractum manantem cruore prae se tenens, "per hunc" inquit "castissimum ante regiam injuriam sanguinem juro, vosque, dii, testes facio, me L. Tarquinium Superbum, cum scelerata conjuge et omni liberorum stirpe, ferro, igni, quacumque denique vi possim, exacturum, nec illos nec alium quemquam regnare Romae passurum." Cultrum deinde Collatino tradit, inde Lucretio ac Valerio, stupentibus miraculo rei, unde novum in Bruti pectore ingenium. Ut praeceptum erat, jurant; totique ab luctu versi in iram, Brutum, jam inde ad expugnandum regnum vocantem, secuntur ducem. Elatum domo Lucretiae corpus in forum deferunt, concientque miraculo, ut fit, rei novae atque indignitate homines. Pro se quisque scelus regium ac vim queruntur. Movet cum patris maestitia, tum Brutus castigator lacrimarum atque inertium querellarum, auctorque, quod viros, quod Romanos deceret, arma capiendi adversus hostilia ausos. Ferocissimus quisque juvenum cum armis voluntarius adest, sequitur et cetera juventus. Inde parte praesidio relicta Collatiae ad portas custodibusque datis, ne quis eum motum regibus nuntiaret, ceteri armati, duce Bruto, Romam profecti. Ubi eo ventum est, quacumque incedit armata multitudo, pavorem ac tumultum facit; rursus, ubi anteire primores civitatis vident, quidquid sit, haud temere esse rentur. Nec minorem motum animorum Romae tam atrox res facit, quam

Collatiae fecerat; ergo ex omnibus locis urbis in forum curritur. Quo simul ventum est, praeco ad tribunum Celerum, in quo tum magistratu forte Brutus erat, populum advocavit. Ibi oratio habita nequaquam ejus pectoris ingeniique, quod simulatum ad eam diem fuerat, de vi ac libidine Sex. Tarquinii, de stupro infando Lucretiae et miserabili caede, de orbitate Tricipitini, cui morte filiae causa mortis indignior ac miserabilior esset. Addita superbia ipsius regis, miseriaeque et labores plebis in fossas cloacasque exhauriendas demersae; Romanos homines, victores omnium circa populorum, opifices ac lapicidas pro bellatoribus factos. Indigna Servi Tulli regis memorata caedis, et invecta corpori patris nefando vehiculo filia, invocatique ultores parentum dii. His atrocioribusque, credo, aliis, quae praesens rerum indignitas haudquaquam relatu scriptoribus facilia subicit, memoratis, incensam multitudinem perpulit, ut imperium regi abrogaret exulesque esse juberet L. Tarquinium cum conjuge ac liberis. Ipse junioribus, qui ultro nomina dabant, lectis armatisque, ad concitandum inde adversus regem exercitum Ardeam in castra est profectus; imperium in urbe Lucretio, praefecto urbis jam ante ab rege instituto, relinquit. Inter hunc tumultum Tullia domo profugit, exsecrantibus, quacumque incedebat, invocantibusque parentum furias viris mulieribusque.

LX. Harum rerum nuntiis in castra perlatis, cum re nova trepidus rex pergeret Romam ad comprimendos motus, flexit viam Brutus (senserat enim adventum), ne obvius fieret; eodemque fere tempore, diversis itineribus, Brutus Ardeam, Tarquinius Romam venerunt. Tarquinio clausae portae exiliumque indictum; liberatorem urbis laeta castra accepere, exactique inde liberi regis: duo patrem secuti sunt, qui exulatum Caere in Etruscos ierunt; Sextus Tarquinius Gabios, tamquam in suum regnum, profectus, ab ultoribus veterum simultatium, quas sibi ipse caedibus rapinisque concierat, est interfectus.

L. Tarquinius Superbus regnavit annos quinque et viginti. Regnatum Romae ab condita urbe ad liberatam annos ducentos quadraginta quattuor. Duo consules inde comitiis centuriatis a praefecto urbis ex conmentariis Servi Tulli creati sunt, L. Junius Brutus et L. Tarquinius Collatinus.

[PERIOCHA LIBRI XXI.]

[INITIA belli Punici secundi narrantur et Hannibalis ducis Poenorum contra foedus per Hiberum flumen transitus. a quo Saguntum sociorum populi Romani civitas obsessa octavo mense capta est. de quibus iniuriis missi legati ad Carthaginienses qui quererentur. cum satisfacere nollent, bellum eis indictum est. Hannibal superato Pyrenaeo saltu per Gallias fusis Volcis, qui obsistere conati erant ei, et ad Alpes venit et laborioso per eas transitu, cum montanos quoque Gallos obvios aliquot proeliis repulisset, descendit in Italiam et ad Ticinum flumen Romanos equestri proelio fudit. in quo vulneratum P. Cornelium Scipionem protexit filius, qui Africani postea nomen accepit. iterumque exercitu Romano ad flumen Trebiam fuso Hannibal Apenninum quoque permagna vexatione militum propter vim tempestatium transiit. Cn. Cornelius Scipio in Hispania contra Poenos prospere pugnavit duce hostium Magone capto.]

T I T I L I V I

AB VRBE CONDITA

LIBER VICESIMVS PRIMVS.

I. In parte operis mei licet mihi praefari, quod in principio summae totius professi plerique sunt rerum scriptores, bellum maxime omnium memorabile, quae umquam gesta sint, me scripturum, quod Hannibale duce Carthaginienses cum populo Romano gessere. Nam neque validiores opibus ullae inter se civitates gentesque contulerunt arma, neque his ipsis tantum umquam virium aut roboris fuit; et haud ignotas belli artes inter sese, sed expertas primo Punico conserebant bello; et adeo varia fortuna belli ancepsque Mars fuit, ut propius periculum fuerint qui vicerunt. Odiis etiam prope majoribus certârunt quam viribus, Romanis indignantibus, quod victoribus victi ultro inferrent arma, Poenis, quod superbe avareque crederent imperitatum victis esse. Fama est etiam, Hannibalem, annorum ferme novem, pueriliter blandientem patri Hamilcari, ut duceretur in Hispaniam, cum, perfecto Africo bello, exercitum eo trajecturus sacrificaret, altaribus admotum, tactis sacris, jure jurando adactum, se, cum primum posset, hostem fore populo Romano. Angebant ingentis spiritus virum Sicilia Sardiniaque amissae: nam et Siciliam nimis celeri desperatione rerum concessam, et Sardiniam inter motum Africae fraude Romanorum, stipendio etiam insuper inposito, interceptam.

II. His anxius curis ita se Africo bello, quod fuit sub recentem Romanam pacem, per quinque annos, ita deinde novem annis in Hispania augendo Punico imperio gessit, ut appareret majus eum quam quod gereret agitare in animo bellum, et, si diutius vixisset, Hamilcare duce Poenos arma Italiae inlaturos fuisse, quae Hannibalis ductu intulerunt.

Mors Hamilcaris peropportuna et pueritia Hannibalis distulerunt bellum. Medius Hasdrubal inter patrem ac filium octo ferme annos imperium obtinuit, flore aetatis, uti ferunt, primo Hamilcari conciliatus, gener inde ob altam indolem profecto animi adscitus, et, quia gener erat, factionis Barcinae opibus, quae apud milites plebemque plus quam modicae erant, haud sane voluntate principum, in imperio positus. Is, plura consilio quam vi gerens, hospitiis magis regulorum conciliandisque per amicitiam principum novis gentibus quam bello aut armis rem Carthaginiensem auxit. Ceterum nihilo ei pax tutior fuit; barbarus eum quidam palam ob iram interfecti ab eo domini obtruncat; conprensusque ab circumstantibus haud alio quam si evasisset vultu, tormentis quoque cum laceraretur, eo fuit habitu oris, ut, superante laetitia dolores, ridentis etiam speciem praebuerit.

Cum hoc Hasdrubale, quia mirae artis in sollicitandis gentibus imperioque suo jungendis fuerat, foedus renovaverat populus Romanus, ut finis utriusque imperii esset amnis Hiberus, Saguntinisque mediis inter imperia duorum populorum libertas servaretur.

III. In Hasdrubalis locum haud dubia res fuit, quin praerogativa militaris, qua extemplo juvenis Hannibal in praetorium delatus imperatorque ingenti omnium clamore atque adsensu appellatus erat, * * favor plebis sequebatur. Hunc vixdum puberem Hasdrubal litteris ad se accersierat, actaque res etiam in senatu fuerat. Barcinis nitentibus, ut adsuesceret militiae Hannibal atque in paternas succederet opes, Hanno, alterius factionis princeps, "et aequum postulare videtur" inquit "Hasdrubal, et ego tamen non censeo quod petit tribuendum." Cum admiratione tam ancipitis sententiae in se omnis convertisset, "florem aetatis" inquit "Hasdrubal, quem ipse patri Hannibalis fruendum praebuit, justo jure eum a filio repeti censet; nos tamen minime decet juventutem nostram pro militari rudimento adsuefacere libidini praetorum. An hoc timemus, ne Hamilcaris filius nimis sero imperia inmodica et regni paterni speciem videat, et, cujus regis genero hereditarii sint relicti exercitus nostri, ejus filio parum mature serviamus? Ego istum juvenem domi tenendum, sub legibus, sub magistratibus, docendum vivere aequo jure cum ceteris, censeo, ne quandoque parvus hic ignis incendium ingens exsuscitet."

IV. Pauci, ac ferme optimus quisque, Hannoni adsentiebantur; sed, ut plerumque fit, major pars meliorem vicit. Missus Hannibal in Hispaniam primo statim adventu omnem exercitum in se convertit; Hamilcarem juvenem redditum sibi veteres milites credere; eundem vigorem in vultu vimque in oculis, habitum oris lineamentaque intueri. Dein brevi effecit, ut pater in se minimum momentum ad favorem conciliandum esset. Numquam ingenium idem ad res diversissimas, parendum atque imperandum, habilius fuit. Itaque haut facile discerneres, utrum imperatori an exercitui carior esset; neque Hasdrubal alium quemquam praeficere malle, ubi quid fortiter ac strenue agendum esset, neque milites alio duce plus confidere aut audere. Plurimum audaciae ad pericula capessenda, plurimum consilii inter ipsa pericula erat. Nullo labore aut corpus fatigari aut animus vinci poterat. Caloris ac frigoris patientia par; cibi potionisque desiderio naturali, non voluptate modus finitus; vigiliarum somnique nec die nec nocte discriminata tempora; id quod gerendis rebus superesset, quieti datum; ea neque molli strato neque silentio accersita; multi saepe militari sagulo opertum humi jacentem inter custodias stationesque militum conspexerunt. Vestitus nihil inter aequales excellens; arma atque equi conspiciebantur. Equitum peditumque idem longe primus erat; princeps in proelium ibat, ultimus conserto proelio excedebat.

Has tantas viri virtutes ingentia vitia aequabant: inhumana crudelitas, perfidia plus quam Punica, nihil veri, nihil sancti, nullus deûm metus, nullum jus jurandum, nulla religio. Cum hac indole virtutum atque vitiorum triennio sub Hasdrubale imperatore meruit, nulla re, quae agenda videndaque magno futuro duci esset, praetermissa.

V. Ceterum ex quo die dux est declaratus, velut Italia ei provincia decreta bellumque Romanum mandatum esset, nihil prolatandum ratus, ne se quoque, ut patrem Hamilcarem, deinde Hasdrubalem, cunctantem casus aliquis opprimeret, Saguntinis inferre bellum statuit. Quibus oppugnandis, quia haut dubie Romana arma movebantur, in Olcadum prius fines (ultra Hiberum ea gens in parte magis quam in dicione Carthaginiensium erat) induxit exercitum, ut non petisse Saguntinos, sed rerum serie, finitimis domitis gentibus, jungendoque, tractus ad id bellum videri posset. Cartalam urbem opulentam, caput gentis ejus, expugnat diripitque; quo metu perculsae minores civitates stipendio imposito imperium accepere. Victor exercitus opulentusque praeda Carthaginem Novam in hiberna est deductus. Ibi large partiendo praedam stipendioque praeterito cum fide exsolvendo cunctis civium sociorumque animis in se firmatis, vere primo in Vaccaeos promotum bellum. Hermandica et Arbocala, eorum urbes, vi captae. Arbocala et virtute et multitudine oppidanorum diu defensa. Ab Hermandica profugi exulibus Olcadum, priore aestate domitae gentis, cum se junxissent, concitant Carpetanos, adortique Hannibalem regressum ex Vaccaeis haut procul Tago flumine, agmen grave praeda turbavere.

Hannibal proelio abstinuit, castrisque super ripam

positis, cum prima quies silentiumque ab hostibus fuit, amnem vado trajecit, valloque ita producto ut locum ad transgrediendum hostes haberent, invadere eos transeuntes statuit. Equitibus praecepit, ut, cum ingressos aquam viderent, adorirentur impeditum agmen; in ripa elephantos (quadraginta autem erant) disponit. Carpetanorum cum adpendicibus Olcadum Vaccaeorumque centum milia fuere, invicta acies, si aequo dimicaretur campo. Itaque et ingenio feroces et multitudine freti, et, quod metu cessisse credebant hostem, id morari victoriam rati, quod interesset amnis, clamore sublato, passim sine ullius imperio, qua cuique proximum est, in amnem ruunt. Et ex parte altera ripae vis ingens equitum in flumen inmissa, medioque alveo hautquaquam pari certamine concursum, quippe ubi pedes instabilis ac vix vado fidens vel ab inermi equite, equo temere acto, perverti posset, eques corpore armisque liber, equo vel per medios gurgites stabili, comminus eminusque rem gereret. Pars magna flumine absumpta; quidam verticoso amni delati in hostis ab elephantis obtriti sunt. Postremi, quibus regressus in suam ripam tutior fuit, ex varia trepidatione cum in unum colligerentur, priusquam a tanto pavore reciperent animos, Hannibal agmine quadrato amnem ingressus fugam ex ripa fecit, vastatisque agris intra paucos dies Carpetanos quoque in deditionem accepit; et jam omnia trans Hiberum praeter Saguntinos Carthaginiensium erant.

VI. Cum Saguntinis bellum nondum erat, ceterum jam belli causa. Certamina cum finitimis serebantur, maxume Turdetanis. Quibus cum adesset idem qui litis erat sator, nec certamen juris, sed vim quaeri appareret, legati a Saguntinis Romam missi, auxilium ad bellum jam haut dubie inminens orantes.

Consules tunc Romae erant P. Cornelius Scipio et Ti. Sempronius Longus. Qui cum, legatis in senatum introductis, de re publica retulissent, placuissetque mitti legatos in Hispaniam ad res sociorum inspiciendas, quibus si videretur digna causa, et Hannibali denuntiarent ut ab Saguntinis, sociis populi Romani, abstineret, et Carthaginem in Africam traicerent ac sociorum populi Romani querimonias deferrent, — hac legatione decreta necdum missa, omnium spe celerius Saguntum oppugnari adlatum est. Tunc relata de integro res ad senatum; et alii, provincias consulibus Hispaniam atque Africam decernentes, terra marique rem gerendam censebant, alii totum in Hispaniam Hannibalemque intendebant bellum; erant, qui non temere movendam rem tantam, expectandosque ex Hispania legatos, censerent. Haec sententia, quae tutissima videbatur, vicit; legatique eo maturius missi, P. Valerius Flaccus et Q. Baebius Tamphilus, Saguntum ad Hannibalem atque inde Carthaginem, si non absisteretur bello, ad ducem ipsum in poenam foederis rupti deposcendum.

VII. Dum ea Romani parant consultantque, jam Saguntum summa vi oppugnabatur. Civitas ea longe opulentissima ultra Hiberum fuit, sita passus mille ferme a mari. Oriundi a Zacyntho insula dicuntur, mixtique etiam ab Ardea Rutulorum quidam generis; ceterum in tantas brevi creverant opes seu maritimis seu terrestribus fructibus seu multitudinis incremento seu disciplinae sanctitate, qua fidem socialem usque ad perniciem suam coluerunt.

Hannibal infesto exercitu ingressus finis, pervastatis passim agris, urbem tripertito adgreditur. Angulus muri erat in planiorem patentioremque, quam cetera circa, vallem vergens; adversus eum vineas agere instituit, per quas aries moenibus admoveri posset. Sed ut locus procul muro satis aequus agendis vineis fuit, ita hautquaquam prospere, postquam ad effectum operis ventum est, coeptis succedebat. Et turris ingens inminebat, et murus, ut in suspecto loco, supra ceterae modum altitudinis emunitus erat, et juventus delecta, ubi plurimum periculi ac timoris ostendebatur, ibi vi majore obsistebant. Ac primo missilibus submovere hostem, nec quicquam satis tutum munientibus pati; deinde jam non pro moenibus modo atque turri tela micare, sed ad erumpendum etiam in stationes operaque hostium animus erat; quibus tumultuariis certaminibus haud ferme plures Saguntini cadebant quam Poeni. Ut vero Hannibal ipse, dum murum incautius subit, adversum femur tragula graviter ictus cecidit, tanta circa fuga ac trepidatio fuit, ut non multum abesset quin opera ac vineae desererentur.

VIII. Obsidio deinde per paucos dies magis quam oppugnatio fuit, dum vulnus ducis curaretur; per quod tempus ut quies certaminum erat, ita ab apparatu operum ac munitionum nihil cessatum. Itaque acrius de integro coortum est bellum, pluribusque partibus (vix accipientibus quibusdam opera locis) vineae coeptae agi admoverique aries. Abundabat multitudine hominum Poenus (ad centum quinquaginta milia habuisse in armis satis creditur); oppidani ad omnia tuenda atque obeunda multifariam distineri coepti sunt; non sufficiebant itaque. Jam feriebantur arietibus muri, quassataeque multae partes erant; una continentibus ruinis nudaverat urbem; tris deinceps turris, quantumque inter eas muri erat, cum fragore ingenti prociderunt. Captum oppidum ea ruina crediderant Poeni; qua, velut si pariter utrosque murus texisset, ita utrimque in pugnam procursum est. Nihil tumultuariae pugnae simile erat, quales in oppugnationibus urbium per occasionem partis alterius conseri solent; sed justae acies, velut patenti campo, inter ruinas muri tectaque urbis modico distantia intervallo constiterant. Hinc spes, hinc desperatio animos inritat; Poeno cepisse jam se urbem, si paulum adnitatur, credente; Saguntinis pro nudata moenibus patria corpora opponentibus, nec ullo pedem referente, ne in relictum a se locum hostem inmitteret. Itaque quo acrius et conferti magis utrimque pugnabant, eo plures vulnerabantur, nullo inter arma corporaque vano intercidente telo. Phalarica erat Saguntinis, missile telum hastili abiegno et cetera tereti praeterquam ad extremum, unde ferrum extabat; id, sicut in pilo, quadratum stuppa circumligabant, linebantque pice; ferrum autem tres longum habebat pedes, ut cum armis transfigere corpus posset. Sed id maxime, etiam si haesisset in scuto nec penetrasset in corpus, pavorem faciebat, quod, cum medium accensum mitteretur, conceptumque ipso motu multo majorem ignem ferret, arma omitti cogebat, nudumque militem ad insequentes ictus praebebat.

IX. Cum diu anceps fuisset certamen, et Saguntinis, quia praeter spem resisterent, crevissent animi, Poenus, quia non vicisset, pro victo esset, clamorem repente oppidani tollunt, hostemque in ruinas muri expellunt, inde inpeditum trepidantemque exturbant, postremo fusum fugatumque in castra redigunt.

Interim ab Roma legatos venisse nuntiatum est; quibus obviam ad mare missi ab Hannibale, qui dicerent, nec tuto eos adituros inter tot tam effrenatarum gentium arma, nec Hannibali in tanto discrimine rerum operae esse legationes audire. Apparebat, non admissos, Carthaginem protinus ituros. Litteras igitur nuntiosque ad principes factionis Barcinae praemittit, ut praepararent suorum animos, ne quid pars altera gratificari populo Romano posset.

X. Itaque, praeterquam quod admissi auditique sunt, ea quoque vana atque inrita legatio fuit. Hanno unus adversus senatum causam foederis, magno silentio propter auctoritatem suam, non cum adsensu audientium, egit, per deos foederum arbitros ac testis senatum obtestans, ne Romanum cum Saguntino suscitarent bellum: 'monuisse, praedixisse se, ne Hamilcaris progeniem ad exercitum mitterent; non manes, non stirpem ejus conquiescere viri, nec umquam, donec sanguinis nominisque Barcini quisquam supersit, quietura Romana foedera. "Juvenem flagrantem cupidine regni, viamque unam ad id cernentem, si ex bellis bella serendo, succinctus armis legionibusque vivat, velut materiam igni praebentes, ad exercitus misistis. Aluistis ergo hoc incendium, quo nunc ardetis. Saguntum vestri circumsedent exercitus, unde arcentur foedere; mox Carthaginem circumsedebunt Romanae legiones, ducibus isdem diis, per quos priore bello rupta foedera sunt ulti. Utrum hostem an vos an fortunam utriusque populi ignoratis? Legatos ab sociis et pro sociis venientes bonus imperator vester in castra non admisit; jus gentium sustulit; hi tamen, unde ne hostium quidem legati arcentur, pulsi, ad nos venerunt; res ex foedere repetuntur; ut publica fraus absit, auctorem culpae et reum criminis deposcunt. Quo lenius agunt, segnius incipiunt, eo, cum coeperint, vereor ne perseverantius saeviant. Aegatis insulas Erycemque ante oculos proponite, quae terra marique per quattuor et viginti annos passi sitis. Nec puer hic dux erat, sed pater ipse Hamilcar, Mars alter, ut isti volunt; sed Tarento, id est Italia, non abstinueramus ex foedere, sicut nunc Sagunto non abstinemus. Vicerunt ergo dii homines, et id de quo verbis ambigebatur, uter populus foedus rupisset, eventus belli, velut aequus judex, unde jus stabat, ei victoriam dedit. Carthagini nunc Hannibal vineas turresque admovet, Carthaginis moenia quatit ariete. Sagunti ruinae (falsus utinam vates sim!) nostris capitibus incident, susceptumque cum Saguntinis bellum habendum cum Romanis est. Dedemus ergo Hannibalem? dicet aliquis. Scio meam levem esse in eo auctoritatem propter paternas inimicitias; sed et Hamilcarem eo perisse laetatus sum, quod, si ille viveret, bellum jam haberemus cum Romanis, et hunc juvenem tamquam furiam facemque hujus belli odi ac detestor; nec dedendum solum ad piaculum rupti foederis, sed, si nemo deposcat, devehendum in ultimas maris terrarumque oras, ablegandum eo, unde nec ad nos nomen famaque ejus accidere neque ille sollicitare quietae civitatis statum possit. Ego ita censeo, legatos extemplo Romam mittendos qui senatui satisfaciant; alios qui Hannibali nuntient ut exercitum ab Sagunto abducat, ipsumque Hannibalem ex foedere Romanis dedant; tertiam legationem ad res Saguntinis reddendas decerno."

XI. Cum Hanno perorasset, nemini omnium certare oratione cum eo necesse fuit; adeo prope omnis senatus Hannibalis erat, infestiusque locutum arguebant Hannonem quam Flaccum Valerium, legatum Romanum. Responsum inde legatis Romanis est, 'bellum ortum ab Saguntinis, non ab Hannibale esse; populum Romanum injuste facere, si Saguntinos vetustissimae Carthaginiensium societati praeponat.'

Dum Romani tempus terunt legationibus mittendis, Hannibal, quia fessum militem proeliis operibusque habebat, paucorum iis dierum quietem dedit, stationibus ad custodiam vinearum aliorumque operum dispositis. Interim animos eorum nunc ira in hostis stimulando, nunc spe praemiorum accendit; ut vero pro contione praedam captae urbis edixit militum fore, adeo accensi omnes sunt, ut, si extemplo signum datum esset, nulla vi resisti videretur posse. Saguntini ut a proeliis quietem habuerant, nec lacessentes nec lacessiti per aliquot dies, ita non nocte non die umquam cessaverant ab opere, ut novum murum ab ea parte, qua patefactum oppidum ruinis erat, reficerent. Inde oppugnatio eos aliquanto atrocior quam ante adorta est, nec, qua primum aut potissimum parte ferrent opem, cum omnia variis clamoribus streperent, satis scire poterant. Ipse Hannibal, qua turris mobilis, omnia munimenta urbis superans altitudine, agebatur, hortator aderat. Quae cum admota, catapultis ballistisque per omnia tabulata dispositis, muros defensoribus nudasset, tum Hannibal occasionem ratus, quingentos ferme Afros cum dolabris ad subruendum ab imo murum mittit. Nec erat difficile opus, quod caementa non calce durata erant, sed interlita luto, structurae antiquae genere. Itaque latius quam qua caederetur ruebat, perque patentia ruinis agmina armatorum in urbem vadebant. Locum quoque editum capiunt, conlatisque eo catapultis ballistisque, ut castellum in ipsa urbe velut arcem inminentem haberent, muro circumdant. Et Saguntini murum interiorem ab nondum capta parte urbis ducunt. Utrimque summa vi et muniunt et pugnant; sed, interiora tuendo, minorem in dies urbem Saguntini faciunt. Simul crescit inopia omnium longa obsidione, et minuitur expectatio externae opis, cum tam procul Romani, unica spes, circa omnia hostium essent. Paulisper tamen adfectos animos recreavit repentina profectio Hannibalis in Oretanos Carpetanosque, qui duo populi, dilectus acerbitate consternati, retentis conquisitoribus, metum defectionis cum praebuissent, oppressi celeritate Hannibalis omiserunt mota arma.

XII. Nec Sagunti oppugnatio segnior erat, Maharbale Himilconis filio (eum praefecerat Hannibal) ita inpigre rem agente, ut ducem abesse nec cives nec hostes sentirent. Is et proelia aliquot secunda fecit, et tribus arietibus aliquantum muri discussit, strataque omnia recentibus ruinis advenienti Hannibali ostendit. Itaque ad ipsam arcem extemplo ductus exercitus, atroxque proelium cum multorum utrimque caede initum, et pars arcis capta est.

Temptata deinde per duos est exigua pacis spes, Alconem Saguntinum et Alorcum Hispanum. Alco, insciis Saguntinis, precibus aliquid moturum ratus, cum ad Hannibalem noctu transisset, postquam nihil lacrimae movebant condicionesque tristes ut ab irato victore ferebantur, transfuga ex oratore factus apud hostem mansit, moriturum adfirmans qui sub condicionibus iis de pace ageret. Postulabatur autem, redderent res Turdetanis, traditoque omni auro atque argento, egressi urbe cum singulis vestimentis ibi habitarent ubi Poenus jussisset. Has pacis leges abnuente Alcone accepturos Saguntinos, Alorcus, vinci animos, ubi alia vincantur, adfirmans, se pacis ejus interpretem fore pollicetur; erat autem tum miles Hannibalis, ceterum publice Saguntinis amicus atque hospes. Tradito palam telo custodibus hostium, transgressus munimenta ad praetorem Saguntinum (et ipse ita jubebat) est deductus. Quo cum extemplo concursus omnis generis hominum esset factus, submota cetera multitudine, senatus Alorco datus est, cujus talis oratio fuit:

XIII. "Si civis vester Alco, sicut ad pacem petendam ad Hannibalem venit, ita pacis condiciones ab Hannibale ad vos retulisset, supervacaneum hoc mihi fuisset iter, quo nec orator Hannibalis nec transfuga ad vos veni; sed cum ille aut vestra aut sua culpa manserit apud hostem (sua, si metum simulavit, vestra, si periculum est apud vos vera referentibus), ego, ne ignoraretis esse aliquas et salutis et pacis vobis condiciones, pro vetusto hospitio, quod mihi vobiscum est, ad vos veni. Vestra autem causa me, nec ullius alterius, loqui quae loquor apud vos, vel ea fides sit, quod neque dum vestris viribus restitistis, neque dum auxilia ab Romanis sperastis, pacis umquam apud vos mentionem feci. Postquam nec ab Romanis vobis ulla est spes, nec vestra vos jam aut arma aut moenia satis defendunt, pacem adfero ad vos magis necessariam quam aequam. Cujus ita aliqua spes est, si eam, quem ad modum ut victor fert Hannibal, sic vos ut victi audietis, et non id quod amittitur in damno, cum omnia victoris sint, sed quidquid relinquitur pro munere, habituri estis. Urbem vobis, quam ex magna parte dirutam, captam fere totam habet, adimit, agros relinquit, locum adsignaturus in quo novum oppidum aedificetis: aurum et argentum omne, publicum privatumque, ad se jubet deferri: corpora vestra, conjugum ac liberorum vestrorum, servat inviolata, si inermes cum binis vestimentis velitis ab Sagunto exire. Haec victor hostis imperat; haec, quamquam sunt gravia atque acerba, fortuna vestra vobis suadet. Equidem haud despero, cum omnium potestas ei facta sit, aliquid ex his rebus remissurum; sed vel haec patienda censeo, potius quam trucidari corpora vestra, rapi trahique ante ora vestra conjuges ac liberos belli jure sinatis."

XIV. Ad haec audienda, cum, circumfusa paulatim multitudine, permixtum senatui esset populi concilium, repente primores, secessione facta, priusquam responsum daretur, argentum aurumque omne ex publico privatoque, in forum conlatum in ignem ad id raptim factum conicientes, eodem plerique semet ipsi praecipitaverunt. Cum ex eo pavor ac trepidatio totam urbem pervasisset, alius insuper tumultus ex arce auditur. Turris diu quassata prociderat, perque ruinam ejus cohors Poenorum, impetu facto cum signum imperatori dedisset nudatam stationibus custodiisque solitis hostium esse urbem, non cunctandum in tali occasione ratus Hannibal, totis viribus adgressus urbem, momento cepit, signo dato, ut omnes puberes interficerentur. Quod imperium crudele, ceterum prope necessarium cognitum ipso eventu est: cui enim parci potuit ex iis, qui aut inclusi cum conjugibus ac liberis domos super se ipsos concremaverunt, aut armati nullum ante finem pugnae quam morientes fecerunt?

XV. Captum oppidum est cum ingenti praeda. Quamquam pleraque ab dominis de industria corrupta erant, et in caedibus vix ullum discrimen aetatis ira fecerat, et captivi militum praeda fuerant, tamen et ex pretio rerum venditarum aliquantum pecuniae redactum esse constat, et multam pretiosam supellectilem vestemque missam Carthaginem.

Octavo mense quam coeptum oppugnari captum Saguntum quidam scripsere; inde Carthaginem Novam in hiberna Hannibalem concessisse; quinto deinde mense quam ab Carthagine profectus sit in Italiam pervenisse. Quae si ita sunt, fieri non potuit ut P. Cornelius Ti. Sempronius consules fuerint, ad quos et principio oppugnationis legati Saguntini missi sint, et qui, in suo magistratu cum Hannibale, alter ad Ticinum amnem, ambo aliquanto post ad Trebiam, pugnaverint. Aut omnia breviora aliquanto fuere, aut Saguntum principio anni quo P. Cornelius Ti. Sempronius consules fuerunt, non coeptum oppugnari est, sed captum. Nam excessisse pugna ad Trebiam in annum Cn. Servili et C. Flamini non potest, quia C. Flaminius Arimini consulatum iniit, creatus a Ti. Sempronio consule, qui post pugnam ad Trebiam ad creandos consules Romam cum venisset, comitiis perfectis ad exercitum in hiberna rediit.

XVI. Sub idem fere tempus et legati, qui redierant ab Carthagine, Romam retulerunt omnia hostilia esse, et Sagunti excidium nuntiatum est; tantusque simul maeror patres misericordiaque sociorum peremptorum indigne et pudor non lati auxilii et ira in Carthaginienses metusque de summa rerum cepit, velut si jam ad portas hostis esset, ut tot uno tempore motibus animi turbati trepidarent magis quam consulerent: nam neque hostem acriorem bellicosioremque secum congressum, nec rem Romanam tam desidem umquam fuisse atque inbellem. Sardos Corsosque et Histros atque Illyrios lacessisse magis quam exercuisse Romana arma, et cum Gallis tumultuatum verius quam belligeratum: Poenum, hostem veteranum, trium et viginti annorum militia durissima inter Hispanas gentes semper victorem, duci acerrimo adsuetum, recentem ab excidio opulentissimae urbis, Hiberum transire; trahere secum tot excitos Hispanorum populos; conciturum avidas semper armorum Gallicas gentes: cum orbe terrarum bellum gerendum in Italia ac pro moenibus Romanis esse.

XVII. Nominatae jam antea consulibus provinciae erant; tum sortiri jussi. Cornelio Hispania, Sempronio Africa cum Sicilia evenit. Sex in eum annum decretae legiones, et socium quantum ipsis videretur, et classis quanta parari posset. Quattuor et viginti peditum Romanorum milia scripta et mille octingenti equites, sociorum quadraginta milia peditum, quattuor milia et quadringenti equites;

naves ducentae viginti quinqueremes, celoces viginti deducti. Latum inde ad populum, vellent juberent populo Carthaginiensi bellum indici; ejusque belli causa supplicatio per urbem habita atque adorati dii, ut bene ac feliciter eveniret quod bellum populus Romanus jussisset.

Inter consules ita copiae divisae: Sempronio datae legiones duae (ea quaterna milia erant peditum et treceni equites) et sociorum sedecim milia peditum, equites mille octingenti; naves longae centum sexaginta, celoces duodecim. Cum his terrestribus maritimisque copiis Ti. Sempronius missus in Siciliam, ita in Africam transmissurus, si ad arcendum Italia Poenum consul alter satis esset. Cornelio minus copiarum datum, quia L. Manlius praetor et ipse cum haud invalido praesidio in Galliam mittebatur; navium maxime Cornelio numerus deminutus; sexaginta quinqueremes datae (neque enim mari venturum aut ea parte belli dimicaturum hostem credebant) et duae Romanae legiones cum suo justo equitatu et quattuordecim milibus sociorum peditum, equitibus mille sexcentis. Duas legiones Romanas et decem milia sociorum peditum, mille equites socios, sexcentos Romanos Gallia provincia eodem versa in Punicum bellum habuit.

XVIII. His ita conparatis, ut omnia justa ante bellum fierent, legatos majores natu, Q. Fabium, M. Livium, L. Aemilium, C. Licinium, Q. Baebium, in Africam mittunt ad percunctandos Carthaginienses, publicone consilio Hannibal Saguntum oppugnasset, et si, id quod facturi videbantur, faterentur ac defenderent publico consilio factum, ut indicerent populo Carthaginiensi bellum. Romani postquam Carthaginem venerunt, cum senatus datus esset, et Q. Fabius nihil ultra quam unum quod mandatum erat percunctatus esset, tum ex Carthaginiensibus unus: "praeceps vestra, Romani, et prior legatio fuit, cum Hannibalem tamquam suo consilio Saguntum oppugnantem deposcebatis; ceterum haec legatio verbis adhuc lenior est, re asperior. Tunc enim Hannibal et insimulabatur et deposcebatur; nunc ab nobis et confessio culpae exprimitur, et, ut a confessis, res extemplo repetuntur. Ego autem non, 'privato publicone consilio Saguntum oppugnatum sit,' quaerendum censeam, sed 'utrum jure an injuria;' nostra enim haec quaestio atque animadversio in civem nostrum est, quid nostro aut suo fecerit arbitrio; vobiscum una disceptatio est, licueritne per foedus fieri. Itaque quoniam discerni placet, quid publico consilio, quid sua sponte imperatores faciant, nobis vobiscum foedus est a C. Lutatio consule ictum, in quo cum caveretur utrorumque sociis, nihil de Saguntinis (necdum enim erant socii vestri) cautum est. 'At enim eo foedere, quod cum Hasdrubale ictum est, Saguntini excipiuntur.' Adversus quod ego nihil dicturus sum, nisi quod a vobis didici: vos enim quod C. Lutatius consul primo nobiscum foedus icit, quia neque auctoritate patrum nec populi jussu ictum erat, negastis vos eo teneri, itaque aliud de integro foedus publico consilio ictum est. Si vos non tenent foedera vestra nisi ex auctoritate aut jussu vestro icta, ne nos quidem Hasdrubalis foedus, quod nobis insciis icit, obligare potuit. Proinde omittite Sagunti atque Hiberi mentionem facere, et quod diu parturit animus vester aliquando pariat."

Tum Romanus, sinu ex toga facto, "hic" inquit "vobis bellum et pacem portamus; utrum placet, sumite." Sub hanc vocem haut minus ferociter, 'daret utrum vellet,' subclamatum est. Et cum is iterum, sinu effuso, bellum dare dixisset, accipere se omnes responderunt, et, quibus acciperent animis, îsdem se gesturos.

XIX. Haec derecta percunctatio ac denuntiatio belli magis ex dignitate populi Romani visa est quam de foederum jure verbis disceptare, cum ante, tum maxime Sagunto excisa. Nam si verborum disceptationis res esset, quid foedus Hasdrubalis cum Lutatii priore foedere, quod mutatum est, conparandum erat? cum in Lutati foedere diserte additum esset, ita id ratum fore, si populus scivisset, in Hasdrubalis foedere nec exceptum tale quicquam fuerit, et tot annorum silentio ita vivo eo conprobatum sit foedus, ut ne mortuo quidem auctore quicquam mutaretur. Quamquam, et si priore foedere staretur, satis cautum erat Saguntinis, sociis utrorumque exceptis; nam neque additum erat 'iis qui tunc essent,' nec 'ne qui postea adsumerentur.' Et cum adsumere novos liceret socios, quis aequum censeret aut ob nulla quemquam merita in amicitiam recipi, aut receptos in fidem non defendi? tantum ne Carthaginiensium socii aut sollicitarentur ad defectionem, aut sua sponte desciscentes reciperentur.

Legati Romani ab Carthagine, sicut iis Romae imperatum erat, in Hispaniam, ut adirent civitates et in societatem perlicerent aut averterent a Poenis, trajecerunt. Ad Bargusios primum venerunt, a quibus benigne excepti, quia taedebat imperii Punici; multos trans Hiberum populos ad cupidinem novae fortunae erexerunt. Ad Volcianos inde est ventum, quorum celebre per Hispaniam responsum ceteros populos ab societate Romana avertit. Ita enim maximus natu ex iis in concilio respondit: "quae verecundia est, Romani, postulare vos, uti vestram Carthaginiensium amicitiae praeponamus, cum qui id fecerunt, Saguntinos, crudelius quam Poenus hostis perdidit, vos socii prodideritis? Ibi quaeratis socios censeo, ubi Saguntina clades ignota est. Hispanis populis, sicut lugubre, ita insigne documentum Sagunti ruinae erunt, ne quis fidei Romanae aut societati confidat." Inde extemplo abire finibus Volcianorum jussi, ab nullo deinde concilio Hispaniae benigniora verba tulere. Ita nequiquam peragrata Hispania in Galliam transeunt.

XX. In iis nova terribilisque species visa est, quod armati (ita mos gentis erat) in concilium venerunt. Cum verbis extollentes gloriam virtutemque populi Romani ac magnitudinem imperii, petissent, ne Poeno bellum Italiae inferenti per agros urbesque suas transitum darent, tantus cum fremitu risus dicitur ortus, ut vix a magistratibus majoribusque natu juventus sedaretur; adeo stolida inpudensque postulatio visa est, censere, ne in Italiam transmittant Galli bellum, ipsos id avertere in se, agrosque suos pro alienis populandos obicere. Sedato tandem fremitu, responsum legatis est, neque Romanorum in se meritum esse neque Carthaginiensium injuriam, ob quae aut pro Romanis aut adversus Poenos sumant arma; contra ea audire sese, gentis suae homines agro finibusque Italiae pelli a populo Romano stipendiumque pendere et cetera indigna pati. Eadem ferme in ceteris Galliae conciliis dicta auditaque; nec hospitale quicquam pacatumve satis prius auditum quam Massiliam venere. Ibi omnia ab sociis inquisita cum cura ac fide cognita: praeoccupatos jam ante ab Hannibale Gallorum animos esse; sed ne illi quidem ipsi satis mitem gentem fore (adeo ferocia atque indomita ingenia esse), ni subinde auro, cujus avidissima gens est, principum animi concilientur. Ita peragratis Hispaniae et Galliae populis, legati Romam redeunt, haud ita multo post quam consules in provincias profecti erant. Civitatem omnem expectatione belli erectam invenerunt, satis constante fama jam Hiberum Poenos tramisisse.

XXI. Hannibal Sagunto capto Carthaginem Novam in hiberna concesserat, ibique auditis quae Romae quaeque Carthagine acta decretaque forent, seque non ducem solum sed etiam causam esse belli, partitis divenditisque reliquiis praedae, nihil ultra differendum ratus, Hispani generis milites convocat. "Credo ego vos," inquit, "socii, et ipsos cernere, pacatis omnibus Hispaniae populis, aut finiendam nobis militiam exercitusque dimittendos esse, aut in alias terras transferendum bellum; ita enim hae gentes non pacis solum sed etiam victoriae bonis florebunt, si ex aliis gentibus praedam et gloriam quaeremus. Itaque cum longinqua a domo instet militia, incertumque sit, quando domos vestras et quae cuique ibi cara sunt visuri sitis, si quis vestrum suos invisere volt, commeatum do. Primo vere edico adsitis, ut, diis bene juvantibus, bellum ingentis gloriae praedaeque futurum incipiamus."

Omnibus fere visendi domos oblata ultro potestas grata erat, et jam desiderantibus suos et longius in futurum providentibus desiderium. Per totum tempus hiemis quies inter labores aut jam exhaustos aut mox exhauriendos renovavit corpora animosque ad omnia de integro patienda. Vere primo ad edictum convenere.

Hannibal, cum recensuisset omnium gentium auxilia, Gadis profectus Herculi vota exsolvit, novisque se obligat votis, si cetera prospera evenissent. Inde partiens curas simul *in* inferendum atque arcendum bellum, ne, dum ipse terrestri per Hispaniam Galliasque itinere Italiam peteret, nuda apertaque Romanis Africa ab Sicilia esset, valido praesidio firmare eam statuit; pro eo supplementum ipse ex Africa maxime jaculatorum, levium armis, petiit, ut Afri in Hispania, Hispani in Africa, melior procul ab domo futurus uterque miles, velut mutuis pigneribus obligati, stipendia facerent. Tredecim milia octingentos quinquaginta pedites cetratos misit in Africam, et funditores Baleares octingentos septuaginta, equites mixtos ex multis gentibus mille ducentos. Has copias partim Carthagini praesidio esse, partim distribui per Africam jubet. Simul conquisitoribus in civitates missis, quattuor milia conscripta delectae juventutis, praesidium eosdem et obsides, duci Carthaginem jubet.

XXII. Neque Hispaniam neglegendam ratus, atque id eo minus, quod haud ignarus erat, circumitam ab Romanis eam legatis ad sollicitandos principum animos, Hasdrubali fratri, viro inpigro, eam provinciam destinat, firmatque eum Africis maxime praesidiis, peditum Afrorum undecim milibus octingentis quinquaginta, Liguribus trecentis, Baliaribus *quingentis*. Ad haec peditum auxilia additi equites Libyphoenices, mixtum Punicum Afris genus, quadringenti *quinquaginta*, et Numidae Maurique, accolae Oceani, ad mille octingenti, et parva Ilergetum manus ex Hispania, ducenti equites, et, ne quod terrestris deesset auxilii genus, elephanti viginti unus. Classis praeterea data ad tuendam maritumam oram, (quia, qua parte belli vicerant, ea tum quoque rem gesturos Romanos credi poterat,) quinquaginta quinqueremes, quadriremes duae, triremes quinque; sed aptae instructaeque remigio triginta et duae quinqueremes erant et triremes quinque.

Ab Gadibus Carthaginem ad hiberna exercitus rediit; atque inde profectus praeter † Omissam urbem ad Hiberum maritima ora ducit. Ibi fama est in quiete visum ab eo juvenem divina specie, qui se ab Jove diceret ducem in Italiam Hannibali missum: proinde sequeretur, neque usquam a se deflecteret oculos. Pavidum primo, nusquam circumspicientem aut respicientem, secutum; deinde cura ingenii humani, cum, quidnam id esset quod respicere vetitus esset, agitaret animo, temperare oculis nequivisse; tum vidisse post sese serpentem mira magnitudine cum ingenti arborum ac virgultorum strage ferri, ac post insequi cum fragore caeli nimbum. Tum, quae moles ea quidve prodigii esset, quaerentem audisse, vastitatem Italiae esse; pergeret porro ire, nec ultra inquireret, sineretque fata in occulto esse.

XXIII. Hoc visu laetus tripertito Hiberum copias trajecit, praemissis qui Gallorum animos, qua traducendus exercitus erat, donis conciliarent, Alpiumque transitus specularentur. Nonaginta milia peditum, duodecim milia equitum Hiberum traduxit. Ilergetes inde Bargusiosque et Ausetanos et Lacetaniam, quae subjecta Pyrenaeis montibus est, subegit, oraeque huic omni praefecit Hannonem, ut fauces, quae Hispanias Galliis jungunt, in potestate essent. Decem milia peditum Hannoni ad praesidium obtinendae regionis data, et mille equites. Postquam per Pyrenaeum saltum traduci exercitus est coeptus, rumorque per barbaros manavit certior de bello Romano, tria milia inde Carpetanorum peditum iter averterunt. Constabat non tam bello motos, quam longinquitate viae insuperabilique Alpium transitu. Hannibal, quia revocare aut vi retinere eos anceps erat, ne ceterorum etiam feroces animi inritarentur, supra septem milia hominum domos remisit, quos et ipsos gravari militia senserat, Carpetanos quoque ab se dimissos simulans.

XXIV. Inde, ne mora atque otium animos sollicitaret, cum reliquis copiis Pyrenaeum transgreditur, et ad oppidum Iliberri castra locat. Galli quamquam Italiae bellum inferri audiebant, tamen, quia vi subactos trans Pyrenaeum Hispanos fama erat praesidiaque valida inposita, metu servitutis ad arma consternati Ruscinonem aliquot populi conveniunt. Quod ubi Hannibali nuntiatum est, moram magis quam bellum metuens, oratores ad regulos eorum misit, conloqui semet ipsum cum iis velle; [et] vel illi propius Iliberrim accederent, vel se Ruscinonem processurum, ut ex propinquo congressus facilior esset; nam et accepturum eos in castra sua se laetum, nec cunctanter se ipsum ad eos venturum; hospitem enim se Galliae, non hostem, advenisse, nec stricturum ante gladium, si per Gallos liceat, quam in Italiam venisset. Et per nuntios quidem haec; ut vero reguli Gallorum, castris ad Iliberrim extemplo motis, haud gravanter ad Poenum venerunt, capti donis cum bona pace exercitum per finis suos praeter Ruscinonem oppidum transmiserunt.

XXV. In Italiam interim nihil ultra, quam Hiberum transisse Hannibalem, a Massiliensium legatis Romam perlatum erat, cum, perinde ac si Alpis jam transisset, Boii sollicitatis Insubribus defecerunt, nec tam ob veteres in populum Romanum iras, quam quod nuper circa Padum Placentiam Cremonamque colonias in agrum Gallicum deductas aegre patiebantur. Itaque armis repente arreptis, in eum ipsum agrum impetu facto, tantum terroris ac tumultus fecerunt, ut non agrestis modo multitudo, sed ipsi triumviri Romani, qui ad agrum venerant adsignandum, diffisi Placentiae moenibus Mutinam confugerint, C. Lutatius, C. Servilius, M. Annius. Lutati nomen haud dubium est; pro Annio Servilioque M'. Acilium et C. Herennium habent quidam annales, alii P. Cornelium Asinam et C. Papirium Masonem. Id quoque dubium est, legati ad expostulandum missi ad Boios violati sint, an in triumviros agrum metantis impetus sit factus.

Mutinae cum obsiderentur, et gens ad oppugnandarum urbium artes rudis, pigerrima eadem ad militaria opera, segnis intactis adsideret muris, simulari coeptum de pace agi; evocatique ab Gallorum principibus legati ad conloquium, non contra jus modo gentium, sed violata etiam, quae data in id tempus erat, fide, conprehenduntur, negantibus Gallis, nisi obsides sibi redderentur, eos dimissuros. Cum haec de legatis nuntiata essent et Mutina praesidiumque in periculo esset, L. Manlius praetor ira accensus effusum agmen ad Mutinam ducit. Silvae tunc circa viam erant, plerisque incultis. Ibi, inexplorato profectus, in insidias praecipitat, multaque cum caede suorum aegre in apertos campos emersit. Ibi castra communita, et, quia Gallis ad temptanda ea defuit spes, refecti sunt militum animi, quamquam ad [quingentos] cecidisse satis constabat. Iter deinde de integro coeptum, nec, dum per patentia loca ducebatur agmen, apparuit hostis; ubi rursus silvae intratae, tum postremos adorti cum magna trepidatione ac pavore omnium septingentos milites occiderunt, sex signa ademere. Finis et Gallis territandi et pavendi fuit Romanis, ut e saltu invio atque inpedito evasere. Inde apertis locis facile tutantes agmen Romani Tannetum, vicum propincum Pado, contendere. Ibi se munimento ad tempus commeatibusque fluminis et

Brixianorum etiam Gallorum auxilio adversus crescentem in dies multitudinem hostium tutabantur.

XXVI. Qui tumultus repens postquam est Romam perlatus, et Punicum insuper Gallico bellum auctum patres acceperunt, C. Atilium praetorem cum una legione Romana et quinque milibus sociorum, dilectu novo a consule conscriptis, auxilium ferre Manlio jubent; qui sine ullo certamine (abscesserant enim metu hostes) Tannetum pervenit.

Et P. Cornelius, in locum ejus, quae missa cum praetore erat, scripta legione nova, profectus ab urbe sexaginta longis navibus, praeter oram Etruriae Ligurumque et inde Salyum montis pervenit Massiliam, et ad proxumum ostium Rhodani (pluribus enim divisus amnis in mare decurrit) castra locat, vixdum satis credens Hannibalem superasse Pyrenaeos montis. Quem ut de Rhodani quoque transitu agitare animadvertit, incertus, quonam ei loco occurreret, necdum satis refectis ab jactatione marituma militibus, trecentos interim delectos equites ducibus Massiliensibus et auxiliaribus Gallis ad exploranda omnia visendosque ex tuto hostes praemittit. Hannibal, ceteris metu aut pretio pacatis, jam in Volcarum pervenerat agrum, gentis validae. Colunt autem circa utramque ripam Rhodani; sed diffisi citeriore agro arceri Poenum posse, ut flumen pro munimento haberent, omnibus ferme suis trans Rhodanum trajectis, ulteriorem ripam amnis armis obtinebant. Ceteros accolas fluminis Hannibal et eorum ipsorum, quos sedes suae tenuerant, simul perlicit donis ad naves undique contrahendas fabricandasque, simul et ipsi traici exercitum levarique quam primum regionem suam tanta hominum urgente turba cupiebant. Itaque ingens coacta vis navium est lintriumque temere ad vicinalem usum paratarum; novasque alias primum Galli inchoantes cavabant ex singulis arboribus, deinde et ipsi milites, simul copia materiae simul facilitate operis inducti, alveos informes, nihil dummodo innare aquae et capere onera possent curantes, raptim, quibus se suaque transveherent, faciebant.

XXVII. Jamque omnibus satis conparatis ad traiciendum, terrebant ex adverso hostes, omnem ripam equites virique obtinentes; quos ut averteret, Hannonem Bomilcaris filium vigilia prima noctis cum parte copiarum, maxime Hispanis, adverso flumine ire iter unius diei jubet, et, ubi primum possit, quam occultissime trajecto amni, circumducere agmen, ut, cum opus facto sit, adoriatur ab tergo hostem. Ad id dati duces Galli edocent, inde milia quinque et viginti ferme supra parvae insulae circumfusum amnem latiore, ubi dividebatur, eoque minus alto alveo transitum ostendere. Ibi raptim caesa materia ratesque fabricatae, in quibus equi virique et alia onera traicerentur. Hispani sine ulla mole, in utres vestimentis conjectis, ipsi caetris superpositis incubantes flumen tranavere. Et alius exercitus ratibus junctis trajectus, castris prope flumen positis, nocturno itinere atque operis labore fessus quiete unius diei reficitur, intento duce ad consilium opportune exsequendum. Postero die profecti ex loco edito fumo significant transisse *se* et haud procul abesse; quod ubi accepit Hannibal, ne tempori deesset, dat signum ad traiciendum. Jam paratas aptatasque habebat pedes lintres, eques fere propter equos naves. Navium agmen ad excipiendum adversi impetum fluminis parte superiore transmittens, tranquillitatem infra traicientibus lintribus praebebat. Equorum pars magna nantes loris a puppibus trahebantur, praeter eos, quos instratos frenatosque, ut extemplo egresso in ripam equiti usui essent, inposuerant in naves.

XXVIII. Galli occursant in ripa cum variis ululatibus cantuque moris sui, quatientes scuta super capita vibrantesque dexteris tela, quamquam et ex adverso terrebat tanta vis navium cum ingenti sono fluminis et clamore vario nautarum militumque, et qui nitebantur perrumpere impetum fluminis et qui ex altera ripa traicientes suos hortabantur. Jam satis paventes adverso tumultu terribilior ab tergo adortus clamor, castris ab Hannone captis. Mox et ipse aderat, ancepsque terror circumstabat, et e navibus tanta vi armatorum in terram evadente et ab tergo inprovisa premente acie. Galli, postquam utroque vim facere conati pellebantur, qua patere visum maxime iter, perrumpunt, trepidique in vicos passim suos diffugiunt. Hannibal, ceteris copiis per otium trajectis, spernens jam Gallicos tumultus, castra locat.

Elephantorum traiciendorum varia consilia fuisse credo; certe variat memoria actae rei. Quidam congregatis ad ripam elephantis tradunt ferocissimum ex iis inritatum ab rectore suo, cum refugientem in aquam [nantem] sequeretur, traxisse gregem, ut quemque timentem altitudinem destitueret vadum, impetu ipso fluminis in alteram ripam rapiente. Ceterum magis constat ratibus trajectos; id ut tutius consilium ante rem foret, ita acta re ad fidem pronius est. Ratem unam, ducentos longam pedes, quinquaginta latam, a terra in amnem porrexerunt, quam, ne secunda aqua deferretur, pluribus validis retinaculis parte superiore ripae religatam pontis in modum humo injecta constraverunt, ut beluae audacter velut per solum ingrederentur. Altera ratis aeque lata, longa pedes centum, ad traiciendum flumen apta, huic copulata est; tum elephanti per stabilem ratem tamquam viam, praegredientibus feminis, acti ubi in minorem adplicatam transgressi sunt, extemplo resolutis quibus leviter adnexa erat vinculis, ab actuariis aliquot navibus ad alteram ripam pertrahitur. Ita primis expositis, alii deinde repetiti ac trajecti sunt. Nihil sane trepidabant, donec continenti velut ponte agerentur; primus erat pavor, cum, soluta ab ceteris rate, in altum raperentur; ibi urgentes inter se, cedentibus extremis ab aqua, trepidationis aliquantum edebant, donec quietem ipse timor circumspectantibus aquam fecisset. Excidere etiam saevientes quidam in flumen; sed pondere ipso stabiles, dejectis rectoribus, quaerendis pedetemptim vadis in terram evasere.

XXIX. Dum elephanti traiciuntur, interim Hannibal Numidas equites quingentos ad castra Romana miserat speculatum, ubi et quantae copiae essent et quid pararent. Huic alae equitum missi, ut ante dictum est, ab ostio Rhodani trecenti Romanorum equites occurrunt. Proelium atrocius quam pro numero pugnantium editur; nam praeter multa vulnera caedes etiam prope par utrimque fuit, fugaque et pavor Numidarum Romanis jam admodum fessis victoriam dedit. Victores ad centum sexaginta, nec omnes Romani, sed pars Gallorum, victi amplius ducenti ceciderunt. Hoc principium simul omenque belli, ut summae rerum prosperum eventum, ita haud sane incruentam ancipitisque certaminis victoriam Romanis portendit.

Ut, re ita gesta, ad utrumque ducem sui redierunt, nec Scipioni stare sententia poterat, nisi ut ex consiliis coeptisque hostis et ipse conatus caperet, et Hannibalem incertum, utrum coeptum in Italiam intenderet iter, an cum eo, qui primus se obtulisset Romanus exercitus, manus consereret, avertit a praesenti certamine Boiorum legatorum regulique Magali adventus, qui, se duces itinerum, socios periculi fore adfirmantes, integro bello nusquam ante libatis viribus Italiam adgrediendam censent. Multitudo timebat quidem hostem, nondum oblitterata memoria superioris belli; sed magis iter inmensum Alpesque, rem fama utique inexpertis horrendam, metuebat.

XXX. Itaque Hannibal, postquam ipsi sententia stetit pergere ire atque Italiam petere, advocata contione, varie militum versat animos castigando adhortandoque: 'mirari se, quinam pectora semper impavida repens terror invaserit. Per tot annos vincentis eos stipendia facere, neque ante Hispania excessisse quam omnes gentesque et terrae, quas duo diversa maria amplectantur, Carthaginiensium essent.

Indignatos deinde, quod, quicumque Saguntum obsedissent, velut ob noxam sibi dedi postularet populus Romanus, Hiberum trajecisse ad delendum nomen Romanorum liberandumque orbem terrarum. Tum nemini visum id longum, cum ab occasu solis ad exortus intenderent iter; nunc, postquam multo majorem partem itineris emensam cernant, Pyrenaeum saltum inter ferocissimas gentes superatum, Rhodanum, tantum amnem, tot milibus Gallorum prohibentibus, domita etiam ipsius fluminis vi, trajectum, in conspectu Alpis habeant, quarum alterum latus Italiae sit, in ipsis portis hostium fatigatos subsistere — quid Alpis aliud esse credentes quam montium altitudines? Fingerent altiores Pyrenaei jugis; nullas profecto terras caelum contingere nec inexsuperabiles humano generi esse. Alpis quidem habitari, coli, gignere atque alere animantes; pervias fauces esse exercitibus. Eos ipsos, quos cernant, legatos non pinnis sublime elatos Alpis transgressos. Ne majores quidem eorum indigenas, sed advenas Italiae cultores has ipsas Alpis ingentibus saepe agminibus cum liberis ac conjugibus, migrantium modo, tuto transmisisse. Militi quidem armato, nihil secum praeter instrumenta belli portanti, quid invium aut inexsuperabile esse? Saguntum ut caperetur, quid per octo menses periculi, quid laboris exhaustum esse? Romam, caput orbis terrarum, petentibus quicquam adeo asperum atque arduum videri, quod inceptum moretur? Cepisse quondam Gallos ea, quae adiri posse Poenus desperet; proinde aut cederent animo atque virtute genti per eos dies totiens ab se victae, aut itineris finem sperent campum interjacentem Tiberi ac moenibus Romanis.'

XXXI. His adhortationibus incitatos corpora curare atque ad iter se parare jubet. Postero die profectus adversa ripa Rhodani mediterranea Galliae petit, non quia rectior ad Alpis via esset, sed, quantum a mari recessisset, minus obvium fore Romanum credens, cum quo, priusquam in Italiam ventum foret, non erat in animo manus conserere. Quartis castris ad Insulam pervenit. Ibi Isara Rhodanusque amnes diversis ex Alpibus decurrentes, agri aliquantum amplexi confluunt in unum; mediis campis Insulae nomen inditum. Incolunt prope Allobroges, gens jam inde nulla Gallica gente opibus aut fama inferior. Tum discors erat. Regni certamine ambigebant fratres; major, et qui prius imperitarat, Brancus nomine, minore ab fratre et coetu juniorum, qui jure minus, vi plus poterat, pellebatur. Hujus seditionis peropportuna disceptatio cum ad Hannibalem rejecta esset, arbiter regni factus, quod ea senatus principumque sententia fuerat, imperium majori restituit. Ob id meritum commeatu copiaque rerum omnium, maxime vestis, est adjutus, quam infames frigoribus Alpes praeparari cogebant. Sedatis certaminibus Allobrogum cum jam Alpes peteret, non recta regione iter instituit, sed ad laevam in Tricastinos flexit; inde per extremam oram Vocontiorum agri tendit in Tricorios, haut usquam inpedita via priusquam ad Druentiam flumen pervenit. Is et ipse Alpinus amnis longe omnium Galliae fluminum difficillimus transitu est; nam, cum aquae vim vehat ingentem, non tamen navium patiens est, quia nullis coercitus ripis, pluribus simul neque îsdem alveis fluens, nova semper vada novosque gurgites, (et ob eadem pediti quoque incerta via est,) ad hoc saxa glareosa volvens, nihil stabile nec tutum ingredienti praebet. Et tum forte imbribus auctus ingentem transgredientibus tumultum fecit, cum super cetera trepidatione ipsi sua atque incertis clamoribus turbarentur.

XXXII. P. Cornelius consul triduo fere postquam Hannibal a ripa Rhodani movit, quadrato agmine ad castra hostium venerat, nullam dimicandi moram facturus; ceterum ubi deserta munimenta nec facile se tantum praegressos adsecuturum videt, ad mare ac naves rediit, tutius faciliusque ita descendenti ab Alpibus Hannibali occursurus. Ne tamen nuda auxiliis Romanis Hispania esset, quam provinciam sortitus erat, Cn. Scipionem fratrem cum maxima parte copiarum adversus Hasdrubalem misit, non ad tuendos tantummodo veteres socios conciliandosque novos, sed etiam ad pellendum Hispania Hasdrubalem. Ipse cum admodum exiguis copiis Genuam repetit, eo, qui circa Padum erat exercitus, Italiam defensurus.

Hannibal ab Druentia campestri maxime itinere ad Alpis cum bona pace incolentium ea loca Gallorum pervenit. Tum, quamquam fama prius, qua incerta in majus fere ferri solent, praecepta res erat, tamen ex propinquo visa montium altitudo nivesque caelo prope inmixtae, tecta informia inposita rupibus, pecora jumentaque torrida frigore, homines intonsi et inculti, animalia inanimaque omnia rigentia gelu, cetera visu quam dictu foediora, terrorem renovarunt. Erigentibus in primos agmen clivos apparuerunt inminentes tumulos insidentes montani, qui, si valles occultiores insedissent, coorti ad pugnam repente ingentem fugam stragemque dedissent. Hannibal consistere signa jussit; Gallisque ad visenda loca praemissis, postquam conperit transitum ea non esse, castra inter confragosa omnia praeruptaque, quam extentissima potest valle, locat. Tum per eosdem Gallos, haud sane multum lingua moribusque abhorrentis, cum se inmiscuissent conloquiis montanorum, edoctus, interdiu tantum obsideri saltum, nocte in sua quemque dilabi tecta, luce prima subiit tumulos, ut ex aperto atque interdiu vim per angustias facturus. Die deinde simulando aliud quam quod parabatur consumpto, cum eodem quo constiterant loco castra communissent, ubi primum degressos tumulis montanos laxatasque sensit custodias, pluribus ignibus quam pro numero manentium in speciem factis, inpedimentisque cum equite relictis et maxuma parte peditum, ipse cum expeditis, acerrimo quoque viro, raptim angustias evadit, iisque ipsis tumulis, quos hostes tenuerant, consedit.

XXXIII. Prima deinde luce castra mota, et agmen relicum incedere coepit. Jam montani signo dato ex castellis ad stationem solitam conveniebant, cum repente conspiciunt alios, arce occupata sua, super caput inminentis, alios via transire hostis. Utraque simul objecta res oculis animisque inmobiles parumper eos defixit; deinde, ut trepidationem in angustiis suoque ipsum tumultu misceri agmen videre, equis maxime consternatis, quidquid adjecissent ipsi terroris satis ad perniciem fore rati, transversis rupibus, per juxta invia ac devia adsueti decurrunt. Tum vero simul ab hostibus, simul ab iniquitate locorum Poeni oppugnabantur, plusque inter ipsos, sibi quoque tendente ut periculo prius evaderet, quam cum hostibus, certaminis erat. Equi maxime infestum agmen faciebant, qui et clamoribus dissonis, quos nemora etiam repercussaeque valles augebant, territi trepidabant, et icti forte aut vulnerati adeo consternabantur, ut stragem ingentem simul hominum ac sarcinarum omnis generis facerent; multosque turba, cum praecipites deruptaeque utrimque angustiae essent, in inmensum altitudinis dejecit, quosdam et armatos; sed ruinae maxime modo jumenta cum oneribus devolvebantur. Quae quamquam foeda visu erant, stetit parumper tamen Hannibal ac suos continuit, ne tumultum ac trepidationem augeret; deinde, postquam interrumpi agmen vidit periculumque esse, ne exutum inpedimentis exercitum nequiquam incolumem traduxisset, decurrit ex superiore loco, et, cum impetu ipso fudisset hostem, suis quoque tumultum auxit. Sed is tumultus momento temporis, postquam liberata itinera fuga montanorum erant, sedatur, nec per otium modo, sed prope silentio mox omnes traducti. Castellum inde, quod caput ejus regionis erat, viculosque circumjectos capit, et captivo *cibo* ac pecoribus per triduum exercitum aluit; et, quia nec *a* montanis primo perculsis nec loco magno opere inpediebantur, aliquantum eo triduo viae confecit.

XXXIV. Perventum inde ad frequentem cultoribus alium, ut inter montanos, populum. Ibi non bello aperto, sed suis artibus, fraude et insidiis, est prope circumventus. Magno natu principes castellorum oratores ad Poenum veniunt, 'alienis malis, utili exemplo, doctos' memorantes 'amicitiam malle quam vim experiri Poenorum; itaque oboedienter imperata facturos, commeatum itinerisque duces et ad fidem promissorum obsides acciperet.' Hannibal, nec temere credendum nec aspernandum ratus, ne repudiati aperte hostes fierent, benigne cum respondisset, obsidibus quos dabant acceptis et commeatu quem in viam ipsi detulerant usus, nequaquam ut inter pacatos conposito agmine duces eorum sequitur. Primum agmen elephanti et equites erant; ipse post cum robore peditum circumspectans sollicitus omnia incedebat. Ubi in angustiorem viam et parte altera subjectam jugo insuper inminenti ventum est, undique ex insidiis barbari, a fronte, ab tergo coorti, comminus, eminus petunt, saxa ingentia in agmen devolvunt. Maxima ab tergo vis hominum urgebat. In eos versa peditum acies haut dubium fecit, quin, nisi firmata extrema agminis fuissent, ingens in eo saltu accipienda clades fuerit. Tunc quoque ad extremum periculi ac prope perniciem ventum est; nam, dum cunctatur Hannibal demittere agmen in angustias, quia non, ut ipse equitibus praesidio erat, ita peditibus quicquam ab tergo auxilii reliquerat, occursantes per obliqua montani, interrupto medio agmine, viam insedere, noxque una Hannibali sine equitibus atque inpedimentis acta est.

XXXV. Postero die, jam segnius intercursantibus barbaris, junctae copiae, saltusque haud sine clade, majore tamen jumentorum quam hominum pernicie, superatus. Inde montani pauciores jam et latrocinii magis quam belli more concursabant, modo in primum, modo in novissimum agmen, utcumque aut locus opportunitatem daret aut progressi morative aliquam occasionem fecissent. Elephanti, sicut per artas praecipitesque vias magna mora agebantur, ita tutum ab hostibus, quacumque incederent, quia insuetis adeundi propius metus erat, agmen praebebant.

Nono die in jugum Alpium perventum est per invia pleraque et errores, quos aut ducentium fraus, aut, ubi fides iis non esset, temere initae valles a conjectantibus iter faciebant. Biduum in jugo stativa habita, fessisque labore ac pugnando quies data militibus; jumentaque aliquot, quae prolapsa in rupibus erant, sequendo vestigia agminis in castra pervenere. Fessis taedio tot malorum nivis etiam casus, occidente jam sidere Vergiliarum, ingentem terrorem adjecit. Per omnia nive oppleta cum, signis prima luce motis, segniter agmen incederet, pigritiaque et desperatio in omnium vultu emineret, praegressus signa Hannibal in promunturio quodam, unde longe ac late prospectus erat, consistere jussis militibus Italiam ostentat subjectosque Alpinis montibus Circumpadanos campos: 'moenia eos tum transcendere non Italiae modo, sed etiam urbis Romanae; cetera plana, proclivia fore; uno aut summum altero proelio arcem et caput Italiae in manu ac potestate habituros.'

Procedere inde agmen coepit, jam nihil ne hostibus quidem praeter parva furta per occasionem temptantibus. Ceterum iter multo quam in ascensu fuerat (ut pleraque Alpium ab Italia sicut breviora ita arrectiora sunt) difficilius fuit; omnis enim ferme via praeceps, angusta, lubrica erat, ut neque sustinere se a lapsu possent, nec qui paulum titubassent haerere adfixi vestigio suo, aliique super alios et jumenta in homines succiderent.

XXXVI. Ventum deinde ad multo angustiorem rupem, atque ita rectis saxis, ut aegre expeditus miles temptabundus manibusque retinens virgulta ac stirpes circa eminentes demittere sese posset. Natura locus jam ante praeceps, recenti lapsu terrae in pedum mille admodum altitudinem abruptus erat. Ibi cum velut ad finem viae equites constitissent, miranti

Hannibali, quae res moraretur agmen, nuntiatur, rupem inviam esse. Digressus deinde ipse ad locum visendum. Haut dubia res visa, quin per invia circa nec trita antea, quamvis longo ambitu, circumduceret agmen. Ea vero via insuperabilis fuit; nam cum super veterem nivem intactam nova modicae altitudinis esset, molli nec praealtae facile pedes ingredientium insistebant; ut vero tot hominum jumentorumque incessu dilapsa est, per nudam infra glaciem fluentemque tabem liquescentis nivis ingrediebantur. Taetra ibi luctatio erat, via lubrica glacie non recipiente vestigium et in prono citius pedes fallente, ut, seu manibus in adsurgendo seu genu se adjuvissent, ipsis adminiculis prolapsis, iterum corruerent; nec stirpes circa radicesve, ad quas pede aut manu quisquam eniti posset, erant; ita in levi tantum glacie tabidaque nive volutabantur. Jumenta secabant interdum etiam infimam ingredientia nivem, et prolapsa jactandis gravius in conitendo ungulis penitus perfringebant, ut pleraque, velut pedica capta, haererent in dura et alte concreta glacie.

XXXVII. Tandem nequiquam jumentis atque hominibus fatigatis, castra in jugo posita, aegerrime ad id ipsum loco purgato; tantum nivis fodiendum atque egerendum fuit. Inde ad rupem muniendam, per quam unam via esse poterat, milites ducti, cum caedendum esset saxum, arboribus circa inmanibus dejectis detruncatisque struem ingentem lignorum faciunt, eamque, cum et vis venti apta faciendo igni coorta esset, succendunt, ardentiaque saxa infuso aceto putrefaciunt. Ita torridam incendio rupem ferro pandunt, molliuntque anfractibus modicis clivos, ut non jumenta solum, sed elephanti etiam deduci possent. Quadriduum circa rupem consumptum, jumentis prope fame absumptis; nuda enim fere cacumina sunt, et si quid est pabuli, obruunt nives. Inferiora valles apricosque quosdam colles habent, rivosque prope silvas, et jam humano cultu digniora loca. Ibi jumenta in pabulum missa, et quies muniendo fessis hominibus data. Triduo inde ad planum descensum, jam et locis mollioribus et accolarum ingeniis.

XXXVIII. Hoc maxime modo in Italiam perventum est, quinto mense a Carthagine Nova, ut quidam auctores sunt, quinto decimo die Alpibus superatis. Quantae copiae transgresso in Italiam Hannibali fuerint, nequaquam inter auctores constat. Qui plurimum, centum milia peditum, viginti equitum fuisse scribunt, qui minimum, viginti milia peditum, sex equitum. L. Cincius Alimentus, qui captum se ab Hannibale scribit, maxime *me* auctor moveret, nisi confunderet numerum Gallis Liguribusque additis: cum his octoginta milia peditum, decem equitum adducta; (in Italia magis adfluxisse veri simile est, et ita quidam auctores sunt;) ex ipso autem audisse Hannibale, postquam Rhodanum transierit, triginta sex milia hominum ingentemque numerum equorum et aliorum jumentorum amisisse. Taurini Semigalli proxuma gens erat in Italiam degresso. Id cum inter omnes constet, eo magis miror ambigi, quanam Alpis transierit, et vulgo credere Poenino (atque inde nomen ei jugo Alpium inditum) transgressum, Coelium per Cremonis jugum dicere transisse; qui ambo saltus eum non in Taurinos, sed per alios montanos ad Libuos Gallos deduxissent. Nec veri simile est ea tum ad Galliam patuisse itinera; utique quae ad Poeninum ferunt obsaepta gentibus Semigermanis fuissent. Neque hercule montibus his, (si quem forte id movet) ab transitu Poenorum ullo Seduni Veragrique, incolae jugi ejus, norunt *nomen* inditum, sed ab eo quem, in summo sacratum vertice Poeninum montani appellant.

XXXIX. Peropportune ad principia rerum, Taurinis, proximae genti, adversus Insubres motum bellum erat. Sed armare exercitum Hannibal, ut parti alteri auxilio esset, in reficiendo maxime sentientem contracta ante mala, non poterat; otium enim ex labore, copia ex inopia, cultus ex inluvie tabeque, squalida et prope efferata corpora varie movebat. Ea P. Cornelio consuli causa fuit, cum Pisas navibus venisset, exercitu a Manlio Atilioque accepto tirone et in novis ignominiis trepido, ad Padum festinandi, ut cum hoste nondum refecto manus consereret. Sed cum Placentiam consul venit, jam ex stativis moverat Hannibal, Taurinorumque unam urbem, caput gentis ejus, quia volentis in amicitiam non veniebant, vi expugnarat; *et* junxisset sibi non metu solum, sed etiam voluntate, Gallos accolas Padi, ni eos circumspectantis defectionis tempus subito adventu consul oppressisset. Et Hannibal movit ex Taurinis, incertos, quae pars sequenda esset, Gallos praesentem secuturos esse ratus. Jam prope in conspectu erant exercitus, convenerantque duces, sicuti inter se nondum satis noti, ita jam inbutus uterque quadam admiratione alterius. Nam et Hannibalis apud Romanos jam ante Sagunti excidium celeberrimum nomen erat, et Scipionem Hannibal eo ipso, quod adversus se dux potissimum lectus esset, praestantem virum credebat; et auxerant inter se opinionem, Scipio, quod, relictus in Gallia, obvius fuerat in Italiam transgresso Hannibali, *Hannibal* et conatu tam audaci traiciendarum Alpium et effectu.

Occupavit tamen Scipio Padum traicere, et ad Ticinum amnem motis castris, priusquam educeret in aciem, adhortandorum militum causa talem orationem est exorsus:

XL. "Si eum exercitum, milites, educerem in aciem, quem in Gallia mecum habui, supersedissem loqui apud vos; quid enim adhortari referret aut eos equites, qui equitatum hostium ad Rhodanum flumen egregie vicissent, aut eas legiones, cum quibus fugientem hunc ipsum hostem secutus confessionem cedentis ac detractantis certamen pro victoria habui? Nunc, quia ille exercitus, Hispaniae provinciae scriptus, ibi cum fratre Cn. Scipione meis auspiciis rem gerit, ubi eum gerere senatus populusque Romanus voluit, ego, ut consulem ducem adversus Hannibalem ac Poenos haberetis, ipse me huic voluntario certamini obtuli, novo imperatori apud novos milites pauca verba facienda sunt. Ne genus belli neve hostem ignoretis, cum iis est vobis, milites, pugnandum, quos terra marique priore bello vicistis, a quibus stipendium per viginti annos exegistis, a quibus capta belli praemia Siciliam ac Sardiniam habetis. Erit igitur in hoc certamine is vobis illisque animus, qui victoribus et victis esse solet. Nec nunc illi, quia audent, sed quia necesse est, pugnaturi sunt; nisi creditis, qui exercitu incolumi pugnam detractavere, eos, duabus partibus peditum equitumque in transitu Alpium amissis, [quum plures paene perierint quam supersint,] plus spei nactos esse. 'At enim pauci quidem sunt, sed vigentes animis corporibusque, quorum robora ac vires vix sustinere vis ulla possit.' Effigies immo, umbrae hominum, fame, frigore, inluvie, squalore enecti, contusi ac debilitati inter saxa rupesque; ad hoc praeusti artus, nive rigentes nervi, membra torrida gelu, quassata fractaque arma, claudi ac debiles equi. Cum hoc equite, cum hoc pedite pugnaturi estis; reliquias extremas hostium, non hostem habebitis; ac nihil magis vereor, quam ne, vos cum pugnaveritis, Alpes vicisse Hannibalem videantur. Sed ita forsitan decuit, cum foederum ruptore duce ac populo deos ipsos sine ulla humana ope committere ac profligare bellum, nos, qui secundum deos violati sumus, commissum ac profligatum conficere.

XLI. Non vereor, ne quis me haec vestri adhortandi causa magnifice loqui existimet, ipsum aliter animo adfectum esse. Licuit in Hispaniam, provinciam meam, quo jam profectus eram, cum exercitu ire meo, ubi et fratrem consilii participem ac periculi socium haberem, et Hasdrubalem potius quam Hannibalem hostem, et minorem haud dubie molem belli; tamen, cum praetervehérer navibus Galliae oram, ad famam hujus hostis in terram egressus, praemisso equitatu, ad Rhodanum movi castra.

Equestri proelio, qua parte copiarum conserendi manum fortuna data est, hostem fudi; peditum agmen, quod in modum fugientium raptim agebatur, quia adsequi terra non poteram, regressus ad navis, quanta maxime potui celeritate, tanto maris terrarumque circuitu, in radicibus prope Alpium huic timendo hosti obvius fui. Utrum, cum declinarem certamen, inprovisus incidisse videor, an occurrere in vestigiis ejus, lacessere ac trahere ad decernendum? Experiri juvat, utrum alios repente Carthaginienses per viginti annos terra ediderit, an idem sint, qui ad Aegatis pugnaverunt insulas, et quos ab Eryce duodevicenis denariis aestimatos emisistis, et utrum Hannibal hic sit aemulus itinerum Herculis, ut ipse fert, an vectigalis stipendiariusque et servus populi Romani a patre relictus. Quem nisi Saguntinum scelus agitaret, respiceret profecto, si non patriam victam, domum certe patremque et foedera Hamilcaris scripta manu, qui jussus ab consule nostro praesidium deduxit ab Eryce, qui graves inpositas victis Carthaginiensibus leges fremens maerensque accepit, qui decedere Sicilia, qui stipendium populo Romano dare pactus est.

Itaque vos ego, milites, non eo solum animo quo adversus alios hostes soletis, pugnare velim, sed cum indignatione quadam atque ira, velut si servos videatis vestros arma repente contra vos ferentes. Licuit ad Erycem clausos ultimo supplicio humanorum, fame, interficere; licuit victricem classem in Africam traicere atque intra paucos dies sine ullo certamine Carthaginem delere; veniam dedimus precantibus, emisimus ex obsidione, pacem cum victis fecimus, tutelae deinde nostrae duximus, cum Africo bello urgerentur. Pro his inpertitis furiosum juvenem sequentes oppugnatum patriam nostram veniunt. Atque utinam pro decore tantum hoc vobis et non pro salute esset certamen! Non de possessione Siciliae ac Sardiniae, de quibus quondam agebatur, sed pro Italia vobis est pugnandum. Nec est alius ab tergo exercitus, qui, nisi nos vincimus, hosti obsistat, nec Alpes aliae sunt, quas dum superant conparari nova possint praesidia: hic est obstandum, milites, velut si ante Romana moenia pugnemus. Unus quisque se non corpus suum, sed conjugem ac liberos parvos armis protegere putet; nec domesticas solum agitet curas, sed identidem hoc animo reputet, nostras nunc intueri manus senatum populumque Romanum: qualis nostra vis virtusque fuerit, talem deinde fortunam illius urbis ac Romani imperii fore."

XLII. Haec aput Romanos consul. Hannibal rebus prius quam verbis adhortandos milites ratus, circumdato ad spectaculum exercitu, captivos montanos vinctos in medio statuit, armisque Gallicis ante pedes eorum projectis, interrogare interpretem jussit, ecquis, si vinculis levaretur armaque et equum victor acciperet, decertare ferro vellet. Cum ad unum omnes ferrum pugnamque poscerent et dejecta in id sors esset, se quisque eum optabat, quem fortuna in id certamen legeret, et, *ut* cujusque sors exciderat, alacer, inter gratulantes gaudio exultans, cum sui moris tripudiis arma raptim capiebat. Ubi vero dimicarent, is habitus animorum non inter ejusdem modo condicionis homines erat, sed etiam inter spectantes vulgo, ut non vincentium magis quam bene morientium fortuna laudaretur.

XLIII. Cum sic aliquot spectatis paribus adfectos dimisisset, contione inde advocata ita aput eos locutus fertur: "si, quem animum in alienae sortis exemplo paulo ante habuistis, eundem mox in aestimanda fortuna vestra habueritis, vicimus, milites; neque enim spectaculum modo illud, sed quaedam veluti imago vestrae condicionis erat. Ac nescio an majora vincula majoresque necessitates vobis quam captivis vestris fortuna circumdederit. Dextra laevaque duo maria claudunt, nullam ne ad effugium quidem navem habentes; circa Padus amnis, major [Padus] ac violentior Rhodano, ab tergo Alpes urgent, vix integris vobis ac vigentibus transitae. Hic vincendum aut moriendum, milites, est, ubi primum hosti occurristis. Et eadem fortuna, quae necessitatem pugnandi inposuit, praemia vobis ea victoribus proponit, quibus ampliora homines ne ab diis quidem inmortalibus optare solent. Si Siciliam tantum ac Sardiniam parentibus nostris ereptas nostra virtute recuperaturi essemus, satis tamen ampla pretia essent; quidquid Romani tot triumphis partum congestumque possident, id omne vestrum, cum ipsis dominis futurum est; in hanc tam opimam mercedem, agite dum, diis bene juvantibus arma capite. Satis adhuc in vastis Lusitaniae Celtiberiaeque montibus pecora consectando nullum emolumentum tot laborum periculorumque vestrorum vidistis; tempus est jam opulenta vos ac ditia stipendia facere et magna operae pretia mereri, tantum itineris per tot montes fluminaque et tot armatas gentes emensos. Hic vobis terminum laborum fortuna dedit; hic dignam mercedem emeritis stipendiis dabit. Nec, quam magni nominis bellum est, tam difficilem existimaritis victoriam fore; saepe et contemptus hostis cruentum certamen edidit, et inclyti populi regesque perlevi momento victi sunt. Nam, dempto hoc uno fulgore nominis Romani, quid est, cur illi vobis conparandi sint? Ut viginti annorum militiam vestram cum illa virtute, cum illa fortuna taceam, ab Herculis columnis, ab Oceano terminisque ultimis terrarum per tot ferocissimos Hispaniae et Galliae populos vincentes huc pervenistis; pugnabitis cum exercitu tirone, hac ipsa aestate caeso, victo, circumsesso a Gallis, ignoto adhuc duci suo, ignorantique ducem. An me in praetorio patris, clarissimi imperatoris, prope natum, certe eductum, domitorem Hispaniae Galliaeque, victorem eundem non Alpinarum modo gentium, sed ipsarum, quod multo majus est, Alpium, cum semenstri hoc conferam duce, desertore exercitus sui? Cui si quis, demptis signis, Poenos Romanosque hodie ostendat, ignoraturum certum habeo, utrius exercitus sit consul. Non ego illud parvi aestimo, milites, quod nemo est vestrum, cujus non ante oculos ipse saepe militare aliquod ediderim facinus, cui non idem ego virtutis spectator ac testis notata temporibus locisque referre sua possim decora. Cum laudatis a me miliens donatisque, alumnus prius omnium vestrum quam imperator, procedam in aciem adversus ignotos inter se ignorantesque.

XLIV. Quocumque circumtuli oculos, plena omnia video animorum ac roboris: veteranum peditem, generosissimarum gentium equites frenatos infrenatosque, vos socios fidelissimos fortissimosque, vos, Carthaginienses, cum *pro* patria tum ob iram justissimam pugnaturos. Inferimus bellum infestisque signis descendimus in Italiam, tanto audacius fortiusque pugnaturi quam hostis, quanto major spes, major est animus inferentis vim quam arcentis. Accendit praeterea et stimulat animos dolor, injuria, indignitas. Ad supplicium depoposcerunt me ducem primum, deinde vos omnes, qui Saguntum oppugnassetis; deditos ultimis cruciatibus adfecturi fuerunt. Crudelissima ac superbissima gens sua omnia suique arbitrii facit; cum quibus bellum, cum quibus pacem habeamus, se modum inponere aecum censet. Circumscribit includitque nos terminis montium fluminumque, quos non excedamus, neque eos, quos statuit, terminos observat. "Ne transieris Hiberum! ne quid rei tibi sit cum Saguntinis!" "At *non ad* Hiberum est Saguntum." "Nusquam te vestigio moveris!" Parum est, quod veterrimas provincias meas Siciliam ac Sardiniam adimis? Etiam *in* Hispanias, et, *si* inde cessero, in Africam transcendes? *Transcendes* autem? Transcendisse dico. Duos consules hujus anni, unum in Africam, alterum in Hispaniam miserunt. Nihil usquam nobis relictum est, nisi quod armis vindicarimus. Illis timidis et ignavis esse licet, qui respectum habent, quos sua terra, suus ager per tuta ac pacata itinera fugientes accipient; vobis necesse est fortibus viris esse, et, omnibus inter victoriam mortemve certa desperatione abruptis, aut vincere, aut, si fortuna dubitabit, in proelio potius quam in fuga mortem oppetere. Si hoc bene fixum omnibus [destinatum] in animo est, iterum dicam, vicistis; nullum contemptu *mortis* telum ad vincendum homini ab dîs inmortalibus acrius datum est."

XLV. His adhortationibus cum utrimque ad certamen accensi militum animi essent, Romani ponte Ticinum jungunt, tutandique pontis causa castellum insuper inponunt; Poenus, hostibus opere occupatis, Maharbalem cum ala Numidarum, equitibus quingentis, ad depopulandos sociorum populi Romani agros mittit; Gallis parci quam maxime jubet, principumque animos ad defectionem sollicitari. Ponte perfecto traductus Romanus exercitus in agrum Insubrium quinque milia passûm ab Ictumulis consedit.

Ibi Hannibal castra habebat; revocatoque propere Maharbale atque equitibus, cum instare certamen cerneret, nihil umquam satis dictum praemonitumque ad cohortandos milites ratus, vocatis ad contionem certa praemia pronuntiat, in quorum spem pugnarent: 'agrum sese daturum esse in Italia, Africa, Hispania, ubi quisque velit, inmunem ipsi qui accepisset liberisque; qui pecuniam quam agrum maluisset, ei se argento satisfacturum; qui sociorum cives Carthaginienses fieri vellent, potestatem facturum; qui domos redire mallent, daturum se operam ne cujus suorum popularium mutatam secum fortunam esse vellent.' Servis quoque dominos prosecutis libertatem proponit, binaque pro his mancipia dominis se redditurum. Eaque ut rata scirent fore, agnum laeva manu, dextera silicem retinens, si falleret, Jovem ceterosque precatus deos, ita se mactarent, quem ad modum ipse agnum mactasset, secundum precationem caput pecudis saxo elisit. Tum vero omnes, velut diis auctoribus in spem suam quisque acceptis, id morae quod nondum pugnarent ad potienda sperata rati, proelium uno animo et voce una poscunt.

XLVI. Aput Romanos hautquaquam tanta alacritas erat, super cetera recentibus etiam territos prodigiis; nam et lupus intraverat castra laniatisque obviis ipse intactus evaserat, et examen apum in arbore praetorio imminente consederat.

Quibus procuratis, Scipio cum equitatu jaculatoribusque expeditis profectus ad castra hostium ex propinquo *copias*que quantae et cujus generis essent, speculandas, obvius fit Hannibali et ipsi cum equitibus ad exploranda circa loca progresso. Neutri alteros primo cernebant; densior deinde incessu tot hominum *equorum*que oriens pulvis signum propinquantium hostium fuit. Consistit utrumque agmen, et ad proelium sese expediebant. Scipio jaculatores et Gallos equites in fronte locat, Romanos sociorumque quod roboris fuit in subsidiis; Hannibal frenatos equites in medium accipit, cornua Numidis firmat. Vixdum clamore sublato, jaculatores fugerunt inter subsidia ad secundam aciem. Inde equitum certamen erat aliquamdiu anceps; dein, quia turbabant equos pedites intermixti, multis labentibus ex equis aut desilientibus ubi suos premi circumventos vidissent, jam magna ex parte ad pedes pugna venerat, donec Numidae, qui in cornibus erant, circumvecti paulum ab tergo se ostenderunt. Is pavor perculit Romanos, auxitque pavorem consulis vulnus periculumque intercursu tum primum pubescentis filii pulsatum.

Hic erat juvenis, penes quem perfecti hujusce belli laus est, Africanus ob egregiam victoriam de Hannibale Poenisque appellatus. Fuga tamen effusa jaculatorum maxume fuit, quos primos Numidae invaserunt; alius confertus equitatus consulem in medium acceptum, non armis modo, sed etiam corporibus suis protegens, in castra nusquam trepide neque effuse cedendo reduxit. Servati consulis decus Coelius ad servum natione Ligurem delegat; malim equidem de filio verum esse, quod et plures tradidere auctores et fama obtinuit.

XLVII. Hoc primum cum Hannibale proelium fuit; quo facile apparuit [et] equitatu meliorem Poenum esse, et ob id campos patentis, quales sunt inter Padum Alpesque, bello gerendo Romanis aptos non esse. Itaque proxima nocte, jussis militibus vasa silentio conligere, castra ab Ticino mota festinatumque ad Padum est, ut ratibus, quibus junxerat flumen, nondum resolutis sine tumultu atque insectatione hostis copias traiceret. Prius Placentiam pervenere quam satis sciret Hannibal ab Ticino profectos; tamen ad sexcentos moratorum in citeriore ripa Padi, segniter ratem solventes, cepit. Transire pontem non potuit, ut extrema resoluta erant, tota rate in secundam aquam labente. Coelius auctor est Magonem cum equitatu et Hispanis peditibus flumen extemplo transnasse, ipsum Hannibalem per superiora Padi vada exercitum traduxisse, elephantis in ordinem ad sustinendum impetum fluminis oppositis. Ea peritis amnis ejus vix fidem fecerint; nam neque equites armis equisque salvis tantam vim fluminis superasse veri simile est, ut jam Hispanos omnis inflati travexerint utres, et multorum dierum circuitu Padi vada petenda fuerunt, qua exercitus gravis impedimentis traduci posset. Potiores aput me auctores sunt, qui biduo vix locum rate jungendo flumini inventum tradunt; ea cum Magone equites Hispanorum expeditos praemissos. Dum Hannibal, circa flumen legationibus Gallorum audiendis moratus, traicit gravius peditum agmen, interim Mago equitesque ab transitu fluminis diei unius itinere Placentiam ad hostes contendunt. Hannibal paucis post diebus sex milia a Placentia castra communivit, et postero die in conspectu hostium acie derecta potestatem pugnae fecit.

XLVIII. Insequenti nocte caedes in castris Romanis, tumultu tamen quam re major, ab auxiliaribus Gallis facta est. Ad duo milia peditum et ducenti equites, vigilibus ad portas trucidatis, ad Hannibalem transfugiunt; quos Poenus benigne adlocutus, et spe ingentium donorum accensos in civitates quemque suas ad sollicitandos popularium animos dimisit. Scipio caedem eam signum defectionis omnium Gallorum esse ratus, contactosque eo scelere velut injecta rabie ad arma ituros, quamquam gravis adhuc vulnere erat, tamen quarta vigilia noctis insequentis tacito agmine profectus, ad Trebiam fluvium jam in loca altiora collisque impeditiores equiti castra movet. Minus quam ad Ticinum fefellit; missisque Hannibal primum Numidis, deinde omni equitatu, turbasset utique novissimum agmen, ni aviditate praedae in vacua Romana castra Numidae devertissent. Ibi dum perscrutantes loca omnia castrorum nullo satis digno morae pretio tempus terunt, emissus hostis est de manibus; et cum jam transgressos Trebiam Romanos metantisque castra conspexissent, paucos moratorum occiderunt citra flumen interceptos. Scipio nec vexationem vulneris in via jactati ultra patiens et collegam (jam enim et revocatum ex Sicilia audierat) ratus expectandum, locum, qui prope flumen tutissimus stativis est visus, delectum communiit. Nec procul inde Hannibal cum consedisset, quantum victoria equestri elatus, tantum anxius inopia, quae per hostium agros euntem, nusquam praeparatis commeatibus, major in dies excipiebat, ad Clastidium vicum, quo magnum frumenti numerum congesserant Romani, mittit. Ibi cum vim pararent, spes facta proditionis; nec sane magno pretio, nummis aureis quadringentis, Dasio Brundisino praefecto praesidi corrupto, traditur Hannibali Clastidium. Id horreum fuit Poenis sedentibus ad Trebiam. In captivos ex tradito praesidio, ut fama clementiae in principio rerum colligeretur, nihil saevitum est.

XLIX. Cum ad Trebiam terrestre constitisset bellum, interim circa Siciliam insulasque Italiae imminentes et a Sempronio consule et ante adventum ejus terra marique res gestae. Viginti quinqueremes cum mille armatis ad depopulandam oram Italiae a Carthaginiensibus missae; novem Liparas, octo ad insulam Vulcani tenuerunt, tres in fretum avertit aestus. Ad eas conspectas a Messana duodecim naves ab Hierone rege Syracusanorum missae, qui tum forte Messanae erat consulem Romanum opperiens, nullo repugnante captas naves Messanam in portum deduxerunt. Cognitum ex captivis, praeter viginti naves, cujus ipsi classis essent, in Italiam missas, quinque et triginta alias quinqueremes Siciliam petere ad sollicitandos veteres socios; Lilybaei occupandi praecipuam curam esse; credere, eadem tempestate, qua ipsi disjecti forent, eam quoque classem ad Aegatis insulas dejectam. Haec, sicut audita erant, rex M. Aemilio praetori, cujus Sicilia provincia erat, perscribit, monetque, ut Lilybaeum firmo teneret praesidio. Extemplo et a praetore circa civitates missi legati tribunique, *qui* suos ad curam custodiae intenderent, *et* ante omnia Lilybaeum teneri apparatu belli, edicto proposito, ut socii navales decem dierum cocta cibaria ad naves deferrent, ut, ubi signum datum esset, ne quid moram conscendendi faceret, perque omnem oram, qui ex speculis prospicerent adventantem hostium classem, missis. Itaque, quamquam de industria morati cursum navium erant Carthaginienses, ut ante lucem accederent Lilybaeum, praesensum tamen est, quia et luna pernox erat et sublatis armamentis veniebant. Extemplo datum e speculis signum et in oppido ad arma conclamatum est et in naves conscensum; pars militum in muris portarumque in stationibus, pars in navibus erant. Et Carthaginienses, quia rem fore haut cum inparatis cernebant, usque ad lucem portu se abstinuerunt, demendis armamentis eo tempore aptandaque ad pugnam classe absumpto. Ubi inluxit, recepere classem in altum, ut spatium pugnae esset exitumque liberum e portu naves hostium haberent. Nec Romani detrectavere pugnam, et memoria circa ea ipsa loca gestarum rerum freti et militum multitudine ac virtute.

L. Ubi in altum evecti sunt, Romanus conserere pugnam et ex propinquo vires conferre velle; contra eludere Poenus, et arte, non vi, rem gerere, naviumque quam virorum aut armorum malle certamen facere. Nam ut sociis navalibus adfatim instructam classem, ita inopem milite habebant, et, sicubi conserta navis esset, hautquaquam par numerus armatorum ex ea pugnabat. Quod ubi animadversum est, et Romanis multitudo sua auxit animum et paucitas illis minuit. Extemplo septem naves Punicae circumventae, fugam ceterae ceperunt. Mille et septingenti fuere in navibus captis milites nautaeque, in his tres nobiles Carthaginiensium. Classis Romana incolumis, una tantum perforata navi, sed ea quoque ipsa reduce, in portum rediit.

Secundum hanc pugnam, nondum gnaris ejus qui Messanae erant, Ti. Sempronius consul Messanam venit. Ei fretum intranti rex Hiero classem *armatam* ornatamque obviam duxit, transgressusque ex regia in praetoriam navem, gratulatus sospitem cum exercitu et navibus advenisse precatusque prosperum ac felicem in Siciliam transitum, statum deinde insulae et Carthaginiensium conata exposuit, pollicitusque est, quo animo priore bello populum Romanum juvenis adjuvisset, eo senem adjuturum; frumentum vestimentaque sese legionibus consulis sociisque navalibus gratis praebiturum; grande periculum Lilybaeo maritumisque civitatibus esse, et quibusdam volentibus novas res fore. Ob haec consuli nihil cunctandum visum quin Lilybaeum classe peteret. Et rex regiaque classis una profecti. Navigantes inde, pugnatum ad Lilybaeum fusasque et captas hostium naves, accepere.

LI. A Lilybaeo consul, Hierone cum classe regia dimisso relictoque praetore ad tuendam Siciliae oram, ipse in insulam Melitam, quae a Carthaginiensibus tenebatur, trajecit. Advenienti Hamilcar Gisgonis filius, praefectus praesidii, cum paulo minus duobus milibus militum oppidumque cum insula traditur. Inde post paucos dies reditum Lilybaeum, captivique et a consule et a praetore, praeter insignes nobilitate viros, sub corona venierunt. Postquam ab ea parte satis tutam Siciliam censebat consul, ad insulas Vulcani, quia fama erat stare ibi Punicam classem, trajecit; nec quisquam hostium circa eas insulas inventus; nam forte transmiserant ad vastandam Italiae oram, depopulatoque Viboniensi agro, urbem etiam terrebant. Repetenti Siciliam consuli exscensio hostium in agrum Viboniensem facta nuntiatur, litteraeque ab senatu de transitu in Italiam Hannibalis, et ut primo quoque tempore conlegae ferret auxilium, missae traduntur. Multis simul anxius curis exercitum extemplo in naves inpositum Ariminum mari supero misit, Sexto Pomponio legato cum viginti quinque longis navibus Viboniensem agrum maritimamque oram Italiae tuendam adtribuit, M. Aemilio praetori quinquaginta navium classem explevit. Ipse, conpositis Siciliae rebus, decem navibus oram Italiae legens Ariminum pervenit. Inde cum exercitu suo profectus ad Trebiam flumen conlegae conjungitur.

LII. Jam ambo consules et quidquid Romanarum virium erat, Hannibali oppositum, aut illis copiis defendi posse Romanum imperium aut spem nullam aliam esse satis declarabat. Tamen consul alter, equestri proelio uno et vulnere suo admonitus, trahi rem malebat; recentis animi alter eoque ferocior nullam dilationem patiebatur. Quod inter Trebiam Padumque agri est Galli tum incolebant, in duorum praepotentium populorum certamine per ambiguum favorem haut dubie gratiam victoris spectantes. Id Romani, modo ne quid moverent, aequo satis, Poenus periniquo animo ferebat, ab Gallis accitum se venisse ad liberandos eos dictitans. Ob eam iram, simul ut praeda militem aleret, duo milia peditum et mille equites, Numidas plerosque, mixtos quosdam et Gallos, populari omnem deinceps agrum usque ad Padi ripas jussit. Egentes ope Galli, cum ad id dubios servassent animos, coacti ab auctoribus injuriae ad vindices futuros declinant, legatisque ad consules missis, auxilium Romanorum terrae ob nimiam cultorum fidem in Romanos laboranti orant. Cornelio nec causa nec tempus agendae rei placebat, suspectaque ei gens erat cum ob infida multa facinora, tum, ut illa vetustate obsolevissent, ob recentem Boiorum perfidiam; Sempronius contra, continendis in fide sociis maximum vinculum esse primos qui eguissent ope defensos censebat. Conlega cunctante, equitatum suum, mille peditum jaculatoribus ferme admixtis, ad defendendum Gallicum agrum trans Trebiam mittit. Sparsos et inconpositos, ad hoc gravis praeda plerosque cum inopinato invasissent, ingentem terrorem caedemque ac fugam usque ad castra stationesque hostium fecere; unde multitudine effusa pulsi rursus subsidio suorum proelium restituere. Varia inde pugna sequentes *cedentes*que cum ad extremum aequassent certamen, major tamen hostium *caedes, penes* Romanos fama victoriae fuit.

LIII. Ceterum nemini omnium major justiorque quam ipsi consuli videri; gaudio efferri, qua parte copiarum alter consul victus foret, ea se vicisse: 'restitutos ac refectos militibus animos, nec quemquam esse praeter conlegam, qui dilatam dimicationem vellet; eum, animo magis quam corpore aegrum, memoria vulneris aciem ac tela horrere. Sed non esse cum aegro senescendum. Quid enim ultra differri aut teri tempus? quem tertium consulem, quem alium exercitum expectari? Castra Carthaginiensium in Italia ac prope in conspectu urbis esse. Non Siciliam ac Sardiniam, victis ademptas, nec cis Hiberum Hispaniam peti, set solo patrio terraque in qua geniti forent, pelli Romanos. "Quantum ingemiscant" inquit "patres nostri, circa moenia Carthaginis bellare soliti, si videant nos, progeniem suam, duos consules consularesque exercitus, in media Italia paventis intra castra, Poenum, quod inter Alpis Apenninumque agri sit, suae dicionis fecisse?" Haec adsidens aegro conlegae, haec in praetorio prope contionabundus agere. Stimulabat et tempus propincum comitiorum, ne in novos consules bellum differretur, et occasio in se unum vertendae gloriae, dum aeger conlega erat. Itaque, nequiquam dissentiente Cornelio, parari ad propincum certamen milites jubet.

Hannibal cum, quid optimum foret hosti, cerneret, vix ullam spem habebat temere atque inprovide quicquam consules acturos; cum alterius ingenium, fama prius, deinde re cognitum, percitum ac ferox sciret esse, ferociusque factum prospero cum praedatoribus suis certamine crederet, adesse gerendae rei fortunam haud diffidebat. Cujus ne quod praetermitteret tempus sollicitus intentusque erat, dum tiro hostium miles esset, dum meliorem ex ducibus inutilem vulnus faceret, dum Gallorum animi vigerent, quorum ingentem multitudinem sciebat segnius secuturam, quanto longius ab domo traherentur. Cum ob haec taliaque speraret propincum certamen et facere, si cessaretur, cuperet, speculatoresque Galli, ad ea exploranda quae vellet tutiores quia in utrisque castris militabant, paratos pugnae esse Romanos rettulissent, locum insidiis circumspectare Poenus coepit.

LIV. Erat in medio rivus praealtis utrimque clausus ripis, et circa obsitus palustribus herbis, et, quibus inculta ferme vestiuntur, virgultis vepribusque. Quem ubi equites quoque tegendo satis latebrosum locum circumvectus ipse oculis perlustravit, "hic erit locus," Magoni fratri ait, "quem teneas. Delige centenos viros ex omni pedite atque equite, cum quibus ad me vigilia prima venias; nunc corpora curare tempus est." Ita praetorium missum. Mox cum delectis Mago aderat. "Robora virorum cerno," inquit Hannibal; "sed uti numero etiam, non animis modo valeatis, singulis vobis novenos ex turmis manipulisque vestri similes eligite. Mago locum monstrabit quem insideatis; hostem caecum ad has belli artes habetis." Ita mille equitibus Magoni, mille peditibus dimissis, Hannibal prima luce Numidas equites transgressos Trebiam flumen obequitare jubet hostium portis, jaculandoque in stationes elicere ad pugnam hostem, injecto deinde certamine, cedendo sensim citra flumen pertrahere. Haec mandata Numidis; ceteris ducibus peditum equitumque praeceptum, ut prandere omnes juberent, armatos deinde instratisque equis signum expectare.

Sempronius ad tumultum Numidarum primum omnem equitatum, ferox ea parte virium, deinde sex milia peditum, postremo omnes copias, a destinato jam ante consilio avidus certaminis, eduxit. Erat forte brumae tempus et nivalis dies in locis Alpibus Apenninoque interjectis, propinquitate etiam fluminum ac paludium praegelidis. Ad hoc raptim eductis hominibus atque equis, non capto ante cibo, non ope ulla ad arcendum frigus adhibita, nihil caloris inerat, et quidquid aurae fluminis adpropinquabant, adflabat acrior frigoris vis. Ut vero refugientes Numidas insequentes aquam ingressi sunt (et erat pectoribus tenus aucta nocturno imbri), tum utique egressis rigere omnibus corpora, ut vix armorum tenendorum potentia essent, et simul lassitudine et, procedente jam die, fame etiam deficere.

LV. Hannibalis interim miles, ignibus ante tentoria factis, oleoque per manipulos, ut mollirent artus, misso, et cibo per otium capto, ubi transgressos flumen hostis nuntiatum est, alacer animis corporibusque arma capit atque in aciem procedit. Baliares locat ante signa, levem armaturam, octo ferme milia hominum, dein graviorem armis peditem, quod virium, quod roboris erat; in cornibus circumfudit decem milia equitum, et ab cornibus in utramque partem divisos elephantos statuit. Consul effuse sequentis equites, cum ab resistentibus subito Numidis incauti exciperentur, signo receptui dato revocatos circumdedit peditibus. Duodeviginti milia Romana erant, sociûm nominis Latini viginti, auxilia praeterea Cenomanorum; ea sola in fide manserat Gallica gens. Iis copiis concursum est. Proelium a Baliaribus ortum est; quibus cum majore robore legiones obsisterent, diducta propere in cornua levis armatura est, quae res effecit ut equitatus Romanus extemplo urgeretur. Nam cum vix jam per se resisterent decem milibus equitum quattuor milia, et fessi integris plerisque, obruti sunt insuper velut nube jaculorum a Baliaribus conjecta. Ad hoc elephanti eminentes ab extremis cornibus, equis maxime non visu modo, sed odore insolito territis, fugam late faciebant. Pedestris pugna par animis magis quam viribus erat, quas recentis Poenus, paulo ante curatis corporibus, in proelium attulerat; contra jejuna fessaque corpora Romanis et rigentia gelu torpebant. Restitissent tamen animis, si cum pedite solum foret pugnatum; sed et Baliares, pulso equite, jaculabantur in latera, et elephanti jam in mediam peditum aciem sese tulerant, et Mago Numidaeque, simul latebras eorum inprovida praeterlata acies est, exorti ab tergo ingentem tumultum ac terrorem fecere. Tamen in tot circumstantibus malis mansit aliquamdiu inmota acies, maxime praeter spem omnium adversus elephantos. Eos velites ad id ipsum locati verutis conjectis et avertere et insecuti aversos sub caudis, qua maxume molli cute vulnera accipiunt, fodiebant.

LVI. Trepidantisque *et* prope jam in suos consternatos *e* media acie in extremam ad sinistrum cornu adversus Gallos auxiliares agi jussit Hannibal. Ibi extemplo haut dubiam fecere fugam, novusque terror additus Romanis ut fusa auxilia sua viderunt. Itaque cum jam in orbem pugnarent, decem milia ferme hominum, cum alibi evadere nequissent, media Afrorum acie, qua Gallicis auxiliis firmata erat, cum ingenti caede hostium perrupere, et, cum neque in castra reditus esset flumine interclusis, neque prae imbri satis decernere possent, qua suis opem ferrent, Placentiam recto itinere perrexere. Plures deinde in omnes partes eruptiones factae; et qui flumen petiere aut gurgitibus absumpti sunt aut inter cunctationem ingrediendi ab hostibus oppressi; qui passim per agros fuga sparsi erant, vestigia cedentis sequentes agminis Placentiam contendere; aliis timor hostium audaciam ingrediendi flumen fecit, transgressique in castra pervenerunt. Imber nive mixtus et intoleranda vis frigoris et homines multos et jumenta et elephantos prope omnis absumpsit. Finis insequendi hostis Poenis flumen Trebia fuit, et ita torpentes gelu in castra rediere, ut vix laetitiam victoriae sentirent. Itaque nocte insequenti, cum praesidium castrorum et quod relicum *sauciorum* ex magna parte militum erat ratibus Trebiam traicerent, aut nihil sensere obstrepente pluvia, aut, quia jam moveri nequibant prae lassitudine ac vulneribus, sentire sese dissimularunt, quietisque Poenis tacito agmine ab Scipione consule exercitus Placentiam est perductus, inde Pado trajectus Cremonam, ne duorum exercituum hibernis una colonia premeretur.

LVII. Romam tantus terror ex hac clade perlatus est, ut jam ad urbem Romanam crederent infestis signis hostem venturum, nec quicquam spei aut auxilii esse, quo a portis moenibusque vim arcerent: uno consule ad Ticinum victo, alterum ex Sicilia revocatum; duobus consulibus, duobus consularibus exercitibus victis, quos alios duces, quas alias legiones esse, quae arcessantur?

Ita territis Sempronius consul advenit, ingenti periculo per effusos passim ad praedandum hostium equites audacia magis quam consilio aut spe fallendi resistendive, si non falleret, transgressus. Id quod unum maxime in praesentia desiderabatur, comitiis consularibus habitis, in hiberna rediit. Creati consules Cn. Servilius et C. Flaminius.

Ceterum ne hiberna quidem Romanis quieta erant, vagantibus passim Numidis equitibus et, *ut* quaeque iis impeditiora erant, Celtiberis Lusitanisque. Omnes igitur undique clausi commeatus erant, nisi quos Pado naves subveherent. Emporium prope Placentiam fuit et opere magno munitum et valido firmatum praesidio. Ejus castelli expugnandi spe cum equitibus ac levi armatura profectus Hannibal, cum plurimum in celando incepto ad effectum spei habuisset, nocte adortus non fefellit vigiles. Tantus repente clamor est sublatus, ut Placentiae quoque audiretur. Itaque sub lucem cum equitatu consul aderat, jussis quadrato agmine legionibus sequi. Equestre interim proelium commissum; in quo, quia saucius Hannibal pugna excessit, pavore hostibus injecto, defensum egregie praesidium est. Paucorum inde dierum quiete sumpta, et, vixdum satis percurato vulnere, ad Victumvias oppugnandas ire pergit. Id emporium Romanis Gallico bello fuerat; munitum inde locum frequentaverant adcolae mixti undique ex finitimis populis, et tum terror populationum eo plerosque ex agris conpulerat. Hujus generis multitudo, fama inpigre defensi ad Placentiam praesidi accensa, armis arreptis obviam Hannibali procedit. Magis agmina quam acies in via concurrerunt, et, cum ex altera parte nihil praeter inconditam turbam esset, in altera et dux militi et duci miles fidens, ad triginta quinque milia hominum a paucis fusa. Postero die deditione facta praesidium intra moenia accepere; jussique arma tradere cum dicto paruissent, signum repente victoribus datur, ut tamquam vi captam urbem diriperent, neque ulla, quae in tali re memorabilis scribentibus videri solet, praetermissa clades est: adeo omnis libidinis crudelitatisque et inhumanae superbiae editum in miseros exemplum est. Hae fuere hibernae expeditiones Hannibalis.

LVIII. Haud longi inde temporis, dum intolerabilia frigora erant, quies militi data est; et ad prima ac dubia signa veris profectus ex hibernis in Etruriam ducit, eam quoque gentem, sicut Gallos Liguresque, aut vi aut voluntate adjuncturus. Transeuntem Apenninum adeo atrox adorta tempestas est, ut Alpium prope foeditatem superaverit. Vento mixtus imber cum ferretur in ipsa ora, primo, quia aut arma omittenda erant aut contra enitentes vertice intorti adfligebantur, constitere; dein, cum jam spiritum includeret nec reciprocare animam sineret, aversi a vento parumper consedere. Tum vero ingenti sono caelum strepere, et inter horrendos fragores micare ignes; capti auribus et oculis metu omnes torpere; tandem effuso imbre, cum eo magis accensa vis venti esset, ipso illo quo deprensi erant loco castra ponere necessarium visum est. Id vero laboris velut de integro initium fuit; nam nec explicare quicquam nec statuere poterant, nec quod statutum esset manebat, omnia perscindente vento et rapiente. Et mox aqua levata vento, cum super gelida montium juga concreta esset, tantum nivosae grandinis dejecit, ut omnibus omissis procumberent homines, tegminibus suis magis obruti quam tecti; tantaque vis frigoris insecuta est, ut ex illa miserabili hominum jumentorumque strage cum se quisque extollere ac levare vellet, diu nequiret, quia, torpentibus rigore nervis, vix flectere artus poterant. Deinde, ut tandem agitando sese movere ac recipere animos et raris locis ignis fieri est coeptus, ad alienam opem quisque inops tendere. Biduum eo loco velut obsessi mansere; multi homines, multa jumenta, elephanti quoque ex iis, qui proelio ad Trebiam facto superfuerant, septem absumpti.

LIX. Degressus Apennino retro ad Placentiam castra movit, et ad decem milia progressus consedit. Postero die duodecim milia peditum, quinque equitum adversus hostem ducit, nec Sempronius consul (jam enim redierat ab Roma) detrectavit certamen. Atque eo die tria milia passûm inter bina castra fuere; postero die ingentibus animis, vario eventu, pugnatum est. Primo concursu adeo res Romana superior fuit, ut non acie vincerent solum, sed pulsos hostes in castra persequerentur, mox castra quoque oppugnarent. Hannibal, paucis propugnatoribus in vallo portisque positis, ceteros confertos in media castra recepit, intentosque signum ad erumpendum expectare jubet. Jam nona ferme diei hora erat, cum Romanus, nequiquam fatigato milite, postquam nulla spes erat potiundi castris, signum receptui dedit. Quod ubi Hannibal accepit, laxatamque pugnam et recessum a castris vidit, extemplo equitibus dextra laevaque emissis in hostem, ipse cum peditum robore mediis castris erupit. Pugna raro magis ulla saeva aut utriusque partis pernicie clarior fuisset, si extendi eam dies in longum spatium sivisset; nox accensum ingentibus animis proelium diremit. Itaque acrior concursus fuit quam caedes, et, sicut aequata ferme pugna erat, ita clade pari discessum est. Ab neutra parte sescentis plus peditibus et dimidium ejus equitum cecidit; sed major Romanis quam pro numero jactura fuit, quia equestris ordinis aliquot et tribuni militum quinque et praefecti sociorum tres sunt interfecti.

Secundum eam pugnam Hannibal in Ligures, Sempronius Lucam concessit. Venienti in Ligures Hannibali per insidias intercepti duo quaestores Romani, C. Fulvius et L. Lucretius, cum duobus tribunis militum et quinque equestris ordinis, senatorum ferme liberis, quo magis ratam fore cum îs pacem societatemque crederet, traduntur.

LX. Dum haec in Italia geruntur, Cn. Cornelius Scipio in Hispaniam cum classe et exercitu missus, cum ab ostio Rhodani profectus Pyrenaeosque montes circumvectus Emporîs adpulisset classem, exposito ibi exercitu, orsus a Lacetanis omnem oram usque ad Hiberum flumen, partim renovandis societatibus, partim novis instituendis, Romanae dicionis fecit. Inde conciliata clementiae fama, non ad maritimos modo populos, sed in mediterraneis quoque ac montanis ad ferociores jam gentes valuit; nec pax modo aput eos, sed societas etiam armorum parta est, validaeque aliquot auxiliorum cohortes ex iis conscriptae sunt. Hannonis cis Hiberum provincia erat; eum reliquerat Hannibal ad regionis ejus praesidium. Itaque, priusquam alienarentur omnia, obviam eundum ratus, castris in conspectu hostium positis, in aciem eduxit. Nec Romano differendum certamen visum, quippe qui sciret cum Hannone et Hasdrubale sibi dimicandum esse, malletque adversus singulos separatim quam adversus duos simul rem gerere. Nec magni certaminis ea dimicatio fuit. Sex milia hostium caesa, duo capta cum praesidio castrorum; nam et castra expugnata sunt, atque ipse dux cum aliquot principibus capiuntur, et Cissis, propincum castris oppidum, expugnatur. Ceterum praeda oppidi parvi preti rerum fuit, supellex barbarica ac vilium mancipiorum; castra militem ditavere, non ejus modo exercitus qui victus erat, sed et ejus qui cum Hannibale in Italia militabat, omnibus fere caris rebus, ne gravia inpedimenta ferentibus essent, citra Pyrenaeum relictis.

LXI. Priusquam certa hujus cladis fama accideret, transgressus Hiberum Hasdrubal cum octo milibus peditum, mille equitum, tamquam ad primum adventum Romanorum occursurus, postquam perditas res ad Cissim amissaque castra accepit, iter ad mare convertit. Haud procul Tarracone classicos milites navalesque socios vagos palantisque per agros, quod ferme fit, ut secundae res neglegentiam creent, equite passim dimisso, cum magna caede, majore fuga, ad naves conpellit; nec diutius circa ea loca morari ausus, ne ab Scipione opprimeretur, trans Hiberum sese recepit. Et Scipio raptim ad famam novorum hostium agmine acto, cum in paucos praefectos navium animadvertisset, praesidio Tarracone modico relicto, Emporias cum classe rediit. Vixdum digresso eo, Hasdrubal aderat, et Ilergetum populo, qui obsides Scipioni dederat, ad defectionem inpulso, cum eorum ipsorum juventute agros fidelium Romanis sociorum vastat. Excito deinde Scipione hibernis, toto cis Hiberum rursus cedit agro. Scipio relictam ab auctore defectionis Ilergetum gentem cum infesto exercitu invasisset, conpulsis omnibus Atanagrum urbem, quae caput ejus populi erat, circumsedit, intraque dies paucos, pluribus quam ante obsidibus imperatis, Ilergetes pecunia etiam multatos in jus dicionemque recepit. Inde in Ausetanos prope Hiberum, socios et ipsos Poenorum, procedit, atque urbe eorum obsessa, Lacetanos auxilium finitimis ferentes nocte, haud procul jam urbe, cum intraret vellent, excepit insidiis. Caesa ad duodecim milia; exuti prope omnes armis domos passim palantes per agros diffugere, nec obsessos alia ulla res quam iniqua oppugnantibus hiems tutabatur. Triginta dies obsidio fuit, per quos raro umquam nix minus quattuor pedes alta jacuit, adeoque pluteos ac vineas Romanorum operuerat, ut ea sola, ignibus aliquotiens conjectis ab hoste, etiam tutamentum fuerit. Postremo, cum Amusicus princeps eorum ad Hasdrubalem profugisset, viginti argenti talentis pacti deduntur. Tarraconem in hiberna reditum est.

LXII. Romae aut circa urbem multa ea hieme prodigia facta, aut, quod evenire solet motis semel in religionem animis, multa nuntiata et temere credita sunt, in quîs, ingenuum infantem semestrem in foro holitorio 'triumphum' clamasse, — et in foro boario bovem in tertiam contignationem sua sponte escendisse, atque inde, tumultu habitatorum territum, sese dejecisse, — et navium speciem de caelo adfulsisse, — et aedem Spei, quae est in foro holitorio, fulmine ictam, — et Lanuvi hastam se commovisse, et corvum in aedem Junonis devolasse atque in ipso pulvinari consedisse, — et in agro Amiternino multis locis hominum specie procul candida veste visos, nec cum ullo congressos, — et in Piceno lapidibus pluvisse, — et Caere sortes extenuatas, — et in Gallia lupum vigili gladium ex vagina raptum abstulisse. Ob cetera prodigia libros adire decemviri jussi; quod autem lapidibus pluvisset in Piceno, novemdiale sacrum edictum, et subinde aliis procurandis prope tota civitas operata fuit. Jam primum omnium urbs lustrata est, hostiaeque majores quibus editum est diis caesae, et donum ex auri pondo quadraginta Lanuvium Junoni portatum est, et signum aeneum matronae Junoni in Aventino dedicaverunt, et lectisternium Caere, ubi sortes adtenuatae erant, imperatum, et supplicatio Fortunae in Algido; Romae quoque et lectisternium et supplicatio juventuti ad aedem Herculis nominatim, deinde universo populo circa omnia pulvinaria indicta, et Genio majores hostiae caesae quinque, et C. Atilius Serranus praetor vota suscipere jussus, si in decem annos res publica eodem stetisset statu. Haec procurata votaque ex libris Sibyllinis magna ex parte levaverant religione animos.

LXIII. Consulum designatorum alter Flaminius, cui eae legiones quae Placentiae hibernabant sorte evenerant, edictum et litteras ad consulem misit, ut is exercitus idibus Martîs Arimini adesset in castris. Hic in provincia consulatum inire consilium erat memori veterum certaminum cum patribus, quae tribunus plebis et quae postea consul prius de consulatu, qui abrogabatur, dein de triumpho habuerat, invisus etiam patribus ob novam legem, quam Q. Claudius tribunus plebis, adverso senatu atque uno patrum adjuvante C. Flaminio, tulerat, ne quis senator, cuive senator pater fuisset, maritimam navem, quae plus quam trecentarum amphorarum esset, haberet. Id satis habitum ad fructus ex agris vectandos; quaestus omnis patribus indecorus visus. Res per summam contentionem acta invidiam aput nobilitatem suasori legis Flaminio, favorem aput plebem alterumque inde consulatum peperit. Ob haec ratus auspiciis ementiendis Latinarumque feriarum mora et consularibus aliis inpedimentis retenturos se in urbe, simulato itinere, privatus clam in provinciam abiit. Ea res ubi palam facta est, novam insuper iram infestis jam ante patribus movit: 'non cum senatu modo, sed jam cum diis inmortalibus C. Flaminium bellum gerere. Consulem ante inauspicato factum revocantibus ex ipsa acie diis atque hominibus non paruisse; nunc conscientia spretorum et Capitolium et sollemnem votorum nuncupationem fugisse, ne die initi magistratus Jovis optimi maximi templum adiret, ne senatum invisus ipse et sibi uni invisum videret consuleretque, ne Latinas indiceret Jovique Latiari sollemne sacrum in monte faceret, ne auspicato profectus in Capitolium ad vota nuncupanda, paludatus inde cum lictoribus in provinciam iret. Lixae modo sine insignibus, sine lictoribus profectum clam, furtim, haud aliter quam si exilii causa solum vertisset. Magis pro majestate videlicet imperii Arimini quam Romae magistratum initurum, et in deversorio hospitali quam aput penates suos praetextam sumpturum.' Revocandum universi retrahendumque censuerunt, et cogendum omnibus prius praesentem in deos hominesque fungi officiis quam ad exercitum et in provinciam iret. In eam legationem (legatos enim mitti placuit) Q. Terentius et M. Antistius profecti nihilo magis eum moverunt, quam priore consulatu litterae moverant ab senatu missae. Paucos post dies magistratum iniit, inmolantique ei vitulus jam ictus e manibus sacrificantium sese cum proripuisset, multos circumstantes cruore respersit; fuga procul etiam major aput ignaros quid trepidaretur, et concursatio fuit. Id a plerisque *in* omen magni terroris acceptum. Legionibus inde duabus a Sempronio prioris anni consule, duabus a C. Atilio praetore acceptis, in Etruriam per Apennini tramites exercitus duci est coeptus.

[PERIOCHA LIBRI XXII.]

[HANNIBAL per continuas vigilias in paludibus oculo amisso in Etruriam venit, per quas paludes quadriduo et tribus noctibus sine ulla requie iter fecit. C. Flaminius consul, homo temerarius, contra auspicia profectus signis militaribus effossis, quae tolli non poterant, et ab equo quem conscenderat per caput devolutus, insidiis ab Hannibale circumventus ad Thrasymennum lacum cum exercitu caesus est. sex milia, quae eruperant, fide ab Atherbale data, perfidia Hannibalis vincta sunt. cum ad nuntium cladis Romae luctus esset, duae matres ex insperato receptis filiis gaudio mortuae sunt. ob hanc cladem ex Sibyllinis libris ver sacrum votum. cum deinde Q. Fabius Maximus dictator adversus Hannibalem missus nollet acie cum eo confligere, ne contra ferocem tot victoriis hostem *territos* adversis proeliis milites pugnae committeret et opponendo se tantum conatus Hannibalis impediret, M. Minucius magister equitum, ferox et temerarius, criminando dictatorem tamquam segnem et timidum effecit, ut populi iussu aequaretur ei cum dictatore imperium; divisoque exercitu cum iniquo loco conflixisset et in maximo discrimine legiones eius essent, superveniente cum exercitu Fabio Maximo discrimine liberatus est. quo beneficio victus castra cum eo iunxit et patrem eum salutavit idemque facere milites iussit. Hannibal vastata Campania inter Casilinum oppidum et Calliculam montem a Fabio clusus sarmentis ad cornua boum alligatis et incensis praesidium Romanorum, quod Calliculam insidebat, fugavit et sic transgressus est saltum. idemque Fabi Maximi dictatoris, cum circumposita ureret, agro pepercit, ut illum tamquam proditorem suspectum faceret. Aemilio deinde Paulo et Terentio Varrone consulibus [et] ducibus cum maxima clade adversus Hannibalem ad Cannas pugnatum est caesaque eo proelio Romanorum $\overline{\text{xlv}}$ cum Paulo consule et senatoribus xc et consularibus aut praetoriis aut aediliciis xxx. post quae cum a nobilibus adulescentibus propter desperationem consilium de relinquenda Italia iniretur, P. Cornelius Scipio tribunus militum, qui Africanus postea vocatus est, stricto super capita deliberantium ferro iuravit, se pro hoste habiturum eum, qui in verba sua non iurasset, effecitque, ut omnes non relictum iri a se Italiam iure iurando adstringerentur. propter paucitatem militum $\overline{\text{viii}}$ servorum armata sunt. captivi, cum potestas esset redimendi, redempti non sunt. praeterea trepidationem urbis et luctum et res in Hispania meliore eventu gestas continet. Opimia et Florentia Vestales virgines incesti damnatae sunt. Varroni obviam itum et gratiae actae, quod de re publica non desperasset.]

TITI LIVI

AB VRBE CONDITA

LIBER VICESIMVS SECVNDVS.

I. JAM ver adpetebat, atque Hannibal ex hibernis movit, et nequiquam ante conatus transcendere Apenninum intolerandis frigoribus, et cum ingenti periculo moratus ac metu. Galli, quos praedae populationumque conciverat spes, postquam pro eo, ut ipsi ex alieno agro raperent agerentque, suas terras sedem belli esse premique utriusque partis exercituum hibernis viderunt, verterunt retro in Hannibalem ab Romanis odia; petitusque saepe principum insidiis, ipsorum inter se fraude, eadem levitate, qua consenserant, consensum indicantium, servatus erat, et mutando nunc vestem, nunc tegumenta capitis, errore etiam sese ab insidiis munierat. Ceterum hic quoque ei timor causa fuit maturius movendi ex hibernis.

Per idem tempus Cn. Servilius consul Romae idibus Martîs magistratum iniit. Ibi cum de re publica rettulisset, redintegrata in C. Flaminium invidia est: 'duos se consules creasse, unum habere; quod enim illi justum imperium, quod auspicium esse? Magistratus id a domo, publicis privatisque penatibus, Latinis feriis actis, sacrificio in monte perfecto, votis rite in Capitolio nuncupatis, secum ferre; nec privatum auspicia sequi, nec sine auspiciis profectum in externo ea solo nova atque integra concipere posse.'

Augebant metum prodigia ex pluribus simul locis

nuntiata: in Sicilia militibus aliquot spicula, in Sardinia autem in muro circumeunti vigilias equiti scipionem, quem manu tenuerat, arsisse, et litora crebris ignibus fulsisse, et scuta duo sanguine sudasse, et milites quosdam ictos fulminibus, et solis orbem minui visum, et Praeneste ardentes lapides caelo cecidisse, et Arpis parmas in caelo visas pugnantemque cum luna solem, et Capenae duas interdiu lunas ortas, et aquas Caeretes sanguine mixtas fluxisse, fontemque ipsum Herculis cruentis manasse sparsum maculis, et in Antiati metentibus cruentas in corbem spicas cecidisse, et Faleriis caelum findi velut magno hiatu visum, quaque patuerit ingens lumen effulsisse, sortes sua sponte adtenuatas, unamque excidisse ita scriptam "MAVORS TELVM SVVM CONCVTIT," et per idem tempus Romae signum Martis Appia via ac simulacra luporum sudasse, et Capuae speciem caeli ardentis fuisse lunaeque inter imbrem cadentis. Inde minoribus etiam dictu prodigiis fides habita: capras lanatas quibusdam factas, et gallinam in marem, gallum in feminam sese vertisse. His, sicut erant nuntiata, expositis, auctoribusque in curiam introductis, consul de religione patres consuluit. Decretum, ut ea prodigia partim majoribus hostiis, partim lactentibus procurarentur, et uti supplicatio per triduum ad omnia pulvinaria haberetur; cetera, cum decemviri libros inspexissent, ut ita fierent, quem ad modum cordi esse divis *e* carminibus profarentur. Decemvirorum monitu decretum est, Jovi primum donum fulmen aureum pondo quinquaginta fieret, Junoni Minervaeque ex argento dona darentur, et Junoni reginae in Aventino Junonique Sospitae Lanuvii majoribus hostiis sacrificaretur, matronaeque pecunia conlata, quantum conferre cuique commodum esset, donum Junoni reginae in Aventinum ferrent, lectisterniumque fieret, et ut libertinae et ipsae, unde Feroniae donum daretur, pecuniam pro facultatibus suis conferrent. Haec ubi facta, decemviri Ardeae in foro majoribus hostiis sacrificarunt. Postremo Decembri jam mense ad aedem Saturni Romae immolatum est, lectisterniumque imperatum ([et] eum lectum senatores straverunt) et convivium publicum, ac per urbem Saturnalia diem ac noctem clamata, populusque eum diem festum habere ac servare in perpetuum jussus.

II. Dum consul placandis Romae dîs habendoque dilectu dat operam, Hannibal, profectus ex hibernis, quia jam Flaminium consulem Arretium pervenisse fama erat, cum aliud longius, ceterum commodius ostenderetur iter, propiorem viam per paludem petit, qua fluvius Arnus per eos dies solito magis inundaverat. Hispanos et Afros (id omne veterani erat robur exercitus), admixtis ipsorum inpedimentis, necubi consistere coactis necessaria ad usus deessent, primos ire jussit; sequi Gallos, ut id agminis medium esset; novissimos ire equites; Magonem inde cum expeditis Numidis cogere agmen, maxime Gallos, si taedio laboris longaeque viae, ut est mollis ad talia gens, dilaberentur aut subsisterent, cohibentem. Primi, qua modo praeirent duces, per praealtas fluvi ac profundas voragines, hausti paene limo inmergentesque se, tamen signa sequebantur. Galli neque sustinere se neque prolapsi adsurgere ex voraginibus poterant, *nec* aut corpora animis aut animos spe sustinebant, alii fessa aegre trahentes membra, alii, ubi semel victis taedio animis procubuissent, inter jumenta et ipsa jacentia passim morientes; maximeque omnium vigiliae conficiebant per quadriduum jam et tres noctes toleratae. Cum, omnia obtinentibus aquis, nihil ubi in sicco fessa sternerent corpora inveniri posset, cumulatis in aqua sarcinis insuper incumbebant, *aut* jumentorum itinere toto prostratorum passim acervi tantum quod exstaret aqua quaerentibus ad quietem parvi temporis necessarium cubile dabant. Ipse Hannibal, aeger oculis ex verna primum intemperie variante calores frigoraque, elephanto, qui unus superfuerat, quo altius ab aqua exstaret, vectus, vigiliis tamen et nocturno umore palustrique caelo gravante caput, et quia medendi nec locus nec tempus erat, altero oculo capitur.

III. Multis hominibus jumentisque foede amissis cum tandem de paludibus emersisset, ubi primum in sicco potuit, castra locat, certumque per praemissos exploratores habuit, exercitum Romanum circa Arreti moenia esse. Consulis deinde consilia atque animum, et situm regionum, itineraque, et copias ad commeatus expediendos, et cetera quae cognosse in rem erat, summa omnia cum cura inquirendo exequebatur. Regio erat in primis Italiae fertilis, Etrusci campi, qui Faesulas inter Arretiumque jacent, frumenti ac pecoris et omnium copia rerum opulenti; consul ferox ab consulatu priore, et non modo legum aut patrum majestatis, sed ne deorum quidem satis metuens; hanc insitam ingenio ejus temeritatem fortuna prospero civilibus bellicisque rebus successu aluerat. Itaque satis apparebat nec deos nec homines consulentem ferociter omnia ac praepropere acturum; quoque pronior esset in vitia sua, agitare eum atque inritare Poenus parat, et laeva relicto hoste Faesulas petens, medio Etruriae agro praedatum profectus, quantam maximam vastitatem potest caedibus incendiisque consuli procul ostendit.

Flaminius, qui ne quieto quidem hoste ipse quieturus erat, tum vero, postquam res sociorum ante oculos prope suos ferri agique vidit, suum id dedecus ratus, per mediam jam Italiam vagari Poenum, atque, obsistente nullo, ad ipsa Romana moenia ire oppugnanda, ceteris omnibus in consilio salutaria magis quam speciosa suadentibus: 'collegam expectandum, ut, conjunctis exercitibus, communi animo consilioque rem gererent; interim equitatu auxiliisque levium armorum ab effusa praedandi licentia hostem cohibendum:' iratus se ex consilio proripuit, signumque simul itineris pugnaeque cum *proposuisset* "immo Arreti ante moenia sedeamus," inquit, "hic enim patria et penates sunt. Hannibal emissus e manibus perpopuletur Italiam, vastandoque et urendo omnia ad Romana moenia perveniat; nec ante nos hinc moverimus quam, sicut olim Camillum ab Veiis, C. Flaminium ab Arretio patres acciverint." Haec simul increpans, cum ocius signa convelli juberet et ipse in ecum insiluisset, ecus repente conruit consulemque lapsum super caput effudit. Territis omnibus qui circa erant velut foedo omine incipiendae rei, insuper nuntiatur, signum, omni vi moliente signifero, convelli nequire. Conversus ad nuntium "num litteras quoque" inquit "ab senatu adfers, quae me rem gerere vetent? Abi, nuntia, effodiant signum, si ad convellendum manus prae metu obtorpuerunt." Incedere inde agmen coepit, primoribus, super quam quod dissenserant ab consilio, territis etiam duplici prodigio, milite in vulgus laeto ferocia ducis, cum spem magis ipsam quam causam spei intueretur.

IV. Hannibal quod agri est inter Cortonam urbem Trasumennumque lacum omni clade belli pervastat, quo magis iram hosti ad vindicandas sociorum injurias acuat; et jam pervenerant ad loca nata insidiis, ubi maxime montes Cortonenses Trasumennus subit. Via tantum interest perangusta, velut ad id ipsum de industria relicto spatio; deinde paulo latior patescit campus; inde colles insurgunt. Ibi castra in aperto locat, ubi ipse cum Afris modo Hispanisque consideret; Baliares ceteramque levem armaturam post montis circumducit; equites ad ipsas fauces saltus, tumulis apte tegentibus, locat, ut, ubi intrassent Romani, objecto equitatu clausa omnia lacu ac montibus essent.

Flaminius cum pridie solis occasu ad lacum pervenisset, inexplorato postero die vixdum satis certa luce angustiis superatis, postquam in patentiorem campum pandi agmen coepit, id tantum hostium quod ex adverso erat conspexit; ab tergo ac super caput decepere insidiae. Poenus ubi, id quod petierat, clausum lacu ac montibus et circumfusum suis copiis habuit hostem, signum omnibus dat simul invadendi. Qui ubi qua cuique proximum fuit decucurrerunt, eo magis Romanis subita atque inprovisa res fuit, quod orta ex lacu nebula campo quam montibus densior sederat, agminaque hostium ex pluribus collibus ipsa inter se satis conspecta eoque magis pariter decucurrerant. Romanus, clamore prius undique orto quam satis cerneret, se circumventum esse sensit; et ante in frontem lateraque pugnari coeptum est, quam satis instrueretur acies aut expediri arma stringique gladii possent.

V. Consul, perculsis omnibus, ipse satis, ut in re trepida, inpavidus, turbatos ordines, vertente se quoque ad dissonos clamores, instruit ut tempus locusque patitur; et, quacumque adire audirique potest, adhortatur ac stare ac pugnare jubet: 'nec enim inde votis aut inploratione deum, sed vi ac virtute evadendum esse; per medias acies ferro viam fieri, et, quo timoris minus sit, eo minus ferme periculi esse.' Ceterum prae strepitu ac tumultu nec consilium nec imperium accipi poterat, tantumque aberat ut sua signa atque ordines et locum noscerent, ut vix ad arma capienda aptandaque pugnae conpeteret animus, opprimerenturque quidam onerati magis his quam tecti. Et erat in tanta caligine major usus aurium quam oculorum. Ad gemitus vulnerum ictusque corporum aut armorum et mixtos strepentium paventiumque clamores circumferebant ora oculosque. Alii fugientes pugnantium globo inlati haerebant; alios redeuntes in pugnam avertebat fugientium agmen. Deinde, ubi in omnis partis nequiquam impetus capti, et ab lateribus montes ac lacus, a fronte et ab tergo hostium acies claudebat, apparuitque nullam nisi in dextera ferroque salutis spem esse, tum sibi quisque dux adhortatorque factus ad rem gerendam, et nova de integro exorta pugna est, non illa ordinata per principes hastatosque ac triarios, nec ut pro signis antesignani, post signa alia pugnaret acies, nec ut in sua legione miles aut cohorte aut manipulo esset; fors conglobabat, et animus suus cuique ante aut post pugnandi ordinem dabat; tantusque fuit ardor [animorum], adeo intentus pugnae animus, ut eum motum terrae, qui multarum urbium Italiae magnas partes prostravit avertitque cursu rapidos amnis, mare fluminibus invexit, montes lapsu ingenti proruit, nemo pugnantium senserit.

VI. Tris ferme horas pugnatum est, et ubique atrociter; circa consulem tamen acrior infestiorque pugna est. Eum et robora virorum sequebantur, et ipse, quacumque in parte premi ac laborare senserat suos, inpigre ferebat opem; insignemque armis et hostes summa vi petebant et tuebantur cives, donec Insuber eques (Ducario nomen erat) facie quoque noscitans consulem, "en" inquit "hic est" popularibus suis, "qui legiones nostras cecidit agrosque et urbem est depopulatus! Jam ego hanc victimam manibus peremptorum foede civium dabo;" subditisque calcaribus equo, per confertissimam hostium turbam impetum facit, obtruncatoque prius armigero, qui se infesto venienti obviam objecerat, consulem lancea transfixit; spoliare cupientem triarii objectis scutis arcuere. Magnae partis fuga inde primum coepit; et jam nec lacus nec montes pavori obstabant; per omnia arta praeruptaque velut caeci evadunt, armaque et viri super alium alii praecipitantur. Pars magna, ubi locus fugae deest, per prima vada paludis in aquam progressi, quoad capitibus umerisque extare possunt, sese inmergunt; fuere quos inconsultus pavor nando etiam capessere fugam inpulerit; quae ubi inmensa ac sine spe erat, aut deficientibus animis hauriebantur gurgitibus, aut nequiquam fessi vada retro aegerrime repetebant, atque ibi ab ingressis aquam hostium equitibus passim trucidabantur. Sex milia ferme primi agminis, per adversos hostis eruptione inpigre facta, ignari omnium quae post se agerentur, ex saltu evasere, et cum in tumulo quodam constitissent, clamorem modo ac sonum armorum audientes, quae fortuna pugnae esset neque scire nec perspicere prae caligine poterant. Inclinata denique re, cum incalescente sole dispulsa nebula aperuisset diem, tum liquida jam luce montes campique perditas res stratamque ostendere foede Romanam aciem. Itaque, ne in conspectos procul inmitteretur eques, sublatis raptim signis, quam citatissimo poterant agmine, sese abripuerunt. Postero die, cum super cetera extrema fames etiam instaret, fidem dante Maharbale, qui cum omnibus equestribus copiis nocte consecutus erat, si arma tradidissent abire cum singulis vestimentis passurum, sese dediderunt; quae Punica religione servata fides ab Hannibale est, atque in vincula omnes conjecti.

VII. Haec est nobilis ad Trasumennum pugna atque inter paucas memorata populi Romani clades. Quindecim milia Romanorum in acie caesa; decem milia sparsa fuga per omnem Etruriam aversis itineribus urbem petiere; duo milia quingenti hostium in acie, multi postea [utrimque] ex vulneribus periere. Multiplex caedes utrimque facta traditur ab aliis; ego, praeterquam quod nihil auctum ex vano velim, quo nimis inclinant ferme scribentium animi, Fabium, aequalem temporibus hujusce belli, potissimum auctorem habui. Hannibal, captivorum qui Latini nominis essent sine pretio dimissis, Romanis in vincula datis, segregata ex hostium coacervatorum cumulis corpora suorum cum sepeliri jussisset, Flamini quoque corpus funeris causa magna cum cura inquisitum non invenit.

Romae ad primum nuntium cladis ejus cum ingenti terrore ac tumultu concursus in forum populi est factus. Matronae vagae per vias, quae repens clades adlata, quaeve fortuna exercitus esset, obvios percunctantur; et cum frequentis contionis modo turba in comitium et curiam versa magistratus vocaret, tandem haud multo ante solis occasum M. Pomponius praetor "pugna" inquit "magna victi sumus." Et quamquam nihil certius ex eo auditum est, tamen alius ab alio inpleti rumoribus domos referunt, 'consulem cum magna parte copiarum caesum; superesse paucos, aut fuga passim per Etruriam sparsos aut captos ab hoste.' Quot casus exercitus victi fuerant, tot in curas dispertiti animi eorum erant, quorum propinqui sub C. Flaminio consule meruerant, ignorantium quae cujusque suorum fortuna esset; nec quisquam satis certum habet, quid aut speret aut timeat. Postero ac deinceps aliquot diebus ad portas major prope mulierum quam virorum multitudo stetit, aut suorum aliquem aut nuntios de iis opperiens; circumfundebanturque obviis sciscitantes, neque avelli, utique ab notis, priusquam ordine omnia inquisissent, poterant. Inde varios vultus digredientium ab nuntiis cerneres, ut cuique laeta aut tristia nuntiabantur, gratulantisque aut consolantis redeuntibus domos circumfusos. Feminarum praecipue et gaudia insignia erant et luctus. Unam in ipsa porta sospiti filio repente oblatam in conplexu ejus expirasse ferunt; alteram, cui mors fili falso nuntiata erat, maestam sedentem domi, ad primum conspectum redeuntis fili gaudio nimio exanimatam. Senatum praetores per dies aliquot ab orto usque ad occidentem solem in curia retinent, consultantes, quonam duce aut quibus copiis resisti victoribus Poenis posset.

VIII. Priusquam satis certa consilia essent, repens alia nuntiatur clades, quattuor milia equitum cum C. Centenio propraetore missa ad conlegam ab Servilio consule in Umbria, quo post pugnam ad Trasumennum auditam averterant iter, ab Hannibale circumventa. Ejus rei fama varie homines adfecit: pars, occupatis majore aegritudine animis, levem ex conparatione priorum ducere recentem equitum jacturam; pars non id quod acciderat per se aestimare, sed, ut in adfecto corpore quamvis levis causa magis quam in valido gravior sentiretur, ita tum aegrae et adfectae civitati quodcumque adversi incideret, non rerum magnitudine, sed viribus extenuatis, quae nihil quod adgravaret pati possent, aestimandum esse. Itaque ad remedium jam diu neque desideratum nec adhibitum, dictatorem dicendum, civitas confugit; et quia et consul aberat, a quo uno dici posse videbatur, nec per occupatam armis Punicis Italiam facile erat aut nuntium aut litteras mitti, nec dictatorem populus creare poterat, quod numquam ante eam diem factum erat, prodictatorem populus creavit Q. Fabium Maximum et magistrum equitum M. Minucium Rufum; hisque negotium ab senatu datum, ut muros turresque urbis firmarent, et praesidia disponerent, quibus locis videretur, pontesque rescinderent fluminum: pro urbe ac penatibus dimicandum esse, quando Italiam tueri nequissent.

IX. Hannibal recto itinere per Umbriam usque ad Spoletium venit. Inde, cum perpopulato agro urbem oppugnare adortus esset, cum magna caede suorum repulsus, conjectans ex unius coloniae haud nimis prospere temptatae viribus, quanta moles Romanae urbis esset, in agrum Picenum avertit iter, non copia solum omnis generis frugum abundantem, sed refertum praeda, quam effuse avidi atque egentes rapiebant. Ibi per dies aliquot stativa habita, refectusque miles hibernis itineribus ac palustri via proelioque magis ad eventum secundo quam levi aut facili adfectus. Ubi satis quietis datum praeda ac populationibus magis quam otio aut requie gaudentibus, profectus Praetutianum Hadrianum*que* agrum, Marsos inde Marrucinosque et Paelignos devastat circaque Arpos et Luceriam proximam Apuliae regionem. Cn. Servilius consul, levibus proeliis cum Gallis factis et uno oppido ignobili expugnato, postquam de collegae exercitusque caede audivit, jam moenibus patriae metuens, ne abesset in discrimine extremo, ad urbem iter intendit.

Q. Fabius Maximus dictator iterum, quo die magistratum iniit, vocato senatu, ab diis orsus, cum edocuisset patres, plus neglegentia caerimoniarum auspiciorumque quam temeritate atque inscitia peccatum a C. Flaminio consule esse, quaeque piacula irae deûm essent ipsos deos consulendos esse, pervicit, ut, quod non ferme decernitur nisi cum taetra prodigia nuntiata sunt, decemviri libros Sibyllinos adire juberentur. Qui inspectis fatalibus libris rettulerunt patribus, 'quod ejus belli causa votum Marti foret, id non rite factum de integro atque amplius faciundum esse; et Jovi ludos magnos et aedes Veneri Erucinae ac Menti vovendas esse, et supplicationem lectisterniumque habendum, et ver sacrum vovendum, si bellatum prospere esset resque publica in eodem quo ante bellum fuisset statu permansisset.' Senatus, quoniam Fabium belli cura occupatura esset, M. Aemilium praetorem ex collegii pontificum sententia omnia ea ut mature fiant curare jubet.

X. His senatus consultis perfectis, L. Cornelius Lentulus pontifex maximus, consulente collegium praetore, omnium primum populum consulendum de vere sacro censet: injussu populi voveri non posse. Rogatus in haec verba populus: "Velitis jubeatisne haec sic fieri? Si res publica populi Romani Quiritium ad quinquennium proximum, sicut velim voveamque, salva servata erit hisce duellis, quod duellum populo Romano cum Carthaginiensi est, quaeque duella cum Gallis sunt, qui cis Alpis sunt, tum donum duit populus Romanus Quiritium, quod ver attulerit ex suillo, ovillo, caprino, bovillo grege, quaeque profana erunt, Jovi fieri, ex qua die senatus populusque jusserit. Qui faciet, quando volet quaque lege volet, facito; quo modo faxit, probe factum esto. Si id moritur quod fieri oportebit, profanum esto, neque scelus esto. Si quis rumpet occidetve insciens, ne fraus esto. Si quis clepsit, ne populo scelus esto, neve cui cleptum erit. Si atro die faxit insciens, probe factum esto. Si nocte sive luce, si servus sive liber faxit, probe factum esto. Si antidea ac senatus populusque jusserit fieri faxitur, eo populus solutus liber esto." Ejusdem rei causa ludi magni voti aeris trecentis triginta tribus milibus, trecentis triginta tribus triente, praeterea bubus Jovi trecentis, multis aliis divis bubus albis atque ceteris hostiis. Votis rite nuncupatis, supplicatio edicta; supplicatumque iere cum conjugibus ac liberis non urbana multitudo tantum, sed agrestium etiam, quos in aliqua sua fortuna publica quoque contingebat cura. Tum lectisternium per triduum habitum, decemviris sacrorum curantibus. Sex pulvinaria in conspectu fuerunt: Jovi ac Junoni unum, alterum Neptuno ac Minervae, tertium Marti ac Veneri, quartum Apollini ac Dianae, quintum Vulcano ac Vestae, sextum Mercurio et Cereri. Tum aedes votae. Veneri Erucinae aedem Q. Fabius Maximus dictator vovit, quia ita ex fatalibus libris editum erat, ut is voveret, cujus maximum imperium in civitate esset; Menti aedem T. Otacilius praetor vovit.

XI. Ita rebus divinis peractis, tum de bello reque [de] publica dictator rettulit, quibus quotque legionibus victori hosti obviam eundum esse patres censerent. Decretum, ut 'ab Cn. Servilio consule exercitum acciperet, scriberet praeterea ex civibus sociisque quantum equitum ac peditum videretur; cetera omnia ageret faceretque ut e re publica duceret.' Fabius duas legiones se adjecturum ad Servilianum exercitum dixit. Iis per magistrum equitum scriptis Tibur diem ad conveniendum edixit. Edictoque proposito, ut, quibus oppida castellaque inmunita essent, ut ii commigrarent in loca tuta, ex agris quoque demigrarent omnis regionis ejus qua iturus Hannibal esset, tectis prius incensis ac frugibus corruptis, ne cujus rei copia esset, ipse via Flaminia profectus obviam consuli exercituque, cum ad Tiberim circa Ocriculum prospexisset agmen consulemque cum equitibus ad se progredientem, viatorem misit qui consuli nuntiaret, ut sine lictoribus ad dictatorem veniret. Qui cum dicto paruisset, congressusque eorum ingentem speciem dictaturae aput cives sociosque vetustate jam prope oblitos ejus imperii fecisset, litterae ab urbe adlatae sunt, naves onerarias commeatum ab Ostia in Hispaniam ad exercitum portantes a classe Punica circa portum Cosanum captas esse. Itaque extemplo consul Ostiam proficisci jussus, navibusque, quae ad urbem Romanam aut Ostiae essent, conpletis milite ac navalibus sociis, persequi hostium classem ac litora Italiae tutari. Magna vis hominum conscripta Romae erat; libertini etiam, quibus liberi essent et aetas militaris, in verba juraverant. Ex hoc urbano exercitu, qui minores quinque et triginta annis erant, in navis inpositi, alii, ut urbi praesiderent, relicti.

XII. Dictator, exercitu consulis accepto a Fulvio Flacco legato, per agrum Sabinum Tibur, quo diem ad conveniendum edixerat novis militibus, venit. Inde Praeneste ac transversis limitibus in viam Latinam est egressus, unde, itineribus summa cum cura exploratis, ad hostem ducit, nullo loco, nisi quantum necessitas cogeret, fortunae se commissurus. Quo primum die haut procul Arpis in conspectu hostium posuit castra, nulla mora facta, quin Poenus educeret in aciem copiamque pugnandi faceret. Sed ubi quieta omnia aput hostes nec castra ullo tumultu mota videt, increpans quidem, 'victos tandem' Martios animos Romanis, debellatumque et concessum propalam de virtute ac gloria esse,' in castra rediit; ceterum tacita cura animum incessit, quod cum duce haudquaquam Flamini Semproniique simili futura sibi res esset, ac tum demum, edocti malis, Romani parem Hannibali ducem quaesissent. Et prudentiam quidem novi dictatoris extemplo timuit; constantiam hautdum expertus, agitare ac temptare animum movendo crebro castra populandoque in oculis ejus agros sociorum coepit; et modo citato agmine ex conspectu abibat, modo repente in aliquo flexu viae, si excipere degressum in aequum posset, occultus subsistebat. Fabius per loca alta agmen ducebat, modico ab hoste intervallo, ut neque omitteret eum neque congrederetur. Castris, nisi quantum usus necessarii cogerent, tenebatur miles; pabulum et ligna nec pauci petebant nec passim; equitum levisque armaturae statio, con-posita instructaque in subitos tumultus, et suo militi tuta omnia et infesta effusis hostium populatoribus praebebat; neque universo periculo summa rerum committebatur, et parva momenta levium certaminum ex tuto coeptorum, finitimo receptu, adsuefaciebant territum pristinis cladibus militem minus jam tandem aut virtutis aut fortunae paenitere suae. Sed non Hannibalem magis infestum tam sanis consiliis habebat quam magistrum equitum, qui nihil aliud, quam quod impar erat imperio, morae ad rem publicam praecipitandam habebat, ferox rapidusque in consiliis ac lingua inmodicus. Primo inter paucos, dein propalam in vulgus, pro cunctatore segnem, pro cauto timidum, adfingens vicina virtutibus vitia, conpellabat, premendoque superiorem, quae pessima ars nimis prosperis multorum successibus crevit, sese extollebat.

XIII. Hannibal ex Hirpinis in Samnium transit, Beneventanum depopulatur agrum, Telesiam urbem capit, inritat etiam de industria ducem, si forte accensum tot indignitatibus *ac* cladibus sociorum detrahere ad aecum certamen possit. Inter multitudinem sociorum Italici generis, qui ad Trasumennum capti ab Hannibale dimissique fuerant, tres Campani equites erant, multis jam tum inlecti donis promissisque Hannibalis ad conciliandos popularium animos. Hi nuntiantes, si in Campaniam exercitum admovisset, Capuae potiendae copiam fore, cum res major quam auctores esset, dubium Hannibalem alternisque fidentem ac diffidentem tamen ut Campanos ex Samnio peteret moverunt. Monitos etiam atque etiam ut promissa rebus adfirmarent, jussosque cum pluribus et aliquibus principum redire ad se, dimisit. Ipse imperat duci ut se in agrum Casinatem ducat, edoctus a peritis regionum, si eum saltum occupasset, exitum Romano ad opem ferendam sociis interclusurum; sed Punicum abhorrens ab Latinorum nominum pro[nuntiatione os, Casilinum] pro Casino dux ut acciperet fecit, aversusque ab suo itinere per

Allifanum Callifanumque et Calenum agrum in campum Stellatem descendit. Ubi cum montibus fluminibusque clausam regionem circumspexisset, vocatum ducem percunctatur, ubi terrarum esset. Cum is Casilini eo die mansurum eum dixisset, tum demum cognitus est error, et Casinum longe inde alia regione esse; virgisque caeso duce et ad reliquorum terrorem in crucem sublato, castris communitis, Maharbalem cum equitibus in agrum Falernum praedatum dimisit. Usque ad aquas Sinuessanas populatio ea pervenit. Ingentem cladem, fugam tamen terroremque latius, Numidae fecerunt; nec tamen is terror, cum omnia bello flagrarent, fide socios dimovit, videlicet quia justo et moderato regebantur imperio, nec abnuebant, quod unum vinculum fidei est, melioribus parere.

XIV. Ut vero, postquam ad Vulturnum flumen castra sunt posita, exurebatur amoenissimus Italiae ager villaeque passim incendiis fumabant, per juga Massici montis Fabio ducente, tum prope de integro seditio accensa; quieverant enim per paucos dies, quia, cum celerius solito ductum agmen esset, festinari ad prohibendam populationibus Campaniam crediderant. Ut vero in extrema juga Massici montis ventum, et hostes sub oculis erant Falerni agri colonorumque Sinuessae tecta urentes, nec ulla erat mentio pugnae, "spectatum huc" inquit Minucius, "ut rem fruendam oculis, sociorum caedes et incendia venimus? nec, si nullius alterius, nos ne civium quidem horum pudet, quos Sinuessam colonos patres nostri miserunt, ut ab Samnite hoste tuta haec ora esset, quam nunc non vicinus Samnis urit, sed Poenus advena, ab extremis orbis terrarum terminis nostra cunctatione et socordia jam huc progressus? Tantum, pro! degeneramus a patribus nostris, ut praeter quam oram illi Punicas vagari classes dedecus esse imperii sui duxerint, eam nunc plenam hostium Numidarumque ac Maurorum jam factam videamus? Qui modo, Saguntum oppugnari indignando, non homines tantum, sed foedera et deos ciebamus, scandentem moenia Romanae coloniae Hannibalem lenti spectamus! Fumus ex incendiis villarum agrorumque in oculos atque ora venit; strepunt aures clamoribus plorantium sociorum, saepius nostram quam deorum invocantium opem; nos hic pecorum modo per aestivos saltus deviasque callis exercitum ducimus, conditi nubibus silvisque. Si hoc modo peragrando cacumina saltusque M. Furius recipere a Gallis urbem voluisset, quo hic novus Camillus, nobis dictator unicus in rebus adfectis quaesitus, Italiam ab Hannibale recuperare parat, Gallorum Roma esset, quam vereor ne, sic cunctantibus nobis, Hannibali ac Poenis totiens servaverint majores nostri. Sed vir ac vere Romanus, quo die dictatorem eum ex auctoritate patrum jussuque populi dictum Veios allatum est, cum esset satis altum Janiculum, ubi sedens prospectaret hostem, descendit in aecum, atque illo ipso die media in urbe, qua nunc busta Gallica sunt, et postero die citra Gabios cecidit Gallorum legiones. Quid? post multos annos cum ad Furculas Caudinas ab Samnite hoste sub jugum missi sumus, utrum tandem L. Papirius Cursor juga Samnii perlustrando, an Luceriam premendo obsidendoque et lacessendo victorem hostem, depulsum ab Romanis cervicibus jugum superbo Samniti inposuit? Modo C. Lutatio quae alia res quam celeritas victoriam dedit? quod postero die quam hostem vidit, classem gravem commeatibus, inpeditam suomet ipsam instrumento atque adparatu, oppressit. Stultitia est sedendo aut votis debellari credere posse. Arma capias oportet et descendas in aecum et vir cum viro congrediaris. Audendo atque agendo res Romana crevit, non his segnibus consiliis, quae timidi cauta vocant."

Haec velut contionanti Minucio circumfundebatur tribunorum equitumque Romanorum multitudo, et ad aures quoque militum dicta ferocia evolvebantur; ac, si militaris suffragii res esset, haud dubie ferebant, Minucium Fabio ducem praelaturos.

XV. Fabius pariter in suos haud minus quam in hostis intentus, prius ab illis invictum animum praestat. Quamquam probe scit, non in castris modo suis, sed jam etiam Romae infamem suam cunctationem esse, obstinatus tamen tenore eodem consiliorum aestatis reliquum extraxit, ut Hannibal, destitutus ab spe summa ope petiti certaminis, jam hibernis locum circumspectaret, quia ea regio praesentis erat copiae, non perpetuae, arbusta vineaeque et consita omnia magis amoenis quam necessariis fructibus. Haec per exploratores relata Fabio. Cum satis sciret, per easdem angustias, quibus intraverat Falernum agrum, rediturum, Calliculam montem et Casilinum occupat modicis praesidiis, quae urbs Vulturno flumine dirempta Falernum a Campano agro dividit; ipse jugis isdem exercitum reducit, misso exploratum cum quadringentis equitibus sociorum L. Hostilio Mancino. Qui, ex turba juvenum audientium saepe ferociter contionantem magistrum equitum, progressus primo exploratoris modo, ut ex tuto specularetur hostem, ubi vagos passim per vicos Numidas vidit, [et] per occasionem etiam paucos occidit, extemplo occupatus certamine est animus, exciderunt que praecepta dictatoris, qui, quantum tuto posset progressum, prius recipere sese jusserat quam in conspectum hostium veniret. Numidae alii atque alii occursantes refugientesque ad castra prope ipsa cum fatigatione equorum atque hominum pertraxere. Inde Carthalo, penes quem summa equestris imperii erat, concitatis equis invectus, cum, priusquam ad conjectum teli veniret, avertisset hostis, quinque ferme milia continenti cursu secutus est fugientis. Mancinus, postquam nec hostem desistere sequi nec spem vidit effugiendi esse, cohortatus suos in proelium rediit, omni parte virium inpar. Itaque ipse et delecti equitum circumventi occiduntur; ceteri effuso rursus cursu Cales primum, inde prope inviis callibus ad dictatorem perfugerunt.

Eo forte die Minucius se conjunxerat Fabio, missus

ad firmandum praesidio saltum, qui super Tarracinam in artas coactus fauces inminet mari, ne ab Sinuessa Poenus Appiae limite pervenire in agrum Romanum posset. Conjunctis exercitibus dictator ac magister equitum castra in viam deferunt, qua Hannibal ducturus erat; duo inde milia hostes aberant.

XVI. Postero die Poeni quod viae inter bina castra erat agmine conplevere. Cum Romani sub ipso constitissent vallo, haut dubie aequiore loco, successit tamen Poenus cum expeditis equitibusque ad lacessendum hostem. Carptim Poeni et procursando recipiendoque sese pugnavere; restitit suo loco Romana acies; lenta pugna et ex dictatoris magis quam Hannibalis fuit voluntate. Ducenti ab Romanis, octingenti hostium cecidere.

Inclusus inde videri Hannibal, via ad Casilinum obsessa, cum Capua et Samnium et tantum ab tergo divitum sociorum Romanis conmeatus subveheret, Poenus inter Formiana saxa ac Literni harenas stagnaque et perhorridas silvas hibernaturus esset; nec Hannibalem fefellit, suis se artibus peti. Itaque cum per Casilinum evadere non posset, petendique montes et jugum Calliculae superandum esset, necubi Romanus inclusum vallibus agmen adgrederetur, ludibrium oculorum specie terribile ad frustrandum hostem commentus, principio noctis furtim succedere ad montes statuit. Fallacis consilii talis apparatus fuit: faces undique ex agris conlectae fascesque virgarum atque aridi sarmenti praeligantur cornibus boum, quos domitos indomitosque multos inter ceteram agrestem praedam agebat. Ad duo milia ferme boum effecta; Hasdrubalique negotium datum, ut nocte id armentum accensis cornibus ad montis ageret, maxime, si posset, super saltus ab hoste insessos.

XVII. Primis tenebris silentio mota castra; boves aliquanto ante signa acti. Ubi ad radices montium viasque angustas ventum est, signum extemplo datur, ut accensis cornibus armenta in adversos concitentur montis; et metus ipse relucentis flammae ex capite calorque jam ad vivum ad imaque cornuum adveniens velut stimulatos furore agebat boves. Quo repente discursu, haut secus quam silvis montibusque accensis, omnia circum virgulta [visa] ardere; capitumque inrita quassatio, excitans flammam, hominum passim discurrentium speciem praebebat. Qui ad transitum saltus insidendum locati erant, ubi in summis montibus ac super se quosdam ignes conspexere, circumventos se esse rati, praesidio excessere. Qua minime densae micabant flammae, velut tutissimum iter petentes summa montium juga, tamen in quosdam boves palatos a suis gregibus inciderunt. Et primo cum procul cernerent, veluti flammas spirantium miraculo adtoniti constiterunt; deinde ut humana apparuit fraus, tum vero insidias rati esse, cum majore tumultu concitant se in fugam. Levi quoque armaturae hostium incurrere; ceterum nox aequato timore neutros pugnam incipientis ad lucem tenuit. Interea toto agmine Hannibal transducto per saltum, et quibusdam in ipso saltu hostium oppressis, in agro Allifano posuit castra.

XVIII. Hunc tumultum sensit Fabius; ceterum et insidias esse ratus et ab nocturno utique abhorrens certamine, suos munimentis tenuit. Luce prima sub jugo montis proelium fuit, quo interclusam ab suis levem armaturam facile (etenim numero aliquantum praestabant) Romani superassent, nisi Hispanorum cohors ad id ipsum remissa ab Hannibale supervenisset. Ea adsuetior montibus, et ad concursandum inter saxa rupesque aptior ac levior, cum velocitate corporum, tum armorum habitu, campestrem hostem, gravem armis statariumque, pugnae genere facile elusit. Ita haudquaquam pari certamine digressi, Hispani fere omnes incolumes, Romani aliquot suis amissis in castra contenderunt.

Fabius quoque movit castra, transgressusque saltum super Allifas loco alto ac munito consedit. Tum per Samnium Romam se petere simulans Hannibal usque in Paelignos populabundus rediit; Fabius medius inter hostium agmen urbemque Romam jugis ducebat, nec absistens nec congrediens. Ex Paelignis Poenus flexit iter, retroque Apuliam repetens Gereonium pervenit, urbem metu, quia conlapsa ruinis pars moenium erat, ab suis desertam; dictator in Larinate agro castra communiit. Inde sacrorum causa Romam revocatus, non imperio modo, sed consilio etiam ac prope precibus agens cum magistro equitum, ut 'plus consilio quam fortunae confidat, et se potius ducem quam Sempronium Flaminiumque imitetur: ne nihil actum censeret, extracta prope aestate per ludificationem hostis; medicos quoque plus interdum quiete quam movendo atque agendo proficere; haut parvam rem esse ab totiens victore hoste vinci desisse et ab continuis cladibus respirasse' — haec nequiquam praemonito magistro equitum, Romam est profectus.

XIX. Principio aestatis, qua haec gerebantur, in Hispania quoque terra marique coeptum bellum est. Hasdrubal ad eum navium numerum, quem a fratre instructum paratumque acceperat, decem adjecit; quadraginta navium classem Himilconi tradit, atque ita Carthagine profectus naves prope terram, exercitum in litore ducebat, paratus confligere, quacumque parte copiarum hostis occurrisset. Cn. Scipio postquam movisse ex hibernis hostem audivit, primo idem consilii fuit; deinde minus terra propter ingentem famam novorum auxiliorum concurrere ausus, delecto milite ad naves inposito, quinque et triginta navium classe ire obviam hosti pergit. Altero ab Tarracone die ad stationem decem milia passuum distantem ab ostio Hiberi amnis pervenit. Inde duae Massiliensium speculatoriae praemissae rettulere, classem Punicam stare in ostio fluminis castraque in ripa posita. Itaque ut inprovidos incautosque universo simul effuso terrore opprimeret, sublatis ancoris ad hostem vadit.

Multas et locis altis positas turris Hispania habet,

quibus et speculis et propugnaculis adversus latrones utuntur. Inde primo conspectis hostium navibus, datum signum Hasdrubali est, tumultusque prius in terra et castris quam ad mare et ad naves est ortus, nondum aut pulsu remorum strepituque alio nautico exaudito aut aperientibus classem promunturiis, cum repente eques alius super alium ab Hasdrubale missus vagos in litore quietosque in tentoriis suis, nihil minus quam hostem aut proelium eo die expectantis, conscendere naves propere atque arma capere jubet: classem Romanam jam haud procul portu esse. Haec equites dimissi passim imperabant; mox Hasdrubal ipse cum omni exercitu aderat, varioque omnia tumultu strepunt, ruentibus in naves simul remigibus militibusque, fugientium magis e terra quam in pugnam euntium modo. Vixdum omnis conscenderant, cum alii resolutis oris in ancoras evehuntur, alii, ne quid teneat, ancoralia incidunt; raptimque omnia *ac* praepropere agendo, militum apparatu nautica ministeria inpediuntur, trepidatione nautarum capere et aptare arma miles prohibetur. Et jam Romanus non appropinquabat modo, sed derexerat etiam in pugnam naves. Itaque non ab hoste et proelio magis Poeni quam suomet ipsi tumultu turbati, temptata verius pugna quam inita, in fugam averterunt classem, et cum adversi amnis os lato agmini et tam multis simul venientibus haud sane intrabile esset, in litus passim naves egerunt, atque alii vadis alii sicco litore excepti, partim armati partim inermes, ad instructam per litus aciem suorum perfugere; duae tamen primo concursu captae erant Punicae naves, quattuor suppressae.

XX. Romani, quamquam terra hostium erat armatamque aciem toto praetentam [in] litore cernebant, haud cunctanter insecuti trepidam hostium classem, navis omnis, quae non aut perfregerant proras litori inlisas aut carinas fixerant vadis, religatas puppibus in altum extraxere; ad quinque et viginti naves e quadraginta cepere.

Neque id pulcherrimum ejus victoriae fuit, sed quod una levi pugna toto ejus orae mari potiti erant. Itaque ad Onusam classe profecti; escensio ab navibus in terram facta. Cum urbem vi cepissent captamque diripuissent, Carthaginem inde petunt; atque omnem agrum circa depopulati, postremo tecta quoque injuncta muro portisque incenderunt. Inde jam praeda gravis ad Longunticam pervenit classis, ubi vis magna sparti *erat* ad rem nauticam congesta ab Hasdrubale. Quod satis in usum fuit sublato, ceterum omne incensum est. Nec continentis modo praeiectast ora, set in Ebusum insulam transmissum. Ibi urbe, quae caput insulae est, biduum nequiquam summo labore oppugnata, ubi in spem inritam frustra teri tempus animadversum est, ad populationem agri versi, direptis aliquot incensisque vicis, majore quam ex continenti praeda parta cum in naves se recepissent, ex Baliaribus insulis legati pacem petentes ad Scipionem venerunt. Inde flexa retro classis reditumque in citeriora provinciae, quo omnium populorum, qui Hiberum adcolunt, multorum et ultimae Hispaniae legati concurrerunt; sed qui vere dicionis imperiique Romani facti sint obsidibus datis, populi amplius fuerunt centum viginti. Igitur terrestribus quoque copiis satis fidens Romanus usque ad saltum Castulonensem est progressus; Hasdrubal in Lusitaniam ac propius Oceanum concessit.

XXI. Quietum inde fore videbatur reliquum aestatis tempus, fuissetque per Poenum hostem; sed praeterquam quod ipsorum Hispanorum inquieta avidaque in novas res sunt ingenia, Mandonius Indebilisque, qui antea Ilergetum regulus fuerat, postquam Romani ab saltu recessere ad maritimam oram, concitis popularibus, in agrum pacatum sociorum Romanorum ad populandum venerunt. Adversus eos tribuni militum cum expeditis auxiliis a Scipione missi levi certamine, ut tumultuariam manum, fudere in omnis *partis,* occisis quibusdam captisque magnaque parte armis exuta. Hic tamen tumultus cedentem ad Oceanum Hasdrubalem cis Hiberum ad socios tutandos retraxit. Castra Punica in agro Ilergavonensium, castra Romana ad Novam Classem erant, cum fama repens alio avertit bellum. Celtiberi, qui principes regionis suae legatos *miserant* obsidesque dederant Romanis, nuntio misso a Scipione exciti arma capiunt, provinciamque Carthaginiensium valido exercitu invadunt. Tria oppida vi expugnant; inde cum ipso Hasdrubale duobus proeliis egregie pugnant; ad quindecim milia hostium occiderunt, quattuor milia cum multis militaribus signis capiunt.

XXII. Hoc statu rerum in Hispania P. Scipio in provinciam venit, prorogato post consulatum imperio ab senatu missus, cum triginta longis navibus et octo milibus militum, magnoque commeatu advecto. Ea classis ingens agmine onerariarum procul visa cum magna laetitia civium sociorumque portum Tarraconis ex alto tenuit. Ibi milite exposito, profectus Scipio fratri se conjungit; ac deinde communi animo consilioque gerebant bellum. Occupatis igitur Carthaginiensibus Celtiberico bello, haud cunctanter Hiberum transgrediuntur, nec ullo viso hoste, Saguntum pergunt ire, quod ibi obsides totius Hispaniae traditos ab Hannibale fama erat modico in arce custodiri praesidio. Id unum pignus inclinatos ad Romanam societatem omnium Hispaniae populorum animos morabatur, ne sanguine liberûm suorum culpa defectionis lueretur.

Eo vinculo Hispaniam vir unus sollerti magis quam fideli consilio exsolvit. Abelux erat Sagunti nobilis Hispanus, fidus ante Poenis; tum, qualia plerumque sunt barbarorum ingenia, cum fortuna mutaverat fidem. Ceterum transfugam sine magnae rei proditione venientem ad hostis nihil aliud quam unum vile atque infame corpus esse ratus, id agebat, ut quam maxumum emolumentum novis sociis esset. Circumspectis igitur omnibus, quae fortuna potestatis ejus poterat facere, obsidibus potissimum tradendis animum adjecit, eam unam rem maxime ratus conciliaturam Romanis principum Hispaniae amicitiam. Sed cum injussu Bostaris praefecti satis sciret nihil obsidum custodes facturos esse, Bostarem ipsum arte adgreditur. Castra extra urbem in ipso litore habebat Bostar, ut aditum ea parte intercluderet Romanis. Ibi eum in secretum abductum, velut ignorantem, monet, quo statu sit res: 'metum continuisse ad eam diem Hispanorum animos, quia procul Romani abessent; nunc cis Hiberum castra Romana esse, arcem tutam perfugiumque novas volentibus res; itaque, quos metus non teneat, beneficio et gratia devinciendos esse.' Miranti Bostari percunctantique, quodnam id subitum tantae rei donum posset esse, "obsides" inquit "in civitates remitte. Id et privatim parentibus, quorum maxumum momentum in civitatibus est suis, et publice populis gratum erit. Volt sibi quisque credi, et habita fides ipsam plerumque obligat fidem. Ministerium restituendorum domos obsidum mihimet deposco ipse, ut opera quoque inpensa consilium adjuvem meum, et rei suapte natura gratae quantam insuper gratiam possim adiciam." Homini non ad cetera Punica ingenia callido ut persuasit, nocte clam progressus ad hostium stationes, conventis quibusdam auxiliaribus Hispanis et ab his ad Scipionem perductus, quid adferret, expromit, et, fide accepta dataque, ac loco et tempore constituto ad obsides tradendos, Saguntum redit. Diem insequentem absumpsit cum Bostare mandatis ad rem agendam accipiendis. Dimissus, cum se nocte iturum, ut custodias hostium falleret, constituisset, ad conpositam cum iis horam excitatis custodibus puerorum profectus, veluti ignarus in praeparatas sua fraude insidias ducit. In castra Romana perducti; cetera omnia de reddendis obsidibus, sicut cum Bostare constitutum erat, acta per eundem ordinem, quo si Carthaginiensium nomine sic ageretur. Major aliquanto Romanorum gratia fuit in re pari, quam quanta futura Carthaginiensium fuerat. Illos enim gravis superbosque in rebus secundis expertos fortuna et timor mitigasse videri poterat; Romanus primo adventu, incognitus ante, ab re clementi liberalique initium fecerat; et Abelux, vir prudens, haud frustra videbatur socios mutasse. Itaque ingenti consensu defectionem omnes spectare; armaque extemplo mota forent, ni hiems, quae Romanos quoque et Carthaginienses concedere in tecta coegit, intervenisset.

XXIII. Haec in Hispania [quoque] secunda aestate Punici belli gesta, cum in Italia paulum intervalli cladibus Romanis sollers cunctatio Fabii fecisset; quae ut Hannibalem non mediocri sollicitum cura habebat, tandem eum militiae magistrum delegisse Romanos cernentem, qui bellum ratione, non fortuna gereret, ita contempta erat inter civis armatos pariter togatosque, utique postquam absente eo temeritate magistri equitum, laeto verius dixerim quam prospero eventu, pugnatum fuerat. Accesserant duae res ad augendam invidiam dictatoris, una fraude ac dolo Hannibalis, quod, cum a perfugis ei monstratus ager dictatoris esset, omnibus circa solo aequatis, ab uno eo ferrum ignemque et vim omnem hostium abstineri jussit, ut occulti alicujus pacti ea merces videri posset, altera ipsius facto, primo forsitan dubio, quia non expectata in eo senatus auctoritas est, ad extremum haud ambigue in maximam laudem verso. In permutandis captivis, quod sic primo Punico bello factum erat, convenerat inter duces Romanum Poenumque, ut, quae pars plus reciperet quam daret, argenti pondo bina et selibras in militem praestaret. Ducentis quadraginta septem cum plures Romanus quam Poenus recepisset, argentumque pro eis debitum, saepe jactata in senatu re, quoniam non consuluisset patres, tardius erogaretur, inviolatum ab hoste agrum, misso Romam Quinto filio, vendidit, fidemque publicam inpendio privato exsolvit.

Hannibal pro Gereoni moenibus, cujus urbis captae atque incensae ab se in usum horreorum pauca reliquerat tecta, in stativis erat. Inde frumentatum duas exercitus partes mittebat; cum tertia ipse expedita in statione erat, simul castris praesidio, et circumspectans necunde impetus in frumentatores fieret.

XXIV. Romanus tunc exercitus in agro Larinati erat; praeerat Minucius magister equitum, profecto, sicut ante dictum est, ad urbem dictatore. Ceterum castra, quae in monte alto ac tuto loco posita fuerant, jam in planum deferuntur; agitabanturque pro ingenio ducis consilia calidiora, ut impetus aut in frumentatores palatos aut in castra relicta cum levi praesidio fieret. Nec Hannibalem fefellit cum duce mutatam esse belli rationem, et ferocius quam consultius rem hostes gesturos. Ipse autem, quod minime quis crederet, cum hostis propius esset, tertiam partem militum frumentatum, duabus in castris retentis, dimisit; dein castra ipsa propius hostem movit, duo ferme a Gereonio milia, in tumulum hosti conspectum, ut intentum sciret esse ad frumentatores, si qua vis fieret, tutandos. Propior inde ei atque ipsis inminens Romanorum castris tumulus apparuit; ad quem capiendum si luce palam iretur, quia haud dubie hostis breviore via praeventurus erat, nocte clam missi Numidae ceperunt. Quos tenentis locum contempta paucitate Romani postero die cum dejecissent, ipsi eo transferunt castra. [Tum ut] itaque exiguum spatii vallum a vallo aberat, et id ipsum totum prope conpleverat Romana acies. Simul et per aversa a castris Hannibalis equitatus cum levi armatura emissus in frumentatores late caedem fugamque hostium palatorum fecit. Nec acie certare Hannibal ausus, quia tanta paucitate vix castra, si oppugnarentur, tutari poterat; jamque artibus Fabii [pars exercitus aberat jam fame] sedendo et cunctando bellum gerebat, receperatque suos in priora castra, quae pro Gereoni moenibus erant.

Justa quoque acie et conlatis signis dimicatum

quidam auctores sunt: primo concursu Poenum usque ad castra fusum; inde eruptione facta repente versum terrorem in Romanos; Numeri Decimi Samnitis deinde interventu proelium restitutum. Hunc principem genere ac divitiis non Boviani modo, unde erat, sed toto Samnio, jussu dictatoris octo milia peditum et equites quingentos ducentem in castra, ab tergo cum apparuisset Hannibali, speciem parti utrique praebuisse novi praesidii cum Q. Fabio ab Roma venientis. Hannibalem, insidiarum quoque aliquid timentem, recepisse suos; Romanum insecutum adjuvante Samnite duo castella eo die expugnasse. Sex milia hostium caesa, quinque admodum Romanorum; tamen, in tam pari prope clade, famam egregiae victoriae cum vanioribus litteris magistri equitum Romam perlatam.

XXV. De his rebus persaepe et in senatu et in contione actum est. Cum, laeta civitate, dictator unus nihil nec famae nec litteris crederet, et, ut vera omnia essent, secunda se magis quam adversa timere diceret, tum M. Metilius tribunus plebis 'id enimvero ferendum esse' negat: 'non praesentem solum dictatorem obstitisse rei bene gerendae, sed absentem etiam gestae obstare, et in ducendo bello sedulo tempus terere, quo diutius in magistratu sit, solusque et Romae et in exercitu imperium habeat. Quippe consulum alterum in acie cecidisse, alterum specie classis Punicae persequendae procul ab Italia ablegatum; duos praetores Sicilia atque Sardinia occupatos, quarum neutra hoc tempore provincia praetore egeat; M. Minucium magistrum equitum, ne hostem videret, ne quid rei bellicae gereret, prope in custodia habitum. Itaque hercule non Samnium modo, quo jam tamquam trans Hiberum agro Poenis concessum sit, set Campanum Calenumque et Falernum agrum pervastatos esse, sedente Casilini dictatore et legionibus populi Romani agrum suum tutante. Exercitum cupientem pugnare et magistrum equitum clausos prope intra vallum retentos; tamquam hostibus captivis arma adempta. Tandem, ut abscesserit inde dictator, ut obsidione liberatos, extra vallum egressos fudisse ac fugasse hostis. Quas ob res, si antiquus animus plebei Romanae esset, audaciter se laturum fuisse de abrogando Q. Fabi imperio; nunc modicam rogationem promulgaturum de aequando magistri equitum et dictatoris jure. Nec tamen ne ita quidem prius mittendum ad exercitum Q. Fabium, quam consulem in locum C. Flamini suffecisset.'

Dictator contionibus se abstinuit in actione minime populari. Ne in senatu quidem satis aequis auribus audiebatur, cum hostem verbis extolleret bienniique clades per temeritatem atque inscientiam ducum acceptas referret, [et] 'magistro equitum, quod contra dictum suum pugnasset, rationem' diceret 'reddendam esse. Si penes se summa imperii consiliique sit, prope diem effecturum, ut sciant homines, bono imperatore haut magni fortunam momenti esse, mentem rationemque dominari, et in tempore et sine ignominia servasse exercitum, quam multa milia hostium occidisse, majorem gloriam esse.' Hujus generis orationibus frustra habitis, et consule creato M. Atilio Regulo, ne praesens de jure imperii dimicaret, pridie quam rogationis ferendae dies adesset, nocte ad exercitum abiit. Luce orta cum plebis concilium esset, magis tacita invidia dictatoris favorque magistri equitum animos versabat, quam satis audebant homines ad suadendum quod vulgo placebat prodire, et, favore superante, auctoritas tamen rogationi deerat. Unus inventus est suasor legis C. Terentius Varro, qui priore anno praetor fuerat, loco non humili solum, sed etiam sordido, ortus. Patrem lanium fuisse ferunt, ipsum institorem mercis, filioque hoc ipso in servilia ejus artis ministeria usum.

XXVI. Is juvenis, ut primum ex eo genere quaestus pecunia a patre relicta animos ad spem liberalioris fortunae fecit, togaque et forum placuere, proclamando pro sordidis hominibus causisque adversus rem et famam bonorum primum in notitiam populi, deinde ad honores pervenit; quaesturaque et duabus aedilitatibus, plebeia et curuli, postremo et praetura perfunctus, jam ad consulatus spem cum adtolleret animos, haud parum callide auram favoris popularis ex dictatoris invidia petiit, scitique plebis unus gratiam tulit.

Omnes eam rogationem, quique Romae quique in exercitu erant, aequi atque iniqui, praeter ipsum dictatorem, in contumeliam ejus latam acceperunt. Ipse, qua gravitate animi criminantes se ad multitudinem inimicos tulerat, eadem et populi in se saevientis injuriam tulit; acceptisque in ipso itinere litteris senatus de aequato imperio, satis fidens hautquaquam cum imperii jure artem imperandi aequatam, cum aeque invicto a civibus hostibusque animo, ad exercitum rediit.

XXVII. Minucius vero, cum jam ante vix tolerabilis fuisset secundis rebus ac favore volgi, tum utique inmodice inmodesteque non Hannibale magis victo ab se quam Q. Fabio gloriari. 'Illum in rebus asperis unicum ducem ac parem quaesitum Hannibali, majorem minori, dictatorem magistro equitum, quod nulla memoria habeat annalium, jussu populi aequatum in eadem civitate, in qua magistri equitum virgas ac secures dictatoris tremere atque horrere soliti sint; tantum suam felicitatem virtutemque enituisse. Ergo secuturum se fortunam suam, si dictator in cunctatione ac segnitie, deorum hominumque judicio damnata, perstaret.' Itaque, quo die primum congressus est cum Q. Fabio, 'statuendum omnium primum' ait 'esse, quem ad modum imperio aequato utantur: se optumum ducere, aut diebus alternis, aut, si majora intervalla placerent, partitis temporibus, alterius summum jus imperiumque esse, ut par hosti non solum consilio, sed viribus etiam esset, si quam occasionem rei gerendae habuisset.' Q. Fabio haudquaquam id placere: 'omnia fortunam eam habitura, quamcumque temeritas conlegae habuisset; sibi communicatum cum illo, non ademptum, imperium esse. Itaque se numquam volentem parte qua posset rerum consilio gerendarum cessurum; nec se tempora aut dies imperii cum eo, exercitum divisurum, suisque consiliis, quoniam omnia non liceret, quae posset servaturum.' Ita optinuit ut legiones, sicut consulibus mos esset, inter se dividerent: prima et quarta Minucio, secunda et tertia Fabio evenerunt; item equites pari numero, sociûmque et Latini nominis auxilia, diviserunt: castris quoque se separari magister equitum voluit.

XXVIII. Duplex inde Hannibali gaudium fuit (neque enim quicquam eorum, quae apud hostes agerentur, eum fallebat, et perfugis multa indicantibus et per suos explorantem): nam et liberam Minuci temeritatem se suo modo capturum, et sollertiae Fabii dimidium virium decessisse. Tumulus erat inter castra Minuci et Poenorum, quem qui occupasset, haud dubie iniquiorem erat hosti locum facturus. Eum non tam capere sine certamine volebat Hannibal, quamquam id operae pretium erat, quam causam certaminis cum Minucio, quem procursurum ad obsistendum satis sciebat, contrahere. Ager omnis medius erat prima specie inutilis insidiatori, quia non modo silvestre quicquam, sed ne vepribus quidem vestitum habebat, re ipsa natus tegendis insidiis, eo magis quod in nuda valle nulla talis fraus timeri poterat; et erant in anfractibus cavae rupes, ut quaedam earum ducenos armatos possent capere. In has latebras, quot quemque locum apte insidere poterant, quinque milia conduntur peditum equitumque. Necubi tamen aut motus alicujus temere egressi aut fulgor armorum fraudem in valle tam aperta detegeret, missis paucis prima luce ad capiendum quem ante diximus tumulum, avertit oculos hostium. Primo statim conspectu contempta paucitas, ac sibi quisque deposcere pellendos inde hostis ac locum capiendum; dux ipse inter stolidissimos ferocissimosque ad arma vocat, et vanis minis increpat hostem. Principio levem armaturam [dimittit], deinde conferto agmine mittit equites; postremo, cum hostibus quoque subsidia mitti videret, instructis legionibus procedit. Et Hannibal, laborantibus suis alia atque alia, crescente certamine, mittens auxilia peditum equitumque, jam justam expleverat aciem, ac totis utrimque viribus certatur. Prima levis armatura Romanorum, praeoccupatum *ex* inferiore loco succedens tumulum, pulsa detrusaque terrorem in subsequentem intulit equitem et ad signa legionum refugit. Peditum acies inter perculsos inpavida sola erat, videbaturque, si justa ac directa pugna esset, hautquaquam inpar futura; tantum animorum fecerat prospere ante paucos dies res gesta; set exorti repente insidiatores eum tumultum terroremque, in latera utrimque ab tergoque incursantes, fecerunt, ut neque animus ad pugnam neque ad fugam spes cuiquam superesset.

XXIX. Tum Fabius, primo clamore paventium audito, dein conspecta procul turbata acie, "ita est," inquit, "non celerius quam timui, deprendit fortuna temeritatem. Fabio aequatus imperio Hannibalem et virtute et fortuna superiorem videt. Sed aliud jurgandi suscensendique tempus erit: nunc signa extra vallum proferte; victoriam hosti extorqueamus, confessionem erroris civibus." Jam magna ex parte caesis aliis, aliis circumspectantibus fugam, Fabiana se acies repente, velut caelo demissa ad auxilium, ostendit: itaque, priusquam ad conjectum teli veniret aut manum consereret, et suos a fuga effusa et ab nimis feroci pugna hostes continuit. Qui solutis ordinibus vage dissipati erant, undique confugerunt ad integram aciem; qui plures simul terga dederant, conversi in hostem volventesque orbem, nunc sensim referre pedem, nunc conglobati restare: ac jam prope una acies facta erat victi atque integri exercitus, inferebantque signa in hostem, cum Poenus receptui cecinit, palam ferente Hannibale, ab se Minucium, se ab Fabio victum.

Ita per variam fortunam diei majore parte exacta,

cum in castra reditum esset, Minucius, convocatis militibus, "saepe ego" inquit "audivi, milites, eum primum esse virum, qui ipse consulat quid in rem sit; secundum eum, qui bene monenti oboediat; qui nec ipse consulere nec alteri parere sciat, eum extremi ingenii esse. Nobis quoniam prima animi ingeniique negata sors est, secundam ac mediam teneamus, et, dum imperare discimus, parere prudenti in animum inducamus. Castra cum Fabio jungamus. Ad praetorium ejus signa cum tulerimus, ubi ego eum 'parentem' appellavero, quod beneficio ejus erga nos ac majestate ejus dignum est, vos, milites, eos, quorum vos modo arma *ac* dexterae texerunt, 'patronos' salutabitis, et, si nihil aliud, gratorum certe nobis animorum gloriam dies hic dederit."

XXX. Signo dato, conclamatur inde, ut colligantur vasa. Profecti et agmine incedentes *ad* dictatoris castra in admirationem et ipsum et omnes qui circa erant converterunt. Ut constituta sunt ante tribunal signa, progressus ante alios magister equitum, cum 'patrem' Fabium appellasset, circumfusosque militum ejus totum agmen 'patronos' consalutasset, "parentibus" inquit "meis, dictator, quibus te modo nomine, quod fando possum, aequavi, vitam tantum debeo, tibi cum meam salutem, tum omnium horum. Itaque plebei scitum, quo oneratus *sum* magis quam honoratus, primus antiquo abrogoque, ec (quod tibi mihique [quod] exercitibusque his tuis, servato ac conservatori, sit felix!) sub imperium auspiciumque tuum redeo, et signa haec legionisque restituo. Tu, quaeso, placatus me magisterium equitum, hos ordines suos quemque tenere jubeas." Tum dextrae interjunctae, militesque, contione dimissa, ab notis ignotisque benigne atque hospitaliter invitati, laetusque dies ex admodum tristi paulo ante ac prope execrabili factus.

Romae, ut est perlata fama rei gestae, dein litteris non magis ipsorum imperatorum quam volgo militum ex utroque exercitu adfirmata, pro se quisque Maximum laudibus ad caelum ferre. Par gloria apud Hannibalem hostisque Poenos erat; ac tum demum sentire cum Romanis atque in Italia bellum esse; nam biennio ante adeo et duces Romanos et milites spreverant, ut vix cum eadem gente bellum esse crederent, cujus terribilem famam a patribus accepissent. Hannibalem quoque ex acie redeuntem dixisse ferunt, tandem eam nubem, quae sedere in jugis montium solita sit, cum procella imbrem dedisse.

XXXI. Dum haec geruntur in Italia, Cn. Servilius Geminus consul, cum classe [centum viginti] navium circumvectus Sardiniae et Corsicae oram, et obsidibus utrimque acceptis, in Africam transmisit; et, priusquam in continentem escensionem faceret, Menige insula vastata, et ab incolentibus Cercinam, ne et ipsorum ureretur diripereturque ager, decem talentis argenti acceptis, ad litora Africae accessit copiasque exposuit. Inde ad populandum agrum ducti milites, navalesque socii juxta effusi, ac si [in] insulis cultorum egentibus praedarentur. Itaque in insidias temere inlati, cum a frequentibus palantes ac locorum ignari a gnaris circumvenirentur, cum multa caede ac foeda fuga retro ad naves conpulsi sunt. Ad mille hominum, cum iis Sempronio Blaeso quaestore amisso, classis, ab litoribus hostium plenis trepide soluta, in Siciliam cursum tenuit, traditaque Lilybaei T. Otacilio praetori, ut ab legato ejus P. Cincio Romam reduceretur. Ipse, per Siciliam pedibus profectus, freto in Italiam trajecit, litteris Q. Fabii accitus et ipse et conlega ejus M. Atilius, ut exercitus ab se, exacto jam prope semestri imperio, acciperent.

Omnium prope annales Fabium dictatorem adversus Hannibalem rem gessisse tradunt; Coelius etiam eum primum a populo creatum dictatorem scribit. Sed et Coelium et ceteros fugit, uni consuli Cn. Servilio, qui tum procul in Gallia provincia aberat, jus fuisse dicendi dictatoris; quam moram quia expectare territa jam clade civitas non poterat, eo decursum esse, ut a populo crearetur qui pro dictatore esset; res inde gestas gloriamque insignem ducis et augentis titulum imaginis posteros, ut, qui pro dictatore *fuisset, dictator* crederetur, facile obtinuisse.

XXXII. Consules, Atilius Fabiano Geminus Servilius Minuciano exercitu accepto, hibernaculis mature communitis, (medium autumni erat,) Fabi artibus cum summa inter se concordia bellum gesserunt. Frumentatum exeunti Hannibali diversis locis opportuni aderant, carpentes agmen palatosque excipientes; in casum universae dimicationis, quam omnibus artibus petebat hostis, non veniebant; eoque inopiae est redactus Hannibal, ut, nisi cum fugae specie abeundum ei fuisset, Galliam repetiturus fuerit, nulla relicta spe alendi exercitus in eis locis, si insequentes consules eisdem artibus bellum gererent.

Cum ad Gereonium jam hieme inpediente constitisset bellum, Neapolitani legati Romam venere. Ab iis quadraginta paterae aureae magni ponderis in curiam inlatae, atque ita verba facta, ut dicerent, 'scire sese populi *Romani* aerarium bello exhauriri; et, cum juxta pro urbibus agrisque sociorum ac pro capite atque arce Italiae, urbe Romana atque imperio, geratur, aequum censuisse Neapolitanos, quod auri sibi cum ad templorum ornatum tum ad subsidium fortunae a majoribus relictum foret, eo juvare populum Romanum. Si quam opem in sese crederent, eodem studio fuisse oblaturos. Gratum sibi patres Romanos populumque facturum, si omnes res Neapolitanorum suas duxissent, dignosque judicaverint, ab quibus donum, animo ac voluntate eorum qui libentes darent quam re majus ampliusque, acciperent.' Legatis gratiae actae pro munificentia curaque; patera, quae ponderis minimi fuit, accepta.

XXXIII. Per eosdem dies speculator Carthaginiensis, qui per biennium fefellerat, Romae deprensus praecisisque manibus dimissus, et servi quinque et viginti in crucem acti, quod in campo Martio conjurassent; indici data libertas et aeris gravis viginti milia. Legati et ad Philippum Macedonum regem missi ad deposcendum Demetrium Pharium, qui bello victus ad eum fugisset, et alii in Ligures ad expostulandum, quod Poenum opibus auxiliisque suis juvissent, simul ad visendum ex propinquo, quae in Bois atque Insubribus gererentur. Ad Pineum quoque regem in Illyrios legati missi ad stipendium, cujus dies exierat, poscendum, aut, si diem proferri vellet, obsides accipiendos. Adeo, etsi bellum ingens in cervicibus erat, nullius usquam terrarum rei cura Romanos, ne longinquae quidem, effugiebat. In religionem etiam venit, aedem Concordiae, quam per seditionem militarem biennio ante L. Manlius praetor in Gallia vovisset, locatam ad id tempus non esse. Itaque duumviri ad eam rem creati a M. Aemilio praetore urbano, C. Pupius et Caeso Quinctius Flamininus, aedem in arce faciendam locaverunt.

Ab eodem praetore ex senatus consulto litterae ad consules missae, ut, si iis videretur, alter eorum ad consules creandos Romam veniret; se in eam diem quam jussissent comitia edicturum. Ad haec a consulibus rescriptum, 'sine detrimento rei publicae abscedi non posse ab hoste; itaque per interregem comitia habenda esse potius quam consul alter a bello avocaretur.' Patribus rectius visum est dictatorem a consule dici comitiorum habendorum causa. Dictus L. Veturius Philo M.' Pomponium Mathonem magistrum equitum dixit. Iis vitio creatis jussisque die quarto decimo se magistratu abdicare, ad interregnum res rediit.

XXXIV. Consulibus prorogatum in annum imperium. Interreges proditi a patribus C. Claudius Appi filius Centho, inde P. Cornelius Asina. In ejus interregno comitia habita magno certamine patrum ac plebis. C. Terentio Varroni, quem sui generis hominem, plebi insectatione principum popularibusque artibus conciliatum, ab Q. Fabi opibus et dictatorio imperio concusso aliena invidia splendentem, volgus extrahere ad consulatum nitebatur, patres summa ope obstabant, ne se insectando sibi aequari adsuescerent homines. Q. Baebius Herennius tribunus plebis, cognatus C. Terenti, criminando non senatum modo, sed etiam augures, quod dictatorem prohibuissent comitia perficere, per invidiam eorum favorem candidato suo conciliabat: 'ab hominibus nobilibus, per multos annos bellum quaerentibus, Hannibalem in Italiam adductum; ab îsdem, cum debellari possit, fraude bellum trahi. Cum quattuor legionibus universis pugnari posse apparuisset eo, quod M. Minucius absente Fabio prospere pugnasset, duas legiones hosti ad caedem objectas, deinde ex ipsa caede ereptas, ut pater patronusque appellaretur, qui prius vincere prohibuisset Romanos quam vinci. Consules deinde Fabianis artibus, cum debellare possent, bellum traxisse. Id foedus inter omnes nobilis ictum, nec finem ante belli habituros, quam consulem vere plebeium, id est hominem novum, fecissent; nam plebeios nobiles jam eisdem initiatos esse sacris et contemnere plebem, ex quo contemni a patribus desierint, coepisse. Cui non apparere, id actum et quaesitum esse, ut interregnum iniretur, ut in patrum potestate comitia essent? Id consules ambos ad exercitum morando quaesisse; id postea, quia invitis iis dictator esset dictus comitiorum causa, expugnatum esse, ut vitiosus dictator per augures fieret. Habere igitur interregnum eos; consulatum unum certe plebis Romanae esse; populum liberum habiturum ac daturum ei, qui mature vincere quam diu imperare malit.'

XXXV. Cum his orationibus accensa plebs esset, tribus patriciis petentibus, P. Cornelio Merenda, L. Manlio Volsone, M. Aemilio Lepido, duobus nobilibus jam familiarum plebei, C. Atilio Serrano et Q. Aelio Paeto, quorum alter pontifex, alter augur erat, C. Terentius consul unus creatur, ut in manu ejus essent comitia rogando conlegae. Tum experta nobilitas, parum fuisse virium in conpetitoribus ejus, L. Aemilium Paulum, qui cum M. Livio consul fuerat et damnatione conlegae et sua prope ambustus evaserat, infestum plebei, diu ac multum recusantem ad petitionem conpellit. Is proximo comitiali die, concedentibus omnibus, qui cum Varrone certaverant, par magis in adversandum quam conlega datur consuli. Inde praetorum comitia habita. Creati M'. Pomponius Matho et P. Furius *Philus;* Philo Romae juri dicundo urbana sors, Pomponio inter civis Romanos et peregrinos evenit; additi duo praetores, M. Claudius Marcellus in Siciliam, L. Postumius Albinus in Galliam. Omnes absentes creati sunt, nec cuiquam eorum, praeter Terentium consulem, mandatus honos quem non jam antea gessisset, praeteritis aliquot fortibus ac strenuis viris, quia in tali tempore nulli novus magistratus videbatur mandandus.

XXXVI. Exercitus quoque multiplicati sunt; quantae autem copiae peditum equitumque additae sint, adeo et numero et genere copiarum variant auctores, ut vix quicquam satis certum adfirmare ausus sim. Decem milia novorum militum alii scripta in supplementum, alii novas quattuor legiones, ut octo legionibus rem gererent; numero quoque peditum equitumque legiones auctas, milibus peditum et centenis equitibus in singulas adjectis, ut quina milia peditum, treceni equites essent, socii duplicem numerum equitum darent, peditis aequarent, septem et octoginta milia armatorum et ducentos in castris Romanis *fuisse,* cum pugnatum ad Cannas est, quidam auctores sunt. Illud haudquaquam discrepat, majore conatu atque impetu rem actam quam prioribus annis, quia spem posse vinci hostem dictator praebuerat.

Ceterum priusquam signa ab urbe novae legiones moverent, decemviri libros adire atque inspicere jussi propter territos volgo homines novis prodigiis. Nam et Romae in Aventino et Ariciae nuntiatum erat sub idem tempus lapidibus pluvisse, et multo cruore signa in Sabinis [sudasse, et] aquas fonte calido [gelida]s manasse; (id quidem etiam, quod saepius acciderat, magis terrebat;) et in via Fornicata, quae ad Campum erat, aliquot homines de caelo tacti exanimatique fuerant. Ea prodigia ex libris procurata. Legati a Paesto pateras aureas Romam adtulerunt. Iis, sicut Neapolitanis, gratiae actae, aurum non acceptum.

XXXVII. Per eosdem dies ab Hierone classis Ostia cum magno commeatu accessit. Legati in senatum introducti nuntiarunt 'caedem C. Flamini consulis exercitusque adlatam adeo aegre tulisse regem Hieronem, ut nulla sua propria regnique sui clade moveri magis potuerit. Itaque, quamquam probe sciat magnitudinem populi Romani admirabiliorem prope adversis rebus quam secundis esse, tamen se omnia, quibus a bonis fidelibusque sociis bella juvari soleant, misisse; quae ne accipere abnuant, magno opere se patres conscriptos orare. Jam omnium primum ominis causa Victoriam auream pondo ducentûm ac viginti adferre sese: acciperent eam tenerentque et haberent propriam et perpetuam. Advexisse etiam trecenta milia modiûm tritici, ducenta hordei, ne commeatus deessent, et quantum praeterea opus esset, quo jussissent, subvecturos. Milite atque equite scire nisi Romano Latinique nominis non uti populum Romanum; levium armorum auxilia etiam externa vidisse in castris Romanis: itaque misisse mille sagittariorum ac funditorum, aptam manum adversus Baliares ac Mauros pugnacesque alias missili telo gentes.' Ad ea dona consilium quoque addebant, ut 'praetor, cui provincia Sicilia evenisset, classem in Africam traiceret, ut et hostes in terra sua bellum haberent, minusque laxamenti daretur iis ad auxilia Hannibali submittenda.'

Ab senatu ita responsum regi est, 'virum bonum egregiumque socium Hieronem esse, atque uno tenore, ex quo in amicitiam populi Romani venerit, fidem coluisse, ac rem Romanam omni tempore ac loco munifice adjuvisse. Id perinde ac deberet gratum populo Romano esse. Aurum et a civitatibus quibusdam adlatum, gratia rei accepta, non accepisse populum Romanum; Victoriam omenque accipere, sedemque ei se divae dare dicare Capitolium, templum Jovis optimi maximi. In ea arce urbis Romanae sacratam volentem propitiamque, firmam ac stabilem fore populo Romano.'

Funditores sagittariique et frumentum traditum consulibus. Quinqueremes ad [centum viginti] navium classem, quae cum T. Otacilio propraetore in Sicilia erat, quinque et viginti additae, permissumque est, ut, si e re publica censeret esse, in Africam traiceret.

XXXVIII. Dilectu perfecto consules paucos morati dies, dum socii ab nomine Latino venirent. Tum, quod numquam antea factum erat, jure jurando ab tribunis militum adacti milites; nam ad eam diem nihil praeter sacramentum fuerat, 'jussu consulum conventuros neque injussu abituros,' et ubi ad decuriandum aut centuriandum convenissent, sua voluntate ipsi inter sese decuriati equites, centuriati pedites conjurabant, 'sese fugae atque formidinis ergo non abituros, neque ex ordine recessuros nisi teli sumendi aut [re]petendi [et] aut hostis feriendi aut civis servandi causa.' Id ex voluntario inter ipsos foedere ad tribunos ac legitimam juris jurandi adactionem translatum.

Contiones, priusquam ab urbe signa moverentur, consulis Varronis multae ac feroces fuere, denuntiantis, 'bellum arcessitum in Italiam ab nobilibus mansurumque in visceribus rei publicae, si plures Fabios imperatores haberet, se, quo die hostem vidisset, perfecturum.' Conlegae ejus Pauli una, pridie quam ab urbe proficisceretur, contio fuit, verior quam gratior populo, qua nihil inclementer in Varronem dictum nisi id modo, 'mirari se, quod denique dux, priusquam aut suum aut hostium exercitum, locorum situm, naturam regionis, nosset, jam nunc togatus in urbe sciret, quae sibi agenda armato forent, et diem quoque praedicere posset, qua cum hoste signis conlatis esset dimicaturus: se, quae consilia magis res dent hominibus quam homines rebus, ea ante tempus inmatura non praecepturum; optare, ut, quae caute ac consulte gesta essent, satis prospere evenirent; temeritatem, praeterquam quod stulta sit, infelicem etiam ad id locorum fuisse.' Et sua sponte apparebat tuta celeribus consiliis praepositurum, et, quo id constantius perseveraret, Q. Fabius Maximus sic eum proficiscentem adlocutus fertur:

XXXIX. "Si aut conlegam, id quod mallem, tui similem, L. Aemili, haberes, aut tu collegae tui esses similis, supervacanea esset oratio mea; nam et duo boni consules, etiam me indicente, omnia e re publica fide*que* vestra faceretis, et mali nec mea verba auribus vestris nec consilia animis acciperetis. Nunc et conlegam tuum et te talem virum intuenti mihi tecum omnis oratio est, quem video nequiquam et virum bonum et civem fore, si, altera parte claudente re publica, malis consiliis idem ac bonis juris et potestatis erit. Erras enim, L. Paule, si tibi minus certaminis cum C. Terentio quam cum Hannibale futurum censes; nescio an infestior hic adversarius quam ille hostis maneat te. Cum illo in acie tantum, cum hoc omnibus locis ac temporibus certaturus es; adversus Hannibalem legionesque ejus tuis equitibus ac peditibus pugnandum tibi erit, Varro dux tuis militibus te est oppugnaturus. Ominis etiam tibi causa absit C. Flamini memoria. Tamen ille consul demum et in provincia et ad exercitum coepit furere; hic, priusquam peteret consulatum, deinde in petendo [consulatu], nunc quoque consul, priusquam castra videat aut hostem, insanit. Et qui tantas jam nunc procellas proelia atque acies jactando inter togatos ciet, quid inter armatam juventutem censes facturum et ubi extemplo res verba sequitur? Atqui si hic, quod facturum se denuntiat, extemplo pugnaverit, aut ego rem militarem, belli hoc genus, hostem hunc ignoro, aut nobilior alius Trasumeno locus nostris cladibus erit. Nec gloriandi tempus adversus unum est, et ego contemnendo potius quam adpetendo gloriam modum excesserim; sed ita res se habet: una ratio belli gerendi adversus Hannibalem est, qua ego gessi. Nec eventus modo hoc docet (stultorum iste magister est), sed eadem ratio, quae fuit futuraque, donec res eaedem manebunt, inmutabilis est. In Italia bellum gerimus, in sede ac solo nostro; omnia circa plena civium ac sociorum sunt; armis, viris, equis, commeatibus juvant juvabuntque: id jam fidei documentum in adversis rebus nostris dederunt: meliores, prudentiores, constantiores nos tempus diesque facit. Hannibal contra in aliena, in hostili est terra, inter omnia inimica infestaque, procul ab domo, ab patria; neque illi terra neque mari est pax; nullae eum urbes accipiunt, nulla moenia; nihil usquam sui videt; in diem rapto vivit; partem vix tertiam exercitus ejus habet, quem Hiberum amnem trajecit; plures fame quam ferro absumpti; nec his paucis jam victus suppeditat. Dubitas ergo, quin sedendo superaturi simus eum, qui senescat in dies, non commeatus, non supplementum, non pecuniam habeat? Quam diu pro Gereonii, castelli Apuliae inopis, tamquam pro Carthaginis moenibus sedet! Sed ne adversus te quidem de me gloriabor. Cn. Servilius atque Atilius, proximi consules, vide, quem ad modum eum ludificati sint. Haec una salutis est via, L. Paule, quam difficilem infestamque cives tibi magis quam hostes facient. Idem enim tui quod hostium milites volent; idem Varro consul Romanus quod Hannibal Poenus imperator cupiet. Duobus ducibus unus resistas oportet. Resistes autem, *si* adversus famam rumoresque hominum satis firmus steteris, si te neque collegae vana gloria neque tua falsa infamia moverit. Veritatem laborare nimis saepe aiunt, extingui numquam. Gloriam qui spreverit, veram habebit. Sine, timidum pro cauto, tardum pro considerato, inbellem pro perito belli vocent. Malo te sapiens hostis metuat, quam stulti cives laudent. Omnia audentem contemnet Hannibal, nihil temere agentem metuet. Nec ego, ut nihil agatur, *suadeo*, sed ut agentem te ratio ducat, non fortuna; tuae potestatis semper tu tuaque omnia sint; armatus intentusque sis; neque occasioni tuae desis, neque suam occasionem hosti des. Omnia non properanti clara certaque erunt; festinatio inprovida est et caeca."

XL. Adversus ea oratio consulis haud sane laeta fuit, magis fatentis ea quae diceret vera quam facilia factu esse. 'Dictatori magistrum equitum intolerabilem fuisse; quid consuli adversus conlegam seditiosum ac temerarium virium atque auctoritatis fore? Se populare incendium priore consulatu semustum effugisse; optare, ut omnia prospere evenirent; set si quid adversi caderet, hostium se telis potius quam suffragiis iratorum civium caput objecturum.'

Ab hoc sermone profectum Paulum tradunt, prosequentibus primoribus patrum; plebeium consulem sua plebes prosecuta, turba conspectior, cum dignitates deessent.

Ut in castra venerunt, permixto novo exercitu ac vetere, castris bifariam factis, ut nova minora essent propius Hannibalem, in veteribus major pars et omne robur virium esset, consulum anni prioris M. Atilium, aetatem excusantem, Romam miserunt, Geminum Servilium in minoribus castris legioni Romanae et sociûm peditum equitumque duobus milibus praeficiunt.

Hannibal quamquam parte dimidia auctas hostium copias cernebat, tamen adventu consulum mire gaudere. Non solum enim nihil ex raptis in diem commeatibus superabat, sed ne unde raperet quidem quicquam reliqui erat, omni undique frumento, postquam ager parum tutus erat, in urbes munitas convecto, ut vix decem dierum, quod conpertum postea est, frumentum superesset, Hispanorumque ob inopiam transitio parata fuerit, si maturitas temporum expectata foret.

XLI. Ceterum temeritati consulis ac praepropero ingenio materiam etiam fortuna dedit, quod in prohibendis praedatoribus tumultuario proelio ac procursu magis militum quam ex praeparato aut jussu imperatorum orto haudquaquam par Poenis dimicatio fuit. Ad mille et septingenti caesi, non plus centum Romanorum sociorumque occisis. Ceterum victoribus, effuse sequentibus metu insidiarum, obstitit Paulus consul, cujus eo die (nam alternis imperitabant) imperium erat, Varrone indignante ac vociferante, 'emissum hostem e manibus debellarique, ni cessatum foret, potuisse.' Hannibal id damnum haud aegerrime pati; quin potius credere velut inescatam temeritatem ferocioris consulis ac novorum maxime militum esse. Et omnia ei hostium haud secus quam sua nota erant: dissimiles discordesque imperitare, duas prope partes tironum militum in exercitu esse. Itaque locum et tempus insidiis aptum se habere ratus, nocte proxima, nihil praeter arma ferente secum milite, castra plena omnis fortunae publicae privataeque relinquit, transque proximos montis laeva pedites instructos condit, dextra equites, impedimenta per convallem mediam traducit, ut diripiendis velut desertis fuga dominorum castris occupatum inpeditumque hostem opprimeret. Crebri relicti in castris ignes, ut fides fieret, dum ipse longius spatium fuga praeciperet, falsa imagine castrorum, sicut Fabium priore anno frustratus esset, tenere in locis consules voluisse.

XLII. Ubi inluxit, subductae primo stationes, deinde propius adeuntibus insolitum silentium admirationem fecit. Jam satis conperta solitudine in castris, concursus fit ad praetoria consulum nuntiantium fugam hostium adeo trepidam, ut tabernaculis stantibus castra reliquerint, quoque fuga obscurior esset, crebros etiam relictos ignis. Clamor inde ortus, ut signa proferri juberent ducerentque ad persequendos hostis ac protinus castra diripienda. Et consul alter velut unus turbae militaris erat; Paulus etiam atque etiam dicere, providendum praecavendumque esse; postremo, cum aliter neque seditionem neque ducem seditionis sustinere posset, Marium Statilium praefectum cum turma Lucana exploratum mittit. Qui ubi adequitavit portis, subsistere extra munimenta ceteris jussis, ipse cum duobus equitibus vallum intravit, speculatusque omnia cum cura renuntiat, insidias profecto esse; ignes in parte castrorum, quae vergat ad hostem, relictos; tabernacula aperta et omnia cara in promptu relicta; argentum quibusdam locis temere per vias velut objectum ad praedam vidisse. Quae ad deterrendos a cupiditate animos nuntiata erant, ea accenderunt, et clamore orto a militibus, ni signum detur, sine ducibus ituros, haudquaquam dux defuit; nam extemplo Varro signum dedit proficiscendi. Paulus, cum ei sua sponte cunctanti pulli quoque auspicio non addixissent, nuntiari jam efferenti porta signa conlegae jussit. Quod quamquam Varro aegre est passus, Flamini tamen recens casus Claudique consulis primo Punico bello memorata, navalis clades religionem animo incussit. Di prope ipsi eo die magis distulere quam prohibuere inminentem pestem Romanis; nam forte ita evenit, ut, cum referri signa in castra jubenti consuli milites non parerent, servi duo, Formiani unus, alter Sidicini equitis, qui Servilio atque Atilio consulibus inter pabulatores excepti a Numidis fuerant, profugerent eo die ad dominos; deductique ad consules nuntiant, omnem exercitum Hannibalis trans proximos montes sedere in insidiis. Horum opportunus adventus consules imperi potentes fecit, cum ambitio alterius suam primum aput eos prava indulgentia majestatem solvisset.

XLIII. Hannibal postquam motos magis inconsulte Romanos quam ad ultimum temere evectos vidit, nequiquam detecta fraude in castra rediit. Ibi plures dies propter inopiam frumenti manere nequit, novaque consilia in dies, non apud milites solum mixtos ex conluvione omnium gentium, sed etiam apud ducem ipsum, oriebantur. Nam cum initio fremitus, deinde aperta vociferatio fuisset exposcentium stipendium debitum querentiumque annonam primo, postremo famem, et mercennarios milites, maxime Hispani generis, de transitione cepisse consilium fama esset, ipse etiam interdum Hannibal de fuga in Galliam dicitur agitasse, ita ut relicto peditatu omni cum equitibus se proriperet. Cum haec consilia atque hic habitus animorum esset in castris, movere inde statuit in calidiora atque eo maturiora messibus Apuliae loca, simul ut, quo longius ab hoste recessisset, transfugia inpeditiora levibus ingeniis essent. Profectus est nocte, ignibus similiter factis tabernaculisque paucis in speciem relictis, ut insidiarum par priori metus contineret Romanos. Sed per eundem Lucanum Statilium omnibus ultra castra transque montis exploratis, cum relatum esset, visum procul hostium agmen, tum de insequendo eo consilia agitari coepta.

Cum utriusque consulis eadem quae ante semper fuisset sententia, ceterum Varroni fere omnes, Paulo nemo praeter Servilium, prioris anni consulem, adsentiretur, majoris partis sententia ad nobilitandas clade Romana Cannas urgente fato profecti sunt. Prope eum vicum Hannibal castra posuerat aversa a Volturno vento, qui campis torridis siccitate nubes pulveris vehit. Id cum ipsis castris percommodum fuit, tum salutare praecipue futurum erat, cum aciem dirigerent, ipsi aversi, terga tantum adflante vento, in occaecatum pulvere offuso hostem pugnaturi.

XLIV. Consules, satis exploratis itineribus, sequentis Poenum, ut ventum ad Cannas est et in conspectu Poenum habebant, bina castra communiunt, eodem ferme intervallo quo ad Gereonium, sicut ante, copiis divisis. Aufidus amnis, utrisque castris adfluens, aditum aquatoribus ex sua cujusque opportunitate haud sine certamine dabat; ex minoribus tamen castris, quae posita trans Aufidum erant, liberius aquabantur Romani, quia ripa ulterior nullum habebat hostium praesidium. Hannibal spem nanctus, locis natis ad equestrem pugnam, qua parte virium invictus erat, facturos copiam pugnandi consules, derigit aciem lacessitque Numidarum procursatione hostis. Inde rursus sollicitari seditione militari ac discordia consulum Romana castra, cum Paulus Semproniique et Flamini temeritatem Varroni, Varro speciosum timidis ac segnibus ducibus exemplum Fabium obiceret, testareturque deos hominesque hic, 'nullam penes se culpam esse, quod Hannibal jam velut usu cepisset Italiam; se constrictum a conlega teneri; ferrum atque arma iratis et pugnare cupientibus adimi militibus;' ille, 'si quid projectis ac proditis ad inconsultam atque inprovidam pugnam legionibus accideret, se omnis culpae exsortem, omnis eventus participem fore,' diceret; 'videret ut, quibus lingua tam prompta ac temeraria, aeque in pugna vigerent manus.'

XLV. Dum altercationibus magis quam consiliis tempus teritur, Hannibal ex acie, quam ad multum diei tenuerat instructam, cum in castra ceteras reciperet copias, Numidas ad invadendos ex minoribus castris Romanorum aquatores trans flumen mittit. Quam inconditam turbam cum vixdum in ripam egressi clamore ac tumultu fugassent, in stationem quoque pro vallo locatam atque ipsas prope portas evecti sunt. Id vero indignum visum, ab tumultuario auxilio jam etiam castra Romana terreri, ut ea modo una causa, ne extemplo transirent flumen derigerentque aciem, tenuerit Romanos, quod summa imperii eo die penes Paulum fuerit. Itaque postero die Varro, cui sors ejus diei imperii erat, nihil consulto conlega signum proposuit instructasque copias flumen traduxit, sequente Paulo, quia magis non probare quam non adjuvare consilium poterat. Transgressi flumen eas quoque, quas in castris minoribus habuerant, copias suis adjungunt atque ita instruunt aciem: in dextro cornu (id erat flumini propius) Romanos equites locant, deinde pedites; laevum cornu extremi equites sociorum, intra pedites, ad medium juncti legionibus Romanis, tenuerunt; jaculatores cum ceteris levium armorum auxiliis prima acies facta. Consules cornua tenuerunt, Terentius laevum, Aemilius dextrum, Gemino Servilio media pugna tuenda data.

XLVI. Hannibal luce prima, Baliaribus levique alia armatura praemissa, transgressus flumen, ut quosque traduxerat, ita in acie locabat, Gallos Hispanosque equites prope ripam laevo in cornu adversus Romanum equitatum; dextrum cornu Numidis equitibus datum, media acie peditibus firmata, ita ut Afrorum utraque cornua essent, interponerentur his medii Galli atque Hispani. Afros Romanam magna ex parte crederes aciem; ita armati erant, armis et ad Trebiam ceterum magna ex parte ad Trasumenum captis. Gallis Hispanisque scuta ejusdem formae fere erant, dispares ac dissimiles gladii, Gallis praelongi ac sine mucronibus, Hispano, punctim magis quam caesim adsueto petere hostem, brevitate habiles et cum mucronibus. Ante alios habitus gentium harum cum magnitudine corporum tum specie terribilis erat: Galli super umbilicum erant nudi; Hispani linteis praetextis purpura tunicis, candore miro fulgentibus, constiterant. Numerus omnium peditum, qui tum steterunt in acie, milium fuit quadraginta, decem equitum. Duces cornibus praeerant: sinistro Hasdrubal, dextro Maharbal; mediam aciem Hannibal ipse cum fratre Magone tenuit. Sol, seu de industria ita locatis, seu quod forte ita stetere, peropportune utrique parti obliquus erat, Romanis in meridiem, Poenis in septemtrionem versis; ventus (Volturnum regionis incolae vocant) adversus Romanis coortus multo pulvere in ipsa ora volvendo prospectum ademit.

XLVII. Clamore sublato, procursum ab auxiliis, et pugna levibus primum armis commissa; deinde equitum Gallorum Hispanorumque laevum cornu cum dextro Romano concurrit, minime equestris more pugnae; frontibus enim adversis concurrendum erat, quia, nullo circa ad evagandum relicto spatio, hinc amnis, hinc peditum acies claudebant. In derectum utrimque nitentes, stantibus ac confertis postremo turba equis, vir virum amplexus detrahebat equo. Pedestre magna jam ex parte certamen factum erat; acrius tamen quam diutius pugnatum est, pulsique Romani equites terga vertunt. Sub equestris finem certaminis coorta est peditum pugna, primo et viribus et animis par, dum constabant ordines Gallis Hispanisque; tandem Romani, diu ac saepe conisi, obliqua fronte acieque densa inpulere hostium cuneum nimis tenuem eoque parum validum, a cetera prominentem acie. Inpulsis deinde ac trepide referentibus pedem institere, ac tenore uno per praeceps pavore fugientium agmen in mediam primum aciem inlati, postremo nullo resistente ad subsidia Afrorum pervenerunt, qui utrimque reductis alis constiterant, media, qua Galli Hispanique steterant, aliquantum prominente acie. Qui cuneus ut pulsus aequavit frontem primum, dein cedendo etiam sinum in medio dedit, Afri circa jam cornua fecerant, inruentibusque incaute in medium Romanis circumdedere alas; mox cornua extendendo clausere et ab tergo hostis. Hinc Romani, defuncti nequiquam proelio uno, omissis Gallis Hispanisque, quorum terga ceciderant, adversus Afros integram pugnam ineunt, non tantum eo iniquam, quod inclusi adversus circumfusos, sed etiam quod fessi cum recentibus ac vegetis pugnabant.

XLVIII. Jam et sinistro cornu Romano, ubi sociorum equites adversus Numidas steterant, consertum proelium erat, segne primo et a Punica coeptum fraude. Quingenti ferme Numidae, praeter solita arma telaque gladios occultos sub loricis habentes, specie transfugarum cum ab suis parmas post terga habentes adequitassent, repente ex equis desiliunt, parmisque et jaculis ante pedes hostium projectis, in mediam aciem accepti ductique ad ultimos considere ab tergo jubentur. Ac dum proelium ab omni parte conseritur, quieti manserunt; postquam omnium animos oculosque occupaverat certamen, tum arreptis scutis, quae passim inter acervos caesorum corporum strata erant, aversam adoriuntur Romanam aciem, tergaque ferientes ac poplites caedentes stragem ingentem ac majorem aliquanto pavorem ac tumultum fecerunt. Cum alibi terror ac fuga, alibi pertinax in mala jam spe proelium esset, Hasdrubal, qui ea parte praeerat, subductos ex media acie Numidas, quia segnis eorum cum adversis pugna erat, ad persequendos passim fugientis mittit, Hispanos et Gallos equites Afris prope jam fessis caede magis quam pugna adjungit.

XLIX. Parte altera pugnae Paulus, quamquam primo statim proelio funda graviter ictus fuerat, tamen et occurrit saepe cum confertis Hannibali et aliquot locis proelium restituit, protegentibus eum equitibus Romanis, omissis postremo equis, quia consulem et ad regendum equum vires deficiebant. Tum renuntianti cuidam, jussisse consulem ad pedes descendere equites, dixisse Hannibalem ferunt "quam mallem, vinctos mihi traderet!" Equitum pedestre proelium, quale jam haud dubia hostium victoria, fuit, cum victi mori in vestigio mallent quam fugere, victores, morantibus victoriam irati, trucidarent quos pellere non poterant. Pepulerunt tamen jam paucos superantis et labore ac vulneribus fessos. Inde dissipati omnes sunt, equosque ad fugam qui poterant repetebant. Cn. Lentulus tribunus militum cum praetervehens equo sedentem in saxo cruore oppletum consulem vidisset, "L. Aemili," inquit, "quem unum insontem culpae cladis hodiernae dei respicere debent, cape hunc equum! dum et tibi virium aliquid superest, et comes ego te tollere possum ac protegere. Ne funestam hanc pugnam morte consulis feceris; etiam sine hoc lacrimarum satis luctusque est." Ad ea consul: "tu quidem, Cn. Corneli, macte virtute esto! sed cave frustra miserando exiguum tempus e manibus hostium evadendi absumas. Abi, nuntia publice patribus, urbem Romanam muniant, ac, priusquam hostis victor advenit, praesidiis firment; privatim Q. Fabio, *L.* Aemilium praeceptorum ejus memorem et vixisse adhuc et mori. Me in hac strage militum meorum patere expirare, ne aut reus iterum e consulatu sim aut accusator conlegae existam, ut alieno crimine innocentiam meam protegam." Haec eos agentis prius turba fugientium civium, deinde hostes oppressere; consulem, ignorantes quis esset, obruerunt telis, Lentulum inter tumultum abripuit equus.

Tum undique effuse fugiunt. Septem milia hominum in minora castra, decem in majora, duo ferme in vicum ipsum Cannas perfugerunt, qui extemplo a Carthalone atque equitibus, nullo munimento tegente vicum, circumventi sunt. Consul alter, seu forte seu consilio, nulli fugientium insertus agmini, cum quinquaginta fere equitibus Venusiam perfugit. Quadraginta quinque milia quingenti pedites, duo milia septingenti equites, et tanta prope civium *quanta* sociorum pars, caesi dicuntur; in his ambo consulum quaestores, L. Atilius et L. Furius Bibaculus, et undetriginta tribuni militum, consulares quidam praetoriique et aedilicii (inter eos Cn. Servilium Geminum et M. Minucium numerant, qui magister equitum priore anno, aliquot annis ante *consul* fuerat), octoginta praeterea aut senatores aut qui eos magistratus gessissent unde in senatum legi deberent, cum sua voluntate milites in legionibus facti essent. Capta eo proelio tria milia peditum et equites mille et quingenti dicuntur.

L. Haec est pugna Cannensis, Aliensi cladi nobilitate par, ceterum ut illis, quae post pugnam accidere, levior, quia ab hoste est cessatum, sic strage exercitus gravior foediorque. Fuga namque ad Aliam sicut urbem prodidit, ita exercitum servavit;

ad Cannas fugientem consulem vix quinquaginta secuti sunt, alterius morientis prope totus exercitus fuit.

Binis in castris cum multitudo semiermis sine ducibus esset, nuntium qui in majoribus erant mittunt, 'dum proelio, deinde ex laetitia epulis fatigatos quies nocturna hostes premeret, ut ad se transirent: uno agmine Canusium abituros esse.' Eam sententiam alii totam aspernari: 'cur enim illos, qui se arcessant, ipsos non venire, cum aeque conjungi possent? quia videlicet plena hostium omnia in medio essent, et aliorum quam sua corpora tanto periculo mallent obicere.' Aliis non tam sententia displicere quam animus deesse.

P. Sempronius Tuditanus tribunus militum "capi ergo mavultis" inquit "ab avarissimo et crudelissimo hoste, aestimarique capita vestra et exquiri pretia ab interrogantibus, Romanus civis sis an Latinus socius, ut ex tua contumelia et miseria alteri honos quaeratur? Non tu, si quidem L. Aemili consulis, qui se bene mori quam turpiter vivere maluit, et tot fortissimorum virorum, qui circa eum cumulati jacent, cives estis. Sed antequam opprimit lux majoraque hostium agmina obsaepiunt iter, per hos, qui inordinati atque inconpositi obstrepunt portis, erumpamus. Ferro atque audacia via fit quamvis per confertos hostis. Cuneo quidem hoc laxum atque solutum agmen, ut si nihil obstet, disicias. Itaque ite mecum, qui et vosmet ipsos et rem publicam salvam vultis."

Haec ubi dicta dedit, stringit gladium, cuneoque facto per medios vadit hostis; et cum in latus dextrum, quod patebat, Numidae jacularentur, translatis in dextrum scutis, in majora castra ad sexcentos evaserunt, atque inde protinus, alio magno agmine adjuncto, Canusium incolumes perveniunt. Haec apud victos magis impetu animorum, quem ingenium suum cuique aut fors dabat, quam ex consilio ipsorum aut imperio cujusquam agebantur.

LI. Hannibali victori cum ceteri circumfusi gratularentur suaderentque, ut, tanto perfunctus bello, diei quod relicum esset noctisque insequentis quietem et ipse sibi sumeret et fessis daret militibus, Maharbal, praefectus equitum, minime cessandum ratus, "immo, ut, quid hac pugna sit actum, scias, die quinto" inquit "victor in Capitolio epulaberis. Sequere; cum equite, ut prius venisse quam venturum sciant, praecedam." Hannibali nimis laeta res est visa majorque quam ut eam statim capere animo posset. Itaque voluntatem se laudare Maharbalis ait; ad consilium pensandum temporis opus esse. Tum Maharbal: "non omnia nimirum eidem dii dedere. Vincere scis, Hannibal; victoria uti nescis." Mora ejus diei satis creditur saluti fuisse urbi atque imperio.

Postero die, ubi primum inluxit, ad spolia legenda foedamque etiam hostibus spectandam stragem exeunt. Jacebant tot Romanorum milia, pedites passim equitesque, ut quem cuique fors aut pugna junxerat aut fuga; adsurgentis quidam ex strage media cruenti, quos stricta matutino frigore excitaverant vulnera, ab hoste oppressi sunt; quosdam et jacentis vivos succisis feminibus poplitibusque invenerunt, nudantis cervicem jugulumque et reliquum sanguinem jubentes haurire; inventi quidam sunt mersis in effossam terram capitibus, quos sibi ipsos fecisse foveas obruentisque ora superjecta humo interclusisse spiritum apparebat. Praecipue convertit omnes subtractus Numida mortuo superincubanti Romano vivus, naso auribusque laceratis, cum, manibus ad capiendum telum inutilibus, in rabiem ira versa, laniando dentibus hostem expirasset.

LII. Spoliis ad multum diei lectis, Hannibal ad minora ducit castra oppugnanda, et omnium primum brachio objecto flumine eos excludit; ceterum ab omnibus labore, vigiliis, vulneribus etiam fessis maturior ipsius spe deditio est facta. Pacti ut arma atque equos traderent, in capita Romana trecenis nummis quadrigatis, in socios ducenis, in servos centenis, et ut eo pretio persoluto cum singulis abirent vestimentis, in castra hostis acceperunt; traditique in custodiam omnes sunt, seorsum cives sociique. Dum ibi tempus teritur, interea cum ex majoribus castris, quibus satis virium et animi fuit, ad quattuor milia hominum et ducenti equites, alii agmine, alii palati passim per agros, quod haud minus tutum erat, Canusium perfugissent, castra ipsa ab sauciis timidisque eadem condicione qua altera tradita hosti. Praeda ingens parta est; et praeter equos virosque et si quid argenti (quod plurimum in phaleris equorum erat; nam ad vescendum facto perexiguo, utique militantes, utebantur) omnis cetera praeda diripienda data est. Tum sepeliendi causa conferri in unum corpora suorum jussit; ad octo milia fuisse dicuntur fortissimorum virorum. Consulem quoque Romanum conquisitum sepultumque quidam auctores sunt.

Eos, qui Canusium perfugerant, mulier Apula nomine Busa, genere clara ac divitiis, moenibus tantum tectisque a Canusinis acceptos, frumento, veste, viatico etiam juvit; pro qua ei munificentia postea, bello perfecto, ab senatu honores habiti sunt.

LIII. Ceterum cum ibi tribuni militum quattuor essent, Fabius Maximus de legione prima, cujus pater priore anno dictator fuerat, et de legione secunda L. Publicius Bibulus et P. Cornelius Scipio, et de legione tertia Ap. Claudius Pulcher, qui proxime aedilis fuerat, omnium consensu ad P. Scipionem admodum adulescentem et ad Ap. Claudium summa imperi delata est.

Quibus consultantibus inter paucos de summa rerum nuntiat P. Furius Philus, consularis viri filius, 'nequiquam eos perditam spem fovere; desperatam conploratamque rem esse publicam: nobiles juvenes quosdam, quorum principem L. Caecilium Metellum, mare ac naves spectare, ut deserta Italia ad regum aliquem transfugiant.' Quod malum, praeterquam atrox, super tot clades etiam novum, cum stupore ac miraculo torpidos defixisset qui aderant, et consilium advocandum de eo censerent, negat consili rem esse Scipio juvenis, fatalis dux hujusce belli. 'Audendum atque agendum, non consultandum' ait 'in tanto malo esse. Irent secum extemplo armati, qui rem publicam salvam vellent; nulla verius, quam ubi ea cogitentur, hostium castra esse.' Pergit ire sequentibus paucis in hospitium Metelli, et, cum concilium ibi juvenum, de quibus adlatum erat, invenisset, stricto super capita consultantium gladio, "ex mei animi sententia" inquit "ut ego rem publicam populi Romani non deseram, neque alium civem Romanum deserere patiar; si sciens fallo, tum me Juppiter optime maxime, domum, familiam, remque meam pessimo leto adficias. In haec verba, L. Caecili, jures postulo, ceterique qui adestis. Qui non juraverit, in se hunc gladium strictum esse sciat." Haud secus pavidi, quam si victorem Hannibalem cernerent, jurant omnes, custodiendosque semet ipsos Scipioni tradunt.

LIV. Eo tempore quo haec Canusii agebantur, Venusiam ad consulem ad quattuor milia et quingenti pedites equitesque, qui sparsi fuga per agros fuerant, pervenere. Eos omnes Venusini per familias benigne accipiendos curandosque cum divisissent, in singulos equites togas et tunicas et quadrigatos nummos quinos vicenos, et pediti denos, et arma, quibus deerant, dederunt, ceteraque publice ac privatim hospitaliter facta, certatumque, ne a muliere Canusina populus Venusinus officiis vinceretur. Sed gravius onus Busae multitudo faciebat; et jam ad decem milia hominum erant, Appiusque et Scipio, postquam incolumem esse alterum consulem acceperunt, nuntium extemplo mittunt, quantae secum peditum equitumque copiae essent, sciscitatumque simul, utrum Venusiam adduci exercitum an manere juberet Canusi. Varro ipse Canusium copias traduxit; et jam aliqua species consularis exercitus erat, moenibusque se certe, si non armis, ab hoste videbantur defensuri.

Romam ne has quidem reliquias superesse civium sociorumque, sed occidione occisum cum duobus consulibus exercitum deletasque omnes copias adlatum fuerat. Numquam salva urbe tantum pavoris tumultusque intra moenia Romana fuit. Itaque succumbam oneri, neque adgrediar narrare quae edissertando minora vero faciam. Consule exercituque ad Trasumennum priore anno amisso, non vulnus super vulnus, sed multiplex clades, cum duobus consulibus duo consulares exercitus amissi nuntiabantur, nec ulla jam castra Romana nec ducem nec militem esse; Hannibalis Apuliam, Samnium, ac jam prope totam Italiam factam. Nulla profecto alia gens tanta mole cladis non obruta esset. Compares cladem ad Aegatis insulas Carthaginiensium proelio navali acceptam, qua fracti Sicilia ac Sardinia cessere *et* vectigalis ac stipendiarios fieri se passi sunt, aut pugnam adversam in Africa, cui postea hic ipse Hannibal succubuit: nulla ex parte conparandae sunt, nisi quod minore animo latae sunt.

LV. P. Furius Philus et M. Pomponius praetores senatum in curiam Hostiliam vocaverunt, ut de urbis custodia consulerent; neque enim dubitabant, deletis exercitibus, hostem ad oppugnandam Romam, quod unum opus belli restaret, venturum. Cum in malis sicuti ingentibus, ita ignotis, ne consilium quidem satis expedirent, obstreperetque clamor lamentantium mulierum, et, nondum palam facto, vivi mortuique per omnes paene domos promiscue conplorarentur, tum Q. Fabius Maximus censuit 'equites expeditos et Appia et Latina via mittendos, qui obvios percunctando (aliquos profecto ex fuga passim dissipatos fore) referant, quae fortuna consulum atque exercituum sit, et, si quid dii inmortales, miseriti imperi, reliquum Romani nominis fecerint, ubi eae copiae sint; quo se Hannibal post proelium contulerit, quid paret, quid agat acturusque sit. Haec exploranda noscendaque per inpigros juvenes esse; illud per patres ipsos agendum, quoniam magistratuum parum sit, ut tumultum ac trepidationem in urbe tollant, matronas publico arceant continerique intra suum quamque limen cogant, conploratus familiarum coerceant, silentium per urbem faciant, nuntios rerum omnium ad praetores deducendos curent, suae quisque fortunae domi auctorem expectent, custodesque praeterea ad portas ponant, qui prohibeant quemquam egredi urbem, cogantque homines nullam nisi urbe ac moenibus salvis salutem sperare. Ubi conticuerit tumultus, tum in curiam patres revocandos consulendumque de urbis custodia esse.'

LVI. Cum in hanc sententiam pedibus omnes issent, summotaque foro *per* magistratus turba, patres diversi ad sedandos tumultus discessissent, tum demum litterae a C. Terentio consule allatae sunt: 'L. Aemilium consulem exercitumque caesum; sese Canusii esse, reliquias tantae cladis velut ex naufragio colligentem; ad decem milia militum ferme esse inconpositorum inordinatorumque; Poenum sedere ad Cannas, in captivorum pretiis praedaque alia nec victoris animo nec magni ducis more nundinantem.' Tum privatae quoque per domos clades vulgatae sunt, adeoque totam urbem opplevit luctus, ut sacrum anniversarium Cereris intermissum sit, quia nec lugentibus id facere est fas nec ulla in illa tempestate matrona expers luctus fuerat. Itaque ne ob eandem causam alia quoque sacra publica aut privata desererentur, senatus consulto diebus triginta luctus est finitus.

Ceterum cum, sedato urbis tumultu, revocati in curiam patres essent, aliae insuper ex Sicilia litterae adlatae sunt ab T. Otacilio propraetore, 'regnum Hieronis classe Punica vastari; cui cum opem inploranti ferre vellet, nuntiatum sibi esse aliam classem ad Aegatis insulas stare paratam instructamque, ut, ubi se versum ad tuendam Syracusanam oram Poeni sensissent, Lilybaeum extemplo provinciamque aliam

Romanam adgrederentur; itaque classe opus esse, si regem socium Siciliamque tueri vellent.'

LVII. Litteris consulis praetorisque *lectis, censuerunt praetorem* M. Claudium, qui classi ad Ostiam stanti praeesset, Canusium ad exercitum mittendum, scribendumque consuli, ut, cum praetori exercitum tradidisset, primo quoque tempore, quantum per commodum rei publicae fieri posset, Romam veniret. Territi etiam super tantas clades cum ceteris prodigiis, tum quod duae Vestales eo anno, Opimia atque Floronia, stupri conpertae, et altera sub terra, uti mos est, ad portam Collinam necata fuerat, altera sibimet ipsa mortem consciverat; L. Cantilius scriba pontificius, quos nunc minores pontifices adpellant, qui cum Floronia stuprum fecerat, a pontifice maximo eo usque virgis in comitio caesus erat, ut inter verbera expiraret. Hoc nefas cum inter tot, ut fit, clades in prodigium versum esset, decemviri libros adire jussi sunt, et Q. Fabius Pictor Delphos ad oraculum missus est sciscitatum, quibus precibus suppliciisque deos possent placare, et quaenam futura finis tantis cladibus foret. Interim ex fatalibus libris sacrificia aliquot extraordinaria facta; inter quae Gallus et Galla, Graecus et Graeca in foro bovario sub terram vivi demissi sunt in locum saxo consaeptum, jam ante hostiis humanis, minime Romano sacro, inbutum.

Placatis satis, ut rebantur, deis, M. Claudius Marcellus ab Ostia mille et quingentos milites, quos in classem scriptos habebat, Romam, ut urbi praesidio essent, mittit; ipse, legione classica (ea legio tertia erat) cum tribunis militum Teanum Sidicinum praemissa, classe tradita P. Furio Philo conlegae, paucos post dies Canusium magnis itineribus contendit.

Inde dictator ex auctoritate patrum dictus M. Junius et Ti. Sempronius magister equitum, dilectu edicto, junioris ab annis septemdecim et quosdam praetextatos scribunt; quattuor ex his legiones et mille equites effecti. Item ad socios Latinumque nomen ad milites ex formula accipiendos mittunt. Arma, tela, alia parari jubent et vetera spolia hostium detrahunt templis porticibusque. Et aliam formam novi dilectus inopia liberorum capitum ac necessitas dedit; octo milia juvenum validorum ex servitiis prius sciscitantes singulos, vellentne militare, empta publice armaverunt. Hic miles magis placuit, cum pretio minore redimendi captivos copia fieret.

LVIII. Namque Hannibal secundum tam prosperam ad Cannas pugnam victoris magis quam bellum gerentis intentus curis, cum, captivis productis segregatisque, socios, sicut ante ad Trebiam Trasumenumque lacum, benigne adlocutus sine pretio dimisisset, Romanos quoque vocatos, quod numquam alias antea, satis miti sermone adloquitur: 'non internecivum sibi esse cum Romanis bellum; de dignitate atque imperio certare. Et patres virtuti Romanae cessisse et se id adniti, ut suae in vicem simul felicitati et virtuti cedatur. Itaque redimendi se captivis copiam facere; pretium fore in capita equiti quingenos quadrigatos nummos, trecenos pediti, servo centenos.' Quamquam aliquantum adiciebatur equitibus ad id pretium, quo pepigerant dedentes se, laeti tamen quamcumque condicionem paciscendi acceperunt. Placuit suffragio ipsorum decem deligi, qui Romam ad senatum irent, nec pignus aliud fidei quam ut jurarent se redituros acceptum. Missus cum his Carthalo, nobilis Carthaginiensis, qui, si forte ad pacem inclinaret animus, condiciones ferret. Cum egressi castris essent, unus ex iis, minime Romani ingeni homo, veluti aliquid oblitus, juris jurandi solvendi causa cum in castra redisset, ante noctem comites adsequitur. Ubi Romam venire eos nuntiatum est, Carthaloni obviam lictor missus, qui dictatoris verbis nuntiaret, ut ante noctem excederet finibus Romanis.

LIX. Legatis captivorum senatus ab dictatore datus est, quorum princeps M. Junius "patres conscripti," inquit, "nemo nostrum ignorat, nulli umquam civitati viliores fuisse captivos quam nostrae; ceterum, nisi nobis plus justo nostra placet causa, non alii umquam minus neglegendi vobis quam nos in hostium potestatem venerunt. Non enim in acie per timorem arma tradidimus, sed, cum prope ad noctem superstantes cumulis caesorum corporum proelium extraxissemus, in castra recepimus nos; diei reliquum ac noctem insequentem, fessi labore ac vulneribus, vallum sumus tutati; postero die, cum circumsessi ab exercitu victore aqua arceremur, nec ulla jam per confertos hostis erumpendi spes esset, nec esse nefas duceremus, quinquaginta milibus hominum ex acie nostra trucidatis, aliquem ex Cannensi pugna Romanum militem restare, tunc demum pacti sumus pretium quo redempti dimitteremur, arma, in quibus nihil jam auxili erat, hosti tradidimus. Majores quoque acceperamus se a Gallis auro redemisse, et patres vestros, asperrimos illos ad condiciones pacis, legatos tamen captivorum redimendorum gratia Tarentum misisse. Atqui et ad Aliam cum Gallis et ad Heracleam cum Pyrrho utraque non tam clade infamis quam pavore et fuga pugna fuit. Cannensis campos acervi Romanorum corporum tegunt, nec supersumus pugnae nisi in quibus trucidandis et ferrum et vires hostem defecerunt. Sunt etiam de nostris quidam, qui ne in acie quidem fuerunt, sed praesidio castris relicti, cum castra traderentur, in potestatem hostium venerunt. Haud equidem ullius civis et commilitonis fortunae aut condicioni invideo, nec premendo alium me extulisse velim: ne illi quidem, nisi pernicitatis pedum et cursus aliquod praemium est, qui plerique inermes ex acie fugientes non prius quam Venusiae aut Canusi constiterunt, se nobis merito praetulerint gloriatique sint, in se plus quam in nobismet praesidii rei publicae esse. Sed et illis bonis ac fortibus militibus utemini et nobis etiam promptioribus pro patria, quod beneficio vestro redempti atque in patriam restituti fuerimus. Dilectum ex omni aetate et fortuna habetis; octo milia servorum audio armari. Non minor numerus noster est, nec majore pretio redimi possumus quam ii emuntur; nam si conferam nos cum illis, injuriam nomini Romano faciam. Illud etiam in tali consilio animadvertendum vobis censeam, patres conscripti, si jam duriores esse velitis, quod nullo nostro merito faciatis, cui nos hosti relicturi sitis. Pyrrho videlicet, qui hospitum numero captivos habuit? An barbaro ac Poeno, qui utrum avarior an crudelior sit, vix existimari potest? Si videatis catenas, squalorem, deformitatem civium vestrorum, non minus profecto vos ea species moveat, quam si ex altera parte cernatis stratas Cannensibus campis legiones vestras. Intueri potestis sollicitudinem et lacrimas in vestibulo curiae stantium cognatorum nostrorum exspectantiumque responsum vestrum. Cum ii pro nobis proque iis qui absunt ita suspensi ac solliciti sint, quem censetis animum ipsorum esse, quorum in discrimine vita libertasque est? Si, me dius fidius, ipse in nos mitis Hannibal contra naturam suam esse velit, nihil tamen nobis vita opus esse censeamus, cum indigni ut redimeremur [a] vobis visi simus. Rediere Romam quondam remissi a Pyrrho sine pretio capti; sed rediere cum legatis, primoribus civitatis, ad redimendos sese missis. Redeam ego in patriam trecentis nummis non aestimatus civis? Suum quisque *habet* animum, patres conscripti. Scio in discrimine esse vitam corpusque meum; magis me famae periculum movet, ne a vobis damnati ac repulsi abeamus; neque enim vos pretio pepercisse homines credent."

LX. Ubi is finem fecit, extemplo ab ea turba, quae in comitio erat, clamor flebilis est sublatus, manusque ad curiam tendebant orantes, ut sibi liberos, fratres, cognatos redderent. Feminas quoque metus ac necessitas in foro turbae virorum inmiscuerat. Senatus submotis arbitris consuli coeptus. Ibi cum sententiis variaretur, et alii redimendos de publico, alii nullam publice inpensam faciendam nec prohibendos ex privato redimi; si quibus argentum in praesentia deesset, dandam ex aerario pecuniam mutuam praedibusque ac praediis cavendum populo censerent, tum T. Manlius Torquatus, priscae ac nimis durae, ut plerisque videbatur, severitatis, interrogatus sententiam ita locutus fertur:

"Si tantummodo postulassent legati pro iis, qui in hostium potestate sunt, ut redimerentur, sine ullius insectatione eorum brevi sententiam peregissem; quid enim aliud quam admonendi essetis, ut morem traditum a patribus necessario ad rem militarem exemplo servaretis? Nunc autem, cum prope gloriati sint, quod se hostibus dediderint, praeferrique non captis modo in acie ab hostibus, sed etiam iis, qui Venusiam Canusiumque pervenerunt, atque ipsi C. Terentio consuli aecum censuerint, nihil vos eorum, patres conscripti, quae illic acta sunt, ignorare patiar. Atque utinam haec, quae aput vos acturus sum, Canusi aput ipsum exercitum agerem, optimum testem ignaviae cujusque et virtutis, aut unus hic saltem adesset P. Sempronius, quem si isti ducem secuti essent, milites hodie in castris Romanis, non captivi in hostium potestate essent. Set cum, fessis pugnando hostibus, tum victoria laetis et ipsis plerisque regressis in castra sua, noctem ad erumpendum liberam habuissent, et septem milia armatorum hominum erumpere etiam *per* confertos hostes possent, neque per se ipsi id facere conati sunt neque alium sequi voluerunt. Nocte prope tota P. Sempronius Tuditanus non destitit monere, adhortari eos, dum paucitas hostium circa castra, dum quies ac silentium esset, dum nox inceptum tegere posset, se ducem sequerentur: ante lucem pervenire in tuta loca, in sociorum urbes posse. Si, ut avorum memoria P. Decius tribunus militum in Samnio, si, ut nobis adulescentibus priore Punico bello Calpurnius Flamma trecentis voluntariis, cum ad tumulum eos capiendum situm inter medios duceret hostis, dixit "moriamur, milites, et morte nostra eripiamus ex obsidione circumventas legiones," si hoc P. Sempronius diceret, nec viros quisquam nec Romanos vos duceret, si nemo tantae virtutis extitisset comes. Viam non ad gloriam magis quam ad salutem ferentem demonstrat; reduces in patriam, ad parentis, ad conjuges ac liberos facit. Ut servemini, deest vobis animus: quid, si moriendum pro patria esset, faceretis? Quinquaginta milia civium sociorumque circa vos eo ipso die caesa jacent. Si tot exempla virtutis non movent, nihil umquam movebit; si tanta clades vilem vitam non fecit, nulla faciet. Liberi atque incolumes desiderate patriam! immo desiderate, dum patria est, dum cives ejus estis! sero nunc desideratis, deminuti capite, abalienato jure civium, servi Carthaginiensium facti. Pretio redituri estis eo, unde ignavia ac nequitia abistis? P. Sempronium civem vestrum non audistis arma capere ac sequi se jubentem; Hannibalem post paulo audistis castra prodi et arma tradi jubentem. Quam*quam* ego ignaviam istorum accuso, cum scelus possim accusare. Non modo enim sequi recusarunt bene monentem, sed obsistere ac retinere conati sunt, ni strictis gladiis viri fortissimi inertis submovissent. Prius, inquam, P. Sempronio per civium agmen quam per hostium fuit erumpendum. Hos cives patria desideret? quorum si ceteri similes fuissent, neminem hodie ex iis qui ad Cannas pugnaverunt civem haberet. Ex milibus septem armatorum sescenti extiterunt, qui erumpere auderent, qui in patriam liberi atque armati redirent, neque his sescentis hostes obstitere; quam tutum iter duarum prope legionum agmini futurum censetis fuisse? Haberetis hodie viginti milia armatorum Canusi fortia, fidelia, patres conscripti. Nunc autem quem ad modum hi boni fideleque (nam "fortes" ne ipsi quidem dixerint) cives esse possunt? Nisi quis credere potest, aut favisse erumpentibus, qui, ne erumperent, obsistere conati sunt, aut non invidere eos cum incolumitati tum gloriae illorum per virtutem partae, cum sibi timorem ignaviamque servitutis ignominiosae causam esse sciant. Maluerunt in tentoriis latentes simul lucem atque hostem expectare, cum silentio noctis erumpendi occasio esset. *At* ad erumpendum e castris defuit animus, ad tutanda fortiter castra animum habuerunt; dies noctesque aliquot obsessi vallum armis, se ipsi tutati vallo sunt; tandem ultima ausi passique, cum omnia subsidia vitae deessent adfectisque fame viribus arma jam sustinere nequirent, necessitatibus magis humanis quam armis victi sunt. Orto sole hostis ad vallum accessit; ante secundam horam, nullam fortunam certaminis experti, tradiderunt arma ac se ipsos. Haec vobis istorum per biduum militia fuit. Cum *in* acie stare ac pugnare decuerat, tum in castra refugerunt; cum pro vallo pugnandum erat, castra tradiderunt, neque in acie neque in castris utiles. Et vos redimam? Cum erumpere *e* castris oportet, cunctamini ac manetis; cum manere et castra tutari armis necesse est, et castra et arma et vos ipsos traditis hosti. Ego non magis istos redimendos, patres conscripti, censeo, quam illos dedendos Hannibali, qui per medios hostis e castris eruperunt ac per summam virtutem se patriae restituerunt."

LXI. Postquam Manlius dixit, quamquam patrum quoque plerosque captivi cognatione attingebant, praeter exemplum civitatis minime in captivos jam inde antiquitus indulgentis, pecuniae quoque summa homines movit, quia nec aerarium exhaurire, magna jam summa erogata in servos ad militiam emendos armandosque, nec Hannibalem, maxime hujusce rei (ut fama erat) egentem, locupletari volebant. Cum triste responsum, 'non redimi captivos,' redditum esset, novusque super veterem luctus tot jactura civium adjectus esset, cum magnis fletibus questibus*que* legatos ad portam prosecuti sunt. Unus ex iis domum abiit, quod fallaci reditu in castra jure jurando se exsolvisset. Quod ubi innotuit relatumque ad senatum est, omnes censuerunt conprehendendum et custodibus publice datis deducendum ad Hannibalem esse.

Est et alia de captivis fama: decem primos venisse; de eis cum dubitatum in senatu esset, admitterentur in urbem necne, ita admissos esse, ne tamen iis senatus daretur; morantibus deinde longius omnium spe, alios tris insuper legatos venisse, L. Scribonium et C. Calpurnium et L. Manlium; tum demum ab cognato Scribonii tribuno plebis de redimendis captivis relatum esse, nec censuisse redimendos senatum; et novos legatos tris ad Hannibalem revertisse, decem veteres remansisse, quod per causam recognoscendi nomina captivorum ad Hannibalem ex itinere regressi religione sese exsolvissent; de iis dedendis magna contentione actum in senatu esse, victosque paucis sententiis qui dedendos censuerint; ceterum proxumis censoribus adeo omnibus notis ignominîsque confectos esse, ut quidam eorum mortem sibi ipsi extemplo consciverint, ceteri non foro solum omni deinde vita, sed prope luce ac publico caruerint. Mirari magis adeo discrepare inter auctores, quam quid veri sit discernere, queas.

Quanto autem major ea clades superioribus cladibus fuerit, vel ea res indicio *est, quod fides socio*rum, quae ad eam diem firma steterat, tum labare coepit, nulla profecto alia de re quam quod desperaverant de imperio. Defecere autem ad Poenos hi populi: Atellani, Calatini, Hirpini, Apulorum pars, Samnites praeter Pentros, Bruttii omnes, Lucani; praeter hos Uzentini, et Graecorum omnis ferme ora, Tarentini, Metapontini, Crotonienses Locrique, et Cisalpini omnes Galli. Nec tamen eae clades defectionesque sociorum moverunt, ut pacis usquam mentio aput Romanos fieret, neque ante consulis Romam adventum nec postquam is rediit renovavitque memoriam acceptae cladis; quo in tempore ipso adeo magno animo civitas fuit, ut consuli ex tanta clade, cujus ipse causa maxima fuisset, redeunti et obviam itum frequenter ab omnibus ordinibus sit et gratiae actae, quod de re publica non desperasset; qui si Carthaginiensium ductor fuisset, nihil recusandum supplicii foret.

EXCERPTA

EX

TITI LIVI HISTORIIS.

IX, 17–19.—ALEXANDRI MAGNI ET ROMANORVM CONLATIO.

XVII. Nihil minus quaesitum a principio hujus operis videri potest, quam ut plus justo ab rerum ordine declinarem, varietatibusque distinguendo opere et legentibus velut deverticula amoena et requiem animo meo quaererem; tamen tanti regis ac ducis mentio, quibus saepe tacitis cogitationibus volutavi animum, eas evocat in medium, ut quaerere libeat, quinam eventus Romanis rebus, si cum Alexandro foret bellatum, futurus fuerit. Plurimum in bello pollere videntur militum copia et virtus, ingenia imperatorum, fortuna, per omnia humana, maxime in res bellicas potens; ea et singula intuenti et universa, sicut ab aliis regibus gentibusque, ita ab hoc quoque facile praestant invictum Romanum imperium. Jam primum, ut ordiar ab ducibus comparandis, haud equidem abnuo, egregium ducem fuisse Alexandrum; sed clariorem tamen eum facit, quod unus fuit, quod adulescens in incremento rerum, nondum alteram fortunam expertus, decessit. Ut alios reges claros ducesque omittam, magna exempla casuum humanorum, Cyrum, quem maxime Graeci laudibus celebrant, quid nisi longa vita, sicut Magnum modo Pompeium, vertenti praebuit fortunae? Recenseam duces Romanos, nec omnes omnium aetatium, sed ipsos eos, cum quibus consulibus aut dictatoribus Alexandro fuit bellandum, M. Valerium Corvum, C. Marcium Rutilum, C. Sulpicium, T. Manlium Torquatum, Q. Publilium Philonem, L. Papirium Cursorem, Q. Fabium Maximum, duos Decios, L. Volumnium, M'. Curium? Deinceps ingentes secuntur viri, si Punicum Romano praevertisset bellum seniorque in Italiam trajecisset. Horum in quolibet cum indoles eadem, quae in Alexandro, erat animi ingeniique, tum disciplina militaris, jam inde ab initiis urbis tradita per manus, in artis perpetuis praeceptis ordinatae modum venerat. Ita reges gesserant bella, ita deinde exactores regum Junii Valeriique, ita deinceps Fabii, Quinctii, Cornelii, ita Furius Camillus, quem juvenes ii, quibus cum Alexandro dimicandum erat, senem viderant. Militaria opera pugnando obeunti Alexandro (nam ea quoque haud minus clarum eum faciunt) cessisset videlicet in acie oblatus par Manlius Torquatus aut Valerius Corvus, insignes ante milites quam duces, cessissent Decii, devotis corporibus in hostem ruentes, cessisset Papirius Cursor illo corporis robore, illo animi! victus esset consiliis juvenis unius, ne singulos nominem, senatus ille, quem qui ex regibus constare dixit unus veram speciem Romani senatus cepit! Id vero erat periculum, ne sollertius quam quilibet unus ex his, quos nominavi, castris locum caperet, commeatus expediret, ab insidiis praecaveret, tempus pugnae deligeret, aciem instrueret, subsidiis firmaret. Non cum Dareo rem esse dixisset, quem mulierum ac spadonum agmen trahentem, inter purpuram atque aurum, oneratum fortunae apparatibus suae, praedam verius quam hostem, nihil aliud quam bene ausus vana contemnere, incruentus devicit. Longe alius Italiae quam Indiae, per quam temulento agmine comisabundus incessit, visus illi habitus esset, saltus Apuliae ac montes Lucanos cernenti et vestigia recentia domesticae cladis, ubi avunculus ejus nuper, Epiri rex Alexander, absumptus erat.

XVIII. Et loquimur de Alexandro nondum merso secundis rebus, quarum nemo intolerantior fuit. Qui si ex habitu novae fortunae novique, ut ita dicam, ingenii, quod sibi victor induerat, spectetur, Dareo magis similis quam Alexandro in Italiam venisset, et exercitum Macedoniae oblitum degenerantemque jam in Persarum mores adduxisset. Referre in tanto rege piget superbam mutationem vestis, et desideratas humi jacentium adulationes, etiam victis Macedonibus graves, nedum victoribus, et foeda supplicia, et inter vinum et epulas caedes amicorum, et vanitatem ementiendae stirpis. Quid si vini amor in dies fieret acrior? quid si trux ac praefervida ira? (nec quicquam dubium inter scriptores refero) nullane haec damna imperatoriis virtutibus ducimus? Id vero periculum erat, quod levissimi ex Graecis, qui Parthorum quoque contra nomen Romanum gloriae favent, dictitare solent, ne majestatem nominis Alexandri, quem ne fama quidem illis notum arbitror fuisse, sustinere non potuerit populus Romanus, et, adversus quem Athenis, in civitate fracta Macedonum armis, cernentes tum maxime prope fumantes Thebarum ruinas, contionari libere ausi sint homines, id quod ex monumentis orationum patet, adversus eum nemo ex tot proceribus Romanis vocem liberam missurus fuerit? Quantalibet magnitudo hominis concipiatur animo; unius tamen ea magnitudo hominis erit, collecta paulo plus decem annorum felicitate; quam qui eo extollunt, quod populus Romanus, etsi nullo bello, multis tamen proeliis victus sit, Alexandro nullius pugnae non secunda fortuna fuerit, non intellegunt, se hominis res gestas, et ejus juvenis, cum populi jam octingentesimum bellantis annum rebus conferre. Miremur, si, cum ex hac parte saecula plura numerentur quam ex illa anni, plus in tam longo spatio quam in aetate tredecim annorum fortuna variaverit? Quin tu hominis cum homine et ducis cum duce fortunam [cum fortuna] confers? Quot Romanos duces nominem, quibus numquam adversa fortuna pugnae fuit! Paginas in annalibus magistratuum fastisque percurrere licet consulum dictatorumque, quorum nec virtutis nec fortunae ullo die populum Romanum paenituit. Et quo sint mirabiliores quam Alexander aut quisquam rex, denos vicenosque dies quidam dictaturam, nemo plus quam annum consulatum gessit; ab tribunis plebis dilectus inpediti sunt; post tempus ad bella ierunt, ante tempus comitiorum causa revocati sunt; in ipso conatu rerum circumegit se annus; collegae nunc temeritas, nunc pravitas inpedimento aut damno fuit; male gestis rebus alterius successum est; tironem aut mala disciplina institutum exercitum accepe-runt. At hercule reges non liberi solum inpedimentis omnibus, sed domini rerum temporumque trahunt consiliis cuncta, non secuntur. Invictus ergo Alexander cum invictis ducibus bella gessisset, et eadem fortunae pignera in discrimen detulisset; immo etiam eo plus periculi subisset, quod Macedones unum Alexandrum habuissent, multis casibus non solum obnoxium, sed etiam offerentem se, Romani multi fuissent Alexandro vel gloria vel rerum magnitudine pares, quorum suo quisque fato, sine publico discrimine, viveret moreretur que.

XIX. Restat, ut copiae copiis conparentur vel numero vel militum genere vel multitudine auxiliorum. Censebantur ejus aetatis lustris ducena quinquagena milia capitum. Itaque in omni defectione sociorum Latini nominis urbano prope dilectu decem scribebantur legiones; quaterni quinique exercitus saepe per eos annos in Etruria, in Umbria, Gallis hostibus adjunctis, in Samnio, in Lucanis gerebant bellum: Latium deinde omne cum Sabinis et Volscis et Aequis et omni Campania et parte Umbriae Etruriaeque et Picentibus et Marsis Paelignisque ac Vestinis atque Apulis, adjuncta omni ora Graecorum inferi maris a Thuriis Neapolin et Cumas et inde Antio atque Ostiis tenus, aut socios validos Romanis aut fractos bello invenisset hostes. Ipse trajecisset mare cum veteranis Macedonibus, non plus triginta milibus hominum, et quattuor milibus equitum, maxime Thessalorum; hoc enim roboris erat. Persas, Indos, aliasque si adjunxisset gentes, inpedimentum majus quam auxilium traheret. Adde, quod Romanis ad manum domi supplementum esset, Alexandro, quod postea Hannibali accidit, alieno in agro bellanti exercitus consenuisset. Arma, clupei sarisaeque illis; Romano scutum, majus corpori tegumentum, et pilum, haud paulo quam hasta vehementius ictu missuque telum. Statarius uterque miles, ordines servans; sed illa phalanx immobilis et unius generis, Romana acies distinctior, ex pluribus partibus constans, facilis partienti, quacumque opus esset, facilis jungenti. Jam in opere quis par Romano miles? quis ad tolerandum laborem melior? Uno proelio victus Alexander bello victus esset; Romanum, quem Caudium, quem Cannae non fregerunt, quae fregisset acies? Ne ille saepe, etiam si prima prospere evenissent, Persas et Indos et inbellem Asiam quaesisset, et cum feminis sibi bellum fuisse dixisset, quod Epiri regem Alexandrum, mortifero vulnere ictum, dixisse ferunt, sortem bellorum in Asia gestorum ab hoc ipso juvene cum sua conferentem. Equidem, cum per annos quattuor et viginti primo Punico bello classibus certatum cum Poenis recordor, vix aetatem Alexandri suffecturam fuisse reor ad unum bellum. Et forsitan, cum et foederibus vetustis juncta res Punica Romanae esset, et timor par adversus communem hostem duas potentissimas armis virisque urbes armaret, simul Punico Romanoque obrutus bello esset. Non quidem Alexandro duce nec integris Macedonum rebus, sed experti tamen sunt Romani Macedonem hostem adversus Antiochum, Philippum, Persen, non modo cum clade ulla, sed ne cum periculo quidem suo. Absit invidia verbo et civilia bella sileant; [numquam ab equite hoste,] numquam a pedite, numquam aperta acie, numquam aequis, utique numquam nostris locis laboravimus; equitem, sagittas, saltus inpeditos, avia commeatibus loca gravis armis miles timere potest. Mille acies graviores quam Macedonum atque Alexandri avertit avertetque, modo sit perpetuus hujus, qua vivimus, pacis amor et civilis cura concordiae.

XXVI, 18–19. — DE P. CORNELIO SCIPIONE AFRICANO.

XVIII. Inter haec Hispaniae populi nec qui post cladem acceptam defecerant redibant ad Romanos, nec ulli novi deficiebant; et Romae senatui populoque post receptam Capuam non Italiae jam major quam Hispaniae cura erat. Et exercitum augeri et imperatorem mitti placebat; nec tam, quem mitterent, satis constabat, quam illud, ubi duo summi imperatores intra dies triginta cecidissent, qui in locum duorum succederet, extraordinaria cura deligendum esse. Cum alii alium nominarent, postremum eo decursum est, ut proconsuli creando in Hispaniam comitia haberentur; diemque comitis consules edixerunt. Primo expectaverant, ut qui se tanto imperio dignos crederent nomina profiterentur; quae ut destituta expectatio est, redintegratus luctus acceptae cladis desideriumque imperatorum amissorum. Maesta itaque civitas, prope inops consilii, comitiorum die tamen in campum descendit; atque in magistratus versi circumspectant ora principum aliorum alios intuentium, fremuntque, adeo perditas res desperatumque de re publica esse, ut nemo audeat in Hispaniam imperium accipere, cum subito P. Cornelius, P. Cornelii, qui in Hispania ceciderat, filius, quattuor et viginti ferme annos natus, professus se petere, in superiore, unde conspici posset, loco constitit. In quem postquam omnium ora conversa sunt, clamore ac favore ominati extemplo sunt felix faustumque imperium. Jussi deinde inire suffragium ad unum omnes non centuriae modo, sed etiam homines P. Scipioni imperium esse in Hispania jusserunt. Ceterum post rem actam, ut jam resederat impetus animorum ardorque, silentium subito ortum et tacita cogitatio, quidnam egissent? Nonne favor plus valuisset quam ratio? Aetatis maxime paenitebat; quidam fortunam etiam domus horrebant nomenque ex funestis duabus familiis in eas provincias, ubi inter sepulcra patris patruique res gerendae essent, proficiscentis.

XIX. Quam ubi ab re tanto impetu acta sollicitudinem curamque hominum animadvertit, advocata contione, ita de aetate sua imperioque mandato et bello, quod gerundum esset, magno elatoque animo disseruit, ut ardorem eum, qui resederat, excitaret rursus novaretque, et impleret homines certioris spei, quam quantam fides promissi humani aut ratio ex fiducia rerum subicere solet. Fuit enim Scipio non veris tantum virtutibus mirabilis, sed arte quoque quadam ab juventa in ostentationem earum compositus, pleraque aput multitudinem aut *ut* per nocturnas visa species aut velut divinitus mente monita agens, sive et ipse capti quadam superstitione animi, sive ut imperia consiliaque velut sorte oraculi missa sine cunctatione exsequerentur. Ad hoc jam inde ab initio praeparans animos, ex quo togam virilem sumpsit, nullo die prius ullam publicam privatamque rem egit quam in Capitolium iret ingressusque aedem consideret et plerumque solus in secreto ibi tempus tereret. Hic mos, per omnem vitam servatus, seu consulto seu temere vulgatae opinioni fidem aput quosdam fecit, stirpis eum divinae virum esse, rettulitque famam in Alexandro magno prius vulgatam, et vanitate et fabula parem, anguis immanis concubitu conceptum, et in cubiculo matris ejus visam persaepe prodigii ejus speciem interventuque hominum evolutam repente atque ex oculis elapsam. Hujus miraculi numquam ab ipso elusa fides est, quin potius aucta arte quadam nec abnuendi tale quicquam nec palam adfirmandi. Multa alia ejusdem generis, alia vera, alia adsimulata, admirationis humanae in eo juvene excesserant modum; quibus freta tunc civitas aetati haudquaquam maturae tantam rerum molem tantumque imperium permisit.

XXXV, 14.—CONLOQVIVM SCIPIONIS CVM HANNIBALE.

XIV. Claudius, secutus Graecos Acilianos libros, P. Africanum in ea fuisse legatione tradit, eumque Ephesi conlocutum cum Hannibale; et sermonem unum etiam refert, quo quaerenti Africano 'quem fuisse maximum imperatorem Hannibal crederet?' respondisse, 'Alexandrum Macedonum regem, quod parva manu innumerabiles exercitus fudisset, [et] quod ultimas oras, quas visere supra spem humanam esset, peragrasset.' Quaerenti deinde, 'quem secundum poneret?' 'Pyrrhum' dixisse: 'castra metari primum docuisse; ad hoc neminem elegantius loca cepisse, praesidia disposuisse; artem etiam conciliandi sibi homines eam habuisse, ut Italicae gentes regis externi quam populi Romani tam diu principis in ea terra imperium esse mallent.' Exequenti, 'quem tertium duceret?' haud dubie 'semet ipsum' dixisse. Tum risum obortum Scipioni, et subjecisse "quidnam tu diceres, si me vicisses?" "Tum vero me" inquit "et ante Alexandrum et ante Pyrrhum et ante alios omnis imperatores esse." Et perplexum Punico astu responsum et inprovisum adsentationis genus Scipionem movisse, quod e grege se imperatorum velut inaestimabilem secrevisset.

XXXVIII, 50-53, 56, 57.—P. SCIPIO AFRICANVS ACCVSATVR. EIVS ORATIO AD POPVLVM, MORS, LAVDES.

L. OBPRESSIT deinde mentionem memoriamque omnem contentionis hujus majus et cum majore et clariore viro certamen ortum. P. Scipioni Africano, ut Valerius Antias auctor est, duo Q. Petillii diem dixerunt. Id, prout cujusque ingenium erat, interpretabantur. Alii non tribunos plebis, sed universam civitatem, quae id pati posset, incusabant: 'duas maximas orbis terrarum urbes ingratas uno prope tempore in principes inventas, Romam ingratiorem, si quidem victa Carthago victum Hannibalem in exsilium expulisset, Roma victrix victorem Africanum expellat.' Alii, 'neminem unum civem tantum eminere debere, ut legibus interrogari non possit; nihil tam aequandae libertatis esse, quam potentissimum quemque posse dicere causam. Quid autem tuto cuiquam, nedum summam rem publicam, permitti, si ratio non sit reddenda? Qui jus aequum pati non possit, in eum vim haud injustam esse.' Haec agitata sermonibus, donec dies causae dicendae venit. Nec alius antea quisquam nec ille ipse Scipio consul censorve majore omnis generis hominum frequentia quam reus illo die in forum est deductus. Jussus dicere causam, sine ulla criminum mentione orationem adeo magnificam de rebus ab se gestis est exorsus, ut satis constaret, neminem umquam neque melius neque verius laudatum esse. Dicebantur enim ab [eo] eodem animo ingenioque, quo gesta erant; et aurium fastidium aberat, quia pro periculo, non in gloriam referebantur.

LI. Tribuni vetera luxuriae crimina Syracusanorum hibernorum et Locris Pleminianum tumultum cum ad fidem praesentium criminum rettulissent, suspicionibus magis quam argumentis pecuniae captae reum accusarunt: filium captum sine pretio redditum, omnibusque aliis rebus Scipionem, tamquam in ejus unius manu pax Romana bellumque esset, ab Antiocho cultum; dictatorem eum consuli, non legatum in provincia fuisse; nec ad aliam rem eo profectum quam ut, id quod Hispaniae, Galliae, Siciliae, Africae jam pridem persuasum esset, hoc Graeciae Asiaeque et omnibus ad orientem versis regibus gentibusque adpareret, unum hominem caput columenque imperii Romani esse, sub umbra Scipionis civitatem dominam orbis terrarum latere, nutum ejus pro decretis patrum, pro populi jussis esse. Infamia intactum invidia, qua possunt, urgent. Orationibus in noctem perductis, prodicta dies est. Ubi ea venit, tribuni in rostris prima luce consederunt. Citatus reus magno agmine amicorum clientiumque per mediam contionem ad rostra subiit, silentioque facto, "hoc" inquit "die, tribuni plebis vosque Quirites, cum Hannibale et Carthaginiensibus signis conlatis in Africa bene ac feliciter pugnavi. Itaque cum hodie litibus et jurgiis supersederi aequum sit, ego hinc extemplo in Capitolium ad Jovem optimum maximum, Junonemque et Minervam ceterosque deos, qui Capitolio atque arci praesident, salutandos ibo, iisque gratias agam, quod mihi et hoc ipso die et saepe alias egregie gerendae rei publicae mentem facultatemque dederunt. Vestrûm quoque quibus commodum est, Quirites, ite mecum, et orate deos, ut mei similes principes habeatis, ita, si ab annis septemdecim ad senectutem semper vos aetatem meam honoribus vestris anteistis, ego vestros honores rebus gerendis praecessi." Ab rostris in Capitolium escendit. Simul se universa contio avertit et secuta Scipionem est, adeo ut postremo scribae viatoresque tribunos relinquerent, nec cum iis praeter servilem comitatum et praeconem, qui reum ex rostris citabat, quisquam esset. Scipio non in Capitolio modo, sed per totam urbem omnia templa deûm cum populo Romano circumiit. Celebratior is prope dies favore hominum et aestimatione verae magnitudinis ejus fuit, quam quo triumphans de Syphace rege et Carthaginiensibus urbem est invectus.

LII. Hic speciosus ultimus dies P. Scipioni inluxit; post quem cum invidiam et certamina cum tribunis prospiceret, die longiore prodicta, in Literninum concessit certo consilio, ne ad causam dicendam adesset. Major animus et natura erat ac majori fortunae adsuetus, quam ut reus esse sciret et submittere se in humilitatem causam dicentium. Ubi dies venit citarique absens est coeptus, L. Scipio morbum causae esse, cur abesset, excusabat. Quam excusationem cum tribuni, qui diem dixerant, non acciperent, et ab eadem superbia non venire ad causam dicendam arguerent, qua judicium et tribunos plebis et contionem reliquisset, et, quibus jus sententiae de se dicendae et libertatem ademisset, his comitatus, velut captos trahens, triumphum de populo Romano egisset, secessionemque eo die in Capitolium a tribunis plebis fecisset —"habetis ergo temeritatis illius mercedem. Quo duce et auctore nos reliquistis, ab eo ipsi relicti estis, et tantum animorum in dies nobis decrescit, ut, ad quem ante annos septemdecim, exercitum et classem habentem, tribunos plebis aedilemque mittere in Siciliam ausi sumus, qui prenderent eum et Romam reducerent, ad eum privatum ex villa sua extrahendum ad causam dicendam mittere non audeamus" —, tribuni plebis adpellati ab L. Scipione ita decreverunt, si morbi causa excusaretur, sibi placere accipi eam causam diemque ab collegis prodici. Tribunus plebis eo tempore Ti. Sempronius Gracchus erat, cui inimicitiae cum P. Scipione intercedebant. Is cum vetuisset nomen suum decreto collegarum adscribi, tristioremque omnes sententiam exspectarent, ita decrevit, cum L. Scipio excusasset morbum esse causae fratri, satis id sibi videri: se P. Scipionem, priusquam Romam redisset, accusari non passurum; tum quoque, si se adpellet, auxilio ei futurum, ne causam dicat; ad id fastigium rebus gestis, honoribus populi Romani

P. Scipionem deorum hominumque consensu pervenisse, ut sub rostris reum stare et praebere aures adolescentium conviciis populo Romano magis deforme quam ipsi sit.

LIII. Adjecit decreto indignationem. "Sub pedibus vestris stabit, tribuni, domitor ille Africae Scipio? Ideo quattuor nobilissimos duces Poenorum in Hispania, quattuor exercitus fudit fugavitque; ideo Syphacem cepit, Hannibalem devicit, Carthaginem vectigalem nobis fecit, Antiochum (recepit enim fratrem consortem hujus gloriae L. Scipio) ultra juga Tauri emovit, ut duobus Petilliis subcumberet? Vos de P. Africano palmam peti feretis? Nullisne meritis suis, nullis vestris honoribus umquam in arcem tutam et velut sanctam clari viri pervenient, ubi, si non venerabilis, inviolata saltem senectus eorum considat?" Movit et decretum et adjecta oratio non ceteros modo, sed ipsos etiam accusatores, et deliberaturos se, quid sui juris et officii esset, dixerunt. Senatus deinde, concilio plebis dimisso, haberi est coeptus. Ibi gratiae ingentes ab universo ordine, praecipue a consularibus senioribusque, Ti. Graccho actae sunt, quod rem publicam privatis simultatibus potiorem habuisset; et Petillii vexati sunt probris, quod splendere aliena invidia voluissent et spolia ex Africani triumpho peterent. Silentium deinde de Africano fuit. Vitam Literni egit sine desiderio urbis. Morientem rure eo ipso loco sepeliri se jussisse ferunt monumentumque ibi aedificari, ne funus sibi in ingrata patria fieret. Vir memorabilis; bellicis tamen quam pacis artibus memorabilior, *et inlustrior* prima pars vitae quam postrema fuit, quia in juventa bella adsidue gesta, cum senecta res quoque defloruere nec praebita est materia ingenio. Quid ad primum consulatum secundus, etiam si censuram adicias? quid Asiatica legatio, et valetudine adversa inutilis et filii casu deformata et post reditum necessitate aut subeundi judicii aut simul cum patria deserendi? Punici tamen belli perpetrati, quo nullum neque majus neque periculosius Romani gessere, unus praecipuam gloriam tulit.

LVI. Multa alia in Scipionis exitu maxime vitae dieque dicta, morte, funere, sepulcro, in diversum trahunt, ut, cui famae, quibus scriptis adsentiar, non habeam. Non de accusatore convenit (alii M. Naevium, alii Petillios diem dixisse scribunt), non de tempore, quo dicta dies sit, non de anno, quo mortuus sit, non ubi mortuus aut elatus sit; alii Romae, alii Literni et mortuum et sepultum. Utrobique monumenta ostenduntur et statuae; nam et Literni monumentum monumentoque statua superinposita fuit, quam tempestate dejectam nuper vidimus ipsi, et Romae extra portam Capenam in Scipionum monumento tres statuae sunt, quarum duae P. et L. Scipionum dicuntur esse, tertia poetae Q. Ennii. Nec inter scriptores rerum discrepat solum, sed orationes quoque, si modo ipsorum sunt, quae feruntur, P. Scipionis et Ti. Gracchi, abhorrent inter se. Index orationis P. Scipionis nomen M. Naevii tribuni plebis habet, ipsa oratio sine nomine est accusatoris; modo nebulonem, modo nugatorem adpellat. Ne Gracchi quidem oratio aut Petilliorum accusatorum Africani aut diei dictae Africano ullam mentionem habet. Alia tota serenda fabula est Gracchi orationi conveniens, et illi auctores sequendi sunt, qui, cum L. Scipio et accusatus et damnatus sit pecuniae captae ab rege, legatum in Etruria fuisse Africanum tradunt, quo post famam de casu fratris adlatam, relicta legatione, cucurrisse eum Romam, et, cum a porta recta ad forum se contulisset, quod in vincula duci fratrem dictum erat, reppulisse a corpore ejus viatorem et tribunis retinentibus magis pie quam civiliter vim fecisse. Hinc enim ipse Ti. Gracchus queritur, dissolutam esse a privato tribuniciam potestatem, et ad postremum, cum auxilium L. Scipioni pollicetur, adicit, tolerabilioris exempli esse a tribuno plebis potius quam a privato victam videri et tribuniciam potestatem et rem publicam esse. Sed ita hanc unam inpotentem ejus injuriam invidia onerat, ut increpando quod degenerarit tantum a se ipse, cumulatas ei veteres laudes moderationis et temperantiae pro reprehensione praesenti reddat; castigatum enim quondam ab eo populum ait, quod eum perpetuum consulem et dictatorem vellet facere; prohibuisse statuas sibi in comitio, in rostris, in curia, in Capitolio, in cella Jovis poni; prohibuisse, ne decerneretur, ut imago sua triumphali ornatu e templo Jovis optimi maximi exiret.

LVII. Haec vel in laudatione posita ingentem magnitudinem animi moderantis ad civilem habitum honoribus significarent, quae exprobrando inimicus fatetur. Huic Gracchо minorem ex duabus filiis (nam major P. Cornelio Nasicae haud dubie a patre conlocata erat) nuptam fuisse convenit; illud parum constat, utrum post mortem patris et desponsa sit et nupserit, an verae illae opiniones sint, Gracchum, cum L. Scipio in vincula duceretur nec quisquam collegarum auxilio esset, jurasse, sibi inimicitias cum Scipionibus, quae fuissent, manere, nec se gratiae quaerendae causa quicquam facere, sed, in quem carcerem reges et imperatores hostium ducentem vidisset P. Africanum, in eum se fratrem ejus duci non passurum: senatum eo die forte in Capitolio cenantem consurrexisse et petisse, ut inter epulas Gracchо filiam Africanus desponderet: quibus ita inter publicum sollemne sponsalibus rite factis, cum se domum recepisset, Scipionem Aemiliae uxori dixisse filiam se minorem despondisse: cum illa muliebriter indignabunda nihil de communi filia secum consultatum, adjecisset, non, si Ti. Gracchо daret, expertem consilii debuisse matrem esse, laetum Scipionem tam concordi judicio ei ipsi desponsam respondisse. Haec de tanto viro, quamquam et opinionibus et monumentis litterarum variarent, proponenda erant.

XXXIX, 40. — M. PORCI CATONIS VIGENS ET VERSATILE INGENIVM.

XL. CENSURAM summa contentione petebant L. Valerius Flaccus, P. et L. Scipiones, Cn. Manlius Volso, L. Furius Purpurio patricii, plebeii autem M. Porcius Cato, M. Fulvius Nobilior, Ti. et M. Sempronii, Longus et Tuditanus; sed omnes patricios plebeiosque nobilissimarum familiarum M. Porcius longe anteibat. In hoc viro tanta vis animi ingeniique fuit, ut, quocumque loco natus esset, fortunam sibi ipse facturus fuisse videretur. Nulla ars neque privatae neque publicae rei gerendae ei defuit. Urbanas rusticasque res pariter callebat. Ad summos honores alios scientia juris, alios eloquentia, alios gloria militaris provexit; huic versatile ingenium sic pariter ad omnia fuit, ut natum ad id unum diceres quodcumque ageret. In bello manu fortissimus multisque insignibus clarus pugnis; idem, postquam ad magnos honores pervenit, summus imperator; idem in pace, si jus consuleres, peritissimus, si causa oranda esset, eloquentissimus; nec is tantum cujus lingua vivo eo viguerit, monumentum eloquentiae nullum exstet, — vivit immo vigetque eloquentia ejus sacrata scriptis omnis generis. Orationes et pro se multae et pro aliis et in alios; nam non solum accusando, sed etiam causam dicendo fatigavit inimicos. Simultates nimio plures et exercuerunt eum et ipse exercuit eas; nec facile dixeris, utrum magis presserit eum nobilitas an ille agitaverit nobilitatem. Asperi procul dubio animi et linguae acerbae et immodice liberae fuit, sed invicti a cupiditatibus animi, rigidae innocentiae, contemptor gratiae [et] divitiarum. In parsimonia, in patientia laboris periculique, ferrei prope corporis animique, quem ne senectus quidem, quae solvit omnia, fregerit; qui sextum et octogesimum annum agens causam [dixerit,] ipse pro se oraverit scripseritque, nonagesimo anno Ser. Galbam ad populi adduxerit judicium.

XLV, 7–9. — PERSEA VICTVM BENIGNE EXCIPIT L. AEMILIVS PAVLVS.

VII. SECUNDAM eam Paulus, sicut erat, victoriam ratus, victimas cecidit eo nuntio; et, consilio advocato, [litteras] praetoris cum recitasset, Q. Aelium Tuberonem obviam regi misit, ceteros manere in praetoria frequentis jussit. Non alias ad ullum spectaculum tanta multitudo occurrit. Patrum aetate Syphax rex captus in castra Romana adductus erat; praeterquam quod nec sua nec gentis fama comparandus, tunc accessio Punici belli fuerat, sicut Gentius Macedonici. Perseus caput belli erat; nec ipsius tantum, patris avique [ceterorumque], quos sanguine ac genere contingebat, fama conspectum eum efficiebat, sed effulgebant Philippus ac Magnus Alexander, qui summum inperium in orbe terrarum Macedonum fecerant. Pullo amictu [cum] filio Perseus ingressus est castra, nullo suorum alio comite, [quam] qui socius calamitatis miserabiliorem eum faceret. Progredi prae turba occurrentium ad spectaculum non poterat, donec a consule lictores missi sunt, qui summoto iter ad praetorium facerent. Consurrexit consul, et, jussis sedere aliis progressusque paulum, introeunti regi dextram porrexit, summittentemque se ad pedes sustulit, nec attingere genua passus, introductum in tabernaculum adversus advocatos in consilium considere jussit.

VIII. Prima percontatio fuit, qua subactus injuria contra populum Romanum bellum tam infesto animo suscepisset, quo se regnumque suum ad ultimum discrimen adduceret? Cum, responsum expectantibus cunctis, terram intuens diu tacitus fleret, rursum consul: "si juvenis regnum accepisses, minus equidem mirarer, ignorasse te, quam gravis aut amicus aut inimicus esset populus Romanus; nunc vero, cum et bello patris tui, quod nobiscum gessit, interfuisses, et pacis postea, quam cum summa fide adversus eum coluimus, meminisses, [quod fuit] consilium, quorum et vim [in] bello et fidem in pace expertus esses, cum is tibi bellum esse quam pacem malle?" Nec interrogatus nec accusatus cum responderet: "utcumque tamen haec, sive errore humano seu casu seu necessitate, inciderunt, bonum animum habe; multorum regum [et] populorum casibus cognita populi Romani clementia non modo spem tibi, sed prope certam fiduciam salutis praebet." Haec Graeco sermone Persei; Latine deinde suis "exemplum insigne cernitis" inquit "mutationis rerum humanarum. Vobis hoc praecipue dico, juvenes. Ideo in secundis rebus nihil in quemquam superbe ac violenter consulere decet, nec praesenti credere fortunae, cum, quid vesper ferat, incertum sit. Is demum vir erit, cujus animum neque prospera flatu suo efferent nec adversa infringent." Consilio dimisso tuendi cura regis Q. Aelio mandatur. Eo die et invitatus ad consulem Perseus, et alius omnis ei honos habitus est, qui haberi in tali fortuna poterat.

IX. Hic finis belli, cum quadriennium continuum bellatum esset, inter Romanos ac Persea fuit, idemque finis inclyti per Europae plerumque atque Asiam omnem regni. Vicensimum ab Carano, qui primus regnabat, Persea numerabant. Perseus Q. Fulvio, [L.] Manlio consulibus regnum accepit; a senatu rex est appellatus M. Junio, A. Manlio consulibus; regnavit undecim annos. Macedonum [gens] obscura admodum fama usque ad Philippum Amyntae filium fuit; inde ac per eum crescere cum coepisset, Europae se tamen finibus continuit, Graeciam omnem et partem Threciae adque Illyrici amplexa. Superfudit deinde se in Asiam, et tredecim annis, quibus Alexander regnavit, primum omnia, qua Persarum prope immenso spatio imperium fuerat, suae dicionis fecit. Arabas hinc Indiamque, qua terrarum ultumos finis Rubrum mare amplectitur, peragravit. Tum maximum in terris Macedonum regnum nomenque; inde morte Alexandri distractum [in] multa regna, dum ad se quisque opes rapiunt, laceratis viribus; a summo culmine fortunae ad ultimum finem centum quinquaginta annos stetit.

XLV, 40–42.—L. AEMILI PAVLI DE REBVS GESTIS ET CALAMITATE SVA CONTIO.

Sed non Perseus tantum per illos dies documentum humanorum casûm fuit, in catenis ante currum victoris ducis per urbem hostium ductus, sed etiam victor Paulus, auro purpuraque fulgens. Nam duobus e filiis, quos, duobus datis in adoptionem, solos nominis, sacrorum familiaeque heredes retinuerat domi, minor, ferme [duodecim] annos natus, quinque diebus ante triumphum, major, quattuordecim annorum, triduo post triumphum decessit; quos praetextatos curru vehi cum patre, sibi ipsos similis praedestinantis triumphos, oportuerat. Paucis post diebus, data a M. Antonio tribuno plebis contione, cum de suis rebus gestis more ceterorum imperatorum dissereret, memorabilis ejus oratio et digna Romano principe fuit.

XLI. "Quamquam, et qua felicitate rem publicam administraverim, et [quae] duo fulmina domum meam per hos dies perculerint, non ignorare vos, Quirites, arbitror, cum spectaculo vobis nunc triumphus meus, nunc funera liberorum meorum fuerint, tamen paucis, quaeso, sinatis me cum publica felicitate comparare eo, quo debeo, animo privatam meam fortunam. Profectus ex Italia classem a Brundisio sole orto solvi; nona diei hora cum omnibus meis navibus Corcyram tenui. Inde quinto die Delphis Apollini pro me exercitibusque et classibus vestris sacrificavi. A Delphis quinto die in castra perveni; ubi exercitu accepto, mutatis quibusdam, quae magna impedimenta victoriae erant, progressus, quia inexpugnabilia [castra] hostium erant, neque cogi pugnare poterat rex, inter praesidia ejus saltum ad Petram evasi et ad Pydnam regem acie vici, Macedoniam in potestatem populi Romani redegi, et, quod bellum per quadriennium quattuor ante me consules ita gesserunt, ut semper successori traderent gravius, id ego quindecim diebus perfeci. Aliarum deinde secundarum rerum velut proventus secutus. Divitates omnes Macedoniae se dediderunt; gaza regia in potestatem venit; rex ipse, tradentibus prope ipsis dîs, in templo Samothracum cum liberis est captus. Mihi quoque ipsi nimia jam fortuna videri eoque suspecta esse. Maris pericula timere coepi in tanta pecunia regia in Italiam traicienda et victore exercitu transportando. Postquam omnia secundo navium cursu in Italiam pervenerunt, neque erat quod ultra precarer, illud optavi, ut, cum ex summo retro volvi fortuna consuesset, mutationem ejus domus mea potius quam res publica sentiret. Itaque defunctam esse fortunam publicam mea tam insigni calamitate spero, quod triumphus meus, velut ad ludibrium casuum humanorum, duobus funeribus liberorum meorum est interpositus. Et cum ego et Perseus nunc nobilia maxime sortis mortalium exempla spectemur, ille, qui ante se, captivos ipse, duci liberos vidit, incolumes tamen eos habet; ego, qui de illo triumphavi, ab alterius funere filii curru in [Capitolium vectus sum, ad alterum] ex Capitolio prope jam expirantem veni; neque ex tanta stirpe liberûm superest, qui L. Aemilii Pauli nomen ferat. Duos enim, tamquam ex magna progenie liberorum, in adoptionem datos Cornelia et Fabia gens habent; Paulus in domo praeter me nemo superest. Sed hanc cladem domus meae vestra felicitas et secunda fortuna publica consolatur." XLII. Haec tanto dicta animo magis confudere audientium animos, quam si miserabiliter orbitatem suam deflendo locutus esset.

NOTES.

ABBREVIATIONS.

Manuscripts.

Book I.

M, *codex Mediceus*, at Florence. Of the eleventh century.
P, " *Parisiensis*, (No. 5725.)
B, " *Bambergensis*.
E, " *Einsiedlensis*.
Harl. 1. " *Harleianus prior*, at Oxford.
Leid. 1. " *Leidensis prior*.
F, " *Florentinus*, in St. Mark's Library. Of the twelfth century.

(Books XXI. and XXII.)

P, *codex Puteanus*, (which belonged to Du Puy,) in Paris. Of the eighth century.
M, " *Mediceus*, at Florence, (not the same as that which contains the first decad.) Of the eleventh century.
C, " *Colbertinus*, in the Paris Library, No. 5731. Of the twelfth century.

Editors, Critics, and Commentators.

Alsch. . . . . . . *Alschefski*.
Bkr. . . . . . . *Bekker*.
Cr., Crev. . . . . . *Crevier*.
Dr., Drak. . . . . *Drakenborch*.
Dr.-Kr. . . . . . *Drakenborch*, edited by *Kreyssig*.
Duk. . . . . . . *Duker*.
T. Fab. . . . . . *Tanaquil Faber*.
Fr. . . . . *Frey*.
Gr., Gron., or J. F. G. *J. F. Gronov*, often cited with his Latinized name *Gronovius*.
Hpt. . . . . . . *Haupt*.
Hz. . . . . . . *Hertz*.
Hwg., Heerw. . . . *Heerwagen*.
Ing. . . . . . . *Ingerslev*.
Kr. . . . . *Kreyssig*.
L. . . . . *Lincoln*.
Mg. . . . . . . *Madvig*.
Mur. . . . . . . *Muret*.
Periz. . . . . . . *Perizonius*.
S. . . . . *Seeley*.
St. . . . . *Stroth*.
Uss. . . . . . . *Ussing*.
Wc. . . . . . . *Walch*.
Wsb. . . . . . . *Weissenborn*.
Wx. . . . . . . *Wex*.
Z. . . . . *Zumpt*.

Grammars, Etc.

M. . . . *Madvig*.
Z. . . . *Zumpt*.
A. . . . *Allen* or *Allen and Greenough*.*
A. & S. . *Andrews and Stoddard*.
B. . . . *Bullions and Morris*.
G. . . . *Gildersleeve*.
H. . . . *Harkness*.

codd. . . *codices*.
conj. . . *conjecture of*.
e coni. . *e coniectura*.
em. . . *emends; emendation of*.
Näg. . . *Nägelsbach's Stilistik*.
Nieb. . *Niebuhr*.
Pr., Prel. *Preller's Römische Mythologie*.

* The numbering of the sections in these two Grammars is identical.

NOTES.

THE HISTORIES OF LIVY.

BOOKS I, XXI, XXII.

Preliminary Note on Orthography. — The orthography of the best manuscripts and editions of Livy differs in some respects from that of the later Roman grammarians which prevails in our dictionaries and grammars. Although these differences are not likely to present to students any serious difficulty, a statement of the most important of them is subjoined for the benefit of those who may not have become familiar with them in their previous reading.

1. The final consonant of *prepositions* in *compound words* is generally retained, and not assimilated to the following consonant; thus *adfero*, rather than *affero*; *adlatum*, not *allatum*; *adlicio*, not *allicio*; *adpendicibus*, not *appendicibus*; *adsentio*, not *assentio*; so also *con*, *in*, *ob*, *sub*, often remain unchanged, as *conlatum* (collatum), *conprehensis* (comprehensis), *inlatum* (illatum), *inminens* (imminens), *inpune* (impune), *inritus* (irritus), *obpressit* (oppressit), *subcedo* (succedo), etc. — 2. The *accusative plural* of the third declension ends often in *is* instead of *es*, and sometimes (though rarely) the nominative plural; thus *omnis* (omnes), *finis* (fines). — 3. The superlative termination *umus* is found for *imus*; as *optumus* (optimus), *maxumus* (maximus).— 4. The letter *j* is omitted before *i*; as *deicio* (dejicio), *reicio* (rejicio), *traicio* (trajicio). — 5. *Vo* is found instead of *vu*; as *volt* (vult), *voltus* (vultus). — 6. The letters *d* and *t* are sometimes interchanged; thus *haut* (haud), *set* (sed), *adque* (atque), *aput* (apud). — 7. *C* in place of *qu* before *u*; as *ecus* (equus). — A few other peculiarities are noticed as they occur.

PREFACE.

Argument.—Whether the success of my work will justify my labor in its preparation, I know not; but it is a pleasing task to seek to perpetuate the fame of the foremost people in the world, and if I am outshone by other writers, I shall console myself by the brilliancy of their renown. It is a difficult undertaking to trace back the annals of our city for more than seven hundred years, and most readers will turn more readily from the story of those early days to the exciting incidents of our recent civil strife. For me, however, the withdrawal of my thoughts from our present evils is a part of my reward.

The mythical stories with which the origin of Rome has been invested, I neither accept nor deny. If any people be allowed to claim the god of war as their founder, it should be the Romans. But I would call attention to the ways of life, the men, the manners, and the institutions, by which our empire was built up; and to the sad effects of declining discipline and increasing luxury, until we have come to times when we can neither bear our vices nor their remedies. This is the important lesson of history, teaching us by examples what we should pursue, and what we should avoid. If I am not mistaken, no state was ever richer than ours in good examples, nor ever retained longer the frugality and the purity of its best days. Though luxury of late has made fearful inroads, I would begin without ill-omened lamentation, and with prayers for a successful issue of my work.

Page

13 1. **Facturusne . . sim,** *Whether I shall do anything worth the while.* A dependent interrogative clause ("indirect question"), following **scio.** The first four words can be scanned as the beginning of a dactylic hexameter verse, — an arrangement generally avoided in prose. But Tacitus begins his Annals with a complete hexameter: *Urbem Romam a principio reges habuere.* — **1, 2. Si perscripserim,** *if I shall write,* or, in the ordinary English idiom, *If I write.* Perfect subjunctive, in a subordinate proposition, representing a subjunctive future-perfect. M. 379. — **2. Res,** *the history.* — **3 Nec, si sciam, dicere ausim,** *nor, if I were to know, should I venture to tell.* Notice, both in the protasis and the apodosis, the *lively* use of primary tenses of the subjunctive, where we might have expected the imperfect, as the condition is contrary to the fact just stated (**nec scio**). With rhetorical vivacity (and Livy was nothing if not a lively rhetorician), this knowledge is spoken of as something that may still be gained: almost as if we were to say (in English) *nor if I shall know, shall I venture,* etc. See M. 347, *b,* and Obs. 1; H. 504, 1; A. & S. 261, 2, Rem. 3; B. 1265, 1266; A. 59, IV. 1; G. 381, 382. — **Quippe qui**

Page

videam, *certainly* [*not*], *for I see.* **Quippe** adds emphasis to the assigning of the reason of the principal proposition by the relative clause. — **3, 4. Cum — tum,** *both — and.* — **4. Rem,** i. e. *this expectation* (of doing something worth one's pains). — **Dum,** *inasmuch as.* The idea of contemporaneous time (*while*), which **dum** conveys, passes into that of cause. — **5. In rebus,** *in the facts,* in the matter (stated). — **7 Utcumque erit,** *however it shall be,* i. e. *whatever my success.* — **Juvabit,** sc. *me* (ipsum consuluisse). The omission of *me,* however, leaves the statement general. — **8. Memoriae,** dative after **consuluisse.** — **Pro virili parte,** i. e. *what in me lies.* — **10, 11 Sit, consoler.** Translate these present subjunctives with *shall;* — *shall be, I shall console* myself. — **Nobilitate,** *with the renown.* — **11. Res,** *my subject.* " In this sentence there is a sort of confusion between the history" (*quae — repetatur*) "and the subject of the history, i. e. the Roman Empire" (*quae — creverit,* etc.). S. — **Est** with the genitive (inmensi operis), *demands.* — **12. Et,** *both.* The corresponding *and* follows at the beginning of line 15. — **Ut quae,** *as one which.* **Ut** strengthens the relative clause with the subjunctive assigning the reason. — **Septingentensimum annum** from the founding of the city. Livy wrote this Preface sometime in the years 27–25 B. C. The traditional date of the founding of Rome is B. C. 753. — **14. Jam laboret,** *begins to be overburdened.* S. — **17. Nova,** sc. *tempora.* The time of the civil wars. **Haec** is properly used here of times present or near to the historian. — **Quibus,** *in which.* — **17, 18.** " **Jam pridem.** To be taken with **conficiunt.** He considers the whole period of the civil war, that is, from the passage of the Rubicon (B. C. 49) to the battle of Actium (B. C. 31), together." S. — **19. Contra,** here adverb, not preposition. — **21. Illa tota,** Hz., following the MSS., reads **tota illa;** but Mg., as had the older editors generally, sees that the sense requires the reverse order. 13

2. Posset. Mg. reads **possit.** I follow the MSS. instead of his emendation, considering **posset** as the apodosis of an implied supposition contrary to fact, such as *si intercederet.* That the implied supposition is contrary to the fact, is shown by the words *omnis expers curae.* — **3. Ante conditam condendamve urbem,** *before the city was founded or intended to be founded;* or, *before the founding of the city or the design of its founding.* The translation given in Madvig's Grammar (414, *b,* Obs.), and adopted by 14

Page

14 Seeley, "before the city was built or *in building*," seems inadequate. See Nägelsbach, Stilistik, § 31. — 4. **Decora,** *suited for,* followed by the datives **fabulis** and **monumentis.** — 5. **Adfirmare** = affirmare. — 8. **Cui,** *any.* Indefinite pronoun. — 9. **Ad deos referre auctores,** *to trace it* (their early history, **origines suas**) *back to the gods as their founders.* **Auctores** is appositive to **deos.** — 10. **Potissimum,** *in preference to all others.* — 14. **Haec et his similia,** these and similar stories. Z. — 15. **Haut** = *haud.* Construed with **magno.** — 16. **Ad illa,** to this other point. S. — **Mihi,** ethical dative, showing the interest the author feels in the advice he is about to give. — **Intendat,** subjunctive of exhortation, advice. — 17. **Vita, mores,** sc. Romanorum. — 19. **Disciplina,** *the tone of morality.* S. — 20. **Desidentis** = desidentes. Accusative plural. H. 88, III. 1; A. & S. 85, Exc. 1; B. 114; A. 11, 2; G. p. 22, Obs. 1. — 19–22. **Labente — praecipites,** *then let him follow in his mind the public-morals* (**mores**), *as the tone-of-morality by degrees declines, at first so-to-say wavering, next how they more and more gave way* (or *inclined to their fall*), *then began to tumble headlong.* **Ut — praecipites** is an objective-clause, following **sequatur animo.** — 23. **Remedia,** etc. Probably, as S. suggests, an allusion to the opposition offered to the reforming measures of Augustus, particularly to his laws discouraging celibacy. See Merivale, Hist. vol. iv., pp. 36 sqq., Am. ed. — 24. **Hoc illud est,** *this is that* (*which is*) praecipue salubre, etc. — 25, 26. **Omnis — intueri,** *that you should behold instructive-instances* (**documenta**) *of every "way-of-acting"* (S.) *placed in a conspicuous memorial* (or *record*). **Monumentum** is anything that preserves the remembrance of a person or thing; here *history.* **Te** "with the infinitive to denote an *indefinite* and *assumed* individual subject," like our indefinite-pronoun *one.* So **tibi** and **tuae.** M. 370, Obs. 2. — 27. **Capias.** Potential subjunctive; or, if one prefer so to take it, subjunctive of permission. Its connection both with **quod imitere** and with **quod vites** is an instance of zeugma; with the first it means to choose or adopt, with the second to understand, to learn. — 27, 28. **Imitere, vites.** Subjunctive of propriety, fitness, duty.

15 2. **Major,** greater (than Rome). — 3. **Nec in quam civitatem** = Nec civitas (ulla umquam fuit) in quam. Attraction of the antecedent into the relative clause. — 4. **Serae.** Livy often uses adjectives where earlier writers use adverbs. — 4, 6. **Inmigra-**

Page

verint, fuerit. Subjunctives in relative clauses after the general negative assertion, that there is no (other) state to which the assertions in these relative clauses apply. M. 365. — **5.** What is the difference of meaning between **paupertas** and **parsimonia**, and the English words *poverty* and *parsimony?* — **6. Adeo,** *so true is it that.* — **Quanto, tanto,** ablatives of the measure of the difference. — **Nuper.** Livy (Book xxxix. 6,) speaks of the army of Cn. Manlius Volso returning from Asia, B. C. 187, as first introducing foreign luxury into Rome; but adds *vix tamen illa, quae tum conspiciebantur, semina erant futurae luxuriae.* Sallust (Cat. 11, 12,) places the beginning of the greatest corruption and luxury at the time of Sulla. Fr. — **8. Luxum.** "**Luxuria (4)** is the disposition to excessive indulgence; **luxus,** the excessive indulgence itself." — **8, 9. Desiderium pereundi,** *the eager desire of ruining themselves.* An oxymoron, expressing emphatically the eager pursuit of pleasures which they know will inevitably destroy them. — **10. Forsitan,** limiting simply the adjective **necessariae,** has no influence on the mood of the verb. — **11. Initio ordiendae.** A pleonasm common in Livy with verbs of beginning. — **12. Potius** contrasts **bonis ominibus** with **querellae** (querelae) which are of ill omen. — **Que et** connect **votis** and **precationibus** closely together as appositives in common to **bonis ominibus.** — **13. Poetis.** The ancient epic poets, as is well known, begin with invocations to the gods or muses. — **Nobis,** i. e. historians. — **14. Tantum** is the reading of the best MSS., adopted by Mg. and Hz. — Weissenborn, after other MSS., reads **tanti,** thus making **orsis** a noun instead of a participle, as in our reading. 15

BOOK FIRST.

I.–III. Introduction. — **I.** After the **taking of Troy** (Mythical date, **B. C. 1184**), two Trojans, **Antēnor** and **Aenēas,** come into Italy. Founding of **Lāvinium. II. Wars** of the Latins with the **Rutulians** and **Etruscans. III.** Ascanius founds **Alba Longa,** (Mythical date, **B. C. 1053**). Reign of the **Silvii.**

Page

I. 1, 2. Troja — Trojanos, *that, on the taking of Troy, the rest of the Trojans were massacred.* **Saevitum esse,** a passive impersonal; literally, rage was vented, cruelty was used, (**in**) *upon* the 17

Page

17 rest, etc. — **Duobus**, dative of advantage, *in favor of two.* This dative is more elegant than the simple ablative of separation would have been. Livy also uses *abstinere* sometimes with an accusative and ablative without a preposition, sometimes with an accusative and ablative with *a.* — **3. Jure**, ablative of cause. — **Vetusti hospitii.** Antenor entertained Ulysses and Menelaus when they came on an embassy to Troy to demand the restoration of Helen. (Iliad iii. 207.) Antenor advised the return of Helen, (Iliad vii. 350 sq.). "Nothing of the kind," (says Seeley,) "is said about Aeneas in Homer, but in Il. ii. 822 he is very closely connected with Antenor." Wsb. cites Il. xx. 298 and xiii. 460; and remarks that Livy's birthplace, Patavium, is connected with Troy by the legends of Antenor (Tac. Ann. 16, 21), as is Rome, the city of his nationality, by those of Aeneas. — **4. Fuerunt.** So the best MSS., and Wsb., Hz., Fr. — Cr., D.-Kr., Z., Mg., S. read *fuerant.* The perfect is aoristic, and states the fact simply, without reference to the time of **abstinuisse.** — **4, 5. Omne — abstinuisse**, *refrained from the exercise of any of the rights of war.* The *jus belli* authorized the murder, mutilation, or sale into slavery, of all captives. — **Casibus deinde variis**, *their fortunes diverging from this point.* S. — **6. Antenorem**, subject-accusative of **venisse**, the acc. and inf. following **constat.** — **Enetum** = *Enetorum.* — **7. Pylaemenes**, king of the Enĕti, a people of Paphlagonia, fought on the side of the Trojans, and was slain by Menelaus. *Iliad* v. 576 sqq. — **8, 9. Venisse**, etc. Cf. Verg. Aen. i. 242–249. — **11. Et**, *and in fact.* Frey gives another example of this corroborative force of **et** from Livy vi. 11, 9. Madvig substitutes here **ei**; but there is a certain want of ease in the reading thus changed, nor is there need of an emendation. — **In quem locum** = **locus, in quem.** Attraction of the antecedent into the relative clause. — **12. Trojano.** Predicate, attracted into the case of **pago**, according to the common usage with names. *The name of a district is Trojan.* — **13. Gens appellati.** Livy, unlike Cicero, frequently connects collective nouns in the singular with a predicate in the plural. — **Ab**, *in consequence of, after.* — **13–15. Aeneam venisse.** This accusative-and-infinitive, also, depends on **constat** (line **1**). Vergil was writing his Aenēid at the same time as Livy was writing his first decad (B. C. 27–20). **14. Ad majora rerum initia.** An hypallage (of which Livy is fond) for **ad majorum rerum initia**, *to the founding of a greater state.* J. F. G.

Page

emends: *majorum;*—but unnecessarily. Cf. c. ix,: *violati hospitii* 17
foedus. — **15, 16. In Macedoniam . . . in Siciliam.** That is, first to Aenea, on the bay of Salonichi, then to Eryx (possibly) and to Segesta. — **16. Delatum** (esse). — **17. Tenuisse,** sc. cursum. It would have been a more common construction to have said *Laurentem agrum tenuisse* without the preposition. — **Troja.** The unusualness of the nominative case, as well as the position of the word, makes *Troja* emphatic. Madvig unnecessarily changes the case and reads *Trojae*. — **18–20. Ut quibus — superesset,** *inasmuch as nothing was left them,* etc. This relative clause, expressing the reason of the fact stated in the proposition Cum Trojani, ibi egressi, praedam ex agris agerent, is strengthened by **ut.** H. 519; 519, 3, 1); A. & S. 264, 8, (1.) and (2.); B. 1253; A. 63, II.; G. 427. — **19. Inmenso prope errore.** "**Immensus** is literally *infinite*, not, like the English 'immense,' merely 'very large;' it therefore requires **prope.** Cf. Milton's 'Of amplitude almost immense.'" (An excellent note of Seeley's). — **21. Tum.** Still more anciently, the Sicŭli were said to have inhabited the country. — **21, 22. Ad arcendam vim.** Ad with the accusative of the gerundive denoting the purpose. — **24. Inde,** *from that point.* — **Alii,** etc. This first story is the one which Vergil follows.

1. Alii. sc. tradunt. — **4, 10. Percunctatum** and **admiratum** 18
are participles, (not perfect-infinitives,) and agree with *eum* understood, the subject of **sanxisse** (line **12**). — **4. Qui mortales essent,** etc. Cf. Verg. Aen. i. 369 sq.:

> Sed vos qui tandem, quibus aut venistis ab oris,
> Quove tenetis iter?

5, 6. Unde — exissent. Three questions are compressed into this clause: *unde (venissent), quo casu profecti (essent) domo,* and *quid quaerentes in agrum Laurentem exissent.* As in the passage from Vergil above cited, the disjunctives **aut** and **ve** are used, where we should use the copulative conjunction *and.* — **Essent, exissent.** Subjunctives in dependent (or indirect) questions. — **6. Postquam audierit.** Subjunctive in a subordinate clause in oratio obliqua, where in direct discourse the indicative would have been used. The perfect tense is used after **postquam** where we should expect the pluperfect. — **8. Cremata patria.** Ablative absolute of both time and cause. — **9. Condendae urbis locum.** P and Mg. read *urbi.* The **genitive expresses more close, intimate, and definite relations than**

Page

18 the dative. Our reading means *the site for the city which* (according to the decrees of the fates) *was to be built; '*condendae urbi locus' would mean *a site for building a city.* Aeneas and his followers had several times already sought the destined site in other lands. — **10, 11. Vel bello vel paci,** *whether for peace or war.* **Vel — vel** ('please you,' from *volo*), in distinctions, imply indifference as to which is chosen: *equally for* peace and war. — **11. Dextra data,** *by giving his right hand.* — **12, 13. Ictum** (esse), **factam** (esse). The accusatives-and-infinitives in lines **12–15** depend upon **tradunt** supplied with **alii** in line 1. — **12.** What is the origin of the expressions, **icere foedus,** ferire foedus? (See Lexicons under **ferio** and **ico**). — **14. Penates deos.** The *Penates* were the good guardian deities of the house. The hearth was sacred to them, as the centre of the house and family. — **15. Publico,** sc. foederi. — **Aenēae,** dative. — **17. Adfirmat** = affirmat. — Spem finiendi erroris. — **18. Lavinium** was the seat of the Lares and the religious centre of the Latin confederation. For, like the family, every state and every city had its Lares and Penates. Even in later times, the Roman consuls and praetors were obliged to sacrifice to Vesta and the Penātes at Lavinium on their entrance to office and on their abdication. Frey. — **19. Brevi,** *in a short time.* — **Stirps.** M, P, E, B, all have **stirpis**; which form of the nominative was probably used by Livy in this passage and in xxvi. 13. — **20. Ascanium,** accusative in apposition to **nomen.**

II. 22. Turnus, "a Latin form of the Greek word Τυῤῥηνός, an Etruscan." The legendary war of Turnus and the Latins may represent the successful rising of the Latins against the Etruscans, who in prehistoric times had extended their dominion from Etruria southward as far as Vesuvius. — **28. Rebus,** *their* own *strength*; their prospects, their cause. — **Florentes,** *renowned,* brilliant, celebrated. See Näg. p. 361. — **29. Caere,** locative ablative. From the omission of the preposition **in** before **opulento oppido,** and from the fact that **imperitans** naturally takes a dative, Seeley infers that **Caere** is here the dative, although he grants that this form does not occur elsewhere in that case. But there are other instances in good authors of the omission of the preposition before *oppido* after such locatives; and such omissions are among Livy's characteristic deviations from ordinary rules. — **31. Nimio,** ablative of measure with the comparative **plus,** *very much more.* Literally, *more by too much*: a free colloquial expression. — **35. Nec** = *et*

ne; with the subjunctive, denoting a negative purpose. — **36.** 18
Etiam (sub eodem) nomine. — **37. Nec.** Corroborative, (like **et** on page 17 line 11); *and in fact . . . not.*—**Deinde,** *from that time forth.* — **38. Studio ac fide.** Ablative of specification or respect in which. — **39. Que** (after fretus) may be translated *And so then* or *And so;* ("the result was that."). — **In dies,** *every day.*

1. Opibus. Abl. of the respect in which. — **4. Cum,** *although.* — 19
5. Moenibus. Instrumental ablative. — **6. Secundum,** *favorable.* — **7.** *Hīc situs est,* is a common inscription on Roman gravestones. — **8.** In religious ceremonies, the priests were accustomed to add, after calling the name of the god, *sive quo alio nomine fas est appellare.* Cf. Horace's *Matutine pater seu Jane libentius audis.* Here, moreover, there is an evident impropriety in applying the human name Aeneas to the tutelary deity. — **Super,** *on;* on the banks of. — Notice the quantity, **Numīcus.** — **9. Jovem Indigetem.** Jupiter is here used, not as the sovereign of the Olympians but as *Divus Pater.* According to Dionysius (i. 64), the inscription on the herōum of Aeneas was Πατρὸς Θεοῦ Χθονίου ὃς ποταμοῦ Νομικίου ῥεῦμα · διέπει, in which the first three words are equivalent to *Divi Patris Indigetis.* **Indĭges** is derived from *indu* (= *in*) and the root *gen.* The *Indigetes* were the legendary heroes, who, after their death, were regarded as the tutelary genii or patron deities of their native land. "The only well-known *cultus* of the kind is that of the *Pater* or *Deus Indĭges,* called also *Juppiter Indĭges* on the Numicius (or Numīcus), who was subsequently identified with Aeneas."

III. 12. Tutela muliebri, *by the protection* (or under the guardianship) *of a woman.* — **15. Quis adfirmet** (affirmet). Subjunctive of possibility or propriety, in a question of appeal. — **Certo.** An adjective in the neuter gender used substantively, — as often in Livy after prepositions. — **15–18. Hicine — eundem,** *whether it was this Ascanius, or an elder* (**major** sc. **natu**) *than he, born of Creusa as his mother when Troy was unharmed, and the companion of his father's flight* (thence, i. e.) *from that city, whom* (*as called*) *also Iūlus* the Julian gens, etc. **Eundem,** M. 488; Z. 127, 697; H. 451, 3; A. & S. 207, Rem. 27 (*a*); B. 1034; G. 97. — While Livy does not answer the question, his narrative assumes that the founder of Alba Longa was Lavinia's son. — **21. Lavini** (Lavinii), locative genitive. — **Multitudine.** The regular Latin for *population.* S. — **24, 25. Longa Alba.** The regular order of the two words is inverted to make **longa** emphatic.

Page

19 26. **Lavinium,** sc. conditum, (*the founding of*) *Lavinium*. — **Albam Longam.** Terminal accusative. — **28. Opes,** sc. Latinorum. — **Morte,** *on the death.* Ablative of date. "Some words which do not in themselves denote time, but an event, are used in the ablative without a preposition to intimate *the time when* a thing takes place;" e. g. *adventu Caesaris, occasu solis.* M. 276, Obs. 2. — **29. Inter,** *during.* — **29, 30. Muliebrem, puerilis.** Adjectives are often used where, in accordance with our English idiom, we should expect the genitive of the corresponding noun: *mulieris, pueri.* — **31, 32. Ausi sint.** Subjunctive of result with **ut,** following **Tantum creverant.** The perfect subjunctive here (as distinguished from the imperfect, which is ordinarily found when the leading proposition belongs to past time,) makes the statement emphatically and distinctly, as not confined to the immediate time of the principal verb: they dared *on no one single occasion.* See M. 382, Obs. 1, (Obs. 3, Am. ed.); G. 304; Haase's Reisig's Vorlesungen, § 480, pp. 550 sq.; Fabri on Livy xxi. 2, 6. — **35. sqq.** This list of the Alban kings is undoubtedly mythical. The older traditions represented Romulus as the grandson of Aeneas; but later investigators saw that the supposed time of the destruction of Troy was separated from that of the building of Rome by 432 years, (according to Cato and Dionysius: Vergil (Aen. i. 265-274) and Livy make it 3 + 30 + 300 to the birth of Romulus and Remus): these kings were inserted to fill the gap. The names of Ascanius and Capys are taken from the Trojan legends; other names are eponyms of the great Roman houses or *gentes,* and some are geographical eponyms. — **38. Silviis cognomen,** *the name Silvius.* **Silviis** is dative by attraction to **omnibus. Cognōmen** here = *nomen;* for Silvius was the gentile name, and not the "cognōmen" in its proper sense.

20 3 **Ad posteros,** *down to posterity.* Z. The preposition denotes tendency, direction. — **6. Sepultus,** "in other words, *worshipped,* as above" (page 19 line 7 sq.). — **7. Romanae** is emphatic, because Aventinus is king of Alba, not of Rome. S. — **8.** Livy prefers the Latin form **Proca** to the Greek **Procas.** — **10. Maximus** (natu), *eldest.* — **12. Verecundia aetatis,** *respect for* (superior) *age.* — **14. Filiae,** a dative of reference, in the special form of disadvantage, with **spem — adimit:** more delicate and significant than the simple ablative of separation, — like which, however, we are sometimes obliged to translate it. — **Reae Silviae.** *Silvia* is her

Page

gentile name. *Rea* = *voti rea* (Cf. Verg. Aen. v. 237), i. e. *the consecrated, the Vestal.* (Preller.) 20

IV.–VII., § 3. The Founding of Rome. IV. The daughter of Numitor becomes the mother of **Romulus** and **Remus. Exposure** of the twins by order of Amulius; their deliverance and education. **V. Murder of Amulius. VI.–VII., § 3. Founding of Rome** (Mythical date, **B. C. 753**). **Strife of the Brothers.**

IV. 17. Debebatur, etc. "The world had to thank the fates for" *tantae origo urbis,* etc. Z.—**18. Secundum,** *after,* next after. —**23. Regia** = *regis.* Cf. *muliebrem, puerilis,* chap. iii.—**25. Jubet,** sc. *rex,* implied in **regia.**—**26. Forte quadam divinitus,** *by some providential chance, θείᾳ τινὶ τύχῃ.* The adverb **divinitus,** as Seeley remarks, is used in Livy's manner with the noun, as "nullo *publice* emolumento," vi. 39. "It is the opposite of 'forte temere,' 'by mere haphazard.'" Gruter's and Merula's defence of their conjecture, *an divinitus,* was well answered by J. F. Gronovius, and Madvig's argument for the same conjecture by Seeley. —**26–29. Tiberis—dabat.** There is a little confusion here of two subjects: **Tiberis** as subject of **nec adiri poterat,** and **Tiberis effusus** as subject of **spem dabat:** *the Tiber,* having overflowed its banks, was not accessible at its regular channel: and *the overflow of the Tiber* gave hope that the outlying water was deep enough for the purpose required. **Effusus,** with the first verb, is simply a circumstantial participle denoting *the cause;* with **dabat** it forms an actual part of the subject, being used like a verbal noun. Yet its closer connection with the noun in the second clause than in the first is easier in the Latin than in English translation, and the carelessness of construction is not unnatural. —**Lenibus stagnis.** Ablative of mode or way.—**Nec—et,** *while not . . . yet.*—**Amnis,** genitive.—**Justi cursum amnis.** Hypallage for *justum cursum amnis.*—**30. In proxima eluvie,** "*at the nearest point of the overflow.*"—**Ficus Ruminalis.** The Ruminal fig-tree stood on the west slope of the Palatine near the Lupercal grotto. It was probably sacred to Rumina, the goddess of suckling, whose name is derived from *ruma,* the breast. The derivation of the name from Romulus is a false conjecture of later antiquarians.—**32. Vastae,** *wild.*—**His locis,** i. e. the region between the Palatine, Capitoline, and Aventine.—**33. Quo.** Instrumental ablative; although in Eng-

Page

20 lish we say *in which.* See Gildersleeve's excellent rule, § 186.— **37. Lambentem,** sc. *eam.* — **38. Faustulo.** Dative by attraction to the case of the pronoun *ei* understood, which limits **nomen fuisse.** "Faustulus, who takes the children from the wolf, is none other than Faunus himself, whose name appears as Faunus, Faustus, or Faustulus." S. The word is derived from *fav-eo* and the root *tul* in te-*tul*-i, as in opi-*tul*-ari, and means the help-bringer, the bringer of blessings, the rescuer. (Wsb.)

21 **1.** (Eos) **datos** (esse). — **1, 2. Qui putent.** A relative clause defining or characterizing the indefinite general subject of the verb **sunt.** — **Vulgato corpore.** Ablative absolute of the cause. This rationalizing interpretation of the myth proceeds on an entire misunderstanding of its origin. Larentia is the legendary Acca Larentia, which means *the mother of the Lares,* who, under the name of *Luperca* or *Lupa,* nursed Picus and Faunus, the guardian Lares of the Roman state considered as a family. (Wsb.) The same legend was applied to Romulus and Remus, themselves the Lares or "original ancestors and divine guardians" of the Roman state. — **5. Nec segnes,** etc., *while* not slack to work, they delighted *especially* in hunting. See Näg. § 84, 2. — **6–10. Peragrare, subsistere, facere, celebrare.** Historical infinitive. This infinitive "takes the place of the imperfect, and gives the *outline* of the thought and not the details." Gildersleeve, 438, Rem. — **Jam subsistere.** *Jam* marks the beginning of an action. 'They *began* not to confine themselves to lying in wait for wild beasts.' S. **Subsistere** is here transitive. — **Sed** (after non tantum) = *sed etiam.* — **10. Seria,** i. e. conflicts with robbers, and the like; **jocos,** *sports,* like those described in the next chapter.

V. 11. In bracketing **monte,** I follow Madvig, who says that the words *Palatium mons* are not found united as appositives, and that **monte** was brought up here from **Palatium montem** (line 13). — **Lupercal.** This is the name, first, of a cave (near the Ruminal fig-tree), which was the sanctuary of Lupercus, a name of Faunus as keeping the wolves from the flock (*lupus, arceo*), then (as here) of *the Lupercalia,* a shepherd's festival held on the 15th of February. — **Hoc,** *the present,* of our day, *this our* festival. **Hic** denotes that which is near in place, *time,* or thought. — **14. Ex eo genere,** sc. oriundus: sprung from that tribe of Arcadians who dwelt at Pallantēum. — **15. Tempestatibus,** *ages.* **Tem-**

pestas is an archaic word for **tempus**, and appropriately used 21
here of those old prehistoric ages. — **Tenuerit.** Subjunctive in a subordinate relative clause in oratio obliqua. — **16, 17.** The substantive clause **ut currerent** is appositive to **sollemne.** — **Quem,** i. e. Pana. — **20 sq.** Construction: Latrones, ... insidiatos (iis) huic ludicro deditis, ... Remum cepisse. — **22. Ultro,** *impudently.* From its original local meaning, **ultro** derives the signification "beyond what one might have expected," and is hence used of any gratuitous or extravagant action. — **23. Impetum.** Frey suggests that perhaps we ought to have the reading **impetus.** — **29. Quo ... sustulisset.** This relative clause, defining the subject of the sentence **tempus ... congruere,** which has its verb in the infinitive, is an essential, constituent part of the proposition, and accordingly has its verb in the subjunctive, the mood of such conjoined clauses. The principle is the same as in Oratio Obliqua. H. 527, 3; A. & S. 266; B. 1291, 1292; A. 66, I.; G. 424. — **30. Ad id ipsum congruere,** *corresponded exactly with that* (time); i. e. with the time when the children were exposed. — **33. Et,** *also.* — **Numitori.** This is a frequent and elegant use of the dative, limiting not a single word alone (as *animum*), but the whole sentence, — all that follows being referred to Numitor, as of interest to him. The translation *in Numitor's case* or *in Numitor's turn* expresses the idea *in part;* but it is almost impossible to do full justice to the delicate construction in English. Translate **animum,** (*his*) *mind.* This dative is *a dative of reference,* with the collateral idea of interest, and often of advantage or disadvantage. See my notes on Vergil's Aeneid i. 92 and 102. — **37. Eodem,** to the same point, to the same result (as Faustulus). — **Haut** = *haud.* — **Esset** is impersonal.

1. Juvenes is often used for *warriors, soldiers,* from its denoting 22
persons of military age. Yet we should generally retain the lively translation *youths* or *young men,* understanding however that the term includes what we call middle-aged men as well as youths. — **2. Aliis** pastoribus **alio itinere,** *some by one way, some by another.* — **3. Ad regem.** So *ad hostem ire* or *ducere;* incursu *ad navem;* Prisc. 14, 21: *ad illum mihi pugna est.* But *in* is more usual. Wsb. — **4.** Construction: comparata a domo.

VI. 6-13. Numitor — ostendit. An admirable example of a skilfully constructed periodic sentence. The position of the subject and the leading verb at the beginning and the end, the

Page

22 variety of verb-constructions referred to the subject (dictitans | cum avocasset | postquam vidit | advocato consilio | ostendit) and with a subordinate subject (perpetrata caede | pergere | gratulantes), and the recurrence of similar successions of words (cum pubem Albanam . . . obtinendam avocasset | postquam juvenes . . . gratulantes vidit | scelus . . . fratris | originem nepotum | ut. | ut. | ut . .), are noteworthy. — **6. Hostis.** Accusative plural. — **8. In arcem obtinendam,** *into the citadel, to hold it,* etc. On the pretence that the palace is already attacked, Numitor calls the troops *away* (avocasset) from the palace to the citadel as the most important point to be defended *Ad arcem obtinendam* would have been used if the meaning had been simply *to hold the citadel.* — **Praesidio armisque** = *praesidio armato.* Hendiadys. — **11–12. Ut** is here interrogative, and hence takes the subjunctive of indirect question. — **14. Agmine.** Ablative of mode. — **19. Et,** *and (in fact)*; as in chap. i. *Et in quem,* etc. — **Supererat,** *was excessive,* was too great for their towns. — **20. Pastores.** Cf. Cic. *Orat.* i. 9, 37 : *Romulus pastores et convenas congregavit.* Liv. ii. 1, 4 : *illa pastorum convenarumque plebs.* — **21. Qui,** (with the subjunctive **facerent** denoting the result,) *so that they.* — **Omnes,** *all (together).* — **26, 27. Essent** and **posset** give the reason as conceived by the twins themselves: hence the subjunctive. — **27. Tutelae.** This possessive genitive in the predicate after *essent,* may be translated *under* whose *protection.* — **28. Qui** = *uter.* So chap. 24 : *cujus populi.* There is a careless ease in saying *who* instead of saying, precisely, *which of the two.* — **Daret,** *should give,* was to give. The subjunctive in this indirect question corresponds to the future indicative in direct discourse. "In dependent questions" (says Madvig, 356, Obs. 2), "about a thing which *is to happen*" [pres. subj., or *was to happen*, imperf. subj.], "the notion *is to*" [or *was to*] "is frequently not expressed by a separate word," but is implied (he might have added) in *the mood itself.* The idea is not that of futurity simply, but of propriety as well : who was *the one* to give. — **30.** See Lexicon for the meaning of **templum** in the language of augury.

VII. 34. Tempore praecepto, *from the precedence in time.* — **35. Trahebant,** sc. ad se, *claimed.* — **36. Certamine irarum,** *in their passionate contest.* The force of this genitive is best given by an adjective. The plural of abstract nouns occurs in Latin much more frequently than in English. M. 50, Obs. 3; G. 3, Rem. 5. — **Ibi,** *thereupon.*

1. Sic deinde, sc. *pereat,* or, more generally, *so may he fare.* 23
The sanctity of city walls was strenuously asserted in the Roman law. That kinship was no bar to the infliction of penalty, Frey illustrates by the cases of Brutus and Manlius Torquatus. — **3, 4. Condita — appellata.** So the myth; but in truth the name Romulus is probably derived from Roma, in accordance with the ancient fashion of devising eponymous heroes.

VII. § 3 — XVI. Romulus, first King. (Mythical date of his reign **B. C. 753–717.**) **VII. Religious Institutions.** Episode of **Hercules and Evander. VIII. Political Institutions.** Formation of the **Senate. IX.–XIII.** Rape of the **Sabine women. Union of the Romans and Sabines.** Division of the people into **curiae. XIV.–XV. § 5. Death of T. Tatius. War with Fidenae and Veii. XV. § 5–XVI.** End of the life of **Romulus (B. C. 717),** and his **Deification.**

5. The fortification of the Palatine, Schwegler remarks, was easy on account of its isolated situation, and might well consist chiefly in cutting off perpendicularly the sides of the hill. — **6. Aliis** here like **ceteris,** *the other.* — **Graeco.** The ritual in the worship of Hercules was Greek throughout. *Graeco ritu* sacrifices were offered with the priest's head bare, *Romano ritu* with the head covered. Cf. Verg. Aen. iii. 405 sqq. — **8.** Hercules came from Hesperia (Spain) with the cattle of the giant Geryon, who reigned at Erythea near Gades (the modern Cadiz). — **Mira specie.** The well-known ablative of quality, characteristic, or description. H. 428; A. & S. 211, Rem. 6; B. 888; A. 54, II.; G. 198. — **11. Laetiore,** *richer, more abundant;* yet with the original idea of *glad,* here actively, *making glad.* This reading is adopted by Hertz, from the *fragmentum Havercampianum* (Drak.), a MS. of good authority; the Medicean reads *laetiores efficeret.* Editors generally *laeto.* — **13. Sopor** (as distinguished from "somnus"), *a deep,* heavy *sleep.* — **13–19.** Notice the periodic structure: **pastor — traxit.** — **14.** The robber **Cacus** lived in a cave on the Aventine over the Tiber. "Cacus is 'Caecus,' and represents a power of darkness." — **Ferox viribus,** *confiding in his strength.* S. **Viribus** is abl. of cause. — **15. Eam praedam,** *them as booty.* The pronoun attracted to the following explanatory substantive. Fr. — **17. Deductura erant.** Although in the apodosis of a past condition not fulfilled (**si — compulisset**), we have the indicative *erat* with the future active participle to denote what must have happened, was actually ready to happen, if the condition had happened.

Page

23 See M. 348, *a.* — **Aversos,** *backwards.* Perhaps Madvig's suggestion should be adopted, and the text emended so as to read: *aversas boves, eximiam quamque.* Cf. *relictarum,* line 27. — **Eximium — pulchritudine,** *all those conspicuous for their beauty.* **Quisque** with the adjective limits and particularizes the unlimited whole (**boves**) to which it is appositive. — **23. Foras.** The accusative form of this adverb denotes direction, tendency, answering the question *whither.* The ablative **foris** denotes the place *where.* — **25. Animi.** M. (296, *b,* Obs. 3) regards this as a *locative* genitive, *in* mind. It is more generally taken as a genitive of specification, or of the respect in which, after adjectives denoting an affection of the mind. — **26. Ut fit,** *as is natural,* as usually happens in such cases. — **30. Fidem,** *the protection.* — **32. Evander.** Faunus (the favorable or propitious deity) was worshipped at the cave called the Lupercal, "the original germ of Rome." When the Romans began to resolve their gods into heroes, the name of Faunus "had to be explained as meaning the good or benevolent man. Hence, perhaps, the name of Evander," (εὖ ἀνήρ,) as that of the original settler on the Palatine. S. and Pr. — **34. Litterarum,** i. e. written characters. Having once acquired a Greek wanderer settled in Rome, the Romans might naturally refer to him anything in their institutions which appeared borrowed from the Greeks. The alphabet actually did come to the Latins from Greece. S. — **35. Carmenta,** (from *casnere* (canere), whence also, *Carmenae, Camenae, carmen,*) a nymph of song and of prophecy, — the helpful mother and fate-singing companion of Evander (the *historic* Faunus), and a goddess of birth. Some even made her the wife (and not the mother) of Evander, placing her by him exactly as Fauna by Faunus. — **36. Sibyllae.** The Cumæan Sibyl. — **38. Trepidantium,** hurrying in alarm. This verb implies agitated *motion,* as in chapters xii. and xiv.: *trepidante equo, trepidante equitatu.*

24 **1. Habitum,** *the bearing.* — **2. Aliquantum.** This adverbial accusative, instead of the ablative *aliquanto,* is found in poets and later prose writers. — **3. Rogitat.** Frequentatives occur very often in Livy's first decad, more seldom afterwards. Fr. — **Qui.** Notice the interrogative *adjective* pronoun. — **4. Jove nate.** Rule for the ablative? What part of speech is **nate**? — **5. Interpres deûm,** one speaking for or in the name of the gods. It answers to προφήτης and ὑποφήτης. Seeley. — **Deûm.** Livy often

uses the contracted form of the genitive plural in the second de- 24
clension. — 6. **Cecinit,** *foretold.* — 8. **Vocet, colat.** The future meaning, so often characteristic of the subjunctive, appears in these verbs. — **Tuo ritu.** Either "in accordance with the ritual established by thee," i. e. the Greek rite (Fr.); or "with a rite peculiar to thee" (S.). — 9. **Accipere omen.** Pliny (xxviii. 2, 4) says: "Omens and potens are in the power of men, and have power according as they are in each instance received." It was believed that one was able *omina improbare* as well as accipere. An important principle: "for man is man, and master of his fate." — **Fata** (from *fari*), *the predictions, the prophecy.* — 10. **Ara — dicata,** *by building and dedicating the altar.* — **Ibi,** *on this occasion.* — 16. **Ceteram dapem,** *the rest of the feast,* i. e. the sacrificial banquet, to which the eating the *exta* by the priests and attendants was preliminary. — 17. The name **Pinarius** is connected with this prohibition to eat of the sacrifice. Hercules is said to have pronounced the sentence ὑμεῖς δὲ πεινάσετε. (Servius ad Aen. v. 269.) Seeley. — 22. **Peregrina,** i. e. not derived from Alba.

VIII. 28, 29. Ita — si, (only) in this way, — if. The two words may be translated together, in the second clause, *only on the condition that.* "Only" is frequently not expressed in Latin, especially with *ita* and *sic.* — 31. **Alii,** *some,* is here followed by **eorum** (and not *aliorum*), as a definite pronoun is needed. — 33. **Secutum** (esse), etc., *that (he) adopted* that number from the number of the birds, etc. — 33, 35. **Me — esse,** *I am content* (or *I am not disinclined*) *to be of the opinion of those,* etc. — **Hoc genus** = *hujus generis.* Accusative of specification. M. 238. I adopt, with Madvig, the emendation of James Gronovius (son of the great John Frederic) in omitting **et** before these words, and Hermann's emendation in inserting **et** before **numerum** in line 36. — **Etruscis.** It is probable that Roman antiquarians attached too great importance to the influence of Etruria upon Rome in her first years: "it can be shown that many institutions which they derive from Etruria were common to all the Italians." — 37. **Ductum** (esse). Predicate verb of **apparitores** as well as **numerum.** — 38. **Communiter creato rege.** Ablative absolute of time: *when a king was appointed in common.* Each of the twelve states of Etruria had its own king or Lucumo, but in times of danger, a supreme king was chosen to unite the forces of the country for war. If there had been only one king always, we should have

Page

24 had here the dative *regi* instead of *rege.* — **39. Dederint.** Subjunctive in indirect narration.

25 **2. Adpetendo** = appetendo. — **In spem,** *with reference to their hope.* — **3. Ad id — erat,** *in accordance with that number of inhabitants which they then had.* — **5. Adliciendae** (alliciendae). Thus edited by Madvig, after the Ascensian edition of 1513. The MSS. generally have *adiciendae;* Palat. pr., *adlicendae.* — **8, 9. Qui — est,** *which is now enclosed, as you go down* (i. e. from the citadel, one of the peaks of the Capitoline hill) *to "Between the Two Groves;"* (as one might say in Berlin, "Let us go to *Under the Lindens.*") The depression between the two peaks of the Capitoline was called Inter Duos Lucos, although the original groves had disappeared in later times. **Descendentibus,** 'for those descending,' is a dative of reference. M. 241, Obs. 6. — **9. Asylum,** (*as*) an asylum. Those who took refuge here, after gaining the sacred protection of the asylum, were supposed to find homes in the city. — **10. Omnis,** of every description; *a promiscuous* crowd. — **11, 12. Idque — fuit,** *and this was the first strength proportioned to the magnitude of the undertaking.* — **13. Poeniteret,** sc. *eum.* Frey, however, thinks that the omission of the pronoun implies a *general* subject. — **15, 16. Soli qui possent.** *Qui* (after *soli*) = *tales ut.* — **16.** Livy's explanation of the patrician order as originating with the descendants of senators is rejected by the best modern scholars. On the contrary, "a body of nobility existed before the senate was instituted, and from this the senate was appointed" (W. F. Allen). These nobles are the patricians; their *name* only being possibly derived from the senators. In Seeley's opinion, "probably the senators were first called 'patres' either as being predominantly heads of families, or as being elderly men (*senatus*, cf. γερουσία, δημογέροντες), and afterwards the patrician body took their name from the assembly which best represented them." But it is not impossible that 'patres' was in the earliest times the general appellation of the heads of patrician houses, and that the senators were originally 'patres' only as belonging to a wider class who possessed that title.

IX. 20. Hominis aetatem. In translation, supply *only.* — **21, 22. Quippe quibus essent,** *inasmuch as they had.* The relative clause expressing a reason is strengthened by **quippe.** — **21. Domi.** Locative case. — **22. Conubia** = connubia. — **23, 24. Qui — peterent.** A relative clause of purpose. **24–29. Urbes —**

miscere. A good example of Oratio Obliqua: accusative and in- 25
finitive in principal clauses, subjunctive in inserted relative clause, and subjunctive (**ne gravarentur**) where the imperative would be used in direct discourse. — **27.** *Eas* (urbes), antecedent of **quas** (**25**), may be understood as the subject of **facere.** — **27. Satis scire,** sc. se, *that they knew well.* — **Romanae.** Adjective where we should use the noun: *of Rome.* — **28. Proinde** introduces the conclusion finally drawn from a number of arguments. In Greek, *πρὸς ταῦτα.* S. — **29. Homines,** *as* men, as human beings. — **34. Id demum,** lit. that at last, = *nothing short of that.* — **35. Pubes.** Cicero and Caesar would say *juventus* or juvenes. — **37. Cui** refers to **vim.** — **39. Sollemnis,** accusative plural. — The god of the sea, in his contest with Athene, made the first horse; hence **Equester.** — The **Consualia** were games celebrated on the 21st of August, in honor of the god **Consus,** whose worship was among the oldest in Rome. He was a god of the Under World, who granted and denied fertility. His altar was in the Circus Maximus, in which the Romans supposed the rape of the Sabines to have taken place. He has no connection with Neptunus; "but the Greeks honored their Poseidon with horse-races, and in the Circus Flaminius there was an altar of Neptunus, as there was an altar of Consus in the Circus Maximus."

2, 3. Concelebrat (he makes preparation for the festival), 26
faceret. Emendations of Madvig. The MSS.: *concelebrant, facerent.* — **6. Etiam.** Mg. and Hz., after Scheibius. Yet the reading of the MSS. **jam** (in the sense of *moreover*) may be defended. — **11. Eo,** *to it.* — **Composito.** Participle used substantively. — **13, 14. Magna pars raptae** (**sunt**). A construction to the sense: collective noun with plural verb.—**Forte,** *without choice,* just as it happened. — **18. Globo,** the band, servants or clients.— **20.** Supply **eam** twice: as the *object* of **violaret,** and as the *subject* of **ferri.** "The omission of the subject-accusative *te, se, eum, eos* is frequent in Livy." — **21. Hanc,** *this our;* this of our day. When a Roman bride was conducted from her father's house to her husband's, her companions kept shouting "Talassio!" The origin of this word is uncertain. (See Preller, 584.) The story of the seizure of the Sabine maidens was probably invented in part to account for the marriage ceremonies of the Romans. — **22, 23. Violati hospitii foedus** = *violatum hospitii foedus.* — **24. Per fas ac fidem decepti,** *betrayed (by their*

Page

26 *confidence in) sacred right* (i. e. the rights of hospitality) *and plighted faith.* A pledge of good faith on the part of their entertainers was implied when they were *invitati hospitaliter* per domos. — **Venissent.** The subjunctive means '*they had come, as they said.*' — **27–36. Patrum — desiderium.** Oratio Obliqua. See note on lines 24–29 of page 25. — **Patrum,** *of (their) fathers.* — **30. Humano generi,** *to human nature.* S. — **31. Liberum** = *liberorum.* Contracted genitive plural. — **33, 34. Eoque — quod,** *and that they would find their husbands so much the kinder, because.* — **35. Cum — sit,** *when he had done his duty in his own place* (i. e. as a husband). **Suam vicem.** Accusative of specification: adverbial accusative.

27 **X. 2. Sordida veste.** In token of mourning. — **13. Nomen,** *tribe.* S. — **16. Vanam sine viribus iram.** The end of an hexameter verse (into which a maxim or the expression of a general truth easily falls), but modified by the following *esse.* Fr. — **17. Regem.** Propertius (5. 10, 7), calls this king Acron. S. — **24. Quercum.** Trees were held in great veneration among the ancient Italians (as well as among many other pagans in the East, in Greece, and in Northern Europe), but the oak above all others: especially the old oak on the Capitoline, sacred to Jupiter. — **Pastoribus sacram,** to the shepherds a sacred object: where we should say, *held sacred by the shepherds.* — **25. Finis.** Accusative plural. — **26.** The name **Feretrius** is derived from *feretrum,* a frame built of trunks of trees, upon which the pieces of armor taken as spoils from the enemy were borne and set up. Cf. Verg. Aen. xi. 83, Prel. p. 177. — **27. Romulus rex regia.** Alliteration is especially frequent in solemn formulas. — **27, 28. His regionibus,** *within these bounds.* — **29. Opima spolia,** *the spoils of honor,* were gained by the king or general who slew the general of the enemy. — **35. Doni,** *honor:* but with reference to the gift of the spoils to the god. — **Bina** is used instead of **duo** because **spolia** has no singular. The two occasions were B. C. 437, when A. Cornelius Cossus slew Tolumnius, king of Veii, and B. C. 222, when M. Claudius Marcellus killed Viridomarus, a king of the Gaesatae, a Gallic tribe. — **36, 37. Ejus fortuna decoris,** *the good fortune to gain this distinction.* Z.

XI. 38. Ibi, *ea parte,* in this direction, i. e. with the Caeninenses. — **39. Solitudinem** explains **occasionem.** (Hendiadys.) As the Romans had gone out to war, their fields were unoccupied.

Page

1. Et, *also.* — **Ad,** *against.* — **2. Legio,** *army.* "This seems the original meaning of the word. Cf. Verg. Aen. vii. 68." S. — Wsb. says "the later designation is transferred to the earliest times; the legion was said to have consisted of 3,000 men, 1,000 from each tribe, therefore *mil* it-es." — **3. Clamore,** *battle-cry.* — **4. Ovantem,** *exulting.* — **Hersilia,** the wife of Romulus, was the only married woman carried off by the Romans in the rape of the Sabine maidens. After her death she was deified as Hora Quirini, — the name probably of some older deity of love and marriage, and applied to her after Romulus had been identified with Quirinus. — **Conjunx.** Livy generally makes this word end in *nx.* — **7. Rem coalescere posse,** *the state could grow strong* (or stable). Oratio Obliqua. — **9. Profectus** (est Romulus). — **11. Utroque:** i. e. both to Antemnae and Crustumeria. — **13. Crustuminum.** Livy often uses the neuter singular of adjectives derived from the names of towns or nations, as substantives. — **In Crustuminum nomina darent,** *gave in their names* (as colonists) *for Crustumeria.* — **Et,** *and also.* — **14. Frequenter,** *in large numbers.* 28

16. Ab Sabinis. *Ab* with the ablative of source. — **17. Per iram,** *in a passionate way.* — **19. Consilio,** *to deliberation.* — **20.** The **citadel** proper was on the northern peak of the Capitoline, (if we may believe the German antiquarians; the Italians place it on the southern;) but **arx** is used here for the whole hill (Wsb.). *Tarpeius* was the old name of the Capitoline. — **22, 23.** English order: Forte ea tum ierat extra moenia petitum aquam **sacris** (*for the sacred rites*). Tarpeia, the daughter of Sp. Tarpeius, as Vestal virgin, brought water from the fountain of the Camenae near the *porta Capena.* — **23. Accepti obrutam armis necavere,** *having been admitted, they overwhelmed her with their shields and slew her;* (or, killed her *by overwhelming* her with their shields. S.) **Arma** are *defensive* weapons in general; here *shields.* — **25. Ne quid fidum esset,** *that no faith should be kept.* — **26. Fabula.** Mg., after Glareanus. The MSS. *fabulae.* — **Quod,** *inasmuch as, because.* — **28, 29. Anulos** = annulos. — **Habuerint, haberent.** Subjunctive in oratio obliqua. — **Pepigisse eam,** *that she bargained for.* — **Eo,** *therefore.* Ablative of cause. — **Illi.** Dative of disadvantage. — **31. Derecto,** *outright.* — **32. Fraude visam agere,** *being suspected of acting treacherously.* — There is still a popular belief in Rome that Tarpeia sits enchanted in the heart of the hill, decked with gold and jewels. Wsb.

Page

28 **XII. 34. Tamen,** *however; at any rate;* whichever story be true. — **35, 36. Quod campi est,** i. e. the *whole* plain. This was afterwards the site of the Roman Forum. — **39. In adversum subiere,** *marched straight up the hill* (in front of them). — **Principes — ciebant.** *Their champions on both sides urged on the battle.* So Wsb. — Fr. and S. translate 'principes' *at the head, advancing before the rest,* and make Mettius Curtius and Hostius Hostilius subjects of the verb, instead of appositives to *principes.*

29 **1. Ab,** *on the side of.* — **2. Hostius Hostilius** was the grandfather of king Tullus Hostilius. — **5.** The *punctuation* is Madvig's. Most editors read: fusaque est ad veterem portam Palatii. — **Ad,** *at.* — The *ancient gate* is the *porta Mugionis,* one of the three gates of the old town on the Palatine hill, and still standing in Livy's time. — **6. Actus,** used as a *present* participle, "in the act of being *hurried along.*" See Näg. pp. 259 sqq. — **10. Huc,** *hither,* i. e. to the Palatine, whither the Romans had been driven. — **Media,** *the intervening.* The Sabines had crossed the valley between the Capitoline and the Palatine. — **12. Romanis.** Dative of advantage, instead of using the ablative of separation. — **13. Statori Jovi.** The inversion of the usual order of the words emphasizes **stator** (the stayer of flight, from *sistere*), as being here the prominent notion. The temple of Juppiter Stator (which however was not built till 294 B. C.), was in the immediate neighborhood of the Porta Mugionis. — **Quod sit,** *to be.* — **Monumento.** Mg. after P. The other reading is *monumentum.* — **15. Auditas,** sc. *esse.* — **17. Resistere,** *to halt,* to stand your ground. — **20. Princeps,** *advancing before the rest,* at the head. — **26. Ferocissimorum juvenum,** *the most valiant troops.* — **28. Persecuntur** = *persequuntur.* — **Alia — acies,** *the rest of the Roman line.* **Alia** in the sense of *cetera.* — **30. Trepidante** denotes agitated *motion* caused by fright. — **31. Averterat,** sc. *a pugna.* Seeley thinks the pluperfect should here be translated 'diverted *for a moment.*' — **32. Periculo.** Ablative of cause, occasion. — **33, 34. Addito animo,** new courage being given him.

XIII. 37. Quarum. Objective genitive. — **39. Ausae,** *venturing.*

30 **1, 2. Dirimere,** (1) *to part,* (2) *to break off.* Historical infinitive. — **Iras** where we might expect *iratos.* "The circumstances or condition of a person often stand for the person himself." — **4. Parricidium** is used generally for the murder of a relation.

5. Nepotum, liberûm. Defining or explanatory genitive, appositive to the generic word **progeniem**: their offspring (consisting) of grandchildren, etc. — **6. Conubii** = connubii. — **8. Melius peribimus,** (better shall we perish,) better were it that we be slain, than live, etc. — **Sine alteris vestrum,** 'without one or the other of you.' (S.) We might have expected another *sine alteris,* in place of *aut.* — **9. Orbae,** here *fatherless.* — **10, 11. Silentium** is the silence of attention, 'they paused to listen' (S.), **quies** is the rest or cessation from any labor or occupation, — here from fighting. The meaning of the last word Seeley hardly understands aright. — **13. Imperium,** *the supreme power.* — **14. Romam.** Terminal accusative. — **15. Tamen aliquid.** *Something at least.* Besides this derivation of **Quirites** as equivalent to *Cu*rites (Curenses), even in antiquity what is more probably the correct etymology was given, from *quiris,* in the Sabine language *a lance* or *spear,* "the lancemen," "the warriors." — **16. Appellati** (sunt cives). *All* the citizens of the united state received this name. — **Monumentum,** (*as*) *a memorial.* — **Ubi,** (*the place*) *where.* — **17. In vado,** *on firm ground;* "quo *vadere* poterat." — **18. Curtium lacum.** In the valley at the foot of the Palatine, there was for a long time a bog known as the *lacus Curtius,* which was afterwards filled up. Two stories were devised to account for this name; *both* of which Livy gives: the first is told here; the second (Book vii. 6) recounts the devotion of M. Curtius, who, mounting his horse, leaped into the gulf which had opened in the forum, because the gods had declared that it could not be closed up until that which Rome held most valuable ("And what more valuable," said he, "than arms and valor?") were thrown in. There was perhaps a *puteal* on the site in Livy's time. — **21.** The **curiae** were composed of associated *gentes,* with common sacrifices, rites, and privileges. (Lange, i. 199, 245.) In each, its peculiar sacred rites were presided over by a priest called *curio.* The number Livy gives would involve the previous threefold division into the three Romulian tribes. — **22.** Few of the names of the thirty curiae are known to us. The occurrence among them of *Rapta,* and their feminine terminations, may have led to their attempted identification with the names of the Sabine women. Some of them are evidently of topographical origin. — **23. Hoc,** *than this* (number of the curiae). — **24. Dignitatibus,** etc., *by the distinction* (such as birth, social position, etc.) *of themselves or their* 30

Page

30 *husbands.* — **25. Lectae sint.** Indirect question. — **26. Centuriae** = *centumviriae,* the troops of a hundred men. There were one hundred from each tribe, ten from each curia. — **27, 28.** The names of the tribes were Ramnes, Tities, and Luceres. *Ramnenses* is the adjective of Ramnes, as is *Titienses* of Tities: *equites Ramnenses, equites Titienses.* So the third century consisted of the *equites Lucerenses,* for which Livy uses here the substantive *Luceres.* Fr. — "This threefold division is the ultimate fact of Roman history, and no explanation of the names of the tribes has been given that has any probability." S.

XIV. 32. The **Laurentes** were the people of the district of which Lavinium was the capital. — **Pulsant,** maltreat, beat. Plutarch (Rom. 23) says "killed." — **32, 33. Jure gentium agerent,** *demanded satisfaction in accordance with the Law of Nations* (which in all ages has declared the sacredness of the persons of ambassadors). **Agere** is a legal term, of entering a complaint. — **34. Igitur,** the result was that. — **35. Lavini** (Lavinii). Locative case. "The Romans always performed an annual sacrifice at Lavinium," the city of the Penates of Latium. See A. W. Zumpt *De Lavinio.* — **38. Ob infidam societatem regni,** *from the want-of-good-faith which belongs to partnerships in kingly power.* The principal idea lies in the adjective, which we must translate as a noun. — **Haut** = *haud.*

31 **7, 8. Quantum futurum apparebat,** *as was manifestly about to arise.* — **Occupant.** For the peculiar meaning of this word (like that of the Greek φθάνειν), see Lexicon. — **17, 18. Locis — obscuris,** *in dark places here and there about the thick overgrown brushwood.* With Madvig, I follow the reading of the MSS. in this difficult passage. Weissenborn substitutes (e conjectura) **inter** for **obsita**; Hertz reads locis circa densis obsitis virgultis obscuris; Frey adopts Hz.'s reading, but brackets *obscuris.* Gronovius emends: partem militum locis circa denso obsitis virgulto obscuram. — **24. Trepidante,** *wavering;* (almost in the original sense of that English word, moving back and forth like a wave.) — **26. Inpulsa Romana acie,** *breaking the Roman line.* S. — **30. Praesidio,** *the camp.* — **31, 32. Quique cum eo visi erant.** E, adopted by Mg. and S. Wsb. (*Teubner*) quique cum eo equites erant; (*Weidmann*) quique cum eo abire visi erant (which Frey adopts, changing the order of the last three words to visi erant abire). Koch conjectures quique cum eo fugere visi erant. The

MSS. differ and their readings are confused. P, B, adopted by 31
Hertz, quique cum eo equis ierant. With our reading **visi erant** = *had been seen.* — **33. Vera fuga.** Ablative. — **34. Simulantes** (sc. fugam). Accusative. — **35. Haerens in tergo,** *clinging to their rear.* — **36. Romanus.** The singular of a national name instead of the plural is frequent in Livy. — **Obicerentur** = objicerentur. — **37. Inrumpit** (irrumpit). Fidenae became a colony, to which Romulus sent 1500 citizens. Plutarch, *Rom.* 23, 12.

XV. 38. Inritati (irritati), sc. *sunt.* — **39 sqq. Et** (*both*) **con-** 32
sanguinitate, et quod, *etc.* The first reason is expressed by an ablative of cause, the second by a clause introduced by the causal conjunction **quod.** — **4. Justi,** *regular.* — **5.** How does *exspectare* differ in meaning from the English word *expect?* — **8. Dimicationi — intentusque,** *prepared and eager for a decisive* (**ultimae**) *battle.* Although **dimicationi** shows the purpose of **instructus,** yet the latter word is not construed with the dative; **intentus,** however, takes this case, and helps the double reference — **11. De,** *for.* — **13. Arte,** *stratagem.* — **Veterani robore exercitus.** A phrase, as Seeley says, "more applicable to the standing armies of Livy's own time than to the ancient militia." Livy is constantly carrying the terms and usages of his own day into the early annals of Rome. — **18. Oratores,** *ambassadors.* Derived from what verb? — **21. Haec ferme,** etc. *These are the principal transactions in the reign of Romulus, etc.* — **26. Valuit,** sc. *urbs.* — **In quadraginta annos,** i. e. during the reign of Numa. — **27. Multitudini.** Livy thinks of the *plebs* of a later date. — **30. Celeres,** from *cel-er, cel-lo,* κέλης. This, the most ancient name of the three hundred cavalry (c. xiii.), is wrongly applied by Livy to the body-guard of the king. When tradition began to assimilate Romulus to a Greek τύραννος, it gave him also a body-guard or δορυφόροι.

XVI. 32. Inmortalibus. Immortal, in the sense of worthy of immortality. Crevier proposes the reading *mortalibus.* — **33. Campo,** sc. *Martio.* — **34.** The site of the *Goat's Marsh* is now unknown. The Circus Flaminius is supposed to have been built near it. — **37–4. Romana — obtinuit.** On this periodic sentence, see A. & S. 281, 5. — **38. Ex,** *after.*

1. Proxumi = *proximi.* — **2. Raptum,** sc. esse Romulum. — 33
4–6. Salvere — jubent, etc., *they all* (hail, or) *invoke Romulus as a god,* etc.; i. e. they all cry, "Salve Romule, deus deo nate, rex

Page

33 parensque urbis Romanae!" — **6. Pacem,** *his favor.* — **6, 7.** Notice the *alliteration*, common in solemn and formal expressions. — **Volens propitius.** Often used together as here without a conjunction. — **8, 9.** The accusation in these lines does not belong to the oldest traditions, but arose probably in later times from the hatred against the patricians. — **13. Fides,** cause of belief, *confirmation.* — **14. Gravis,** weighty, trustworthy. — **15. Auctor,** *authority.* — **18. Horrore,** *with awe.* — **19. Adstitissem,** *stood rapt.* S. — **Ut esset.** An object-clause. — **Contra,** i. e. *face to face.* — **24, 25. Mirum,** sc. *est.* — **Fidei,** genitive with **quantum.** So Mg. after E. The ordinary reading is *fides.*

XVII. The Interregnum. (Mythical date **716 B. C.**) On the death of the king, the supreme power falls to the **Senate.**

29. Ad singulos. A conjecture of Gr., adopted by Mg., Hz., Fr., S. The MSS. and Wsb., *a singulis.* **Ad singulos pervenerat.** The striving for the government *had* not yet *gone so far as to single persons.* — **31. Ordines,** i. e. the two tribes, Ramnes and Tities. — **34 sq. Volebant, aspernabantur.** "It is somewhat difficult to render the delicacy of these imperfects. Translate, 'It was the wish of the Sabine families . . . while the Romans could ill brook a foreign king.' *Aspernari* expresses 'rejection,' not necessarily 'contempt.'" S. — **35. Romani,** i. e. the Ramnes. — **36. Voluntatibus,** *political views.* S., (who refers to Cic. pro Sext. 45–47.) — **Regnari.** Used impersonally: *that there should be a king.* "All were for monarchy." — **37. Experta.** Used as passive. — **39. Circa civitatium,** *surrounding states.* — **Inritatis animis,** *in the excited feeling.* Ablative absolute of attendant circumstances.

34 **2. Alteri,** *to another*, to any other. — **3. Inducebat,** etc., '*could* make up his mind.' S. — **4. Rem,** *the regency.* — **Centum patres.** Livy forgets the *added* 100 Sabine senators. — **5. Singulisque — creatis,** *and one being chosen for each decuria.* — **6–10. Imperitabant — fuit.** The imperfects denote the *uniform practice* during an interregnum, the perfect the length of the *particular* interregnum in question. S. — **9. In orbem,** *in a circle.* In Latin the accusative of *the effect* is used: *so as to make* a circle. — **10. Quod — nomen,** *a name which even now* (continues, or) *is in use.* During the republic an *interrex* was sometimes named by the senate, when by any chance there was no ordinary curule magistrate in the state; when, e. g., the elections were obstructed,

Page

and the time of one magistrate expired before a successor was 34
appointed. Such an *interrex* held office for five days. Z. — 12. **Fremere.** Historical infinitive. — **14. Et,** *and* (*moreover*). — **12, 17. Plebs, populo.** Seeley calls attention here to "Livy's entire ignorance of the distinction which Niebuhr tried to establish between populus and plebs." — **16, 17. Ita** modifies **permissa.** — **19. Auctores fierent,** *should ratify* (or confirm) *the appointment.* — **21. Vi adempta,** its force (or efficacy) being taken away. The ratification by the senate has become a mere form, being given *before* the enactment of a law or the election of a magistrate. (Lex Publilia, (Liv. viii. 12, 15,) and Lex Maenia.) — **22. In,** like old English *against, in anticipation of.* — **24. Contione.** — "Public meetings at Rome could only be called by a magistrate. They were either 'comitia,' where there was voting, or 'contiones,' where there was only speaking. Here, the **interrex** summons a *contio* as introductory to the *comitia.* (**Contio** is derived from *conventio.* Varro, L. L. 6, 88.)" S. — **24, 25. Quod — sit.** The subjunctive here is of wish and prayer. An introductory formula, like those in our own language, with which wills and some other legal documents used to begin. — **27. Qui numeretur.** Relative clause after **dignus.** H. 501, iii.; A. & S. 264, 9; B. 1226; A. 65, iv. 1; G. 348. — **29. Scisco** is used *strictly* of the decisions of the comitia tributa, **jubeo** of those of the comitia centuriata. Cic. pro Flacco 7. 15: *quae sisceret plebes aut quae populus juberet.*

XVIII.-XXI. Numa Pompilius, second king of Rome (Mythical date **715–672 B. C.**). **XVIII.** Numa's **Election** and **Inauguration. XIX.-XXI.** Numa cultivates **peace,** and builds the **Janus.** Divides the year into **twelve months.** Appoints **priests,** and founds **religious institutions.**

XVIII. 31. Religio, *piety.* — **32.** The name **Numa** is thought to be connected with *νόμος, num-erus.* — **33. Ut,** *as far as.* — **35. Extat** = exstat. — **37. Centum amplius,** etc., *more than a hundred years afterwards.* On the use of **amplius** without *quam,* see H. 417, 3; A. & S. 256, Rem. 6; B. 900; A. 54, V.; G. 111, Rem. 4. — **39. Aemulantium — habuisse,** *formed clubs of youths who eagerly pursued his studies.*

1. Aetatis. Pythagoras is said to have been born in 608 or 35
in 570 B. C. — **Quae fama in Sabinos,** sc. *pervenisset.* So the MSS. Sigonius, followed by Mg., Z., S., qua fama in Sabinos (*by*

Page

35 *what Sabine reputation*), aut, *etc.* — **3. Excivisset.** English subject *it* (i. e. fama), not *he.* — **4, 5. Unus pervenisset,** *could a man* (referring to Numa) *have made his way alone, through.* etc. — **5. Ingenio,** inborn qualities, *natural disposition.* — **8. Quo genere,** *than which stock,* or, as Seeley says, type. — **10. Patres Romani,** the senate as a body. — **14. Ad unum omnes,** *all to a man,* all without exception. — **16. Augurato urbe condenda,** *by founding the city after consulting the auguries* (or in accordance with the auguries). **Augurato** is a perfect passive participle standing by itself in the ablative absolute. — **18. Honoris ergo** = honoris causā. — **19. Deductus,** conducted solemnly. — **20. In lapide.** This stone is the *auguraculum ;* on the *arx,* whether that were, as the German students of Roman topography generally contend, the north-eastern point of the Capitoline hill, or the south-western, as the Italians argue. — **Versus.** Participle. — **25. Dextras,** etc. As the augur had his face turned to the east, when he drew the line on the heavens over his head from east to west, the south side of the sky was on his right, the north on his left. The left side was, with the Romans, the lucky one, and therefore *sinistrum,* as an augural term, was equivalent to *faustum.* On this account the Latin etymologists derived *sinister* from the verb *sinere,* because an omen on the left hand 'permitted' (*sineret*) something to be done. Zumpt. — **26, 27. Signum contra animo finivit,** *he fixed in his mind a signal* (some object on the earth, as, for example, a tree, to mark the boundary between the northern and southern hemispheres) *directly in front of him.* — **30. Fas,** i. e. *thy will.* — **31, 32. Uti adclarassis,** *do thou show forth.* **Adclarassis** = adclaraveris. Subjunctive of prayer, after **uti** (= *ut*). **Certa,** *sure, unerring.* — **33. Peregit verbis,** *he specified in words.* — **34. Declaratus rex,** *manifested to be king.*

XIX. 36. Eam, referring to **urbem,** is "merely introduced for clearness," and to emphasize the distinction between war and the institutions of peace. — **37 sq. Adsuescere posse.** A *general* subject-accusative may be supplied: that *men* could not adapt themselves: or we may consider the subject as implied in **ferocem populum.** — **39. Mitigandum,** sc. esse.

36 **1.** The **Janus** of Numa was a covered arched gateway, with two doors. A statue of Janus bifrons stood within it in a niche. The **Argiletum** was a district northeast of the Forum, between the southern point of the Quirinal and the Capitoline. — **4.**

Clausus fuit, it has been in a closed state. S. — **5. T. Manlio cos.** 36
235 B. C., six years after the close of the first Punic war. — **7.** The battle of **Actium** was fought B. C. 31; the temple of Janus was closed B. C. 29. This first book of Livy, it is evident, cannot have been published before that date. — **15. Iniciendum** = injiciendum. — **Qui** refers to **metum.** — **17. Egeria.** A fountain-nymph and one of the Camenae. The gods of streams and fountains could give inspiration, and also produce insanity. — **20. Ad,** *in accordance with.* — **23 Solido,** *full.* — **Solstitiali orbe,** *through the solar orbit.* "Ablative of the way along which. M. 274." — **25. Vicesimo anno,** i. e. at the end of the cycle of nineteen years. — **Metam — solis,** *the same position of the sun.* — **27. Nefastos dies fastosque,** "*holidays and business days.*" L. For the derivation and exact meaning of the words, see Lexicon.

XX. 31. A **flamen** was the peculiar priest of a single deity. — **32. Romuli, Numae.** Grammars still continue to convey the wrong impression that **similis** *must* take the genitive when it denotes internal resemblance, and the dative of external resemblance. The genitive being a case expressing closer and more intimate relations than the dative, was preferred by the older writers when (as in this passage) resemblance of internal qualities was implied; but sometimes the genitive, even in the names of living beings, was used to denote merely *external* resemblance: e. g. Cic. Tusc. I. xxxiii. 81: facie vel *patris,* vita omnium perditorum ita similis, etc.: where, although the two kinds of resemblance are *contrasted,* the adjective is construed with the same case in both instances. In Cic. de Nat. Deor. ii. 59, 149, we find it followed by the two cases in the same sentence, although the same kind of resemblance is meant. I cited both of these passages in 1851, in my note on Cicero's Tusc. Disp. I. xv. 34, q. v. — **35. Adsiduum sacerdotem,** *as a perpetual-and-resident priest.* The *flamen Dialis* was forbidden to spend a night outside of the city. — **Insigni veste.** I. e. the *toga praetexta* (Div. xxvii. 8, 8), and the *apex* or peaked cap. (Liv. vi. 41, 9.) "But Servius *ad Aen.* iv. 262 says that the dress was a double toga called *laena.*" — **39. Conditoris.** Rea Silvia, the mother of Romulus, was a Vestal. **Adsiduae.** The Vestals were obliged to be in constant attendance on the goddess, and to watch and maintain the sacred fire.

1. Stipendium de publico. The Vestals received the revenues 37
from a part of the *ager publicus,* and from lands from time to time

Page

37 bequeathed to them as a corporation. — **2. Caerimoniis,** *sacred distinctions.* —**4, 5. Tunicae pictae.** Genitive of definition, appositive to *insigne.* — **6. Caelestia arma.** It was said, that in the reign of Numa, a shield fell from heaven, and a voice proclaimed that it would be a pledge of the future greatness of Rome. To prevent its being stolen, eleven others were made exactly like it. The twelve were borne by the Salii on the feast of Mars. The name **ancile** is from their shape, as they were cut in on both sides (*am(b), cidere*), so that they were wider at the top and bottom than in the middle. —**7. Carmina.** These hymns were considered as the oldest monuments of the Latin language, and were in later times unintelligible even to the priests. — **9. Numa Marcius** was a son-in-law of Numa, and father of the fourth king of Rome. — **10. Ex patribus.** Until A. U. C. 454, the pontifices could be chosen only from the patricians. — **15. Consultum,** *to ask advice.* —**15 sqq.** Ne quid divini juris turbaretur, neglegendo (= negligendo) patrios ritus adsciscendoque peregrinos (ritus). — **17. Caelestes,** relating to the gods of heaven as distinguished from the Manes. — **20. Susciperentur atque curarentur,** *should be accepted* (as manifestations of the divine will or anger) *and attended to* (with the proper religious ceremonies: *expiated*).

XXI. 29, 30. Proximo — metu, *the fear of laws and penalties standing next,* i. e. *being secondary.* In a worse state of society, the fear of laws and penalties stands *first* as the guarantee of order; and no human society is so perfect that this fear is without value as re-enforcing higher motives. The expression is not above criticism, but there seems to be no necessity of departing from the reading of the MSS. Seeley properly objects to the citation of *tu secundo Caesare regnes* as justifying this reading; but it *does* justify the *ablative absolute,* which is Weissenborn's purpose in citing it. I suggest that another passage in Horace, *nec viget quicquam simile aut secundum: proximos illi tamen occupavit Pallas honores,* proves that **proximus** may be applied to things which, while nearest, are *inferior* and stand on a lower plane. Madvig substitutes *e coniectura* "pro obnoxio," taking *obnoxius* in its sense of slavish. Other conjectures are *pro summo; pro timore; procul.* — **30. Cum,** *while.* — **Ipsi homines,** i. e. Romani. — **37. Quem medium,** *the midst of which.* — **Ex,** (*flowing*) *from.* — **39. Deae,** i. e. Egeriae. — **Camenae** or **Casmenae** were nymphs of brooks and fountains. The best-known are Juturna and Egeria.

Page

1, 2. **Quod essent.** Subjunctive because the proposition is 38
given as the statement of Numa. — **Soli,** alone, by herself. This word is regarded by many editors as a false reading, or as betraying a *lacuna.* Seeley very ingeniously suggests *solus,* founding himself upon the parallel passage in Dionysius 2, 75: *πρῶτος ἀνθρώπων ἱερὸν ἱδρύσατο Πίστεως δημοσίας κ.τ.λ.* — 3. **Id sacrarium,** the chapel (on the Capitoline) for this worship. — **Curru arcuato,** a carriage arched overhead, with a cloth covering; used also by the Vestal virgins. — 4. **Manu involuta.** The band with which the hand was wrapped was *white;* "the color of light and of pure truth." Fides herself was represented in a white robe. (Hor. Od. i. 35, 21.) — 5. **Tutandam,** *should be carefully guarded.* — 6. **Sedemque,** etc., *and that her seat also in (men's) right hands was sacred* (i. e. should be kept pure and holy). — 8. **Argeos.** There were twenty-seven *chapels* called Argei, distributed in different parts of the city, (six in each of the four regions and three additional,) perhaps marking ancient districts which were afterwards superseded by the city tribes. The origin of the name is unknown.

XXII.–XXXI. Tullus Hostilius, third king (Mythical date **672–640 B. C.**). **XXII.–XXV. War with Alba.** The combat of the **Horatii** and the **Curiatii. XXVI. Horatius slays his sister.** His trial and acquittal. **XXVII, XXVIII.** Faithlessness and punishment of **Mettius Fufetius. XXIX, XXX. Destruction of Alba.** The Albans are incorporated with the Roman state. **War with the Sabines. XXXI.** Prodigies. **Death of Tullus.**

XXII. 16. Morte. Ablative of date, as on page 19, line 28. — **17. Hostili.** See chapter xii. — **19. Jussit** = *creavit.* — **20. Regi.** See note on *Romuli,* page 36, line 32. — **25. Agrestes,** *peasants.* — **28. Ad res repetendas,** *to demand satisfaction.* The expression is capable also of the special meaning, *to demand back their property.* — **29. Mandata** = *ea quae mandata essent,* the business on which they were sent. — **33. Tantisper,** *meanwhile.* — **38. Omnium,** of all *things.* The genitive, dative, and ablative of **omnia** are often used in Livy. — **39. Purgando** (*in making the excuse*) governs the object-clause in the oratio obliqua **se invitos — jussos.**

6. **Ut in eum expetent,** sc. dii, *that they* (i. e. the gods) *may* 39
visit upon him omnes clades, etc. This seems better than to take **expetant** as intransitive (*may fall*) with **clades** as its subject.

Page

39 **XXIII. 8. Domum.** Terminal accusative.—**11. Utramque,** *each of them.*—**15. Tectis dirutis.** See chapter xxix.—**Duo,** *the* two.—**16. Ingenti exercitu.** The *modal ablative* (of a noun and adjective) is often used for the force with which anything is done in war. So **infesto exercitu** (27).—**28. Ducit** (sc. Mettius). Used absolutely, like ἄγειν.—**31. Satis scire,** sc. se, *that he was confident.*—**34. Adferri rebatur.** Tanaquil Faber, Madvig.—Codd., *adferrebantur.* Wsb. e coni. I. H. Vossii, *tamen, si vana adferantur.*—**36. Instructi.** Mg.—Codd. *structi.*—**38 sqq.** Et ego regem n. C. audisse videor (*dicentem*) injurias et n. r. r. ex f. q. r. s. causam hujusce esse belli, nec dubito, etc.

40 **4. Recte,** sc. *id fiat.*—**5. Fuerit,** *may have been,* was perhaps.—**7. Illud monitum,** *advised of this.*—**Velim.** The subjunctive softens the expression.—**8, 9. Quo, hoc.** Ablatives of measure of the difference implied in the comparative degree.—**Tuscis,** Stroth's correction. Codd. Vvlscis.—**10. Esto.** Notice that this *future* imperative stands with *cum dabis.*—**Jam cum,** *when once.*—**11. Spectaculo fore,** sc. Etruscis.—**12. Adgrediantur,** sc. *Etrusci.*—**19. Quaerentibus.** The so-called dative of the agent.—**20. Materiam,** the opportunity, the means.

XXIV. 25. Error, *a confusion,* a discrepancy.—**30. Ibi,** *with that people.*—**33. Legibus,** *conditions,* terms.—**39. Pater patratus** seems to mean 'one who is made father.' The pater patratus seems not a president of the College of Fetials, but a president of a particular deputation from it *elected for the occasion,* (hence 'patratus.') Some passages suggest that the title is connected with the doctrine of 'patria potestas.' S., Fr.

41 **1. Sagmina,** *a tuft of grass* plucked from the summit of the Capitoline. (Plin. H. N. 22, 2, 5.)—**2. Puram,** sc. *herbam.* The word is bracketed by Ussing and Frey. "Perhaps we should have **pura.**"—**5, 6. Vasa** and **comites** are (like **me**) governed by **facis,** and *regios* (or *regia*) *populi Romani Quiritium* is to be supplied as a factitive-object. **Regium,** *royal,* i. e. authorized to represent the king. Among the **vasa** are the *sagmina* and *silex* (line 22).—**6, 7. Quod fiat,** *so far as it can be done.* **Quod** with the subjunctive in a restrictive clause.—**Fraude mea,** etc., *injury* (or prejudice) *to me and to the Roman people,* etc. **Populi** is objective genitive.—**10, 11.** *The pater patratus* (**fit**) *is appointed to pronounce the oath,* etc.—**12. Carmine,** *formula.*—**Operae,** sc. *pretium.* See the first line of Livy's preface.—**14. Populus.** A

Page

nominative in apposition to a vocative. M. 299, Obs. 1.—**15. Ut,** 41
as.—**Prima postrema,** *from first to last.* Such *asyndeta* are common with opposites; e. g. *bona mala, digna indigna, velim nolim.*—**16. Tabulis cerave,** *upon tablets* (of stone) *or* (thin tablets of wood covered over with) *wax.*—**Utique,** *and as.*—**18. Prior non deficiet,** *will not be the first to* (be wanting or) *prove faithless* to those stipulations.—**Defexit** for *defecerit.*—**19. Illo die.** A suggestion of Madvig, who reads however *ille dies,* as the MSS. except M, in which Iup is crossed out and *ille* altered to *illo.* Wsb. ille Diespiter. Seeley, *illo die, Diespiter:* in itself an admirable reading.—**20. Porcum.** A pig was the usual offering at the ratification of a treaty.—**22. Silice.** This flint was kept in the temple of Juppiter Feretrius, and seems to have been a symbol of Jove himself. It is conjectured that a meteoric stone was taken, as the symbol of the power of the Thunderer. Cf. Verg. *Aen.* xii. 200. Cf. also the expression *Jovem lapidem jurare.* S.

XXV. 30. Feroces — pleni, *ardent both from their natural disposition and as inspired by,* etc. S.—**34. Quippe,** *for.*—**36. Suspensi,** *nervous.* S.—**37. Intenduntur.** Mg., Hz., after Harl. 1., instead of *incenduntur.*—**38.** Why **terni** and not **tres**? —**39.** "**Animus** is the *heart;* **animi,** *courage,*" *spirit.*

4. Arma, i. e. shields.—**5. Spectantis.** Accusative plural.— 42
8. Agitatio anceps, *movement from both sides.*—**10. Alium alius** for *alterum alter.*—**14. Vice.** Ablative of cause. Mg. reads **vicem,** which is more commonly used in this sense.—**16. Ut . . . sic,** *though* (or *indeed*) . . . *yet.*—**17. Ferox,** spirited, *confident.* S.—**Eorum,** *with them.*—**21, 22. Sequentes . . . unum abesse.** The accusative with the infinitive states a fact with more *special emphasis* and greater *particularity* than the participle.—**26. Faventium.** The appropriate word for encouraging combatants with shouting. S.—**Solet,** sc. *esse,* which Mg. supplies after *qualis.* Livy refers to the applause given at gladiatorial shows (for instance) when a combatant who had seemed overborne again gains the upper hand.—**28. Nec,** *indeed not.*—**34. Ante se,** before his eyes.—**35. Obicitur** = *objicitur.*—**Nec,** *also not.*— Not a **praelium;** but a *trucidatio.*—**36, 37. Fratrum manibus,** *to* (appease) *the shades of my brothers.*—**38. Arma,** i. e. shield.

5. Dicionis alienae facti, *brought under a foreign jurisdiction.* 43
Dicionis possessive genitive in the predicate after **fio.** M. 281, obs.—**13. Princeps,** *at the head.*

Page

43 **XXVI. 15, 16.** The **porta Capena,** which was a gate in the wall of Servius Tullius, was not then in existence. Livy uses the word to designate the *site.* — **Umeros** = *humeros.* — **19. Feroci juveni,** *the triumphant soldier.* Seeley. On the dative, see note on **Numitori,** page 21, line 33. Our English idiom almost compels us here to translate this dative as genitive, to the loss of the delicate meaning of the Latin case.—**22. Inmaturo,** *unseasonable.*—**24. Sic eat,** *so may she fare.*—**26. Meritum,** *service.*—**Facto obstabat,** shielded his deed, "*was a set-off against the deed.*" — **27. Ad regem,** to the king (as the supreme judge).—**28. Ac — supplicii,** *and for a punishment in accordance with the judgment.* — **Auctor esset,** "*might be responsible for.*" — **30. Qui judicent.** Relative with the subjunctive denoting purpose. Translate by the English infinitive.— **Perduellio,** properly used of treason, here a *crime against the state.* We should expect *parricidium;* but the murder could be called perduellio, as a usurpation of the power of the state to punish the guilty. — **32. Carminis,** strain, *formula.* — **33. Provocarit,** sc. *reus.* — **34. Vincent,** sc. *duumviri.* — **Obnubito** (and the two following verbs), sc. *lictor.* — **34, 35. Infelici arbori,** *on a barren tree.* A true *locative,* like *domi, humi, Carthagini, Corinthi,* etc. It is not strange that we should meet this old case in an ancient formula. — **Infelici.** "Unfruitfulness, and darkness of color, were qualities of things dedicated to the infernal gods." — **37. Non — ne quidem.** 'Ne quidem' can follow a general negative without destroying the negation.

44 **1. Iniciebat** (= injiciebat). Imperfect of an action merely *begun* or *attempted.* — **2. Auctore Tullo,** *by the permission of Tullus.* — **3. Ita-que,** *and thus.* T. Faber, Mg. The MSS. *ita de.* — **7. Patrio jure.** The *patria potestas* gave the father the right over the life and death of his children. — **11. Pila Horatia.** "A pillar at the corner of one of the arcades containing shops was called the Pila Horatia, in memory of the battle of the Horatii and Curiatii. Upon it, according to Dionysius, had been fixed the armor taken by the surviving Horatius from the vanquished Curiatii. The word **pila** may mean either the column or the weapons themselves; the Latin writers seem to understand it as referring to the *weapons,*" thus line 20 *inter illa pila,* "while Dionysius translates it by στυλίς." Burn, p. 104.—**12. Modo,** *just now.* — **13. Decoratum ovantemque victoria,** *with the ornaments and in the exultation of victory.* — **15, 16.** Spectaculum tam deforme

quod (= *ut id*) vix Albanorum oculi ferre possent. — **19. Arbore.** 44
Here we have the ablative (and not the antiquated locative of the formula on page 43) as the ordinary mode of expression. — **20, 21. Modo,** if only, *provided it be.* — **Pila,** *the lances* on which the spoils hung. — **27. Admiratione.** Ablative of cause. — **Jure.** The ablative means *in accordance with.* — **31. Deinde,** *thenceforward.* — **33. Publice,** *at the public expense.* — **Semper,** *from time to time.* The Sister's Beam is mentioned as still in existence in the fourth century of the Christian era. It was a plank or beam laid from one house to another in a lane which led from the Carinae to the Vicus Cyprius. Near it was an altar of Juno *Sororia,* at which sacrifices were offered by the gens *Horatia,* and an altar of Janus *Curiatius* was also in the neighborhood. The legend may have been invented to account for these names.

XXVII. 37. Nec, *but not.* — **39. Vanum ingenium,** *the weak character.* S.

5. Ex edicto, *with a formal declaration.* — **7.** Livy spoke of 45
the conquest of Fidenae in chap. xiv., but did not mention the fact that a colony was sent thither. — **8, 9. Pacto — Albanorum,** by the assurance that the Albans would desert (to their party). — **11. Ab Alba.** In the names of towns in reply to the question, whither? Livy uses almost always the preposition *a* with the ablative, not the ablative alone; with the names of countries the preposition *ex.* Ellendt. — **12. Confluentis** (accusative plural). Anienem et Tiberim. — **17. Legionem,** *army.* — **18. Animi,** *courage.* — **Fidei,** *good faith.* — **22. Consilium erat** = *decrevit,* and hence takes the infinitive and not the genitive of the gerund. M. 417, Obs. 2; Z. 659, note. — **22, 23. Qua,** *on which side;* **ea,** *on that side.* We might have had *quo — eo.* — **Rem,** i. e. *the victory.* — **23, 24. Miraculo — Romanis,** *the astonishment of the Romans was first excited.* **Esse** (historical infinitive) with two datives. — **Ut,** *when.* — **25, 26. Citato equo,** *galloping up.* — **28. Increpans.** Used absolutely, and not governing *equitem.* — **31. Item.** Wsb., Mg.-Codd. *idem,* Gronovius *eidem.* — **32. Id factum,** the doing of this, i. e. the carrying out of this command. — **34. Id,** sc. *esse,* that was going on which had been heard from the king: i. e. that the apparent desertion of the Albans was a movement to attack the Fidenates in the rear. — **37. Ut qui** with the subjunctive, *inasmuch as they.* — **Coloni,** etc. A Roman colony having been sent to Fidenae, the former Etruscan inhabitants were

Page

45 allowed to join with them. Cf. Liv. viii. 14, 8: *Antium nova colonia missa cum eo, ut Antiatibus permitteretur, si et ipsi adscribi coloni vellent.*

46 1. **Oppido,** i. e. Fidenae.

XXVIII. 12. Quod bene vertat, with a prayer that it would turn out well. **Vertat** for *verteret*, attracted to the *formal* time of the historical present *jubet.* — **16. Ab extremo orsi,** etc. "As the heralds began at the further part of the camp, where the Albans were, the Albans were summoned first. They *stood nearest* both for this reason and *also* (**etiam**) from curiosity to hear a Roman king harangue." — **18, (15). Contionantem, contio.** Sometimes wrongly written with *c* for *t.*—**19. Ex conposito** (composito), *by agreement.* — **23. Fuit, quod,** *there was reason, that.* — **30. Consilium,** *a stratagem.* — **Nec,** *both not;* followed by **et** in line 32.—**31. Vos deseri.** Acc. with inf.—**33. Fuga,** a disposition to flee.—**Iniceretur** = *injiceretur.* — **37. Audeat,** *may perhaps dare* to do.—**38. Documentum,** *a lesson.*

47 **5. Civitatem,** *citizenship.* — **Patres** here refers to the *senators.* See chapter 30. — "**Urbem . . . rem publicam,** ἄστυ . . . πόλιν." — **6. Ex uno,** etc. Refers to Romulus's having founded Rome from Alba. — **7. Res,** *state.* — **12. Disciplina,** *instruction.* — **14. At,** *yet* or *at least.* Z. 756. — **21. Concitati,** sc. *sunt.* — **Qua,** *as.* — **24. Supplicium . . . exempli.** One rather expects *exemplum . . . supplicii.* S. — **25. Legum humanarum,** *of the laws of humanity.*

XXIX. The student will hardly need to have his attention called to the vividness and brilliancy with which the scene in this chapter is described. Among the various beauties of construction and expression, observe the skilful use of the imperfect and pluperfect tenses. — **30.** S. takes **ille** to mean "*What followed* was not indeed tumult and panic, such as," etc. W. translates, "There arose not indeed that tumult and panic, *which* is wont," etc. — **31. Captarum urbium,** *in* captured cities. — **35. Defixit,** *petrified.* S. — **38, 39. Ultimum illud,** *then for the last time.* So *hoc primum* means *now for the first time.*

48 **1, 2. Jam instabat,** *began to press.* — **5. Quibus — elatis.** Attraction for *iis, quae quisque efferre poterat, elatis.* — **13. Urbem.** Livy construes *egredior* both with the accusative, as here, and with the ablative, as xxi. 12, 5, (page 93, line 35.) — **14. Quadringentorum.** According to this reckoning, Alba was founded 300 years before Rome.

XXX. 21. Habitavit. The preceding historical presents give a lively narration of events; this perfect states a result of them. —

Page

22. In patres. Livy means, into the senate, as appears from *tem-* 48
plumque ordini below; but the authors who are his "sources" must have meant patricians.—**23. Tullios.** Instead of this clau, Dionysius puts *Julii* in the list; and Tacitus makes the emperor Claudius say that the Julii came from Alba. But Livy introduces the Julii earlier (chapter xvi.). — **24. Templum,** etc., *he built the Curia as a temple,* etc.; **templum** meaning generally any consecrated place, where, with the approval of the gods (*auspicato*), religious or state business might be transacted. Thus, the stone platform called the *rostra* was a *templum* (Livy viii. 14 and 35). — **25, 26.** The Curia Hostilia (which stood on the north side of the forum) was burned with the corpse of P. Clodius A. U. C. 702. Augustus afterwards caused a new senate-house to be built in the neighborhood, called Curia Julia. — **27. Adiceretur** = *adjiceretur*. — **28. Turmas.** Each *turma* contained thirty men. — **29. Eodem.** I. e. from the Albans. — **30. Hac fiducia virium,** *through his confidence in this strength.* Attraction for **harum,** etc. S. translates, 'impelled by the confidence in his strength which these measures inspired.' M. 255, (256, Am. ed.) — **33. Feronia** was a goddess of flowers. This market, near her temple, was at Trebula Mutuesca, according to Preller. Others have placed it at the *lucus Feroniae,* at the foot of Soracte. — **35. Servos suos,** Mg. The MSS. *suos.* — **36. Lucum.** This is supposed to refer to the asylum opened by Romulus, although its Latin name was "inter duos lucos." — **38. Haut parum** (not too little) = *satis.*

1, 2. Circumspicere. Historical infinitive. — **3. Proximi,** sc. 49
Sabinis.—**Residuas—iras,** the hatred left behind from their wars (chapters xv. and xxvii.).—**4. Defectionem,** a breach of the peace; not here 'revolt.'—**10, 11. Verti in eo,** *to hinge upon this point,* utri prius, etc. — **13, 14. Et quidem . . . ceterum** is nearly equivalent to *cum . . . tum praecipue.*

XXXI. 23. Missis. Ablative absolute with a noun understood. — **24.** Crevier gives the rational explanation that these stones *were* hail. — **25. Caelo.** We should find *de caelo* in the purest prose of the golden age; but Livy is fond of poetical usages. — **25. Visi** = sibi visi sunt, *they thought also that they heard.* — **26. Vocem,** etc., (monentem) ut. — **27 sq. Velut** with the ablative absolute, *as if their gods had been abandoned,* etc. — **31. Ab,** *in consequence of.* — **32. Publice,** *at the public expense.* — **33. Aruspicum** (= haruspicum), *soothsayers.* — **34. Quandoque** = *quandocumque.* —

Page

49 **37. Ita,** *very;* as we say colloquially, *not so very.* — **38. Oreretur.** In the imperfect subjunctive *orior* has the forms both of the fourth and of the third conjugations. — **39. Salubriora,** *more healthy.*

50 1. We have again **juvenes,** as men of military age, used in the sense of *soldiers* rather than *youths.* — **6. Superstitionibus,** "*religious terrors.*" — **7. Degeret,** sc. *vitam.* "Agere vitam" is more commonly found in prose. — **Religionibus,** "*religious ceremonies.*" — **14. Operatum iis sacris,** *busied with these observances.* Operari takes a dative of the services or beings to which the mind is directed. — **16. Ira.** Ablative of cause. — **17. Fulmine.** Ablative of instrument. — **Conflagrasse,** sc. *eum* (supplied from *ei*). — **18. Magna gloria.** Modal ablative.

XXXII.-XXXIV. Ancus Marcius, fourth king. (Mythical date **640-616. B. C.**) **XXXII. Choice** and **character** of the king. He **revives the institutions of Numa,** and completes the institution of the **jus fetiale. XXXIII.** Conquest of the **Latins,** and their incorporation into the Roman state. The **Aventine** assigned to them. Building of a **wooden bridge** across the Tiber, and addition of the **Janiculum** to the city. Foundation of **Ostia. XXXIV. Lucŭmo,** a son of the Corinthian Demarātus, migrates to Rome from Tarquinii. He wins the friendship of Ancus, assumes the name of **Tarquinius Priscus,** and is appointed guardian of the king's sons.

XXXII. 26. Cetera. Accusative of specification. — **28. Longe.** Gron., Mg. (Codd. longeque.) — **Antiquissimum,** *the most important, most desirable* (thing to be done). — **30. Pontificem,** sc. *maximum.* — **31. Album,** *a whitened tablet* that was set up in a public place. — **37. Desidem** belongs in the predicate.

51 **1. Et — memor,** 'with a touch of Romulus as well as of Numa.' The emphasis is all on *Romuli.* S. — **5. Otium sine injuria.** Mg.'s punctuation. The common reading places a comma after *otium* and none after *injuria.* — **6. Temptari** = tentari. — **11. Aequiculis.** "The treatise on names attributed to Valerius Maximus, by going too far, betrays the imposture. He says that the original inventor of the fetial law was a king of the Aequiculi named Sertor Resius. It is evident that this name is nothing but a disguised form of 'assertor rerum,' the function of the fetial being 'res repetere' or 'asserere;' and following this clue we discover that the Aequicoli are only the people 'qui aequom colunt.'" Seeley. — **13. Legatus,** i. e. the pater patratus. —

Unde = *a quibus.* — **14. Filo,** a woollen thread or fillet wound 51
around the priest's cap. — **16. Audiat fas,** *let divine justice hear.*— **17.** What is the distinction between **juste** and **pie**? — **20. Dedier.** An antique form of *dedi,* the present infinitive passive. — **21. Siris** contracted from *siveris.* Subjunctive as imperative or in imprecation. — **24. Concipiendique juris jurandi,** *and in the expression of the oath.* — **26. Sollemnes,** *usual.* — **28. Janus** is called **Quirinus** (from *quiris,* a spear), with reference to his function as *index belli.* Macrob. 1, 9, 16. — **33. His,** sc. *verbis.* — **34. Rex patres consulebat,** etc. "Here we have a picture of the monarchical senate, consisting of the majores natu, thence called patres, and consulted, man by man, in a fixed order by the king, as under the republic by the consul." S. — **35. Quarum — causarum.** The genitive in this old legal formula is a genitive of reference, for which we should have *de* with the ablative in classical style. Madvig unnecessarily substitutes *causa* for *causarum,* omitting the comma after *litium.* **Quarum rerum** for **earum rerum,** etc., **quarum;** of which the antecedent is constructed with **quid censes** (page 52), and the relative with **condixit. Rerum** refers to the stolen *property,* **litium** to the *points in dispute,* **causarum** to the legal questions and claims arising from them. — **Condixit,** *has made a claim;* with the dative of the persons (patri patrato, hominibusque Priscis Latinis) *upon* whom the claim is made. — **38, 39. Nec — fecerunt,** *they have neither given back nor made indemnity for nor attended to.*

2. Puro (a scelere). — **3. Itaque** = *et ita.* — **7. Aut sangui-** 52
neam praeustam, *or one with a burnt point dipped in blood.* I see no necessity of bracketing *sanguineam* with Madvig. Seeley, who follows Madvig, himself cites Amm. Marc. 19, 2, 6, *hastam infectam sanguine ritu patrio,* and Dio Cassius 71, 33. — **9. Quod,** *whereas.* — **17. Ubi dixisset.** Subjunctive because **ubi** is here *general,* not *particular,* and means *whenever, as often as.* The imperfect indicative, *he would hurl,* properly follows in the principal clause.

XXXIII. 21. Demandata cura. (For the time of his absence.) — **26. Multitudinem omnem,** *the whole population.* — **27. Circa.** Here, *on two sides of.* — **29. Aventinum.** *Mons Aventinus* is the more common name. — **33. Vacuum.** The adjective gives the reason: (*because it was*) *uninhabited.* — **35. Receptaculum,** *refuge.*

Page

53 **2. Conisus** = *connisus.* — **3.** After **vincit** we should expect *deinde urbem capit et diruit,* but Livy passes directly to the *result* of the conquest, **ingenti praeda potens,** *powerful through his vast plunder.* — **6. Murciae,** sc. *aram.* There was an altar of Venus Murcia between the Aventine and Palatine near the lower end of the Circus Maximus. Preller suggests that the Latins to whom homes were given in this neighborhood may have brought her worship with them. He considers her name as connected with *mulcere,* to soften, whence also Mulciber. Subsequently, it was generally written Myrtea, whence perhaps the myrtle was regarded as sacred to Venus.—**8. Ea arx,** *such a strong position.* S.—**9. Sublicio,** *made with wooden piles.* From the place where the walls of the Janiculum came down to the river, a wooden bridge was built, connecting the Janiculum with the Aventine. It was a religious law that this bridge was not to be of stone, nay, that not even iron nails or fastenings were to be used in its construction. — **12. A — locis,** *on the side of (those) places* (or that region of the city) *which were* (more level and therefore) *more easy of access.* — **14. Recte an perperam facti** = *utrum quid recte an perperam factum esset.* — **15. Carcer.** The Mamertine prison. — **19. Silva Messia adempta.** Ablative absolute. Hertz adopts **Messia** from the best MSS. of Pliny and a few of Livy. Other readings *Mesia, Maesia.* — **22. Aedis** = *aedes.*

XXXIV. 23. Lucumo is the title of the city kings of Etruria, but Livy takes it as a proper name. — **24. Divitiis.** Ablative of means. — **27 sqq.** The genealogy according to Livy is as follows:

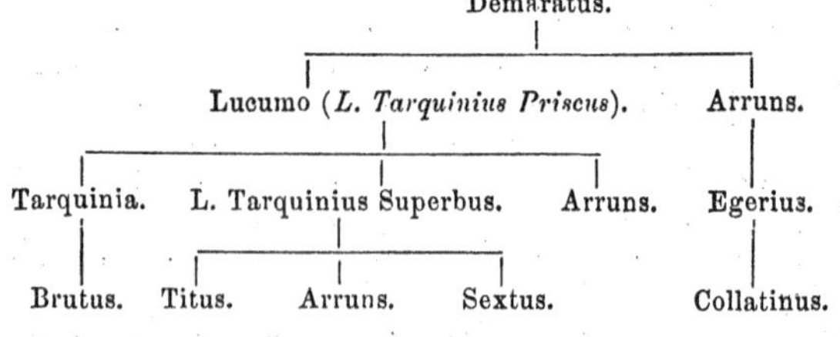

28. Ob seditiones. Demaratus belonged to the noble house of the Bacchiadae, who were expelled by Kypselos when he made himself tyrant (657 B. C.). — **32. Uxore relicta,** *leaving his wife,*

Page

etc. **Relicta** is a *present* participle in meaning. Näg. pp. 259 53
sq. — **36. Egerio.** Dative by attraction to *puero* after *nomen inditum*. — **Lucumoni.** On the dative, see note on **Numitori,** page 21, line 33. — **38. Auxit,** sc. *animos*. — **Ducta — Tanaquil,** *his taking Tanaquil in marriage,* (a woman) born *summo loco,* etc. Perfect passive participles are often to be translated like verbal nouns. — **39. Quae,** *one who;* taking the subjunctive in the sense of *talis ut.* **Iis,** *the position.*

1. Quo = *in quae,* into which. — **4. Virum,** *her husband.* — **6.** 54
Ad id (sc. exsequendum), *for this purpose.* — **Potissima.** So Gronovius and Madvig, instead of *potissimum,* the usual reading. Translate most desirable, most feasible, *best adapted.* — **8. Sit.** Subjunctive of Tanaquil's thought. **Futurum,** sc. *esse.* — **10. Et,** *even.* — **11. Una imagine.** Ancus's only claim to nobility was as the grandson (on his mother's side) of Numa; and Numa's was the only ancestral *imago* in his hall. The *imagines* were figures, with painted masks of wax resembling the person represented, kept in the atrium. The right of having *imagines* was a distinction of the nobles. In after-times a plebeian who, first of his name, held a curule office, gained nobility for his family, and his image was set up in the atrium as first of his line. **Persuadet,** sc. *viro.* — **12, 13. Cui esset.** Relative and subjunctive of the reason. — **15. Carpento.** It is more usual in the best prose to say *in carpento.* "Carpentum is a covered cart. The word is used because the travellers have all their property with them." — **16. Demissa.** Middle; letting *itself* down, *descending.* — **Pilleum** = *pileum.* — **17. Clangore,** *cry.* — **18. Ministerio.** Dative of the purpose. — **21. Excelsa,** *majestic things.* S. — **22, 23. Eam, ea, ejus.** The demonstrative here is emphatic: that very, *that particular, just that,* that and no other. — **23. Ejus dei,** i. e. Jovis. — **24. Humano.** To answer better to **divinitus,** S. proposes *humane,* Wex *humana manu.* — **28.** The antiquarians traced the name **Lucius** to *Lucumo,* as **Tarquinius** to *Tarquinii.* — **31.** The ablatives (of means) in this line are construed with **conciliando.** — **34. Dextre,** *adroitly.* — **36. Bello.** We should have expected *belli* or *in bello.* — **37. Expertus.** Used passively.

XXXV.–XL. Tarquinius Priscus, fifth king. (Mythical date **616–578 B. C.**) **XXXV.–XXXVI.** His **election.** He creates a hundred **new senators,** subdues the **Latins,** marks out the **Circus Maximus,** and celebrates the **"Roman games."** He

Page

54 **doubles** the number of **knights**. Resistance of **Attus Navius. XXXVII.-XXXVIII.** Successful **wars** with the **Sabines and Latins.** The king builds **walls** and **sewers.** Lays the foundations of the **temple of Jupiter Capitolinus. XXXIX.** A flame plays about the head of **Servius Tullius.** His origin. **XL.** The two sons of Ancus procure the **assassination of Tarquinius.**

55 **XXXV. 5. Sub,** a little before. — **Tempus,** *the (appointed) time.* — **6. Petisse ambitiose** = *canvassed.* **Petisse** (for *petiisse*) is a poetical form. — **7. Plebis.** Livy thinks of the *plebs* as having a share in the election, although the vote must have been in the *comitia curiata.*—**8. Cum,** etc. Supply *diceret,* suggested both by *orationem habuisse* above and by *memorantem* below. — **9. Non primus,** etc., *was not the first foreigner, . . . but the third, to aspire to the kingdom,* etc. — **Quod,** *a thing which.* — **Quispiam,** Mg.'s reading. The MSS. *quisquam.* Madvig also corrects **posset** to *possit.* —**13. Ex quo** "has almost become a particle in Livy," meaning from the time when, *ever since,* or *as soon as.* — **Sui potens,** *his own master.*—**15. Qua,** *in which.* — **26. Centum — legit.** "Livy does not say that Tarquin created new patrician gentes, which were then represented in the senate, but that he created new senators, whose families in consequence became patrician." Seeley.—**26, 27. Minorum gentium,** *of the younger houses* (or *clans*).—**30, 31. Majore—fuerat,** *greater* booty *than accorded-with-what had been the report of the war.* — **31. Revecta,** brought back (in vehicles). S.—**32.** The Circus Maximus was between the Palatine and the Aventine. — **34. Ubi.** A relative adverb with the subjunctive of purpose. — **Spectacula,** *stands,* platforms whence they could see the games. — **35. Fori,** *benches.* S.—**35, 36.** Order = furcis sustinentibus spectacula duodenos pedes alta ab terra. — The wooden *props* (**furcae**) were shaped like the letter Y. — **Furcis sustinentibus.** Ablative absolute of attendant circumstances. — **Duodenos.** Why is the distributive numeral used?

56 **1. Aedificanda loca,** lots for building on. S.

XXXVI. 12. Ramnis. Accusative plural. — **15. Inaugurato.** Ablative absolute of the neuter perfect passive participle standing by itself; as *augurato* (chap. 18); and *auspicato* (line 31). — **Negare** (historical infinitive) is followed by *neque, neque,* without destroying the negative. — **17. Addixissent.** *Addicere* (as an augural term) = *assentiri.* — **18. Eludens,** *laughing to scorn.* — **19. Divine** = *vates,* seer, reader of the Divine will. Said ironi-

cally, as is *aves tuae* below. — **21. Futuram,** sc. *rem esse.* — **22.** 56
Atqui, *and yet, but.* — **23. Haec,** i. e. *novaculam et cotem.* — **26.** The **comitium** was the northwestern part of the Forum, where the *comitia curiata* were held. — **In gradibus ipsis,** on the very steps to the left of the Curia. (The steps led up from the comitium to the senate-house.) — **28. Sitam,** *buried.* — **32. Exercitus vocati,** i. e. *the comitia centuriata,* which assembly was called *exercitus urbanus* or simply *exercitus,* inasmuch as the people, who assembled in their centuries, were armed. — **32, 33. Summa rerum,** *matters of the highest importance.* — **35. Alterum tantum** (both neuter), *another equal amount.* He doubled the number of knights in each of the three centuries. — **36 sqq.** Qui additi erant **posteriores modo appellati sunt** (*were simply called secondary*) **sub isdem nominibus** (*under the same names,* i. e. under the original names of the centuries, Ramnes, Tities, and Luceres). The old knights were called *priores* or *primi,* the new knights *posteriores* or *secundi.*

XXXVII. 3. Ex occulto, *in secret.* These words are unneces- 57
sary. — **4. Missis,** sc. *iis,* or some general word meaning men, soldiers, agents. — **5. Conicerent** = *conjicerent.* **Qui conicerent,** relative with subjunctive, denoting purpose, may be translated by the infinitive in English. — **6, 7. Et — haererent,** *and when most of them,* being *on rafts, drove against the piles and stuck there* (lit. having been driven, stuck, etc.). I am almost inclined to adopt Gronovius's conjecture, *pleraque ratibus inpacta sublicisque,* especially as his supposition that the bridge was partly of boats, partly supported on piles, is (as Seeley has noticed) expressly confirmed by Dionysius. As for the question, what bridge is meant here, "Dionysius tells us that the Sabines and Etruscans were in alliance, and that they pitched two camps with the river between them. The bridge was built to connect them, and Tarquin burnt it to divide them." S. — **8. Ea quoque,** *this incident also,* i. e. as well as the great force of the Romans, referring back to "praeterquam quod viribus," etc. S. — **9. Fusis.** Dative. — **11. Fluitantia,** *borne down* by the current. — **12. Insignem,** *palpable* (S.); easily known by this mark.—**19, 20. Petebant, tenuere.** Notice the difference of tense.—**23.** The less important booty, which was burnt on the battle-field, was offered to Vulcan. — **23. Gesturos,** sc. *se esse.* — **28. Tumultuario milite,** *with soldiers hastily drawn together,* as distinguished from regular troops. Z.

Page

57 **XXXVIII. 31. Egerius.** See chap. xxxiv. — **Fratris — regis,** *he was nephew to the king.* — **32 sq. Deditos.** Used in the sense of the middle voice: (that the people of Collatia) *surrendered.* — **37. In sua potestate,** i. e. independent.

58 **5. Priscis Latinis.** Dative. — **Ubi,** *in which.* — **6. Universae rei dimicationem,** i. e. a single decisive battle. — **10. Aut qui** = *aut de iis qui.* — **12, 13. Majore animo quam quanta mole,** *with spirit greater than the energy with which,* etc. — **19. Fastigio,** along a regular slope, *at an angle.* It is a modal ablative. Seeley observes that "this passage is wrongly explained in Andrews's Dictionary." The mistake (which is copied from Freund) is in accepting Drakenborch's *reading,* **e fastigio.** Crevier, while he did not remove the preposition from his text, saw that it should be omitted, as is done by recent editors generally. — **20. Aream ad,** *the site for.*

XXXIX. 23, 24. Visu — mirabile, *marvellous in the appearance and in the event.* — **27. Reges,** *the king and queen.* — **28. Familiarium** = *servorum.* — **29. Eam.** Most of the MSS. have *jam;* but *eam* is rightly adopted by J. F. G., Mg., Wsb., Fr., S. — **Viden'** = *videsne.* — **33. Cultu,** *style,* mode of life. — **35. Regiae,** *our royal house,* (i. e. line, family.) — **38. Liberûm.** Genitive plural. — **Coeptum,** sc. *esse ferunt.* — **39 sq. Magnae fortunae cultum,** *the mode of life* (or the culture and demeanor) *which high rank requires.* So commentators generally. Seeley says **cultum** seems to mean *pursuit,* but cites no instances of the use of the word in that meaning elsewhere.

59 **1. Evĕnit.** Present tense. — **Est.** A good emendation of Madvig's for *esset.* — **8 sqq.** The older tradition represented Servius as the son of the Lar familiaris of the royal house (Faunus), or of Vulcan. Another story assigns him an Etruscan origin. — **11. Cognita,** known for what she was, recognized (as the wife of the prince). — **Prohibitam servitio,** *being preserved from slavery.* — **13. Domo.** The simple ablative of place without a preposition is sometimes found in prose writers who imitate the usage of poets. It is true that the simple ablative is often used in designations of place because they "may be regarded in the light of cause, manner, or instrument," (G. 186,) but there are cases in which it denotes place alone. That which first meant a, then $a + b$, at last means simply b. The locative **domi** would have been regular, and Madvig is inclined to read it; but it strikes me as very

Page

natural that Livy should have avoided the repetition of the same 59
sound, Prisc*i* Tarquin*i* dom*i*. In line **15** the preposition could hardly have been omitted, **in domo** meaning not *at* the house, but *in the house, in the family.* — **14. Mulieres.** I. e. the queen and the mother of Servius. — **16, 17. Capta patria.** Ablative absolute.

XL. 21. Maximo honore. Ablative of quality or description. In a similar predicate after the verb *esse* in lines 15, 16, there being *no adjective* with the noun, the preposition *in* is necessarily expressed: *in caritate,* etc. — **24, 25. Non modo** = *I do not say.* Wsb. — **26. Indignitas,** *indignation.* — **28. Servitia** = *servos.* Abstract for concrete. — **29, 30.** Id regnum, quod Romulus . . . tenuerit. — **30. Servus.** So Madvig, for Servius. If the old reading is retained, it should be translated "*a* Servius." — **33. Set** = *sed.* — **37.** Gronovius and Madvig would omit **quia.**

3, 4. (Iis) ferramentis, quibus consueti erant. — **5. Quam** 60
potuere strengthen the superlative. — **Tumultuosissimae.** Madvig's emendation for *tumultuosissime.* — **12. Dum.** Weissenborn well remarks that "the use of the subjunctive was gradually extended after the analogy of constructions already prevalent," and thus *dum* imitates *cum.* — **13. Dejecit,** brought *heavily* down. — **14. Eiciunt** = *ejiciunt.*

XLI.–XLVIII. Servius Tullius, sixth king (Mythical date **578–534. B. C.**). **XLI. Servius gains the throne** through the artful aid of Tanaquil. **XLII.–XLIII.** He **routs the Veientes and Etruscans.** He appoints a **census,** and divides the people into **classes and centuries. XLIV.** He adds the **Quirinal, Viminal,** and **Esquiline** hills to the city, which is fortified by a wall, a mound, and a ditch. The **pomerium** is extended. **XLV.** The **Temple of Diana** is built on the Aventine as a federal sanctuary of the Romans and Latins. **XLVI.–XLVIII. Conspiracy of Lucius Tarquinius and Tullia,** and **murder of Servius.**

XLI. 17. Clamor, sc. *oritur;* or, as Wsb., *clamor* is a nominative absolute, directing our *attention* to the object or fact named. — **Mirantium.** Plural to correspond to the *collective* idea in *populi.* — **19. Eicit.** The MSS. *eiecit,* which however should be taken as present, the two forms *eicio* and *eiecio* being used. — **27. Hoc.** We should have expected *istud,* as the demonstrative of the second person. — **30. Qui,** *what sort of a man:* the interrogative.

Page

60 *adjective* pronoun, = *qualis.* — **32. Torpent,** *are palsied.* — **34.** The *Nova via,* beginning at the *porta Mugionis,* stretched along the north and west sides of the Palatine. — **35. Ad Jovis Statoris,** *near* (*the temple*) *of Jupiter Stator.* So *near St. Peter's.* — **37. Sopitum,** *stunned.* — **39. Confidere,** sc. *se; she trusted.*

61 **2. Jubere,** sc. *regem.* — **4. Trabea.** The royal *trabea* was a white toga ornamented with purple horizontal stripes. — **7, 8. Alienae . . vicis,** *of performing another man's duty.* — **9. Palam factum est** exspirasse Tarquinium. — **Conploratione.** The *conclamatio,* or calling upon the departed by name, followed by wailing or a dirge. — **10. Voluntate,** "passive acquiescence." S.

XLII. 16, 18. Liberum. Genitive plural. — **20. Quin** with the subjunctive follows **nec rupit . . . necessitatem,** inasmuch as that phrase contains the idea of *hindering* or *preventing:* (fate's necessity *that envy of the royal power should make everything faithless and hostile even among members of the same family.*) — **23. Ad** with the accusative has here nearly the signification which would be denoted by adding *conservandam* to *quietem.* A people engaged in war have no leisure for criticizing the home government. — **28. Que,** *and so, and accordingly.* The conjunction, as Seeley remarks, seems "to mark the intimate connection between Servius' undertaking a great reform, which is stated in this sentence, and his feeling secure in the sovereignty which is stated in the last." — **31. Ordinumque,** *and ranks.* The allusion is not simply to the distinction between the senators and the knights, but to the whole classification of the people according to their service, privileges, position, age, etc. — **31, 32. Quibus aliquid interlucet,** *by which some clear distinction is drawn.* — **33. Censum.** Notice (in your Lexicon) the fuller meaning of this word than that ordinarily implied by the English word *census.* — **35. Habitu,** *the scale,* the proportion. Wsb. But Forc. considers it as meaning in this passage one's *having,* one's possessions (in respect of money). — **36. Classis.** Accusative plural. — **Hunc,** *the following.* — **37. Ordinem,** *distribution* (*of them*). — **37. Decorum,** as in the Preface, means *suited, adapted.*

XLIII. 39. Aeris, sc. *assium.* — The division of the people described in this chapter appears more clearly in a tabular form:

I. *Horsemen or Knights.*

1. Six old centuries, called sex suffragia . . . . . Census, none.
2. Twelve new centuries . . . . " "

Page

II. *Foot.* 61

Class	Centuries	Seniors	Juniors	Census	
1st Class,	80 Centuries	(40 of Seniors,	40 of Juniors),	Census,	100,000 asses.
2d "	20 "	(10 "	10 ")	"	75,000 "
3d "	20 "	(10 "	10 ")	"	50,000 "
4th "	20 "	(10 "	10 ")	"	25,000 "
5th "	30 "	(15 "	15 ")	"	11,000 "
1 century of proletarii				Census under	11,000 "
5 cent. of accensi, musicians, and workmen				"	none

Thus Livy makes 194 centuries, while Dionysius gives 193. But "neither of these figures is of any importance for *historical* times; we are utterly ignorant how many centuries there were at the time when the Centuriat Comitia were the most important legislative body in the world." (N. A. Rev., vol. 114, p. 421.)

2. Why **quadragenas** and not *quadraginta*? — **Seniorum ac** 62
juniorum. *Juniores* from 17 to the end of their 45th year; *seniores* from that period to the age of 60. — **Primae classis.** Those who belonged to the first class were called *classis* par excellence; the other classes were called *infra classem.* This is the origin of the terms *classics, classical,* as denoting works and authors of *the first class.* — **4, 6.** What is the difference between **arma** and **tela**? — **5.** The word **imperata** is used, because each had to provide his own arms. — The **clipeum** (more often *clipeus*) was a round shield of bronze, protecting especially the abdomen, and requiring the *lorica* for the protection of the breast. — **7.** This **gladius** was probably a short dagger-like weapon. — **8. Fabrûm.** I. e., the *fabri tignarii,* carpenters, and the *fabri aerarii et ferrarii,* smiths. — **9. Machinas ferre** denotes perhaps both transporting and serving the engines of war. Wsb. — **13.** The **scutum** being a long oblong shield and protecting the whole body, the **lorica** was no longer necessary. — **14, 15. In** is probably a false reading, and should be omitted in translation. English order: Voluit censum tertiae classis esse quinquaginta milium (assium). — **18. Census,** sc. *fuit.* — **19. Arma** is here used in its widest sense, comprehending *tela.* — **22. In his accensi,** *with these* (i. e. attached to the fifth class) *were the reserves.* — **23. Tres.** Sigonius' conjecture, *duas,* is approved by Lange and G. C. Lewis, as making Livy's number of the centuries correspond with that given by Dionysius. Bekker and Wsb. suggest that as the *accensi* formed no separate centuria in the comitia, Livy, too, makes only 193 *voting* centuries. — **24. Hoc.** Ablative. — **26. Militia.** Ablative.

Page

62 **29, 30. Sex — fecit,** *in the same way he made six other centuries, although (only) three had been formed by Romulus, under the same names under which they were inaugurated.* **Tribus institutis,** ablative absolute used adversatively. **Isdem nominibus,** i. e. Ramnes, Titienses, and Luceres, *primi* (or *priores*), and *secundi* (or *posteriores*) respectively. As the names were given *inaugurato,* they were unalterable. According to Mommsen, the *sex suffragia* (at least in the last century of the republic) were open to the plebeians, and were lower in rank than the other centuries of knights. — **31. Ad equos emendos.** This money was called the *aes equestre.* — **32.** The antecedent of **quibus** (*with which,* in order that with it) is *bina milia aeris.* This is the *aes hordearium,* and was paid annually, while the *aes equestre* was paid once for all. — **Viduae attributae,** *single women were designated.* Unmarried heiresses and widows made contributions, out of which 2,000 asses were given to each knight yearly for the keep of his horse. **Bina milia,** 2,000 *to each* (*knight*), not 'from each lady.' — **35. Honos,** *privileges,* as contrasted with **onera** (34), *burdens.*

63 **1.** *The knights were summoned first* to give their vote. — **2, 3.** The words **primum peditum vocabantur** are probably not genuine, and should be omitted in translation. Some take **primum** as a contracted genitive plural. Zumpt pronounces the words not faulty, and translates "(the centuries of the first class) *were called first of the infantry.*" — **3. Ibi si variaret,** *if there was a difference* (*in vote*) *among them.* — **Ut** depends on the general sense, *it was so arranged that.* — **4. Secundae classis** (genitive), sc. *centuriae.* — **5. Descenderent.** Understand a general subject, *they,* i. e. the Romans, the magistrates, or "the superintendents of the election." The passive impersonal might have been used, *descenderetur.* — It will be seen that while the principle of universal suffrage was to some extent recognized, a great advantage was given to the aristocracy of birth and wealth. The vote was by centuries, not by heads, each century counting one. Whenever the centuries of the knights and of the first class or wealthiest of the foot were unanimously in favor of any measure, their vote was already a majority of the whole, and the lower classes were not called to vote. Age, also, had the advantage over youth, inasmuch as there was an equal number of centuries of seniors and of juniors, although the number of persons must have been much greater in the latter than in the former. —

6. Hunc ordinem, *the present arrangement*, the arrangement existing in Livy's time. — **7.** The number thirty-five was made up 241 B. C., when the Velina and Quirina were added to the tribes previously existing. — **7, 8. Duplicato — seniorumque**, *their number* (i. e. the number of the tribes) *being doubled by the centuries of juniors and seniors.* In the new arrangement, each of the thirty-five tribes furnished two centuries (one of seniors and one of juniors) to each of the five classes, so that each class had seventy centuries and each tribe ten centuries. — **9. Summam**, *the total.* — **10, 11. Regionibus collibusque qui habitabantur**, *according to the districts and hills which were (then) inhabited* (S.) The ablatives specify *the principle* of the classification, or "that in accordance with which" anything is done. — The names of the four city tribes were *Palatina*, *Collina*, *Suburana*, *Exquilina*. — **12.** The **tributum** was a war-tax, paid not yearly, but when (and in such amount as) the occasion required. — **Aequaliter**, *at an equal rate.* —**13-15. Neque**, etc. The tribes of Servius had nothing to do with the distribution and number of the centuries, as *did* the tribes in the reformed constitution as above described, *hunc ordinem qui nunc est*, etc. 63

XLIV. 16. Maturaverat, etc., *he had quickly completed*, through the fear inspired by the *lex de incensis*, or the law threatening imprisonment and death to those who did not give in a census of their fortune. — **19. In campo Martio.** They met outside the city proper, inasmuch as the people appeared in their centuries in the form of an army, and as such could not enter the city. In the time of the kings there was already an altar to Mars in the Campus Martius. — **21. Conditum**, *completed.* — **23. Adicit** = *adjicit.* — **24. Fabius Pictor**, the oldest Roman historian, lived about the time of the second Punic war, and was sent as ambassador to the oracle at Delphi after the battle at Cannae. His Annals, which were written in Greek, treated of the history of Rome from the founding of the city to his own times. — **26. Ad**, to accord with. — **28. Auget Esquilias**, *he enlarges the Esquiliae.* 'Esquiliae' or 'exquiliae' is explained, by comparison with *inquilinus*, as the seat of the *outside dwellers*, or a suburb. The southwestern part, the *Carinae*, already belonged to the city; Servius added further points of the range of hills called the Esquiline, and thus *auget Esquilias*. Gron. followed by Mg., *Esquiliis.* — **31. Vim**, i. e. *the etymology.* — **Postmoerium**, on the

Page

63 further side of the wall. — 32. **Circamoerium.** Circa, *on both sides.* So in line 34. — 36. **Continuarentur,** *should be brought up to* the city walls. **Conjungunt,** a stronger expression, (*they even unite,*) implies that they even used the city-wall as the back or side wall of their houses. "Dionysius, too, remarks of this wall of Servius, that in later times it was entirely built in, so as to be traced with difficulty." — 37 **sq.** Aliquid soli puri ab humano cultu. — 39. **Quod,** because. So in the next line.

64 XLV. 6. **Omnibus.** Neuter.—9. The **temple of Artemis** (Diana) at Ephesus, one of the wonders of the world, was the federal sanctuary of the twelve Ionian cities of Asia Minor. — 20. **Fors,** *an opportunity.* — 22. **Patri familiae.** I. e. a man of property. Livy always uses the form *familiae* in this expression, although *familias* had been more usual. — 34. **Quin** (quī non), *why not?* It is used often where we should say, without a question, *Go and* (as here, *bathe before* (the sacrifice), etc.).—**Vivo,** i. e. running, (as opposed to stagnant.) Cf. Verg. Aen. ii. 719. — 35. **Infima,** *at the bottom of.* — 36. **Religione,** *religious fear, a religious scruple.* — **Qui — cuperet,** *inasmuch as he desired,* "desiring as he did."

65 XLVI. 1. **Usu,** *prescription,* possession. — 4, 5. **Agro . . . diviso,** *by dividing the land conquered from the enemy* (the "agerpublicus") among the citizens *man by man.* — 5. **Ferre,** sc. *legem* or *rogationem.* — 6. **Vellent juberentne.** The formula of proposing a law in the Comitia Curiata began with the words "Velitis jubeatis" and ended with the words "ita vos Quirites rogo." The two words expressing one idea, (the first in the *internal* sphere, the second in the *outward* manifestation,) the interrogative particle is placed after the second, as if they formed one compound word. The subjunctive is that of indirect question, after the idea of asking the people's decision implied in **ferre** *ad populum.* — 8. **Adfectandi,** *of making his way to.* S. — 11. **In curia,** i. e. with the senators. — 14. **Et,** *also;* as well as those of Thebes and Mycenae. — **Sceleris tragici,** tragic guilt, or rather (with a stronger meaning than we usually give to "tragic" in English,) such guilt as formed the argument of many of the great Greek tragedies, *guilt of tragic horror.* — 15 **sq.** (Id)que regnum esset ultimum, quod, etc. — 18, 19. **Pluribus — ediderim,** *after* (or *with*) *the larger number of authorities, I should say he was the son.* **Pluribus auctoribus,** ablative absolute. — 22, 23. **Forte ita inciderat, ne.** As we have *ne* and not *ut non,* the meaning seems

to be: Fate had so ordained, (i. e. that the women themselves 65
should be of different characters,) *in order that* the two violent natures should not be united, etc., so that Servius's reign should last the longer, etc. — **26. Ferox Tullia.** As a rule, proper names in Latin do not take epithets, but the adjective is attached to some appositive noun, as *vir* or *mulier*. Here, however, the adjective *distinguishes* which of the two Tulliae is meant — the *high-spirited* Tullia, as opposed to the Tullia *mitis ingenii*. — **27. Cupiditatem,** ambition, *ambitious enterprise*. — **28. Mirari.** Historical infinitive. — **Virum,** *really* a man. — **29. Regio,** *truly* royal. — **30. Virum.** Again used in a full emphatic sense. — **Muliebri cessaret audacia,** *she was wanting in the daring which became her as a woman*. — **31, 32. Ut — aptissimum,** *as generally one evil fits close in to another*. — **34, 35. Viro,** (*her*) husband, **fratrem,** (*his*) brother; **sorore** (*her*) sister, **virum,** (*her sister's*) husband. — **Viduam,** *unmarried*. — **37. Jungi.** The present implies, *to live united*. **Ut — esset.** The best MSS. *esse*. Madvig boldly emends: jungi; nunc elanguescendum aliena ignavia esse.

1. Videat. Livy often introduces a present in the oratio ob- 66
liqua, in connection with historical tenses, for variety and vivacity. — **2. Implet,** *infects*. S. It takes a genitive, after the analogy of *plenus*. — **2. Ita Lucius,** etc. So Wsb. The MSS. **Arruns,** which Mg. edits, although he says it is an undoubted slip on Livy's part, and that the reading **Lucius** is required by the facts. If one is morally certain that a writer has accidentally said one thing when he meant to say another, ought he not to print what he is sure the author would print himself, if he could revise the proofs? of course informing the reader of the discrepancy of the MS. At the same time, the MSS. ought not to be departed from too easily. Following them, and placing no comma after *minor*, we may make *Arruns T. et T. m.* the subject of *fecissent*, and supply *L. Tarquinius et Tullia major* as the subject of *junguntur*. This is harsh, but perhaps possible. Another difficulty, however, remains, which Seeley thus states and meets. "Dionysius tells us expressly that the wicked Tullia was *the younger*. We have to suppose, therefore, either that Livy differs from Dionysius, which is nothing new, or that he has made a slip, not in writing 'Arruns Tarquinius,' but in writing 'Tullia minor.'" Altogether, this is a *locus lubricus*.

XLVII. 6, 7. Infestior, infestius, *more insecure, more subject*

Page

66 *to attack.* The adjective is used passively. — **9. Gratuita,** *in vain, useless.*—**10. Non sibi,** etc. Tullia's words in *oratio obliqua,* changing (lines 14 sqq.) to *oratio recta.* — **Cui nupta diceretur,** *i. e.* "a nominal husband." — **16. Istic** = *in te.* — **17, 18. Ab Corintho, ab Tarquiniis.** I. e. as a Corinthian or a Tarquinian.— **18. Peregrina regna,** *a foreign throne.* — **19. Moliri,** *to gain with difficulty, to build laboriously.* — **20. Imago,** the bust with a waxen mask, in the atrium. — **21. Tarquinium.** An adjective. Translate, *of Tarquin.* — **22. Frustraris civitatem,** *excite false hopes in the state,* raise hopes destined to be disappointed. — **23. Regium juvenem,** *a prince.* — **27. Cum,** *while.* The subjunctive here follows *cum* in a clause *contrasting* a case referred to with the case in hand. See M. 358, Obs. 3. — **Tantum moliri,** *to accomplish so great a task.* — **30. Momentum,** *influence, power.* —**32. Muliebribus furiis,** *madness* (or *blind passion*) *of his wife.* — **33.** Why did he solicit the *minorum gentium patres* especially? Because they owed their admission to the senate to his father. — **36. Regis.** Objective genitive. — **Omnibus locis,** *among all ranks.* S. — **Crescere.** I. e. he gained adherents. — **39. Pro curia,** *in the senate-house,* in a position *prominently forward.* "*Pro* significat *in,* ut *pro rostris, pro aede, pro tribunali.*" Festus.

67 **4. Fraudi** (sibi), *injurious to themselves.* — **4, 5. De Servio actum** (esse), *that Servius had had his day;* familiarly, that it was all over with Servius. — **6. Ab stirpe ultima orsus,** *beginning as far back as his birth.* — **12. Alienae honestatis,** *of the noble birth* (or rank) *of others.* — **13. Ereptum primoribus agrum,** i. e. *practically* taken from the nobles, because they would otherwise have enjoyed it alone. S.

XLVIII. 19. The *vestibule* is the πρόναος, or space between the door of the temple and the columns in front of the building. — **25. Per licentiam eludentem,** "*playing his insolent game.*" **Per licentiam,** in a wanton (or insolent) manner. This use of the preposition *per* is not infrequent. **Eludentem** is used absolutely. — **26. Dominis,** masters of slaves. An insulting allusion (as *servum,* in line 24) to Servius's alleged servile origin. — **27, 28.** (Eum) qui vicisset regnaturum (esse). — **29.** Mg. omits **etiam,** thinking it to have come from a repetition of the *jam.* But Wsb. (while he retains the MSS. reading) makes the still better suggestion that the syllable *iam* alone may have arisen from repetition, and that we should read *jam et ipsa.* — **31. In inferiorem partem,** *to the bottom;* that is, to the comitium

Page

below. — **Deicit.** The MSS. reading here of this present tense is *deiecit.* In this verb, as well as in *eicio*, two forms were used: *deicio, deiecio, eicio, eiecio.* — **32. In curiam** defines *redit.* — **36. Admonitu,** *at the suggestion.* 67

2. Summum — vicum, *the highest point of the Cyprian street.* 68
According to Varro, "cyprus" in the Sabine language meant *good.* The *vicus Cyprius* ran along under the *Carinae,* probably ascending as it went, and from its highest point the *Urbius* (or *Orbius*) *clivus* led up the Esquiline. — **3. Flectenti,** sc. *Tulliae.* Another dative of reference depending upon the whole clause *restitit — agebat.* Literally, "to her as she turned her chariot to the right hand into the Urbian street, the driver (*is qui jumenta agebat*) stopped," etc. — **7. Inde,** literally, from that point. We should say, *here,* or hereupon. — **8.** *They call it the street of Crime.* — **9. Furiis,** *the avenging furies.* — **13. Quibus iratis,** *so that through their anger.* — **14. Prope diem,** *soon.* The intervening time was twenty-five years. — **22. Liberandae,** sc. from royal rule.

XLIX.–LX. L. Tarquinius Superbus, seventh king. (Mythical date **534–510 B. C.**) **XLIX.** Tarquin **puts to death the leading men** of the state, surrounds himself with a **body-guard,** and **forms connections with the Latins. L.** He calls an **assembly of Latins** at the grove of Ferentina. **Turnus Herdonius** inveighs against him. **LI.** Tarquinius makes a **false accusation against Turnus** and procures his death. **LII.** The **league with the Latins is renewed. LIII, LIV. War with the Volscians** and with **Gabii,** which is taken by treachery. **LV, LVI.** Building of the **Temple of Jupiter on the Capitoline,** and other public works. **Prodigies.** Embassy to **Delphi. Response** of the oracle. **LVII.** War with the **Rutulians.** The lust of **Sextus Tarquinius. LVIII.** The outrage on **Lucretia.** Her suicide. **LIX, LX.** Under the leadership of **Brutus, royal government is overthrown** and the **Tarquinii expelled.** The **republic** is established **510 B. C.**

XLIX. 25. Superbo, ὑπερήφανος (Dion. 4, 41), haughty, tyrannical. — **27. Primores patrum.** I. e. the *patres majorum gentium.* —**31.** (**Neque**) **ad jus regni quicquam,** nothing *towards* a claim to royalty, *nothing by way of a right to the throne.* S. — **32. Ut qui,** *inasmuch as he,* or, inasmuch as he was one who. — **34. Reponenti,** sc. *Tarquinio.* — **36. Sine consiliis,** *without associate-judges,* "without hearing the opinions of wise men." — **37. Per eam causam,** under this pretence. — **39. Unde** = *a quibus.*

Page

69 2. **Quo** = *ut eo*, in order that thus. — 5. **Domesticis**, private; of his nearest friends and adherents. — 15. **Ab** is used with **oriundus** of *remote* origin. — **Circa.** The Latin termination *a* instead of the Greek (*Circe*).—16. **Nuptum.** Supine.

L. 19. The use of **in** is unusual. We should expect either **diem**, or an accusative like *concilium* in place of the object-clause *ut . . . conveniant.* —20. The fountain and *grove of Ferentina*, in the valley of Marino, north of the Alban lake, was the place of assembly of the representatives of the Latin Confederacy. — 23. The assembly, like the meetings of the Roman senate, was closed at sunset. — 24. **Toto die.** The ablative to express *duration* of time is rare in the best writers. M. 235, Obs. 3. — 25. **Ab Aricia** = *Aricinus*.—27. **Inditum**, sc. *ei* (of which there are some indications in MSS.). Hz. reads *ei inditum cognomen*.—29. **An quicquam esse.** Rhetorical questions of this kind, not asked for an answer, take the accusative and infinitive in oratio obliqua. — **Superbius**, more the act of a tyrant. S.—33. **Obnoxios premat**, *he may oppress them* (i. e. the Latins) *as his subjects*. — 34 **Quod**, sc. *imperium*.—35. **Bene**, *with good results: if they had done well to* entrust, etc.— **Crediderint**, sc. *ei* (Tarquinio). — **Aut**, or rather, *or still more*.—37. **Ne sic quidem**, *not even in this case*, not even if this were so.

70 6. **His artibus.** Explained by the preceding adjectives, *seditiosus facinorosusque*. — **Opes domi nactus.** Livy is thinking of a tribune of later times. Wsb. — **Cum maxime**, *at the very moment when*. — 8. **Orationi.** Dative, not genitive, because **is** refers to something which did not belong to the speech itself. Wsb. — 9. **Silentio facto**, i. e. by the lictor. — 10. **Id temporis** = *eo tempore*. **Id**, adverbial accusative. — 14. **Ne — tacitum**, i. e. that here also he did not come off without a comment from Turnus. Literally, he did not carry even this away (**tacitum**, passive participle) *passed over in silence* by Turnus. — 15. **Dixisse**, sc. *Turnum*. — 17. (Filium), ni pareat patri, **habiturum infortunium esse**, will have the worst of it: it will go hard with him: i. e. he will have a good beating. The Latin expression is a colloquial and somewhat inelegant one: "he will get into a scrape." Through the *patria potestas* the father could compel unconditional obedience.

LI. 23. **Pro imperio**, *by virtue of his official power:* the power he possessed at Rome, but not yet over the Latins.—24. **Crimine**,

accusation. — **25. Adversae factionis.** I. e. those won over by 70
Tarquinius to advocate the union with Rome. — **23. Ut in,** etc. **Ut** is not found in the MSS., but is required by the sense. — **32. Ab Turno** is taken with **parari.** — **34. Adgressurum fuisse,** *that he had intended to execute his plot.*

8. Caedis = *caedes.* Nominative case. 71

LII. 22. Qui, *because they.* — **25. In** should probably be omitted. — **26. Ab Tullo,** *from the time of Tullus.* — **33. Documentum,** *warning.*

5. Secretum, *separate.* — **6, 7. Ut — singulis.** Each Latin 72
and each Roman maniple was divided by Tarquinius into two halves (*binos faceret ex singulis*), then two of those halves (one Roman and one Latin) were united to form a new maniple, until they were all thus combined, (*ex binis singulos faceret*). Livy's order of *statement* is the reverse of the order in fact. — **8. Centuriones.** Livy assumes that this was the beginning of the arrangement by which each maniple consisted of two centuries with two centurions, but a single standard.

LIII. 11. Degeneratum, *his degeneracy.* The neuter of a perfect passive participle used as a noun. — **12. Is primus,** *he* (*it was that*) *first.* — **In,** etc., (*that should last*) *for* more than two hundred years, etc. Of course there were interruptions in this long period of warfare. — **15. Divendenda.** So Mg. from P, which reads *dividenda.* Others, *divendita.* — **21. Lentius spe,** "diuturnius quam speraverat." — **22. Nequiquam** = *nequicquam.* — **23. Pulso,** sc. *ei.* — **25. Posito,** *laid aside.* — **26. Jaciendis.** So Mg. in place of *faciendis.* — **27. Minimus,** sc. *natu.* The two elder brothers were Titus and Arruns. — **30. Vertisse,** sc. *eum,* i. e. patrem. — **33. Quam, quem,** *any.* Indefinite pronoun. — **36. Manere iis,** was kept in store for them, awaited them.

7. Si nihil morarentur, sc. *eum,* if they should not detain him, 73
i. e. *if they should dismiss him.* At the dismission of the senate, the presiding magistrate said, *Nihil amplius vos moramur.* — **10. Esset,** sc. Tarquinius. — **10, 11. In se ipsum saeviturum,** *he would vent his rage upon himself.* — **12. Ejus,** i. e. Sexti Tarquinii. — **Futurumque credere** (sc. *se*) **brevi,** *and they believed it would soon come to pass.*

LIV. 18. Esse. Historical infinitive. Alschefski's emendation. The MSS. *esset.* — **19, 20. Nosset** with an accusative, but **sciret** with an object-clause, which **nosse** cannot take after it. Seeley

Page

73 compares the French *connaître* and *savoir*. — **20. Profecto** is here equivalent to *a fortiori*. S. — **22. Ad rebellandum,** *to renew the war*. — **32.** "**Vero** conveys that his popularity with the soldiers was *far* greater than with the people. 'The people thought him a heaven-sent general: but as for the soldiers!'" S. — **33. Pariter,** *equally* (*with them*), i. e. with the soldiers.

74 **1. Unus Gabiis.** So Mg. After *unus* M has p̄ Gabiis, and P has p. Gabinis. Wsb. reads [prae]. Various conjectures have been made as to the meaning of this "p," as *praetor, praeter* (*Gabinos*), *praecipue, publice, ipsis;* to which I will add *pro*, in the sense of *in behalf of, as the representative of*, — perhaps better followed by *Gabinis* than by *Gabiis*. This meaning of the preposition is similar to that in *pro consule*. With Mg.'s reading, **Gabiis** is locative ablative. — **4. Sequenti.** Ablative case; although it is the *general* rule that in ablatives absolute the present participle singular ends in *e*. — **6. Baculo decussisse.** A similar story is told of Thrasybulus in Herodotus 5, 92. — **11, 12. Tacitis ambagibus,** *by his silent indirect emblem* (or way of indicating his meaning). — **13. Alios — opportunos,** others as thrown in his way by the odium which they themselves had incurred (i. e. among the people, by their deeds). — **17. Juxta atque** = aeque ac. — **18. Divisui.** This dative of destination, end, or result, is used like the dative in *odio, usui, derisui esse*. — **20. Orba consilio.** Inasmuch as the *primores* had been put out of the way.

LV. 26. Tarpeius is the old name of the Capitoline hill. — **29. Esset tota** with the genitive, *might belong wholly to*. — **30. Exaugurare,** to deprive of their sanctity, to unhallow, to annul the consecration of. — **34–36. Movisse numen deos,** *that the gods exhibited* (lit. set in motion) *their Divine power*.

75 **1, 2. Non motam — finibus,** *that the immovability of Terminus, and the fact that he alone of the gods could not be called out of his consecrated bounds,* portended, etc. Dionysius, and Livy himself in another passage (V. 54, 7), state that the altar of Juventas also could not be exaugurated, — a promise of eternal youth to the city and state. — **5. Caput humanum.** This attempt to explain the word *Capitolium* was afterwards improved by the addition that the head was that of a King Olus (*caput Oli regis* Serv. ad Aen. viii. 347). S. — **7. Eam,** *that it,* i. e. the temple. Attracted to the gender of *arcem*, the first noun of the predicate. — **9. Quique, quosque.** — Que . . . — que, *both . . . and*. Que . . . que belongs

specially to double *relative* clauses. M. 435, Obs. 1; Z. 338.—**10. Ad** 75
inpensas, sc. *faciendas.*—**11. Pomptinae,** *Pometian.* So Campanus,
Capuan, Sabellus, *Samnite.* Mg. — The **manubiae** (according to
Pseudo-Asconius ad Cic. Verr. p. 199) is the general's portion of
the plunder from a captured city. — **14. Crediderim,** *I am inclined
to trust* Fabius when he says, *etc.* H. 486, III. 3 and 6; A. & S.
260, Rem. 4; B. 1178, 1179; A. 60, 2; G. 54. — **15. Pisoni.** L.
Calpurnius Piso Frugi, consul 133 B. C., censor 120 B. C., and
hence Censorius, wrote *Annales* treating of the history of Rome
from its beginning to his own times. The political constitution,
the manners and customs of the people, and their religious observances, received his attention. — **18. Pondo.** This indeclinable
noun is here used as accusative plural. — **19, 20. Et nullius —
exsuperaturam,** *and which would be more than sufficient for the
foundations of any even of our present buildings.* — **19. Horum,**
of these (works) *of our day.* — **Magnificentiae.** We make better
sense by omitting this word, with Ussing. "The word seems to
have come hither from 56, 2," (p. 75, line 31). F. V. Reiz proposes *nullorum ne hujus quidem magnificentiae operum;* but here,
says Ussing, he would more correctly say, *nullius* and *operis.* —
20. Exsuperaturam. "On this hypothetical and adjectival use
of the future participle, unknown, except in the case of *futurus,*
to Cicero, Caesar, and Sallust, see M. 425, Obs. 5;" Z. 639, note;
A. & S. 274, Rem. 6 (*b*); B. 1355; G. 79.

LVI. 23. Quam. Bekker. The MSS. *quae.* — **28.** Tarquinius
Priscus had already caused or allowed **fori** to be built (chap. 35);
they appear now, says Weissenborn, to be built in a more permanent
form, and at the public expense. — The **cloaca maxima** is called the
receptaculum omnium purgamentorum urbis inasmuch as the other
sewers all emptied into it. Its first purpose was to drain the valley
between the Aventine, Capitoline, and Palatine. This admirable
structure is still in existence, almost uninjured by time.—**29. Terra.**
P, Mg. — others, *terram.* — **32, 33. Urbi oneri esse.** M. 249; H.
390, I.; A. & S. 227; B. 848, 849 *ad finem;* A. 51, VII.; G. 148.
—**37. Anguis.** A snake is the symbol of the Genius of the house-
hold god. Cf. Liv. xxvi. 19, 7, (*infra* p. 213, line 36.)

11. Altus ingenii. Genitive of quality. Madvig's emenda- 76
tion, for *alius ingenio.* — **11, 12. Quam — induerat,** *from (that) of
which he had put on the assumed appearance.*—**13. In quibus** = et
in iis, *and among them.* — **13, 14. Interfectos.** So Madvig. The

Page

76 MSS. *interfectum.* — **17. Ex industria factus,** *having intentionally formed himself.* **Fio** in a reflexive sense. — **19. Bruti.** The story evidently arises from the meaning *dull, lumpish, stupid,* "the Dullard," which belongs to the word Brutus. — **20. Ille animus liberator** populi Romani. *Liberator* is here used nearly in the sense of the future participle *liberaturus* (populum, etc.). The *noun* is very properly used to denote the ever-memorable character in which Brutus afterwards appeared. — **23. Corneo,** *of cornel-wood.*—**Ad id,** *for that purpose.*—**24, 25. Per ambages effigiem,** *a symbolical representation.* S. — **31, 32. Tarquinii, ut Sextus.** So Madvig. The MSS. *Tarquinius Sextus, q. R. r. f., ut ignarus,* etc.

77 **LVII. 3, 4. Ea regione.** The country is (at least at present) swampy and sandy. Ardea, however, had a seaport near the modern St. Anastasio, and derived wealth from commerce. Wsb. **In ea aetate.** Cicero would have used the ablative without a preposition. Z. 475, note *ad fin.;* H. 426, 2, 1); A. & S. 253, note 1; B. 953; A. 55, I. 1; G. 192. — **10. Temptata** = *tentata.* — **12. Coepti,** sc. *sunt.* — **15. Regii juvenes,** *the young princes.* — **16. Comisationibus** = *comissationibus.* — **Inter se,** at each other's quarters. — **18. L. Tarquinius Collatinus** had his cognomen from Collatia, where he dwelt. See the genealogical table, in the notes on chap. 34, (p. 268.) — **22 sq. Quin conscendimus equos?** *why do we not mount our horses?* Such questions are equivalent to exhortations (Z. 542): *Come, let us mount our horses.* — **25. Praesentes,** *in person.*—**25 sq. Id cuique spectatissimum sit,** *let that be the best test of each,* i. e. of each of our wives. This translation I gave to my classes at Harvard twenty years ago, as I find by my old manuscript notes. It is substantially the same as Seeley has just proposed. — **33. In medio aedium,** i. e. in the atrium. In earlier prose we should have *in mediis aedibus.* — **34. Muliebris.** This adjective is used like an objective genitive 'mulierum,' *in regard to the women.*

78 **LVIII. Circa,** i. e. **omnia circa.** The adjective is supplied from *omnes.*—**14. Versare,** he worked upon. — **In omnes partes,** in every direction; by all possible means. — **17. Servum,** *the* slave; (*comite uno,* p. 78, line 4.) — (Se) **positurum** (esse). — **18. Sordido** = *cum sordido homine* (a slave) *commisso.* — **19. Quo** = *cujus rei.* — **19. Velut victrix.** The lust was not *really* the conqueror, but only *apparently.* Z. The reading, however, is proba-

Page

bly false. Mg. substitutes *vel vi.* Other conjectures have been 78
made, but none is satisfactory. Seeley suggests *violatrix* in place of the two words. — **23. Cum singulis,** *each with one* (or *a*). — **24. Facto.** Ablative of the perfect passive participle, after *opus est.* H. 419, V. 3, 1); A. & S. 243, Rem. 1; B. 926; A. 54, VII.; G. 190; 3, Rem. 2. — **26. Sp. Lucretius Tricipitinus** was the father of Lucretia. — **Publius Valerius** was afterwards called Publicola. — **31. Satin** = *satisne.* — **Salve,** sc. *agis,* or *res se habent.*

1. Animi. A locative case; sick *at heart.* M. 296, b, Obs. 3. 79
Less subtilely, it may be considered as a genitive of specification. — **4. Vos videritis,** *do you see.* Subjunct. of permission. — **9. Conclamat.** Referring to the custom of calling a person loudly by name just after death.

LIX. 11. Volnere = *vulnere.* — **16. Denique.** So Madvig. The MSS. *dehinc.* — **Exacturum.** Wsb., Mg., Hz. The MSS. *exsecuturum.* — **19. In Bruti pectore.** "This of course sounded more forcible to a Roman than it can to us, to whom Brutus is a mere proper name. 'In the breast of the dullard.'" S. — **20. Ingenium,** sc. *esset.* — **22. Secuntur** = *sequuntur.* — **28. Auctor,** i. e. who exhorted them, called upon them (to take up arms). — **Quod deceret,** *as became.* A thing which, *as he said,* was becoming to: hence the subjunctive. — **29. Adversus hostilia ausos.** I. e. against those who had dared to do what usually only an *enemy* in open war attempts. Z. — **31. Parte.** Mg., Wsb.-M *pari,* P *paris,* whence J. F. G. *pars praesidio relicti.* — **Praesidio.** Dative. — **Praesidium** seems to be used here in the sense of *guards,* not *garrison,* unless, with Heerwagen, we change the order of words, and read *parte praesidio relicta Collatiae custodibusque datis ad portas.* — **36. Primores.** I. e. Collatinus and Brutus.

3. Tribunum Celerum. The commander of the *Celeres* (chap. 80
xv.) was next in command in the whole army to the king. Seeley remarks, on "the supposed improbability that Brutus, being a dullard, should have held this magistracy," that "Tarquin is represented as devoted to family government, and of such governments the appointment of notoriously unfit men to office is the most characteristic fault." The improbable story is that Brutus *was* a dullard. — **14. Caedis** = *caedes.* Nominative singular. — **16, 17. Rerum indignitas,** *indignation at the facts.* **Indignitas,** the sense of the *indignum.* — **Rerum,** objective genitive. — **18. Subicit** (= subjicit), *suggests* (to the speaker). — **24.** The **prae-**

Page

80 **fectus urbis** (Livy. More commonly *urbi*) was, according to Tacitus (Ann. 6, 11), an officer appointed in the absence of the king, and afterwards of the magistrates, to administer justice and attend to any unexpected business which might arise. — **27. Furias,** *the avenging furies.* — **29. Pergeret,** *proceeded.* — **30. Flexit viam,** *changed his road.* — **36.** The name of the *town*, **Caere,** stands in the terminal accusative without a preposition; but with the name of the *people*, **Etruscos,** (as with the name of a country,) the preposition is used. Cf. *Ardeam in castra est profectus*, lines **22, 23.**

81 **4. Regnatum** (est), kings ruled; royal government continued. — **6. Consules.** This name was introduced at a later period. The original name of the chief magistrates was *praetor*. — **6. A praefecto Urbis.** "According to Dion. 4, 84, Lucretius was named *interrex* by Brutus to conduct the elections. The question has been much discussed whether the *tribunus celerum* and the *praefectus urbis* had the powers which they are here described as exercising. *But these proceedings were avowedly revolutionary.*" Seeley. — **7. Ex conmentariis Servi Tulli.** To be taken with *comitiis centuriatis* as well as with *consules creati;* it being alleged that Servius Tullius had drawn up a constitution prescribing the divisions of centuries and classes, as well as the manner of electing consuls.

BOOK TWENTY-FIRST.

I. The **Second Punic War (B. C. 218–201), the most memorable ever waged. Hannibal's oath.** The **causes** of the war.

Page

83 **I. 1. Parte,** a portion, division, section. — **2. Summae totius,** *of the whole connected-work.*—**Professi sunt,** etc. Thus Thucydides declares, at the beginning of his history, that the Peloponnesian war was more worthy of account than any that had preceded it. — **3. Rerum,** *of history.* — **4. Quae gesta sint.** *Attracted* subjunctive in a relative clause which is connected as *a constituent part* to a clause itself subordinate (having its subject in the accusative and its verb in the infinitive). H. 527, 3; A. & S. 266, 1; B. 1291; G. 424. The relative clause which follows, **quod — gessere,** takes the indicative, as being an added statement of a particular

Page

fact, (*namely, that which,*) and not incorporated as an essential part with the preceding dependent general proposition. — **6. Gessere.** The occasional use of the termination *-re* instead of *-runt*, in the third person plural of the perfect, is one of the points in which Livy differs from Cicero and the older prose writers. — **5.** Livy says *which the Carthaginians* (not simply Hannibal) *waged*, to bring out the fact that the war was fought with the consent of Carthage; although, after its unfortunate issue, all the blame was thrown on Hannibal. — **6. Opibus,** *in* (*their*) *resources.* Ablative of specification, defining the application of *validiores.* H. 429, 1; A. & S. 250; B. 889; G. 194; A. 54, I. — **Inter se,** *with each other.* — **8. Tantum virium,** *so large forces.* — **Roboris,** (*so great*) *strength*, vigor.—**9. Inter sese,** says Weissenborn, is better referred to the subject of *consererebant*, (so as to mean *together*, with each other,) than to **haud ignotas** (not unknown *to each other*). I should rather say the contrary. But, while for English translation it must be taken with one or the other, it may really modify *both.* Such double constructions are frequent in Horace. — **Expertas.** Passive. — **10. Consererebant** is used with **belli artes** after the analogy of *manus, pugnam conserere.* It has a fuller meaning than *haud ignotis artibus bellum gerebant,* and is a more striking expression. The *imperfect* indicates the beginning and the continuance of the struggle, on which the reader's attention is to linger.—**11.** The adverb **propius,** like *prope* and *proxime,* is regularly construed with the accusative in Livy; the adjective more commonly with the dative, but also with the accusative. Wsb. — The **first Punic war** began B. C. 264, and ended B. C. 241, with the defeat of the Carthaginians in the naval battle off the Aegates islands. — **12. Qui vicerunt.** This relative clause is certainly an essential definition of the subject of the subjunctive *fuerint,* and yet the indicative is used for emphasis and vividness. Wsb. translates, who remained victorious, who were left victors. Cf. Sil. Ital. i. 13–14: propiusque fuere periclo Quîs superare datum. **Certârunt** = *certaverunt.* —**14, 15. Quod inferrent, quod crederent.** The subjunctive is used after the causal conjunction because the reason is stated *according to the views of the parties referred to* (the Romans and Carthaginians). — **Imperitatum esse.** A passive impersonal. The Romans showed their haughtiness and greed, when Carthage was occupied in subduing the insurrection of the mercenaries and Libyans, by taking

83

Page

83 Sardinia, and demanding a ransom of 1200 talents as the condition of their not renewing the war. See ll. 22–25. — **16. Annorum novem.** Genitive of description, quality, characteristic. H. 396, IV.; A. & S. 211, Rem. 6; B. 757; G. 161; A. 50, I. 2. — **17. Hamilcar,** surnamed *Barca* (lightning, Hebrew בָּרָק, *Barak*), the energetic general of the Carthaginians in Sicily in the latter part of the first Punic war, the suppressor of the insurrection of the mercenaries and Libyans, (**Africo bello,** ll. **18, 24,**) and the conqueror of Spain, was the father of Hannibal, Hasdrubal, and Mago, "'the lion's brood,' as he called them." —**Duceretur,** *he should be taken with him.* — **19. Altaria,** the high altar in the inner part of a temple, is commonly used as a *plurale tantum,* because such an altar is a *compound* object, consisting of several constituent parts. — **19, 20. Tactis sacris.** "Those who took oaths used to lay their hands upon the victims, or on the altar, or some other sacred thing, as if by so doing they brought before them the deity by whom the oath was sworn, and made him witness of the ceremony." *Dict. Antiqq.* p. 660. — **22. Spiritus.** Genitive. — **Sicilia Sardiniaque amissae,** *the loss of Sicily and Sardinia.* M. 426; H. 580; A. & S. 274, Rem. 5; B. 1357; A. 72, 2. — **23. Rerum,** *of their cause.* — **23, 25. Siciliam concessam** (esse), **Sardiniam interceptam** (esse). Sc. *putabat,* or *querebatur.* — **25. Stipendio,** a war contribution. See note on line 15.

84 **II. Hamilcar** founds a Carthaginian kingdom in **Spain** by his generalship (B. C. 236-228), which is confirmed by the adroit statesmanship of his son-in-law **Hasdrubal** (B. C. 227–220). The Romans make an agreement with Hasdrubal that the **Ebro** shall be the **boundary** of the two empires, and that the **independence of Saguntum** shall be respected by both parties.

II. 1. Africo bello. The war with the Libyans and mercenaries. — **Quinque annos.** According to Polybius (1, 88), only three years and four months (B. C. 241–238), and Hamilcar did not take the command till 239; but Livy takes in the whole time which Hamilcar spent in Africa after the peace with Rome (241 B. C.) till he went to Spain. Wsb. — **6. Inlaturos** (illaturos) **fuisse.** The apodosis being dependent upon *appareret* takes this periphrastic infinitive. In an independent sentence we should have had the pluperfect subjunctive. — **7. Quae.** So Mg., after the Basel edition of 1535; the MSS. and Wsb. *qui;* Hz. (conj. Hwg.)

cui. — **8. Mors Hamilcaris.** Hamilcar fell in battle in Spain 84
B. C. 228 (Mommsen). — **10. Obtinuit,** *held.* — **11, 12.** *Having been at first recommended to Hamilcar, as they say, by his youthful beauty, and afterwards received as his son-in-law in consequence, certainly, of the lofty character of his mind.* It is hard to decide between the readings *altam* and *aliam.* 'Altam' is adopted by Sig., J. F. G., J.G.,Cr., Dr., ed. Bipont., Kr., Bkr., Hz., and many others; 'aliam' has the best MS. authority, and is read by Alsch., Mg.,Wsb. With it,*ob aliam i. p. animi* is translated,*on account of another native quality, certainly,* (I mean *or* that is) *of the mind.* This reading would be easier if we could take *profecto* to mean 'that is,' 'to wit,' instead of having to supply that meaning after it. With either reading, the conjecture of Lipsius, *provecto annis,* is unnecessary.

13. The **Barcine party,** which seems to have derived its name from the cognomen of Hamilcar, favored a renewal of the war against Rome, and was supported by the army and the common people. The aristocratic party, led by Hanno, was in favor of peace. — **Opibus,** *by the influence.* — **15. Principum.** I. e. the oligarchical leaders of the conservative party. — **Imperio,** the supreme command. — **19. Nihilo.** Ablative of measure of difference, with the comparative *tutior.* — **20. Interfecti — domini,** *at the slaying of his master by him* (i. e. by Hasdrubal). Objective genitive, defining *iram.* — **22, 23. Haud alio vultu,** and **eo habitu.** Descriptive ablative. M. 272; H. 428; A. & S. 211, Rem. 6; B. 888; G. 198; A. 54, II. — **27. Ut,** (with the additional stipulation) that. — **Utriusque imperii.** But the Romans at that time possessed nothing in Spain. Polybius (3, 27) says, more accurately than Livy, "with the stipulation that the Carthaginians should not cross the river Iberus to make war."

III, IV. Hannibal is chosen commander (**B. C. 220,** *Mommsen*). **His character.**

III. 32. Praerogativa, *the vote, the choice.* As the vote of the *centuria praerogativa* was considered to some extent as betokening the will of the gods, and was generally followed by the other centuries, *praerogativa* came to mean "vote" in general, "choice." — Some predicate for this subject-nominative, like *eum praetorem crearet,* has probably fallen out, and should be supplied where the asterisks are placed in the 34th line. This is the reading of the best MSS., except that M and C have *quam* instead of *qua.* —

Page

84 35. **Favor plebis** (*of the commons*) **sequebatur.** At this time it was the custom for the army (or rather the *Carthaginians* in the army, and especially the officers) to choose the general, and this choice was ratified by the commons in a popular assembly summoned by the senate. — **36. Accersierat** = arcessierat. — **37. Senatu.** The Council of the Elders, composed of the two kings and the twenty-eight senators. — **Barcinis.** See note on line 13. — **39. Opes,** power, influence, command. — **Hanno,** called the Great, was the leader of the conservative party.

85 **3. Omnis.** Accusative plural. H. 88, III. 1; A. & S. 85, Exc. 1; B. 114; A. 11, 2; G. p. 22, Obs. 1. — **4–6. Florem — censet,** *Hasdrubal thinks that that bloom of youth, which he himself offered to the service of the father of Hannibal, is justly demanded in turn from the son.*—**7. Pro militari rudimento,** instead of learning the art of war. Z. — **9. Hamilcaris filius,** the son of *a* Hamilcar. Wsb. — **Inmodica.** "The Barcidae had founded in Spain an almost independent empire, and regarded the army, while they held it, as their own." "Cato the Elder, who, a generation after Hamilcar's death, beheld in Spain the still fresh traces of his working, exclaimed, notwithstanding all his hatred of the Carthaginians, that no king was worthy to be named by the side of Hamilcar Barca:"—a testimony to his ability no less than to his power. — **10. Speciem,** the splendor, the kingly state and show. — **12. Istum juvenem,** *that young man of yours:* speaking to the Barcine party, contemptuously.

IV. 21. Credere. Historical infinitive. — **23. Pater in se,** *his father in him,* i. e. the resemblance he had to his father, the thoughts of his father he called up. — **Minimum momentum,** etc., the least efficient influence in gaining affection (or popularity). — **26. Haut** = haud. — **Discerneres.** M. 350 a, 370; H. 486, III. 4; A. & S. 260, Rem. 2; B. 1278; A. 60, 1; G. 54. — **28, 30. Malle, confidere, audere.** Historical infinitive. — **29. Quid.** Indefinite pronoun.—**Ubi esset.** Imperfect subjunctive of frequent general cases: *whenever, so often as.* — **34 sq.** Modus cibi potionisque finitus (est), etc.—**37. Id quod gerendis rebus** (dative case) **superesset,** *that which was left after transacting business.* — **38. Accersita** = arcessita. — **39. Opertum,** sc. *eum.*

86 **1. Custodias,** *guards,* (sentries, etc.) — **Stationes,** (larger bodies of men than custodiae,) *outposts.* — **3. Conspiciebantur,** were what distinguished him; were conspicuous for their beauty;

Page

attracted notice.—**Idem,** *at the same time.* M. 488 ; Z. 127 ; H. 451, 3; A. & S. 207, Rem. 27, (*a*) ; B. 1034; A. 20 *in fine ;* G. 97. — **4. Princeps,** *foremost,* at the head of his troops. — **6 sqq.** These charges against Hannibal are most unjust; the first is the only one that can be said to have any foundation; but it may be doubted whether even that is applicable, if he be judged by the standard of the times and the examples of Roman commanders. An army that is soundly beaten generally thinks the victorious enemy cruel. "Though anger and envy and meanness," says Mommsen (Book iii. chap. iii.), "have written Hannibal's history, they have not been able to mar the pure and noble image which it presents." — **7.** A Carthaginian had probably as good a right to talk of *perfidia Romana* as a Roman of **perfidia Punica.** — **8. Nihil veri.** The neuter adjective used substantively, in the genitive after *nihil :* no truth, i. e. no sense of truth.—**Nihil sancti,** no sense of holiness, no purity and blamelessness of life. — **9. Nulla religio,** "no feeling of dependence on the gods." But see chap. 21, and book xlv. chap. 8, for proof of the contrary. — **Videnda.** He strove to learn to see and know everything with his own eyes. Z. — **12. Futuro,** one destined to be, *or* purposing to be. 86

V, VI. Aiming at **Saguntum,** Hannibal makes **war upon some Spanish tribes** (**B. C. 220**). The **Romans send ambassadors** to him.

V. 14. Provincia, *as his province* (in the Roman sense: explained by *bellumque Romanum mandatum esset*). — **19 Movebantur,** *were* (we should say *would be*) *set in motion, aroused.* The indicative expresses the *certainty* with which Hannibal felt that this result would follow. — **21. Parte,** *the territory,* the district assigned to the Carthaginians. — **23. Jungendo,** *and by annexing them.* The use of *jungere* without an object is rare. Wsb. cites Plin. Ep. 3, 19, 2 : *praedia agris meis vicina venalia sunt : in his me multa solicitant ; solicitat ipsa pulchritudo jungendi.*—**26 Quo metu** = *cujus rei metu.* — **Stipendio,** *a war contribution.* — **29. Stipendio,** *the soldiers' pay* (for the past campaign). — **31. In Vaccaeos.** The preposition, which would be used with the name of the country, is used with the name of the people standing for that of their country. — **37. Haut** = haud.

1. Ab, *on the part of.* — **2. Ita,** to such an extent: only so far 87
towards the river. — **5. Impeditum.** Heerwagen's emendation in place of *peditum.* — **7. Adpendicibus** = *appendicibus.* — **8, 9. In-**

Page

87 **victa** = *quae vinci non potuit.* — **10, 12.** The causal conjunction **quod,** *because,* takes the indicative (**credebant**) of a fact stated by the historian himself, the subjunctive (**interesset**) of a fact stated as a part of *the thought* of the Carpetani. — **14. Ex parte altera,** i. e. from Hannibal's side of the river.—**15. Inmissa,** sc. *est,*—**16. Concursum,** sc. *est.* —**16–20. Quippe ubi** (*inasmuch as there*)—**posset—gereret.** A relative clause (after the relative adverb *ubi*), with the subjunctive denoting a reason, strengthened by *quippe.* The contest was uneven, because the infantry of the Spaniards could be thrown down even by unarmed horsemen, but the Carthaginian horsemen could make free use of their weapons. — **17. Vix vado fidens,** *hardly trusting to the ford;* "hardly stepping surely even in shallow places, hence *instabilis.* The opposite to *vada* is *gurgites* (19) and *verticoso amni* (21)." — **18. Corpore armisque.** Ablative of specification or respect, with *liber.* — **19.** Etymology of **comminus** and **eminus**?—**20. Rem gereret,** *waged the fight.* — **21. In hostis** (accusative plural), *to the enemy* drawn up on the opposite bank. — **25. Agmine quadrato,** here *in close array,* in complete battle order.

VI. 31, 32. Certamina serebantur, *quarrels were excited,* between the Saguntines and their neighbors, by Hannibal's means. — **32 sq.** Hannibal, who had himself stirred up the strife, assisted the Turdetani and advocated their cause.—**33. Juris,** *in regard to right.* Genitive of respect. — **35. Missi,** sc. *sunt.* — **Haut** = *haud.*—**36. Orantes.** Notice this use of the present participle. — **38. Qui cum,** *and when they.* — **39. De re publica retulissent,** *had laid before* that body (i. e. the senate) a proposition *in regard to* this matter of *public interest.*

88 **2. Quibus si videretur,** etc., **et denuntiarent,** etc., *who,* if the occasion seemed *to them* to demand it, should both give warning to Hannibal, etc. The relative pronoun, instead of being made the subject of *denuntiarent,* is placed in the protasis, where we should use the demonstrative. — **4, 5. Traicerent** = *trajicerent.* — **7. Spe,** *expectation.* — **10. Censebant,** *gave their vote.* — **11. Intendebant.** So Mg. and old editors. The MSS. *intenderant.* —**12. Movendam,** set in motion, *undertaken.*

VII.–XV. Saguntum. **VII, VIII.** Hannibal begins the **siege of Saguntum,** (spring of **219 B. C.**) **IX.–XI.** § **3.** The Roman **ambassadors,** refused an audience by Hannibal, **proceed to Carthage. Speech of Hanno** in the Carthaginian senate. **Answer**

Page

of the Carthaginian senate to the Romans. **XI. § 3–XV. Siege of Saguntum continued.** Attempts at mediation made by **Alco** and **Alorcus.** The **city taken by storm** after an eight months' siege, **and sacked (B. C. 219).** 88

VII. 24. Brevi, sc. *tempore.* — **26. Disciplinae,** of their public morals, their tone of morality. — **Qua,** *in consequence of which.* — **Socialem,** *with their allies.* — **28. Finis.** Accusative plural. — **31. Circa** = *quae circa erant.* — **Vineae** were portable shelters for soldiers engaged in besieging operations, named from their resemblance to a grape-arbor. The roof was protected with wicker-work and raw hides. Several of them were frequently joined together. When the vineae had been carried close to the walls, the soldiers under their shelter undermined the walls or drove the battering-ram against them. — **32. Per quas** = *ut per eas.* A relative clause of purpose with the subjunctive. The **aries** or *battering-ram* was a large beam to one end of which was fastened a mass of bronze or iron which resembled in its form the head of a ram. It was sometimes suspended by ropes or chains, so that the soldiers could with ease give it a rapid and forcible motion backwards and forwards. It was used to shake, perforate, and batter down the walls of besieged cities. *Dict. Antiqq.* — **33, 34. Ut . . . ita,** *although . . . still.*—**35. Effectum operis,** *the execution* (or carrying out) *of the work.* — **Coeptis succedebat** = coepta succedebant. The verb is impersonal, with the dative. — **37. Emunitus erat,** *had been built up.*

1 sqq. Submovere, pati, micare. Historical infinitive. The subject of the first two is the Saguntines (understood); of **micare,** *tela* — **2. Munientibus,** those erecting batteries, or engaged in any other work of military engineering. — **Pro,** *forth from.* — **5. Ferme,** generally, as a rule. — **7, 8. Adversum,** in the front, in the part turned towards the enemy.—**Femur.** Accusative of specification after *ictus.*—**Tragula,** *a spear* with a barbed head, used also by the Gauls and Helvetians. It was hurled by the aid of an *amentum* or leathern thong tied to the middle of the shaft. — **10. Opera,** military engines, as catapultae and ballistae (chap. xi). 89

VIII. 12. Dum with the subjunctive, *in order that meanwhile.* — **13. Ut . . . ita,** *although* (or *while*) . . . *yet.* — **21. Non sufficiebant itaque.** Madvig's punctuation. — **23. Una** (pars muri). — **24. Tris** = *tres.*— **Turris.** Nominative plural. — **26. Qua,** sc. *ruina, by which breach.* Ablative of the route, as *porta Collina urbem*

Page

89 *intrare.* — **30. Occasionem partis alterius,** *a favorable opportunity for one party or the other.*

90 **2. Hastili abiegno.** Descriptive ablative: *with a shaft of fir-wood.* — **Cetera.** Accusative of specification. — **Tereti,** *round,* cylindrical. — **3. Id,** i. e. the end (extremum). — **5. Habebat,** sc. phalarica. — **6. Armis,** *the shield.* So line 10. The subject of **posset** is **ferrum.** — **8. Medium accensum mitteretur,** *it was thrown set on fire in the middle.*

IX. 13, 14. Quia — resisterent, quia non vicisset. Subjunctive of the reasons as presented to the mind of the Saguntines. — **16. Inde,** i. e. *ex ruinis.* — **19. Missi,** (messengers) were sent. — **19, 20. Qui dicerent,** *to say.* Relative clause denoting purpose.— **22. Operae esse,** *was it worth while.* 'He had not time.' — **26. Pars altera,** *the opposite party,* (the conservatives.)

X. 28. Inrita = irrita. — **32. Testis.** Accusative plural. — **33. Monuisse, praedixisse.** (He said) he had warned them, he had told them beforehand.—**37. Quietura Romana foedera,** *would the treaty with Rome be left in peace:* "nicht unangefochten bleibe." Näg. p. 288.—**37 sqq. Juvenem,** etc. Livy passes from the *oratio obliqua* to the *oratio recta.*

91 **6. Sunt ulti,** *sc. Romani.* — **9. Bonus.** Of course ironical. — **11. Res — repetuntur,** *satisfaction is demanded, in accordance with the treaty.* — **15. Aegatis** = *Aegates.* Hanno refers to the defeat of the Carthaginian fleet by the Romans near the Ægatian islands in March B. C. 241, which caused Hamilcar, in obedience to the commands of the home government, to leave **Eryx,** the stronghold on Mount Eryx from which it had been impossible to dislodge him, and make peace: thus ending the first Punic war, which began B. C. 264.—**18. Alter,** *a second.*—**Ut isti volunt,** *as these men* (the Barcine party) *will have it,* represent, assert. — **19. Tarento.** At the end of the war between the Romans and King Pyrrhus, when the Romans were besieging Tarentum after the departure of the king, a Carthaginian fleet entered the harbor, and offered assistance to the Tarentines. The citizens were on the point of giving up the city to the Carthaginians, when Milo handed over the citadel to the Romans. Polybius (3, 26) expressly denies the statement of Phalinus, (which statement accords with Livy's view,) that the Carthaginians had bound themselves to keep away from Italy.—**21. Vicerunt,** etc. I. e. in the first Punic war.—**23. Unde jus stabat,** *on whose side the right was.*

Page

— **24. Turres.** Movable towers, generally made of beams and 91 planks and covered (at least on the three exposed sides) with iron, were used in storming a fortified place. They were also covered with raw hides and quilts, moistened. They were divided into stories (*tabulata*), and overtopped the fortifications of the besieged place. In the lowest story was a battering-ram; in the other stories, *tormenta* or engines which hurled missiles (as catapultae and ballistae). Slingers and archers were stationed in the different stories, and on the top. *Dict. Antiqq.* — **30. In eo,** *in his* (i. e. Hannibal's) *case.* — **Paternas inimicitias,** *my enmity against his father.* — **31. Eo,** *for this reason;* followed by *quod.* — **37. Accidere,** *to reach.*

XI. 7. Hannibalis. Possessive genitive; *in Hannibal's interest.* 92
—**8. Flaccum Valerium.** The family name is put before the gentile sometimes (as here) by Livy, and often by later writers.—**19. Hostis.** Accusative plural. — **20. Pro** nearly = *in.* He spoke *before* the assembly of the soldiers. — **26.** In repairing the wall they built a new one. **Novum** is proleptic. — **31. Mobilis.** The towers (see note on p. 91, line 24) were placed on wheels, and pushed up to the walls by men stationed inside of and behind them. — **33. Catapultae,** *catapults,* projected lances, darts, and other *tela* horizontally against the enemy. **Ballistae** threw stones archwise against the battlements. — **35. Occasionem,** *a favorable opportunity.*—**39. Ruebat,** sc. *murus.*

1. Patentia ruinis, *the opening made by the fall.* **Patentia** is 93 the neuter participle used substantively; or we may supply *loca.* — **9. Omnium.** The genitive, dative, and ablative of **omnia** are often used substantively in Livy. — **12. Adfectos** (affectos) **animos,** *their weakened courage.* Z.

XII. 19. Cives, *his fellow-citizens:* the Carthaginian army. — **26. Temptata** = *tentata.* — **28. Aliquid moturum,** sc. *se, that he would effect something.* Wsb. says that *aliquid* is adverbial, and that *moturum* is used absolutely without an object. — **29 sq. Postquam** often takes the imperfect, especially when the action of the verb or verbs it introduces continues or is still in progress when the action described in the principal clause begins.—**30. Condiciones.** Perhaps spelled *conditiones* in the Lexicons.—**31. Oratore,** *an envoy.* — **32. Sub condicionibus iis.** The use of the preposition is exceptional. It means, *under the weight* of those conditions. — **38. Vinci — vincantur,** *that souls are conquered when other things* (as walls and towers) *are conquered.*

Page

94 **1. Publice.** He was the guest-friend *of the state* of the Saguntines.—**5. Omnis generis.** Genitive of quality limiting *hominum.* —**6, 7. Senatus datus est,** *an audience of the senate was granted.* A special meeting of the senate was probably called to hear Alorcus.

XIII. 12. Veni; sed. So Madvig admirably, in place of *venissem.* —**14 sq. Vestra — referentibus,** *by your fault, if those who tell the truth incur danger with you.* Z. —**19. Vel ea fides sit,** *let this, for example, be proof;* be my credential. —**21. Postquam** = ex quo, *since.* Z. —**25. Cujus,** sc. *pacis.* — **Ita,** *on this condition.* —**25-28. Si — habituri estis,** *if in the same way as Hannibal offers it as conqueror, you will so receive it as conquered, and will not consider that which is given up as lost, (since all things belong to the conqueror,) but* will regard *whatever is left* you *as a gift.* **Habituri estis,** more strictly, *are not inclined to consider.* — **34. Inviolata.** "I. e. they shall neither be slain nor sold as slaves." — **Binis.** Wsb. says this is probably an error of the copyist, since we have *singulis* in chap. xii. Döring attempts to reconcile the two statements by supposing that Hannibal meant to allow each person to take one suit in addition to the one which he wore. — **38. Cum,** *when,* denotes here both time and condition. — **Omnium.** Neuter. —**39. Remissurum** (esse), sc. *eum.*

95 **XIV. 8. Conicientes** = *conjicientes.* —**16. Signo,** *an order,* a short watch-word. Z. —**18. Crudele,** sc. *fuit.* — **20. Super se ipsos,** "*over their heads.*"

XV. 27. Aliquantum, a considerable sum. — **28. Pretiosam** qualifies *vestem* as well as *supellectilem.*—**29. Vestem.** Not only robes, but also spreads, tapestry, etc. —**30. Quam** = *postquam.* — **Coeptum,** sc. *sit.* (Oratio Obliqua.) — **Captum,** sc. *esse.* — **35. Fuerint,** and not *essent,* follows *ut* here, because the meaning is not *esse non potuerunt,* but *fuisse non possunt.* Wsb. —**39. Breviora,** shorter (than thirteen months).

96 **5. Arimini.** Locative genitive. —**6. Creatos.** The president at the comitia in which a consul is elected is said *creare consulem.* — The *chronological difficulty* raised in this chapter is removed by *correcting* Livy's statement in chap. vi., that the embassy was sent from Saguntum to Rome in the consulship of Scipio and Sempronius. The true date is B. C. 219, in the consulship of M. Livius Salinator and L. Æmilius Paulus.

XVI.-XX. Rome prepares for War. **XVI, XVII. Alarm at**

Page

Rome. Troops raised, and other **arrangements** made. **XVIII.– 96**
XX. Roman ambassadors go to **Carthage. War formally declared (B. C. 218).** The Roman ambassadors attempt to gain the alliance of the tribes in **Spain and Gaul,** or alienate them from the Carthaginians, but with little success.

XVI. 14, 15. Non lati auxilii, *of not having given aid.*—**15, 16. Summa rerum.** I. e. the safety (and indeed the very existence) of their state.—**18–31. Hostem congressum** (esse), etc. Oratio obliqua. — **21–23.** All the wars are mentioned (except the Ligurian) which the Romans waged between the first and second Punic wars. — **23. Tumultuatum** (est). Impersonal passive. The wars with the Gauls on the Po were called *tumultus,* "to indicate the suddenness of the attacks made by these warlike tribes, and the constant state of watchfulness in which the Romans had to be."—**24.** Twenty-three years is the period between the first and second Punic wars (241–218). The war in Spain had not occupied the whole of that time.

XVII. 32, 33. The senate had already determined what countries should be assigned to the two consuls as their *provinciae,* or spheres of action, without deciding which district should be given to *each.* The division was now made by lot.—**35. Socium** = *sociorum.* — **36. Videretur,** sc. *consulibus.*

2. Vellent juberent. See note on i. 46, (page 65, line 6.) — **5. 97**
Eveniret. Either the whole clause *quod —jussisset* is the subject of this verb, or the subject *bellum* has been attracted into the subordinate relative clause. — **8.** The pronoun **ea** takes here the gender of the predicate *milia* instead of that of its antecedent *legiones.* — **10. Naves longae.** Ships of war; *quinqueremes* (p. 97, line 1). — **19. Ea parte belli,** *with that kind of warfare* (i. e. naval war).—**20. Justo equitatu,** *regular cavalry* (three hundred each). — **24. Gallia.** The province recently conquered between the Po and the Alps. — **24, 25. Eodem — bellum,** *turned in the same direction* (i. e. as Scipio) *towards the Punic war.* **Versa** agrees with the preceding accusatives in the sentence, which are of three different genders.

XVIII. 27. Q. Fabius (Maximus, Cunctator). — **37. Praeceps. 98**
The predicate is made emphatic by being stated first. — **Et,** *also.*

1. Adhuc, *as yet,* so far as you have yet spoken. Z. — **6. Censeam.** The subjunctive softens the assertion here for sarcasm rather than from modesty. — **9. Una,** *the only.* — **12.** The logical

Page

98 apodosis of the clause **quoniam . . . faciant** would be something meaning (e. g.) "let me tell you," introducing the rest of the sentence, *nobis . . . cautum est.* The omission of it (as is generally the case in what is called *ellipsis*) increases the energy of the sentence, and is a beauty, not a defect. — **Foedus — ictum.** At the end of the first Punic war, 241 B. C. — **13. Caveretur** *utrorumque sociis, the safety of the allies of both parties was provided for* (or guaranteed). H. 385, 3; A. & S. 223, Rem. 2. (*c*); B. 836; 841; A. 51, III., IV.; G. 145; 143, 3. — **14 sq. Nihil cautum est,** *no provision was made.*—**15. At** introduces a supposed answer or objection: *but, you will say.* — **Enim,** (that is of no consequence,) for. Wsb. **Enim,** like γαρ, often *suggests* something not expressed. If a single word is desired for its translation here, we may say *nevertheless.* 'But nevertheless, you say.' — **18–20. Quod . . . foedus . . . eo** = *eo foedere* (teneri, etc.), *quod* (Lutatius icit, etc.). Attraction of the noun into the relative clause. — **16. Saguntini excipiuntur.** So Livy states at the end of chap. iii., and so App. Ib. 7. But Polybius denies that there was any such provision. — **23. Ne . . . quidem,** also . . . not. *As little* can the treaty of Hannibal have bound us. — **28. Sinu facto.** I. e. gathering up the folds of his toga; "placing his hands under his toga, and bending them back" (Dio Cass). — **30. Sub,** *upon;* immediately after. — **32. Sinu effuso.** I. e. letting the folds fall, (while spreading out his arms.)

XIX. 35. Derecta. Lex. *directa.* — **38. Sagunto.** Here from a feminine nominative, Saguntus.

99 **2. Diserte,** *expressly.* — **3. Scivisset.** I have adopted this reading, suggested by Weissenborn, in place of *censuisset.*—**4. Tot annorum.** It was about eight years. — **7. Si—staretur,** *if the former treaty were adhered to.* — **13. Tantum ne,** (*provided*) *only that . . . not.* — **23 Celebre,** well known, widely known. — **27, 28. Qui id fecerunt, Saguntinos,** *the Saguntines, who have done this,* i. e. have preferred your friendship to that of the Carthaginians. — **28. Saguntinos.** Object of *prodideritis.* This is the reading of Drakenborch. Mg., Wsb., Hz. *Saguntini,* after the best MSS. — **30. Censeo** is sometimes used ironically, in the sense of *suadeo,* I advise, etc. Hence, it may take the subjunctive without *ut,* like verbs of wishing, advising, requesting, etc.—**35. Nequiquam** = nequicquam or nequidquam.

XX. 37. Iis, i. e. Gallis; the name of the people is implied, as

often, in that of their country, *Gallia* (36). But Mg. and Wsb. 99
think that some specification of a particular tribe or place has fallen out of the text. — **38. Mos gentis.** Cf. Caes. B. G. V. 56.

6. Ne, *in order that . . . not.* — **7. Ipsos,** sc. *Gallos.* — **Avertere,** 100
sc. a Romanis. — **8. Alienis,** *those of others,* those belonging to another nation.—**Obicere** = *objicere.*—**9, 10. Neque — injuriam, ob quae.** I. e. that neither the Romans had conferred any benefits upon them (i. e. the Gauls), nor had the Carthaginians done them any injury, in return for which, etc. — **12. Contra ea,** *on the other hand.* — **Gentis suae homines.** "The *Galli Senones* were expelled from their territory on the Adriatic, in consequence of an agrarian law passed by the tribune Flaminius in 225 B. C." See also chap. xxv. — **14. Cetera indigna,** *the other indignities (of that kind);* the other wrongs and contumelies of slavery. — **17. Massilia** had long been an ally of Rome. — **20. Illi ipsi.** I. e. Hannibali. Dative. — **17, 18. Omnia** cognita (sunt), **inquisita,** (*which had been*) *ascertained,* etc. — **22. Est.** The indicative, as the remark is thrown in by Livy himself. — **26. Expectatione.** So Mg. after Heerw. Drak. *in exspectationem.* — **27. Tramisisse** = *transmisisse.*

XXI.–XXIV. Hannibal advances (in the spring of **218 B. C.**). **XXI, XXII.** Hannibal gives his Spanish troops a **furlough** till spring. He **pays vows to Hercules** at Gades. Provides for the safety of **Africa** and **Spain** during his absence. He sees **a good omen. XXII.–XXIV. Crossing the Iberus,** he **subdues** some **Spanish tribes.** He **passes the Pyrenees. Sends home** a portion of his troops. Persuades the **Gauls not to oppose his march.**

XXI. 29. Auditis, sc. *iis,* the antecedent of *quae.* — **37. Ita,** (*only*) *in this way.*

5. Adsitis. H. 493, 2; A. & S. 262, Rem. 4; B. 1203; A. 64, 101
IV.; G. 331, 3. — **Ingentis gloriae praedaeque.** The *descriptive genitive* of a substantive with an adjective, connected with its subject (*bellum*) by *futurum,* a participle of the verb *sum.* — **9. Desiderium,** longing, painful sense of absence, *homesickness.* — **15. Gadis.** Terminal accusative. — **Herculi.** I. e. to Melkart, the Tyrian Hercules. — **17. In** is not in the MSS., but is inserted by Mg. as required by the sense.—**20. Ab,** etc. To the Romans setting out from Sicily. — **21. Pro eo,** *in its place;* i. e. in place of the troops which he sent to Sicily. — **22. Levium armis.** Abla-

Page

101 tive of respect; that in regard to which the signification of *leves* applies.—**23, 24. Procul ab domo.** Modern despots pursue this same policy in the distribution of their troops in different parts of their empire. — **Futurus,** likely to be; expected to be. — **26. Cetratos,** *targeteers.* The *cetra* was a small round shield, made of the hide of a quadruped, and resembling the target of the Scottish Highlanders. — **27. Funditores.** "The inhabitants of the Balearic isles were famed for their skill in throwing with accuracy stones or leaden balls a distance of six hundred paces with a sling (*funda*) manufactured from a kind of rush. For this reason they were in later times favorite auxiliaries in the Roman armies." — **29. Carthagini praesidio.** H. 390, I.; A. & S. 227. Rem. 3, (*a*); B. 848; 849; A. 51, VII.; G. 148. — **32. Eosdem.** I. e. at the same time.

XXII. 34. Neglegendam = *negligendam.* — **35. Atque id eo minus quod,** and that so much the less, because — ; *id* referring to *Hispaniam neglegendam.* But if in translation we put the negative in *neque* with these two words (H. n.), *And thinking that Spain, too, should not be left uncared for,* rendering *id* as if it referred to *ratus,* it is smoother English to say, *and this so much the more, because,* etc. — **Circumitam,** sc. *esse.* — **Ad sollicitandos animos.** *Ad* with the accusative of the gerundive denoting the purpose.

102 **5. Ad,** used with numerals as an adverb, *about.*—**7. Quod,** *any.* This *adjective* form of the indefinite pronoun is rightly adopted by Madvig, after the old editors, in place of *quid.* — **8. Maritumam** = *maritimam.* — **9. Parte belli,** *kind of warfare;* as in chap. xvii. — **Vicerant.** I. e. in the first Punic war. — **12. Aptae,** *fitted out.*—**Remigio**=*remigibus.*—**Triginta et duae,** *only* thirty-two. "Only" is often left implied. — **15. Praeter,** *by;* along by. — **Omissam.** So Mg. and the MSS. Various emendations have been attempted, as *Etovissam, Onussam.* — **17. Visum** (esse). — **Qui diceret.** Subjunctive in Oratio obliqua. — **19. Sequeretur, deflecteret.** Subjunctive where the imperative would be used in the Oratio recta. — **21. Cura,** *curiosity;* especially *anxious* curiosity.—**24. Serpentem.** According to Cicero, (who tells the same story with additional embellishments, *Div.* 1, 24,) *beluam vastam, immanem, circumplicatam serpentibus.*—**25. Ferri,** *rolled along.* — **26, 27.** Order: quaerentem, quae m. e. q. p. esset, audisse, etc. — **28, 29.** The three subjunctives in these lines represent the imperative of direct discourse.

Page

XXIII. 31. Praemissis. Ablative absolute with the understood antecedent of *qui*.—It is a favorite practice in Latin to omit the demonstratives if they can be supplied from the relatives. Z. 765, n. — **Qui—conciliarent.** Relative clause denoting purpose. **Qua,** *where;* in the places through which. — **33. Transitus,** *the passes.* — **37. Orae.** I. e. the southern part of this conquered territory.—**39 sq. Obtinendae,** *to be held,* kept, defended. 102

2. Pyrenaeum saltum. The southern pass of the Pyrenees, near Juncaria (now Junquera). Mela (2, 6) speaks of *scalas Hannibalis* on *mons Jovis* in that neighborhood. Wsb. — **4, 5. Iter averterunt,** *turned away their march,* i. e. deserted. Z. — **Anceps,** *questionable policy.* Z.—**10. Ipsos.** Mg. after Mur. and Gron. The MSS. and Wsb. *ipse.* 103

XXIV. 14. Iliberri. Here indeclinable. Another form is used in lines 22 and 30. — **18. Consternati** = *tumultuose exciti.* — **Aliquot populi.** Appositive to *Galli,* for more precise definition. Z. — **21–28. Conloqui — venisset.** Indirect discourse. — **22. Vel . . . vel,** (and not *aut . . . aut,*) to indicate the freedom of their choice.—**25. Laetum,** *gladly.* Adjective like adverb.—**29. Haec,** sc. *egit.* — **32. Finis.** Accusative plural.

XXV, XXVI. § **2.** Revolt in Gallia Cisalpina (spring of **218 B. C.**).

XXV. 37. Sollicitatis Insubribus, παρακαλέσαντες τοὺς Ἴνσομβρας (Polyb.); having stirred up and gained over the Insubres. — **39. Circa,** *on both sides of.* — **Placentiam Cremonamque.** Terminal accusative after *deductas.* — **5. Triumviri.** The commission of three, *tresviri coloniae deducendae,* appointed by the Roman people to assign the portions of land to the colonists, and superintend the building and fortifying of the town and the regulation of internal arrangements. — **7. C. Lutatius.** He who gained the decisive victory at the Ægatian islands in 241 B. C. — **11, 12. Legati,** *as* ambassadors; **triumviros,** *as* triumviri. The two words refer to the same persons. — **14. Mutinae.** Locative genitive. — **21.** The *object* of **dimissuros** is **eos** (i. e. the Romans); the subject is *se* understood. — **24. Effusum,** *straggling,* not in close order. — **Ducit.** Probably from Ariminum. — **25. Plerisque,** sc. *locis.* Descriptive ablative absolute. — **26. Praecipitat.** Mg., in place of *praecipitatus.* — Wsb. *praecipitatur.* — **35. Ademere.** Perfect indicative. — **38. Propincum** = *propinquum.* — **39. Fluminis.** I. e. brought down by the river. 104

Page

104 **XXVI, § 3–XXXII, § 5.** To the Alps (218 B. C.). **XXVI, § 3–XXVIII. P. Cornelius Scipio** is sent to the **south of Gaul** to oppose Hannibal's march. **Hannibal crosses the Rhone. XXIX. First engagement with the Romans.** The **Boii advise** Hannibal to **proceed directly to Italy. XXX, XXXI. Hannibal encourages his troops.** He advances to **the foot of the Alps. XXXII. The Roman consul returns to his ships.**

105 **XXVI. 10. Et,** *on the other hand.* — **Ejus,** sc. *legionis.* — **13. Montis.** Accusative plural. — **Pervenit Massiliam.** Probably in August or September (B. C. 218). Mommsen says "about the end of June." — **16. Vixdum,** *scarcely yet.* **Dum** in compounds, 'at that time,' 'yet.' — **20.** These **Galli** were auxiliaries in the pay of Massilia.—**26, 28.** By the words **citerior** and **ulterior,** 'the nearer,' 'the farther,' or 'on this side,' 'on the farther side,' Livy indicates here positions *in relation to Hannibal.*—**27. Suis,** *their* (*possessions*), goods, movables. — **29, 30. Et eorum — tenuerant,** *and* (*those*) *of these* (*people*) *themselves* (i. e. the Volcae) *whom their* (*dear*) *homes had held back* (i. e. had retained on their native bank). — **32. Traici** = *trajici.* — **35. Temere,** *carelessly.* — **39 sq.** Nihil curantes, dummodo, etc.—Hannibal probably crossed the Rhone above the mouth of the Durance, not far north of Avignon, near Roquemaure. Wsb.

106 **XXVII. 5. Equites virique,** cavalry and infantry. More often Livy says *equi virique.* — **11. Ad id,** *for that purpose.* — **Duces,** *guides.* — **11, 14. Inde — ostendere,** *that about twenty-five miles from that point, up the stream, the river, flowing around a small island, offered a ford in a broader channel, where it was divided, and therefore in a shallower one.* — **17. Mole,** *trouble.* — **18. Alius,** *the other.* — **23. Ex loco edito,** *from a high place.* **Edito,** Mg. — **27. Naves.** Heerw., Mg., Wsb. The MSS. *nantes.* Supply with **naves** *habebat paratas.* — **28. Adversi impetum fluminis,** *the force of the current.* — **Transmittens,** sc. Hannibal. — **Superiore,** higher up the stream.

XXVIII. 38. Militumque. Mg. after C, *manu secunda.* Others *militum.*

107 **2. Adverso,** *in front.* — **10. Tumultus.** Noisy and threatening but brief risings in arms. Z. — **13. Variat.** So Mg. after Mehler instead of *variata.* — **15. Refugientem,** sc. *eum* (i. e. the keeper). — **16.** Mg. brackets **nantem.** Wsb. retains it, inserting *inde* before it. — **17, 18.** *The very force of the current, as the ground*

(**vadum,** quo *vadere* poterant) *failed each one,* (*though*) *fearing the* 107
deep water, hurrying (*them*) *to the other bank.* **Destitueret** is a subjunctive implying the occurrence of the same fact *in each single case.* Livy generally uses this subjunctive after particles of time (*cum, ubi, ut,* etc.), or indefinite relative words (quicumque, etc.), where the older writers, as Cicero, Caesar, and Sallust, commonly use the indicative. Cf. chap. 42: *ubi dimicarent;* i. 32: *id ubi dixisset.*—**19. Trajectos,** sc. *esse elephantos.*—**Ut,** *as.*—**23. Secunda aqua,** i. e. down the stream. — **28. Tum.** Mg., in place of *ut cum.* — **Acti** per stabilem ratem. — **31.** The preposition **ab** calls attention to *the men in* the boats who attended to the drawing of the raft. — **33. Repetiti.** The **re-** means repeatedly, again and again. — **34 sq. Donec agerentur.** Subjunctive because not only the time (*so long as*) is expressed, but also the reason. The subjunctive may also denote the view the elephants took of the case at the time. — **37. Trepidationis.** This word implies *motion* as well as terror. — **38. Quietem.** See note on line 11 of page 30.

XXIX. 7–9. Trecenti equites, *etc.,* missi ab ostio, *etc.,* occur- 108
runt huic alae. Cavalry of the allies were called **alae.** — **9. Pro,** accorded with; might be expected from. — **16. Ut . . . ita,** although . . . yet; or *indeed . . . but.* — **20. Nec — poterat,** *neither could Scipio come to any settled resolution.* The *nec* corresponds with the following *et Hannibalem . . . avertit.* Z. — **23 sq. Cum eo,** etc. = *cum eo Romano exercitu qui primus se obtulisset.* The noun, as often, is put in the subordinate clause.

XXX. 34. Castigando, *by chiding.* — **36, 37. Vincentis,** *as conquerors.* Accusative plural. — **38, 39. Duo maria.** The Atlantic and Mediterranean.

1. Indignatos. Sc. *eos* (i. e. Carthaginienses), the subject of 109
trajecisse. — **12. Italiae sit,** *belongs to Italy,* is in Italy. Subjunctive in Oratio obliqua. — **Subsistere.** The subject of this infinitive also is *eos* (i. e. Hannibal's soldiers) understood. — **13.** Credentes Alpis (*acc. plural*) esse quid aliud quam, *etc.* — **14. Fingerent,** *granting that they imagined them.* — **17, 18. Pervias fauces esse exercitibus.** Mg. after Heerw. and Forchh. The MSS. *pervias paucis esse exercitibus.* — **20. Majores eorum,** *their ancestors.* **Eorum** refers to the Gauls in Italy generally. — **Indigenas,** sc. *esse* or *fuisse.* — **20, 21. Sed — cultores,** *but as alien-inhabitants of Italy,* they had often crossed, *etc.* — **28. Quod** = *ut*

Page

109 *id.* — **29. Ea.** I. e. Rome and all that belongs to it. — **32. Campum.** I. e. the Campus Martius.

110 **XXXI. 36. Adversa ripa,** *up the bank.* — **38. Minus.** Fully, *tanto minus.* Z.

1, 2. Quartis castris. I. e. in the fourth day's march. — **3. Diversis ex Alpibus,** *from different parts of the Alps.*—**5. Prope,** *in the neighborhood.* — **6. Jam inde,** already, and from that time forward; then and afterwards. — **8. Major,** sc. *natu.* — **10.** The antecedent of **qui** is *minore fratre.* — **Pellebatur.** Imperfect, because the matter is not yet finally decided.—**27. Vada** (*fords*) and **gurgites** (deep places), as well as *nihil stabile nec tutum,* are objects of the verb *praebet.* — **Ad,** *in addition to.* — **32. Incertis.** I. e. of unknown cause or origin.

XXXII. 36, 39. The future participle in line 36 denotes *intention,* in line 39, *expectation.*

111 **7. Eo, qui . . . exercitus** = *eo exercitu, qui.*

XXXII, § 6–XXXVII. The March across the Alps (in the early autumn of **218 B. C.**)

11. Fama. Ablative. — **12. Fere.** Mg., instead of *vero.* — **23. Ea,** (sc. *regione, parte,*) *there,* in that place. — **24. Confragosa omnia praeruptaque,** *nothing but* (lit. *all*) *rugged ravines and precipices.*— **28. Obsideri,** *was held.* — **29, 30. Ut vim facturus,** *as if he meant to force a passage.*—**30. Ex aperto,** *openly,* without stratagem.—**34. Laxatas,** placed far apart; become fewer.

112 **XXXIII. 2. Relicum** = *reliquum.*— **4. Arce,** *their stronghold,* i. e. a height, which served as a castle or place of defence. — **5. Via.** I. e. the low road, at the foot of the hill. — **9, 10. Quidquid —rati,** *thinking that any alarm which they themselves might add would be sufficient for the destruction of the rest of the army.* Z. — **10 sq. Transversis — decurrunt,** *they run down across the rocks, alike through no paths and winding paths, being accustomed* to such clambering. This is Madvig's reading. The MSS. *perversis rupibus* and *juxta invia ac devia* (without *per,* conj. Ingersl.). — **14.** *As every one strove for himself that he might escape from the danger before* (*others*). — **16. Infestum,** *insecure.* — **17. Repercussae,** *echoing.* — **22. In inmensum altitudinis,** *into the unfathomable abyss.* The genitive after the neuter of an adjective with a preposition is not found in writers before Livy. — **23. Ruinae maxime modo,** just as when great buildings fall; or, very nearly like the fall of an avalanche. Literally, very much in the

Page

manner of a rushing-down *or* downfall. — **28. Exutum** = *si exutus* 112
esset. The participle is used hypothetically. — **34. Castellum.** Near Brigantio. Wsb. — **37. A montanis.** So Bauer. Others omit *a*.

XXXIV. 2. Ut restrictive; *considered as,* for. — **3. Suis,** *his* 113
own. One of Livy's slurs at Hannibal. — **6.** Supply *se* with **doctos** as the subject of **malle.** — **9. Ad fidem promissorum,** *as security for their promises.*—**13, 14.** Nequaquam ut inter pacatos, *sed* composito agmine. — **16. Circumspectans sollicitus omnia,** *looking around upon all things with anxiety.* So Mg., after the old editors, instead of *sollicitusque.* — **17. Parte altera,** *on one side.* — **23. Nisi — fuissent,** *if the rear had not been well supported.*

XXXV. 38, 39. Darent, fecissent. Subjunctive of repeated action. — **Progressi morative,** sc. *Carthaginienses.*

3. Insuetis, sc. *iis* (i. e. hostibus). — **5. Jugum Alpium.** The 114
Alpis Cottia, Mont Genèvre. As Polybius describes the journey, and as modern investigators generally believe, the Little St. Bernard. — **7, 8. Temere — iter,** *the rash entrance of valleys when they were guessing the way.* — **13. Vergiliae** is the Latin name of the Pleiades. Pliny places the setting of Vergiliae at III. Idus Novembres, the 26th of October in our present calendar. But *occidente jam* may imply only that this time was *near*. Polybius brings Hannibal to the Little St. Bernard about the end of September. — **15. Pigritia,** *disaffection.* — **17. Promunturio** (promontorio), *a projecting height.* — **22. Summum,** *at most.* — **25. Furta,** *stealthy attacks.* — **27. Ab Italia,** on the Italian side. — **30, 31. Nec — suo,** *nor could those who had staggered a little, when thrown down, hold fast in their tracks.* — **32. Succiderent** (Mg.), *they fell down* (*the precipice*).

XXXVI. 34. Rectis, *steep.* — **35. Temptabundus,** *feeling his way.* — **Retinens,** *grasping firmly.* — **37, 38. In altitudinem,** to a depth, *etc.* Polybius's account is more plausible. He represents the slide as having taken away the road for a *length* of three half-stadia (a little more than 930 Roman feet).

5. Ea via. I. e. the way *around* the mountain, in the valleys 115
over the glaciers. — **6. Intactam** = *integram,* unmelted, untouched: the snow of former years. — **7. Molli nec praealtae,** sc. *nivi.*—**10. Tabem,** *slush.*—**11. Via.** A conjecture of H. Sauppe. Mg. retains the MSS. reading *ut a*, but brackets it. — **Glacie.** Ablative of the *cause* of the slipperiness. — **12. In prono,** *on a*

Page

115 *declivity.* — **Citius,** *the sooner;* i. e. more quickly or easily than it would on level ground. — **Pedes fallente,** betraying the feet, causing their feet to slip (and them to fall). — **14. Adminiculis.** I. e. their hands and knees. — **15. Ad quas,** by supporting themselves upon which. — **16, 17. Levi tantum glacie,** *nothing but smooth ice.* — **18. Etiam infimam nivem,** *even the lowest snow* (the *veterem nivem intactam,* line 6). — **Ingredientia,** *as they trod upon it.* The time is present with reference to that of the predicate verb *secabant.* — **19. Conitendo** = *connitendo;* in their struggle to rise. — **20. Ut,** *so that.* With a subjunctive of result.

XXXVII. 25. Ad rupem muniendam, *to make a road over the cliff.* **Munire** is a general term for engineering operations. Nägelsbach (p. 282) says that it means here "to make passable." — **31. Aceto.** Polybius is silent on this point; and the story is not generally credited. — **32. Clivos,** *the grades.* — **37. Inferiora,** sc. *loca.* — **Apricosque.** Wsb., Mg. The conjunction is necessary. But Madvig's insertion of *et* before prope silvas (line **38**) seems uncalled for.

XXXVIII. The **time occupied in Hannibal's march** from New Carthage; the **number of his troops;** and the **place where he crossed** the Alps.

116 **4. Maxime,** *in the main;* in general. — **6. Quinto decimo die.** So Polybius. But Livy himself represents the ascent as taking nine days (c. 35); then follow two days of rest; then a day's march through the snow; then four days at the cliff (c. 37); and three days for the descent. — **10. Qui minimum.** As Polybius (3, 56, 4). — **11. L. Cincius Alimentus** was praetor 211 B. C., then propraetor in Sicily till 208; after which time he was a prisoner of Hannibal. He wrote a history of his own time in Greek, with a short introduction upon the more ancient Roman history. — **12. Me.** Mg. after Drak. — **13. Nisi — additis,** *did he not make the number confused by counting in the Gauls and Ligurians.* Cincius's mistake (if Livy understands him rightly) is in speaking of the Gauls and Ligurians as accompanying Hannibal in his march over the Alps, instead of joining him near the river Po. — **15. In Italia — est,** *it is more probable that they joined him in Italy.* — **17. Audisse,** sc. *se.* — **19. Amisisse,** sc. *eum; that he* (i. e. Hannibal), *after he crossed the Rhone, lost,* etc. "Of the 50,000 veteran infantry and the 9,000 cavalry, which the army had numbered at the crossing of the Pyrenees, more than half had been

sacrificed in the conflicts, the marches, and the passages of the rivers. Hannibal now, according to his own statement, numbered not more than 20,000 infantry (of whom 12,000 were Libyans and 8,000 were Spaniards) and 6,000 cavalry, part of whom were dismounted." Mommsen, after Polybius iii. 35 and 56. — **19, 20. Taurini Semigalli.** Em. Mg. M, taurinisnegalli. Wsb. Taurini Galliae. — **In Italiam.** Here and in line **4** Livy uses the designation of his own time. In the Punic war Italy did not include Gallia Cisalpina. — **Degresso,** sc. *ei* (i. e. Hannibali). — **22. Quanam,** *at what point.* — **Vulgo credere,** *that people* (especially historians) *generally believe.* Livy rejects both the general belief (as he says) of his day, that Hannibal crossed the Alpis Poenina or Great St. Bernard, and the opinion *now* generally entertained that he crossed *per Cremonis jugum* or over the Little St. Bernard. — **23. Inde,** i. e. from the passage of the Poeni. — **24. C. Coelius Antipater** lived at the end of the 6th and the beginning of the 7th century of the city, and wrote a history of the Punic war, which Livy uses especially (yet with caution) for this period. Wsb. — **28. Utique,** at all events; certainly; *at least.* — **32, 33. Sed — appellant,** "but from him whom, under the name of Poeninus, the mountaineers worship on the top;" i. e. from a local divinity who is called Poeninus. Z. — **Sacratum,** having a sanctuary or shrine. 116

XXXIX.–XLVIII. FROM THE ALPS TO THE TREBIA. **(218 B. C.)** **XXXIX. Hannibal recruits his troops. Scipio,** hastening to meet him before his soldiers are refreshed, **crosses the Po** and advances to the **Ticinus. XL, XLI. Scipio's speech** to his soldiers. **XLII. Device of Hannibal** for the encouragement of his army. **XLIII, XLIV. Hannibal's speech** to his troops. **XLV.** Hannibal offers **rewards for valor. XLVI. Conflict on the Ticinus.** Scipio worsted and wounded. **XLVII.** The **Romans** cross the Po and **retreat to their stronghold Placentia. Hannibal** also crosses the river and **advances** towards Placentia. **XLVIII. Mutiny of the Gauls** in the Roman camp. **Scipio** takes up a stronger position on the west bank of the **Trebia,** on the hills which form the last spurs of the Apennines running northward towards the Po. To Hannibal, who pitches his camp opposite, **Clastidium** is betrayed.

XXXIX. 34. Ad principia rerum. I. e. for the first operations (in Italy). — **Taurinis.** The so-called dative of the agent. — **38. Ex,** *after.* — 39. **Cultus,** care of their bodies, *comfort.*

Page

117 1. **Varie movebat,** *affected variously;* i. e. favorably in some cases, unfavorably in others. — 4. **In novis ignominiis,** *on account of its recent disgraceful losses* (incurred on the march from Ariminum to the Po. See c. 25). Z. — 8. **Volentis** = *volentes.* Nominative plural.—10. **Circumspectantis.** Accusative plural. — 13. **Quae pars,** *which side* or party; (the Carthaginian or the Roman.) — **Praesentum,** sc. *se.* — 15, 16. **Sicuti . . . ita,** *indeed . . . yet;* or *although . . . yet.* — 21. **Auxerant inter se opinionem,** each had raised the other's opinion of him. — 25. **Occupavit Padum traicere,** *hastened to cross the Po before* (Hannibal).

XL. 34, 35. Confessionem — habui, *I held his confession in fleeing and in refusing battle as* (equivalent to) *a victory.* — 36. **Hispaniae scriptus,** *levied for the province of Spain.* — 37. **Meis auspiciis,** i. e. under my supreme command. A Roman *commander-in-chief* alone had the *jus auspicandi,* i. e. the right of consulting the gods by the flight of birds to see whether any proposed step met with their approval. His lieutenants had only his *auspicia.*

118 6. **Viginti annos.** So according to the first agreement with the consul Lutatius at the close of the first Punic war: viz., Carthage agreed to pay an indemnity of 2,200 talents in twenty years, by annual instalments. But in the treaty as finally adopted, the war-contribution was raised to 3,200 talents, a third of which was to be paid down at once, and the remainder in *ten* annual instalments. — 14. **At** introduces an objection which the orator supposes to arise in the mind of some one of his hearers: "But, some one may say." See note on **at enim,** p. 98, line 15.— 16. **Possit.** Subjunctive after *quorum* equivalent to *tales ut eorum.* The relative clause completes the description of the qualities attributed to the Carthaginians, and states a result of them. — 17. **Effigies immo.** The punctuation is Madvig's. Other editors *Effigies, immo umbra,* etc. **Immo** (*nay; nay rather,*) is *corrective,* as it is *always,* more or less evidently. See Prof. Lane's *trucidatio* of Riley's translation of Plautus, in the Bibliotheca Sacra for April, 1853, and my note on Cic. Tusc. Disp. I., vii. 13. — 27. **Secundum,** *next to,* next after.

XLI. 30. Vestri adhortandi. H. 563, 4; A. & S. 275, III. Rem. 1, (4); B. 1017; A. 73, II.; G. 219, Rem. 1; Z. 660; M. 417; 297, *b.* — 38. **Ad,** *at;* ad famam, upon hearing.

Page

1. **Qua parte copiarum,** *with which part of my forces,* i. e. cavalry; as if *equestri* had been *equitum.* — 7. **Timendo.** Ironical. — 7, 8. **Utrum — an.** *Do I seem to have fallen in with him unexpectedly, whilst I was avoiding a contest, or* (do I seem), etc. **Incidisse,** sc. *in eum;* **occurrere,** sc. *ei.* — 13. **Duodevicenis denariis,** *at eighteen denarii apiece;* (three dollars, but worth much more than the same amount of silver at present.) — 15. **Vectigalis stipendariusque et servus.** This exaggeration is sufficiently ludicrous, yet perhaps not greater than occurs often among the most civilized nations of modern times when they are at war. — 16, 17. **Quem — agitaret,** *and if his crime at Saguntum did not drive him mad.* — 28. **Humanorum,** sc. *suppliciorum.* — 30. **Traicere** = *trajicere.* — 33. **Tutelae nostrae duximus,** *we regarded them as under our protection.* Genitive of quality.— **Africo bello.** See note on chap. i. — 34. **Pro his inpertitis,** *in return for these benefits.* — 36. **Tantum,** *only,* alone. — 37. **Esset.** Why is a *secondary tense* of the subjunctive used in this wish after *utinam?* 119

6, 7. The verbs are in the subjunctive of exhortation: *let* —.— 9. **Fuerit.** Perfect subjunctive, where the future perfect would be used in direct discourse. M. 379. 120

XLII. 12. **Aput** = *apud.* — 14. **Ad spectaculum.** I. e. to see the combatants. — 18. **Victor,** if victorious. — 19. **Dejecta,** etc. A lot for each of the men was cast into an urn, and those fought whose names were drawn. Z. — 20. **In id,** for this purpose, *to this end.* — 23, 24. **Ubi dimicarent.** *Ubi* takes the subjunctive because it means *in each instance when,* the spectacle being frequently repeated. — **Habitus animorum,** *state of feeling.* — 26. **Vulgo,** *universally.* — 27. **Bene,** bravely, nobly.

XLIII. 28. **Sic** limits **adfectos** (affectos). — **Paribus,** *pairs* of combatants. — 32. **Habueritis.** Future perfect. — **Vicimus,** we are already victors. — 33. **Spectaculum,** a gladiatorial *show.* — **Modo,** *only.* — 34 sq. **Nescio an** = *perhaps.* — 37. **Claudunt,** sc. *vos.* — 38. **Habentes.** Madvig, after Gronov, instead of *habentibus.* — **Circa.** The Carthaginians, in the position they then occupied, had the Po in front and on at least one side. Z.

11. **In,** *for.* — 12. **Dum.** Mg., Wsb. The MSS. *cum diis.* — 13. **Satis,** *long enough.* — 17. **Mereri,** *to earn, win, gain.* — 20. **Emeritis stipendiis,** when your service shall be ended (by the conquest of the Romans). — 20, 22. **Nec — existimaritis** = *et nolite existimare.* — 27. **Illa,** that well-known, that conspicuous.— 121

Page

121 **33. Ignoranti.** Ablative. M. 42, Obs. 2, *b.* — **37. Semenstri.** I. e. since the Ides of March, when Scipio (*hoc duce*) entered on his consulship. — **38. Desertore.** Scipio had sent his consular army into Spain, and placed himself at the head of another. Perverting this fact, Hannibal calls him a deserter of his army.— **Signis.** Livy is thinking of the Roman eagles of a later time. Wsb.

122 **1. Certum habeo,** I hold for certain, i. e. I am persuaded, *I believe.* — **4. Facinus,** *brave deed,* exploit; militare facinus, *feat of arms.* — **5. 6. Sua decora,** *his own glorious exploits.*

XLIV. 13. Infrenatos. The Numidian cavalry used no bridles, and guided their horses with a riding-stick alone. (Herodian. 7, 9.) — **14. Pro** is not in the MSS., but is required by the sense. — **23, 24. Sua** and **sui arbitrii** are both predicated after *facit omnia.* — **25. Aecum** = *aequum.* — **27. Quos non excedamus,** which we are not to pass: may not, or must not pass. — **29. At non ad,** *etc.* Answer of the Carthaginian to the arrogant command of the Roman. **Non ad,** Mg.'s conjecture. Wsb. *cis.* The MSS. *ad.* — **32, 33. Etiam in Hispanias.** Mg., who adds *in* to the MSS. reading. Wsb. *Adimis etiam Hispanias?* — **Si.** Mg. inserts. — **34. Transcendes — dico.** Mg. The MSS. *transcendisse autem dico.* Wsb., *in Africam transcendes. Transcendes autem dico?* — **37. Timidis et ignavis.** Predicate after *esse.* — **38. Respectum,** something to look back to, a place of refuge.

123 **5.** Omit **destinatum** in translation. Wsb. does not bracket the word, but inserts *si* before it. — **7. Contemptu mortis telum.** Mg. after Stroth. The MSS. have *contemptum,* and without the two following words. Wsb. (after Haupt), *vitae telum.*

XLV 18. Ictumulis. Mg., from Strabo 5, 12, in place of *Vicotumulis.* — **26. Inmunem.** Free from land-tax and other regular imposts. — **28.** (Iis) sociorum, qui vellent, *etc.,* (se) facturum (esse) potestatem. — **30-32. Daturum — vellent,** *that he would take care that they should not be willing to exchange the lot of any one of their countrymen with their own* (lit. with themselves). — **33. Bina.** Notice the *distributive* numeral. — **35. Si falleret,** *if he did not keep his promise.* — **37. Secundum,** *immediately after.* — **39. Auctoribus,** *as securities,* guarantees. — **Quisque,** appositive to *omnes.* *Then in truth they all, as if they had each one received the gods* as guaranteeing the fulfilment of their hopes.

124 **1, 2. Id morae — rati,** *thinking that the fact that they were not yet fighting was the (only) hindrance to their obtaining their desires:* more literally, that there was this hindrance (*id morae*) only, etc.

Page

XLVI. 8. Procuratis, *attended to,* — "expiated, averted, by 124
means of sacrifices." — **10, 14. Que.** This conjunction seems to be required in both these cases. — **19. Numidis.** "Terms which designate soldiers or classes of soldiers are frequently put in the simple ablative when they serve as *means;* for soldiers are in reality little better than mere machines." Z. — **24. Ubi vidissent.** Subjunctive of repeated action, — *whenever,* etc. — **25. Ad pedes pugna venerat,** *it had become a battle on foot.* —**Venerat,** Gronov. P, *iverat.* — **31. Erat.** C, Mg. The reading *erit* (P) is widely adopted. — **Perfecti—belli,** *of having ended this war.*—**35. Alius equitatus,** another band of men, namely, cavalry.

XLVII. 13. Moratorum, *loiterers.* Polybius says they had been 125
left to guard the bridge. — **15. Ut extrema,** *when both ends.* — **Tota rate,** *the whole raft,* i. e. the whole bridge. The bridge was made of *several* rafts (*ratibus,* line 9) joined together, but when they were unfastened at both ends they floated off as one. — **16. In secundam aquam,** *down the stream.* — **19. In ordinem,** *in a row.* The elephants were so placed that the violence of the current was broken on their colossal bodies. Z. —**21. Peritis.** Dative. — **23. Ut,** *even if;* even supposing that. — **Omnis.** — Accusative plural. — **25. Fuerunt.** Mg. after cod. Gud. Others, *fuerint.* — **28. Ea,** *by this way;* i. e. by the bridge of boats (*rate*).

XLVIII. 11. Minus fefellit. He was less successful in escaping 126
the notice of Hannibal. — **21. Collegam.** I. e. Ti. Sempronius Longus, who had at first received commission to cross with his army from Sicily to Africa. — **26, 27. Quae . . . euntem . . . major in dies excipiebat,** *which* (want), *greater every day, met him as he marched,* etc. — **29. Mittit.** Used absolutely. Understand *milites.* — **31.** A **nummus aureus** was about $5.00. — **32. Praesidi** =*praesidii.*

XLIX.–LI. Sicily. **XLIX, L.** The Romans and Carthaginians have a **sea-fight** off Sicily. **L.** The consul **Sempronius,** having provided for the safety of Sicily, **joins his colleague** at the Trebia.

XLIX. 4. Tenuerunt, sc. *cursum.* — **Fretum.** The straits of 127
Messina, (fretum Siculum.) — **10. Cujus ipsi classis essent,** *of the fleet* (i. e. constituting the fleet) *to which they themselves* (i. e. the captives) *belonged.* — **Essent.** Subjunctive in Oratio obliqua. — **11. Missas** agrees with *naves* in line 10. — **13.** (The captives said) **credere** (*se*). — **15. Dejectam** (esse), *was driven down.* — **18.**

Page

127 **Circa civitates.** I. e. to the different cities on the coast in the Roman province of Sicily. — **19. Suos.** I. e. the Roman soldiers of the garrisons. — **20, 21. Lilybaeum teneri** (sc. *a praetore*). Nominative case, with the historical infinitive. — **23. Ut ne quid,** *that nothing* (faceret, etc.). — **23–25.** (Iis)que missis per omnem oram, qui, *etc.* — **26. Missis.** So Mg. The MSS. *simili;* Heerw. *dimissi;* Wsb. *missi.*—**29. Sublatis armamentis,** *with their sails up.* **Armamenta** here means sails and sail-yards, but it often includes cables, anchors, and all the rigging and tackling of a ship. — **33. Erant,** were quickly, were at once. The tense implies the rapidity with which the command was obeyed. — **35. Demendis armamentis,** in taking down their sails. — **36. Ad pugnam,** *for action.*

128 **1.** The allusion is to the naval battle off the Aegatian islands.

L. 5. Eludere, avoided the enemy by various manœuvres. A gladiatorial term. The historical (descriptive) infinitive is very well suited, as Zumpt says, for depicting a state which continued for some time. — **8. Habebant,** sc. *Poeni,* understood from the collective singular *Poenus.* — **Sicubi,** "where*ever*," "if in any place," takes the subjunctive. — **12. Illis.** I. e. Carthaginiensibus. — **13 sq.** As of these 1700 some 350 (see p. 127, lines 1 and 2) were *milites* or *marines,* only 1350 are left for *nautae,* — 193 for each vessel; whereas, generally from 300 to 375 rowers and more than 40 sailors were found on each quinquereme (Polyb. 1, 26, 7). We must suppose some loss in the naval engagement; but not enough to make the number of seamen seem otherwise than scanty. — **16. Perforata.** In consequence of the Roman superiority in numbers, the Carthaginians tried to avoid being boarded, and endeavored to disable and sink the hostile vessels by piercing through them with their beaks. — **19. Gnaris.** Ablative absolute with *iis* understood, the antecedent of *qui.* — **Ejus** refers to *pugnam.*—**20. Armatam.** Alsch., to fill the *lacuna* indicated by the *-que* after *ornatam.* — **22. Regia,** sc. *nave.* — **30 sq. Quibusdam volentibus novas res fore,** *to some a revolution would be agreeable* (lit. would be to them wishing it; like the Greek βουλομένῳ μοί ἐστι). M. 246, Obs. 3; Z. 420, note; H. 387, 3; A. & S. 226, Rem. 3; B. 823; G. 152.

129 **LI. 2. Traditur.** Passive as middle. — **5. Sub corona venierunt.** *Veneo* is used as the passive of *vendo.* Prisoners of war were brought to the market crowned with garlands, and were

Page

hence said to be sold *sub corona*.—**10. Urbem.** Vibo (or Hippo), 129 on the west coast of Bruttium. —**16. Ariminum.** Terminal accusative.—**Mari supero.** The Adriatic. —**Explevit.** By leaving behind some vessels of his own fleet, the consul made up the praetor's fleet to the number of fifty ships of war. Z. — **Legens,** *coasting along*. — **23. Conjungitur.** Passive as middle. —**15–23.** Polybius (3, 61) states that the soldiers of Sempronius proceeded all the way to Cisalpine Gaul by *land*, the consul leaving each one free to find his way as best he could, and only binding them by oath to sleep at Ariminum at an appointed date. We may partially reconcile the statements of Polybius and Livy by assuming, with Ihne (ii. 185), that "the consul's ships did not suffice to carry *all* the men, and a portion of them were obliged to march on foot through the whole length of Italy."

LII.–LVII. § 4. The Battle on the Trebia (December, **218 B. C.**). **LII. Sempronius** eager to fight, **Scipio** counsels delay. In a **cavalry engagement,** the Romans have slightly the advantage. **LIII.** Sempronius, elated, resolves to give battle. **LIV. Hannibal** sets an **ambush,** under the command of his spirited young brother **Mago.** The **Romans,** without breakfast, **ford** the **Trebia,** and are almost frozen. **LV, LVI.** The **battle.** The **Romans defeated.** Under cover of a tempest, **Scipio retreats** to Placentia, in which town and in Cremona the shattered remains of the four legions pass the rest of the winter. **LVII. Alarm** at **Rome.**

LII. 26–28. Oppositum belongs both to **consules** and to **quidquid virium,** but is attracted in number to **quidquid** as the most important. The same is true of the verb **declarabat.** The statement (*quidquid* Romanarum virium erat, spem *nullam* aliam) is exaggerated, for there was an army in Spain, and more troops could easily be raised. (Wsb.) — **29. Admonitus.** A *suggestion* of Madvig's, which I do not hesitate to adopt. P, *et minutus*. — **33–35. Per—spectantes,** with wavering favor undoubtedly aiming at gaining the friendship of the victorious party. In English, a relative construction is more usual : **spectantes,** *who aimed at*. — **35. Modo ne quid moverent,** *provided only that they* (i. e. the Gauls) *made no insurrection*. **Quid** is accusative of the indefinite pronoun. — **Aequo,** *satisfied, contented*.

1. Deinceps, *continuously*, in succession. Here a *local* adverb, 130 not temporal. — **3. Ad id** (sc. temporis), *till then*. — **6. In,** *to*,

Page

130 towards. — **9. Ut,** even granting that, *even if.* — **Recentem,** etc. See chap. 25. — **10–12. Continendis — censebat,** *gave it as his opinion* (in a council of war) *that the defence of the first who had needed aid was the strongest bond for keeping the allies faithful.* — **11, 12. Primos qui eguissent.** Gronov. P, C, M, primosque qui coissent. — **13. Mille** belongs to **jaculatoribus,** and is limited by **ferme** (εἰς χιλίους, Polyb. 3, 69, 8). **Peditum** = *ex peditibus.* — **15. Sparsos.** Sc. *Numidas.* — **Ad,** *in addition to.* — **16. Gravis.** Accusative plural.—**18. Hostium.** I. e. the Carthaginians. — **19. Subsidio.** Ablative of means. — **20. Sequentes cedentesque.** C. Heusinger, Mg., Wsb. P, sequentesque cumque. — **22.** I follow Mg. in filling the lacunae.

LIII. 24. Major, sc. *victoria.* — **25. Efferri.** "According to his usual practice, Livy gives himself full swing in the description of the consul's *state of mind;* and for this the historical infinitive is most suitable." Z. — **27–37.** Oratio obliqua. — **27. Militibus.** The dative is more lively than the genitive would have been, and marks the soldiers more emphatically as the logical subjects of whom the increased spirit is predicated, and to whose advantage it exists. — **30. Memoria.** Ablative of cause. — **32. Tempus** is the subject of **differri** as well as of **teri.** — **36. Set** = *sed.*—**38.** *How would our fathers groan, if they saw.* The present, instead of the imperfect, for liveliness' sake.

131 **3. Dicionis.** See note on I. 25 (p. 43, line 5).—**5.** The **praetorium** here is not the general's tent, but the open place before it, which, embracing also a part of the *via principalis,* served as a place of assembly. — **Prope contionabundus** (in some Lexicons wrongly "concionabundus"), almost (like an orator) addressing a popular assembly. — **6. Propincum** = *propinquum.* The new consuls entered on their office on the Ides of March; it was now, according to their date, the end of January, — by the corrected calendar, the middle of December. — **13. Cum,** *but* when. Supply in thought an adversative conjunction.— **24. Facere,** *to bring one about;* to *make* a battle himself. — **Si cessaretur** (a Romanis). — **25. Quae vellet,** sc. *explorari.*— **27. Insidiis.** Dative of the end in view.

LIV. 29. In medio. I. e. between the Trebia and the Carthaginian camp. — **Rivus.** Perhaps the Trebiola (now Rifiato). — **32. Equites tegendo,** *for concealing cavalry.* The gerundive construction, *equitibus tegendis,* is much more common. Mg.

knows "no undoubted instance in *prose* where the dative of the gerund governs the accusative;" and is inclined to read *equiti tegendo*. — **35. Centenos,** one hundred from each class of soldiers, foot and horse.—**37. Praetorium missum,** *the council was dismissed:* i. e. the informal council of his staff-officers who accompanied him when he chose the place for an ambush. — **39. Uti** = *ut*. 131

2. Turmae are the troops of cavalry; **manipuli,** the companies of foot. — **4. Magoni** must be taken as a dative of advantage: to aid Mago; for Mago to put in ambush. Wsb. *cum Magone*. Mg. suggests, ita cum mille eq. Magone, mille peditibus dimisso. — **Mago** is described by Polyb. (iii. 71) as a young man full of dash, and well instructed from childhood in the military art. — **8. Injecto certamine,** *having brought about a battle.*—**15. A destinato.** Mg. em., in place of *ad destinatum*.— **22. Quidquid — adpropinquabant,** with every step that they drew nearer the air of the river (Näg., p. 109). **Quidquid** is the accusative of a neuter pronoun after an intransitive verb, agreeing with the substantive idea which that verb contains: *whatever approach* they made. **Aurae,** "der Atmosphäre" (Näg.). — **23. Refugientes.** Accusative agreeing with *Numidas*. — **26, 27. Ut — essent,** *that they were scarcely able to hold their arms.* Wsb. *esset*. 132

LV. 30, 31. "Hannibal gave his soldiers warm and plentiful food, and made them rub their bodies with oil at the fires, so that they became quite brisk and warm." Nieb. Lect. II. 96. — **34. Levem.** We should read *levemque* (Sig.) or *ac levem* (Glar., Heus.), as it is not to be supposed that the Baleares amounted to 8,000 men (Polyb. 3, 72, τοὺς λογχοφόρους καὶ Βαλιαρεῖς).

2. Circumdedit peditibus, *placed them on the flanks of the infantry.* L. "Locavit a dextra laevaque peditum." Crev.— **2, 3.** *Eighteen thousand Romans* (infantry); lit. eighteen Roman thousands (Polyb. 3, 72, sixteen thousand): *twenty thousand allies.* Besides these, and the Cenomanian auxiliaries, there were 4,000 horse (line 10). — **Sociûm nominis Latini,** *allies of the class of Latins.* "The Latin name" means the whole body of citizens possessing the *jus Latinum*, whether real Latin towns, (as. for example, Tibur, Praeneste,) or *coloniae Latinae*, (as Placentia, Cremona, Ariminum, Brundisium.) Z. — **11. Plerisque,** for the most part; all of them but the Numidians. — **29. Molli cute.** Ablative absolute of cause. 133

LVI. 31. Trepidantis, sc. *elephantos*. Accusative plural. — **Et.**

Page

133 Mg. (Rost.) — **In suos.** I. e. in Poenos. — **32. E.** Gr., Mg. — **34. Fecere,** sc. *elephanti.* — **Novusque,** Mg. Wsb., *eoque novus.* P, *quoque novus.* Gr., *additusque novus terror.* — **36. In orbem,** on all sides; against attacks from all quarters. — **38. Afrorum.** I. e. the Carthaginians. — **Acie.** Ablative of the *way by* or *through which* the motion proceeds; ablative of route. Cf. *porta Collina intravere.* — **Qua,** *where.* Mg. em., in place of *quae.*

134 **2. Decernere,** judge, determine. — **Qua,** in what place, by what path. See note on **acie,** a few lines above. — **4. Partes,** *directions.* — **6. Inter cunctationem ingrediendi,** whilst they were hesitating to enter (the river). — **8. Cedentis agminis.** Described p. 133, l. 36.-p. 134, l. 3. — **9. Hostium.** Objective genitive. — **11. Homines.** Sc. *Poenos.* — **15 sqq.** Scipio crosses the Trebia in the night, with those who had been left in the camp when Sempronius marched out, and those who had gained it in flight. The raging storm, and the fatigue of the victors, prevent his being observed or (at least) molested. — **16. Relicum** = *reliquum.* — **17. Sauciorum.** Mg. and Wsb. follow Heerw. in inserting this word.—**18. Traicerent** = *trajicerent.*—**Sensere,** sc. *Poeni.* — **23. Pado trajectus,** having crossed the Po. *Pado* is ablative of the route. (See note on *acie,* p. 133, l. 38.) The more common construction is *Pado trajecto.*—Peter and Ihne are probably right in contending, against Mommsen, that the battle was fought on the *right* or eastern bank of the Trebia, on which side of the river Placentia also lay. The Roman camp was on the left side of the Trebia.

LVII.-LIX. Winter of **218-217 B. C. Cn. Cervilius** and **C. Flaminius** are elected **consuls.** Hannibal makes an unsuccessful attempt upon the river-port of Placentia. He storms **Victumviae,** and treats its defenders with all the severity admitted by the laws of war. Attempting to cross the **Apennines (217 B. C.),** he is thwarted by a hurricane and by the severe cold. **Skirmish** between Hannibal and Sempronius. The **Ligurians** join Hannibal.

135 **LVII. 2. Ut.** Fabri, Mg., Wsb. — **2, 3. Ut — erant,** wherever the country was too much obstructed for them. — **Quaeque,** sc. *loca.*—**5. Emporium,** *a port,* on the Po, perhaps near the mouth of the Trebia. — **7. Castelli,** *post.* — **8-10. Cum — habuisset,** *as he had placed most of his hope of success* (**ad effectum,** lit. *for the accomplishment* of his purpose) *upon the concealment of the under-*

Page

taking. — **12. Consul.** I. e. Scipio. — **16. Praesidium,** *the post.* — 135
19. Emporium, *a magazine* of arms, provisions, clothing, etc. — **20. Frequentaverant,** *had settled,* occupied, *in large numbers.* — **Mixti.** Chiefly Ligurians, but also Gauls. — **25. Agmen** (*agimen* from *ago*), an army or detachment on the march; **acies,** an army drawn out in battle-array. Z. — **33. Scribentibus.** I. e. to historians. — **34. Adeo,** to such an extent; *so fully.*

6, 7. Aut—adfligebantur, *or, if they strove against it, they were* 136
caught (whirled round, set spinning) *by the whirlwind, and dashed to the ground.* — **7, 8. Spiritum — sineret,** (*the wind*) *stopped* (lit. shut up) *the breath, and did not allow respiration.* **Reciprocare animam,** lit. to exchange breath, i. e. to breathe in and out. — **11. Capti auribus et oculis,** i. e. "deafened and blinded." **Captus,** *deprived of the use of* (for the time), as Liv. ii. 36, 8: *captus omnibus membris.*—**15. Explicare,** to unfold, *unfurl,* sc. the tent-covers, canvas and skins. — **16. Statuere,** *to set up* (the tent-poles). — **17. Aqua,** the rain or mist. — **23. Strage,** *an overthrow,* a prostration. — **26. Movere** and **recipere,** sc. *coepere.* — **27, 28. Ad — tendere,** *every one, helpless* (*himself*), *looked for the aid of others.*

LIX. 32. Ad, *to the neighborhood of.* — **37. Passum** = *passuum.*

10. Recessum, sc. *esse,* (that a retiring had been made,) that 137
the enemy had retired from the camp. Passive impersonal. — **11. Dextra laevaque.** Through the *porta principalis dextra* and the *porta principalis sinistra.* The camp is to be thought of as having four gates through its ramparts, one on each side, like the Roman camps.—**15. Accensum,** hotly begun; lit. kindled, set on fire.—**19. Dimidium ejus,** *the half of that number;* **ejus** being the genitive of *id* used substantively. Z. — **21. Praefecti sociorum** had the same functions among the allies as *tribuni militum* in the Roman legions. — **27. Ferme,** *mostly.*

LX, LXI. Cn. Scipio in Spain **(218 B. C.). LX. Cneius Scipio** gains most of the tribes between the Pyrenees and the Ebro as allies of Rome, and defeats **Hanno** and takes him prisoner. **LXI. Hasdrubal lays waste** the fields of the allies of Rome, but **retires** behind the Ebro before Scipio. **Scipio** subjects the **Ilergetes,** marches against the **Ausitani,** lies in wait for and routs the **Lacetani** coming to their aid, and receives the surrender of the **Ausitani.** He takes up his **winter-quarters at Tarraco.**

Page

137 **LX. 30. Cn. Cornelius Scipio.** The brother of the consul. His affability and kindness attracted the Spaniards to him. — **33 sqq.** Polybius (iii. 76), whose story is more probable, says that Scipio, coasting along from Emporiae, made landings from point to point, and subdued the different tribes on the sea-shore, or received their allegiance; afterwards, leaving garrisons at these points on the coast, he marched into the interior. — **36. Dicionis fecit.** See note (p. 261) on i. 25 (p. 43, l. 5). — **37, 39. Ad** = apud, *among, with.*

138 **2. Auxiliorum.** Auxiliary troops other than those furnished by the Italian *socii.* — **5. Obviam eundum,** *that he ought to meet* (*the foe*). — **8. Quippe qui sciret.** H. 519; 519, 3, 1; A. & S. 264, 8, (1) and (2); B. 1253; A. 63, II.; G. 427. — **11. Magni certaminis.** Genitive of quality. — **14. Dux cum aliquot principibus capiuntur.** The same construction after *cum* and the ablative as we should have had after *et* and the nominative (*et principes*). The singular (*capitur*) is also frequent. — **Principibus.** Probably Carthaginian Gerousiasts who accompanied the general. Wsb. — **16. Rerum fuit,** *consisted of articles.* — **16, 17. Supellex** is appositive to *praeda,* and **mancipiorum** is, so to speak, an appositive genitive, or, more strictly, a constituent genitive = *consisting of* slaves. — **18. Modo,** *only.* — **21. Citra.** I. e. on the Spanish side. The word is to be taken as it would be used by the Roman army in Spain.

LXI. 27, 28. Classicos — socios, *marines and seamen,* from the Roman fleet. Tarraco was held by the Romans. — **29. Neglegentiam** = negligentiam. — **34. Paucos,** *a* few. — **Praefectos,** *captains.*

139 **4. Cum,** *when.* — **10. Urbe.** Ausa, their capital. — **17. Plutei** were semicircular roofs of hurdle-wood covered with raw hide, and moved on wheels, for the protection of soldiers assailing walls or working under them. — **18. Sola,** i. e. of itself, by itself alone. — **21. Talentis.** The ablative of the sum agreed upon as a war-contribution, like the ablative of price.

LXII, LXIII. Patrician Hatred of the New Consul Flaminius. **LXII. Prodigies** at Rome. **LXIII. Flaminius** enters upon his consulship (**217 B. C.**) at **Ariminum,** in order to avoid the chicanery of his aristocratic opponents. The **senate** sends in vain an **embassy** to insist on his return. Signs of warning meet him even in the camp.

Page

LXII. 26. Quis = *quibus.* — **27. Holitorio** = *olitorio.* The 139
forum olitorium, or vegetable market, was S. W. of the Capitoline, between that hill and the Tiber; the *forum boarium,* or cattle market, was near the Tiber and W. of the Palatine. — **Triumphum,** etc., i. e. shouted "Io Triumphe!" — **32. Hastam,** sc. *Junonis.* The lance, in the worship of Juno, as well as in that of Mars and Quirinus, like the Jupiter Lapis, points back to a time in ancient Italy when the gods were represented *only* by such symbols. When these lances moved of themselves, it was a most portentous prodigy. See Preller, pp. 103, 300. — **33. Pulvinari.** Lov. 3, Mg. em. Others, *pulvinario.* "*Pulvinar* or *pulvinarium* is a couch provided with carpets and cushions placed beside the image of a divinity. On this the consecrated image was laid at solemn feasts, the feast itself being spread on a small table before it. The solemn festivity itself was called *lectisternium,* because the *lecti* (sofas for reclining on) were spread or covered (*sternebantur*) with cushions and cloths." — **35. Visos,** (beings) in human form were seen, *etc.* From religious awe, Livy does not *express* the subject of *visŏs* (*esse*). — **37. Sortes extenuatas,** *that the lots shrunk.* The lots were little tablets of oak-wood, inscribed with prophetic signs, letters, or words. Lots were also made of bronze. Their shrinking was an omen of public misfortune.—**39. Libros,** sc. *Sibyllinos.*

2. Subinde, *from time to time.*—**Aliis procurandis,** *in attending* 140
to (i. e. properly expiating) *other* (*prodigies*). Dative. — **4. Lustrata est.** Sc. by sacrifices, and solemn processions around the city.—**Majores,** as distinguished from *lactantes.*—**Quibus editum est,** *to whom it is appointed* (by the prophetical books, etc.), that they should be offered. — **5. Pondo.** Properly an ablative of *pondus* or *pondum,* meaning *in weight;* but used as an indeclinable plural, (here in the ablative,) *pounds.* Forty pounds in gold = about $8,100. Of course, the *current* value of this amount of gold was very much greater in those days than now. — **6. Junoni.** Mg. after old editors. MSS. *et Junoni.* — **7. In Aventino.** I. e. to Juno Regina, who had a temple on the Aventine containing her statue brought from Veii (Liv. 5, 23). — **10. Lectisternium.** See note on *pulvinari,* p. 139, l. 33.—**Juventuti.** Mg. after newer MSS. The other reading is *Juventati.* — **12. Genio,** *to the Genius* (of the Roman people). As every man was supposed to have his own peculiar guardian-deity or genius, so the whole land and people.

Page

140 **LXIII. 20. Consulem.** I. e. Sempronium. — **21. Martîs** = *Martiis.* — **22. Hic.** I. e. at Ariminum. — **23. Memori,** sc. *ei.* — **Certaminum,** etc. "Flaminius in his tribuneship, 228 B. C., had, contrary to the will of the senate, carried a law, by a vote of the *comitia tributa,* for the division of the *ager Gallicus* and *Picenus* among the Roman citizens. In his first consulship, 223 B. C., he was commanded by the senate to return instantly, and without fighting, from the war against the Insubrian Gauls, because the auspices at his election had been unfavorable; but he disobeyed the order, and the senate attempted, although without success, to withhold from him the honor of a triumph." Z. — **26. Novam.** I. e. introducing a new rule. — **27. Adverso senatu.** Gronov. MSS. *adversus senatum.* — **Uno patrum,** *alone among the senators.* — **30.** The tonnage of a Roman ship was estimated in *amphorae.* An *amphora* was a cubic foot; a ton in the measurement of a ship is forty cubic feet. — **31. Quaestus,** traffic for the sake of gain; "speculation." — **35. Auspiciis ementiendis.** Flaminius had reason to fear that bad omens would be falsely alleged by the nobles to compel him to resign. When, in one of the years succeeding his triumph, he was made master of the horse by the dictator Minucius, "he was obliged to resign this command because at his nomination a mouse had been heard to squeak. The nobility marshalled heavenly signs and auspices on their side, and carried on against this champion of the people a sort of holy war." Ihne. — **36.** The *Latin festival* was an ancient solemnity commemorative of the league between Rome and the *nomen Latinum.* It was annually celebrated on the Alban Mount near the temple of Jupiter Latiaris, and (at this period) lasted several day. The consul was not to start for his province before the end of this festival. See also note on p. 141, ll. 5 sqq.—**Consularibus.** I. e. that could be employed against (or in the case of) consuls. — **38. Privatus,** as a private citizen: without formally entering upon his office at Rome.

141 **3. Ante.** See note on *certaminum,* p. 140, l. 23. — **5 sqq.** It was customary that the newly-elected consul, on the day of entering on his office, should dress himself in his house in his official robe (the *praetexta* or purple-bordered toga), ascend the Capitol in solemn procession, to perform a sacrifice and make solemn vows for the state in the temple of Jupiter, and then hold a session of the senate, in which (among other business) the time was fixed for

holding the *feriae Latinae*. — **10. Monte,** sc. *Albano*. — **10-12.** 141
Auspicato—iret. Before his departure for his province, it was the custom for the consul to go *again*, accompanied by a solemn procession, to the Capitol, after taking the auspices, and to make a vow to Jupiter Capitolinus, promising, if success were granted to his arms, to consecrate to the god certain gifts which he mentioned (*vota, quae nuncupantur*). Then, wearing the *paludamentum*, or purple war-cloak of a commander, he marched out of the city with all military pomp. Wsb., Z.—**13. Furtim,** *like a thief*.—**15. Videlicet,** *forsooth;* to be sure. Here ironical.—**17. Aput,** *before the altar of*.— **27. Procul,** at a distance, i. e. among those standing at a distance. — **29. In.** Bracketed by Gronov. — **32. Per — tramites,** by cross and by-roads over the Apennines. Perhaps by Sarsina, or by Pisaurum, Urbinum, and Tifernum, to Arretium. Ihne reconciles Polybius (iii. 77) with Livy by suggesting that it was the two *new* legions which had been directed to march into northern Etruria from Rome.

BOOK TWENTY-SECOND.

I, II. HANNIBAL CROSSES THE APENNINES (**217 B. C.**). **I.** 143
Hannibal leaves his winter-quarters. **Servilius** enters on his consulship at Rome. **Prodigies** are reported, to keep Flaminius from taking the field. **II. Hannibal** sets out for **Etruria,** and, during fatiguing marches through a flooded country, loses one of his eyes by inflammation.

I. 1. Ex hibernis. From his winter-quarters in the valley of the Po, whither he seems to have returned from his expedition into Liguria (xxi. 59). — **2. Et,** *both*.—**Nequiquam** = *nequicquam*. — **Conatus.** Participle. — **5, 6. Pro — agerentque,** *instead of seizing plunder and driving away booty themselves, from the lands of others.* Literally, *instead of this,* (namely,) *that they should themselves seize,* etc.—**7, 8.** English order: premique hibernis exercituum utriusque **partis** (side, party).—**8. Viderunt.** C, m. 2, Mg. em. Common reading, *viderent*. — **9. Principum,** sc. *Gallorum*. — **10. Ipsorum inter se fraude,** *by their own treachery to each other*.—**12. Tegumenta capitis.** Polybius (3, 78) says that Hannibal wore false hair, having prepared wigs differing from each other, and suited to different periods of life. Ihne suggests

Page

143 that his object in wearing disguises was rather to act as his own spy than to secure his personal safety. — **Errore etiam,** *by their very uncertainty,* i. e. by the uncertainty of the Gauls in regard to his personal identity. Cf. i. 24. — **16. Martîs** = *Martiis.* — **De re publica retulisset,** *he had laid proposals before the senate relating to the commonwealth* (or *to the interest of the state*). — **18, 19. Quod.** The interrogative *adjective* pronoun. — **Magistratus,** *that* (*only*) *magistrates.* Contrasted with *privatum,* line 22. — **20 sqq.** See notes on p. 141, lines 5 sqq. and 10–12. — **20. Id** refers to **auspicium,** the right of taking the auspices.—**A domo,** etc. It was the rule that the consul should take the first auspices (to place his magistracy under the protection of the gods) in Rome itself, before daybreak on the day of his entrance upon office, and also that he should take the auspices at his own house before offering his vows at the Capitol on the day of his departure for his province. Neglecting these ceremonies at home, he could not take valid auspices on other soil. — **21. Monte,** sc. *Albano.*

144 **1. Militibus,** sc. *Romanis.* — **5. Solis,** etc. A partial eclipse.— **6. Ardentes lapides.** I. e. meteors. — **9.** The baths at **Caere** were much frequented. — **10.** *The very fountain of Hercules,* in or near Caere.—**11. Antiati,** sc. *agro.*—**Metentibus,** reapers. From *mĕto.*—**14. Sortes adtenuatas.** See note on xxi. 62, (p. 139, l. 37.) — **Excidisse.** I. e. fell from the row of others with which it was strung and hung up.— **15. Telum concutit.** See note on xxi. 62, (p. 139, l. 32.) — **16 sq.** This *statue of Mars* was probably the one in the temple about a mile from the Porta Capena and just outside the present Porta S. Sebastiano, which stood between two *images of wolves.*—**19. Minoribus dictu,** *too trifling even to be mentioned.* — **22. Expositis.** Sc. by the consul, after the temporal business. — **25. Uti** = *ut.* — **27. Libros.** Sc. **Sibyllinos.** — **28. E.** Inserted by Periz., Mg., Wsb. — **Profarentur** (Gr., Mg. — The MSS. praefarentur), *they* (i. e. the decemviri) *should* declare, *report.* — **34. Quantum,** sc. *pecuniae.* — **36. Lectisternium.** See note on xxi. 62, (p. 139, l. 33.) — **Et ipsae,** themselves also, i. e. as well as the matrons. — **37. Feronia,** in addition to her other attributes, was a patron deity of freedmen. Preller, p. 377.

145 **II. 2.** Gronov. and Mg. would omit **et.** — **8. Dilectu,** Dative.— **21. Qua — duces,** *by any path, if only the guides led the way.* — **22. Fluvi** = *fluvii.* — **25. Nec.** Periz., Mg., Wsb. — **27. Ubi** meaning when*ever,* takes the subjunctive. — **Animis,** *their spirits, their*

courage. — **33. Aut.** Inserted by Walch., Mg., Wsb. — **34 sq.** 145 **Tantum — quaerentibus,** *seeking only something that stood out of the water.* Tantum quod, just so much as would.

1. Umore = *humore.* — **2. Altero oculo capitur,** *loses the sight* 146 *of one eye;* (it was his right eye.)

III.–VII. Battle on the Trasimene Lake (April, **217 B. C.**). **III.** Flaminius, contrary to the advice of his officers, and with bad omens, commences the march against Hannibal. **IV.–VI. The battle** "in the defiles fatal to Roman rashness." **VII.** The **effect at Rome** of the announcement of the defeat.

III. 10, 11. In rem erat, *it was expedient,* desirable, useful. — **13. Faesulas inter** = *inter Faesulas,* etc. An anastrophe more common in Tacitus than in Livy. — **15. Ferox,** confident, *sanguine.* — **Non modo,** followed by *sed ne . . . quidem,* where both classes have a common predicate (as here *satis metuens*), = *not only not.* We might expect *non modo non;* but the logical ground on which *non* can be omitted is that by the coalescing of *ne — quidem* with *satis metuens* the predicate itself becomes negative, and the negative *ne* belongs conjointly to both clauses.—**17. Metuens,** being used here rather as an adjective than as a participle, governs the genitive.— **18.** Allusion is made to the success of Flaminius as tribune in effecting the allotment of the land in Picenum to Roman settlers against the opposition of the nobility (232 B. C.), and to his victory over the Insubrians (223 B. C.).—**20. Ferociter,** with self-will; arrogantly. — **28. Ferri agique,** *φέρειν καὶ ἄγειν.* The former term refers to the carrying off of valuables, furniture, and the like; the latter to the driving away of cattle. Z. — **30. Nullo.** Rightly used. "From *nemo* let me never see *Neminis* or *nemine.*" — **31. Consilio,** *the council of war.* — **36, 37.** The signal for breaking camp was given by the trumpet; the signal for battle by a purple flag set up on the general's tent. — **Proposuisset.** So Mg. fills the lacuna. Mg. *dedisset.* — **Immo,** *Nay,* (let us not do so — that were too brave — but rather) let us go back, and sit down before the walls of Arretium, etc.

6. Ecum = *equum.* — **10. Num litteras,** etc. An allusion 147 to the sealed letter sent by the senate in the former consulship of Flaminius, ordering him to lay down his office and return to Rome, which he left unopened until he had gained his victory over the Insubrians. — **13. Obtorpuerunt.** Mg. Other readings, *obtorpuerit, obtorpuerint.* — **16. In vulgus,** *generally,* for the most part.

Page

147 IV. 21. **Pervenerant,** sc. Hannibal and his army. — **Loca nata insidiis.** On the northern side of the lake (now Lago di Perugia), where it is skirted by the road from Cortona to Perusia, a steep range of hills approaches near to the water's edge, so that the road passes through a defile, formed by the lake on the right and the mountains on the left. In one spot only the hills recede to some distance, and leave a small expanse of level ground, bordered on the south by the lake, and everywhere else by steep heights. On these heights Hannibal drew up his army. With the best portion of his infantry, the Libyans and Spaniards, he occupied a hill jutting out into the middle of the plain. On his left or eastern side he placed the slingers and other light troops; on his right he drew up the Gauls, and beyond them his cavalry, on the gentle slopes as far as the point where the defile begins and where he expected the advance of the Romans. Probably the ground near the lake was marshy, and consequently the road wound along the foot of the hills, where they receded from the water. — *Ihne*, after *Nissen*. — 35. **Ex adverso,** *in front of him*. — 36. **Decepere,** (= fefellere,) *escaped his notice*. So Horat. Sat. i. 3, 39. The reading is uncertain. The MSS. *deceptae*. Mg. suggests *acceptae* or *receptae*.

148 5. **Pariter,** at the same time, simultaneously.

V. 11. **Ut,** *so far as it was possible*.—21. **Signa** indicate the maniple, **ordines** the century, **locum** each man's particular place in the ranks. — 22. **Vix conpeteret animus,** i. e. they had scarcely the presence of mind; *vix animus sui compos erat,* Crev. "They had scarcely their wits about them sufficiently to," etc. Z. — 25. **Vulnerum,** i. e. *ob vulnera*. A free use of the genitive. — 29. **In pugnam,** in order to fight. — 30. **Omnis partis.** Accusative plural. — 31. **Capti,** sc. *sunt*. — 36. In that age the **hastati** fought in the first line, the **principes** in the second. Both however might stand before the *signa*, and thus *principes hastatique* may be spoken of as one body (*antesignani*).

149 1-6. "And such the storm of battle on this day,
And such the frenzy, whose convulsion blinds
To all save carnage, that, beneath the fray,
An earthquake reeled unheededly away."— *Childe Harold.*

VI. 7. **Tris** = *tres*. — 13. **Ducario.** Dative by attraction to *ei* understood. — 17. **Manibus,** *to the shades*. — 27. **Umeris** =

Page

humeris. — **31. Animis,** their strength or breath. — **34. Primi** 149
agminis, in the head of the line of march. — **35. Hostis.** Accusative plural. — **36. Ex saltu,** *out of the defile* near Passignano, where the Baleares were thinly posted (Pol. 3, 83).

VII. 14. Inter paucas = especially, like few. — **Memorata,** 150
(often) mentioned, *memorable.* Z. 328 middle. — **16. Aversis itineribus,** *by by-roads.* — **19. Multiplex,** *many times greater.* — **20. Auctum.** Walch., Mg. — P, B, *austum.* Vulgo *haustum.* — **21. Fabium.** Fabius Pictor. See note on i. 44. Livy alludes here not to his Annals, but to his Greek work, 'Απομνημονεύματα, an account of the memorable events in his own lifetime. Z. — **28. Non invenit.** "A hostile fate, which exposed Flaminius to the reviling tongue of his political opponents and blackened his memory, deprived him also of the respect which a generous enemy was ready to bestow." Ihne, ii. 209. "Flaminius died bravely, sword in hand, having committed no greater military error than many an impetuous soldier whose death in his country's cause has been felt to throw a veil over his rashness, and whose memory is pitied and honored. The party feelings which have so colored the language of the ancient writers respecting him need not be shared by a modern historian." Arnold, Hist. of Rome, iii. 110. — **38. Domos,** *home.* Lit., to their houses; the plural being used because referring to a number of persons who had separate homes.

11. Utique, *particularly.* — **14, 15. Gratulantis, consolantis.** 151
Accusative plural. — **19. Fili** = *filii.*

VIII. Four thousand men taken by the Carthaginians in Umbria. — **Q. Fabius Maximus** elected **prodictator,** and **M. Minucius Rufus** master of the horse.

VIII. 31–34. Pars ducere, pars aestimare. Historical infinitive. — **34. Sed.** Supply *putare, but thought,* to govern *aestimandum esse* (39). — **35.** I do not hesitate to insert **in,** after Drakenborch. — **37. Incideret.** Madvig's emendation for *inciderit.* — **39. Jam diu,** etc. "Thirty-two years had passed since, in the darkest period of the first Punic war, after the great defeat at Drepana, a dictator [*rei gerendae causa,* i. e. to act as supreme military leader] had been chosen."

6. Prodictatorem. The MSS., Mg., Wsb., *dictatorem.* But 152
see chap. xxxi. — **7. Populus creavit.** Probably in the *comitia centuriata.* — **11. Fluminum,** e. g. the Tiber, Liris, Nar.

IX.–XI. Hannibal in Lower Italy. **IX.** The **Sibylline**

Page

152 **books consulted. X.** A **ver sacrum** decreed. **XI. Two new legions** are raised. The people in the districts threatened by the Punic army are enjoined to take refuge in the nearest fortresses, to set fire to their farm-houses and villages, and lay waste their fields. The **Carthaginians capture a fleet of Roman transports** on the Etrurian coast. **Freedmen** enrolled.

IX. 21. Praeda. I. e. with things which the army might take away with them, a soldier not looking upon provisions as booty. Z. —**24. Levi,** i. e. without great loss on the part of the victors.—**25. Facili,** *easily won.*— **Datum,** sc. *est.*— **27. Hadrianumque.** The *que* is judiciously added by Madvig, after one or two recent MSS. — **Agrum,** as well as the proper names in line 28 and **regionem,** is object of **devastat.** — **35. Iterum.** Fabius had been named dictator four years before, in order to hold the consular comitia, the consuls having resigned on the discovery of an informality in their election. — **38. Inscitia,** *inexperience.*

153 **1. Pervicit,** prevailed, carried his proposition. — **5 sq. Quod — factum,** *that that vow which had been made to Mars on account of this war, not having been rightly performed,* etc. — **Erucinae.** The older orthography of Erycinae. Venus Erycina was an Assyrio-Greek goddess, named from the promontory of Eryx in Sicily, where she had a splendid temple whose foundation was attributed to Aeneas. Verg. Aen., V. 759 sq. Wsb. — **8.** "To the goddess **Mens,** the personification of intelligent reflection, there was certainly good reason to commend the Roman state." — **9. Lectisternium.** See note on xxi. 62 (*pulvinari*).

X. 19. Velitis jubeatisne. See note on i. 46, (p. 278.) — **21 sq. Sicut — erit.** Mg.'s reading. — **22.** The ancient antique word **duellum** is used in old formulae. — **25. Tum.** Mg. admirably in place of *datum.*—**Duit** = *det.* Present subjunctive: *let* the Roman people of the Quirites *offer* as a gift, etc. — **25–27. (Id) quod — fieri,** *that whatever the spring shall have brought forth,* etc., "*at least what thereof is unconsecrated*" (quaeque profana erunt) *shall be sacrificed to Jupiter.* The clause is in apposition to *donum.* So Zumpt; and I see no objection to this construction in an ancient formula. — **28. Faciet,** *shall make an offering, shall sacrifice.* — **29. Faxit** = *fecerit.* Future perfect. — **30, 31. Profanum esto,** it shall be considered as not consecrated, and the failure to offer it shall not be a sin. While the proclamation of a *ver sacrum* was calculated to impress the minds of the people

deeply, wise provision was made to relieve them from supersti- 153
tious distress in case of accidental irregularities or unavoidable losses. — 31. **Rumpet,** *shall wound*, mar. "Rupisse eum utique accipiemus, qui vulneraverit, vel virgis vel loris vel pugnis ceciderit, vel telo vel quo alio, ut scinderet alicui corpus, vel tumorem fecerit." Digest. ix. 2, 27, 17. — 32. **Clepsit** = *clepserit.* Future perfect. — 33. **Cui.** Dative of disadvantage, loss. — **Atro die.** "*Atri dies* were days marked with black in the Roman calendar, on account of some disastrous event in Roman annals, or for religious reasons. On such days it was improper to offer a sacrifice." — 35. **Antidea** = *antea.* — 36. **Ac** = *quam,* as after *aeque, juxta,* etc. — **Faxitur,** passive of *faxit,* = *factum erit.* — 38. **Aeris,** sc. *assium.* The ablative that follows denotes the *expense* of the games, (means, price). — 39. **Jovi,** sc. *fieri votum est.*

5. **In — fortuna,** *in regard to* (or, in their concern for) *any* 154
prosperity of their own. — **Publica cura,** *anxiety for the state.*

XI. 17. Madvig follows old editors in bracketing **de.** — 22. **E re publica,** *for the interest of the state.* — 25. **Tibur.** Terminal accusative after *conveniendum.* — 27. **Ut** is repeated, as sometimes happens, although already expressed in the preceding line. — 28. **Omnis.** Accusative plural. — 30. The **via Flaminia** was built by C. Flaminius (who fell at lake Trasimenus) when censor. It led through Etruria, by way of Ocriculum, and through Umbria, to Ariminum. — 31. **Exercitu.** Dative. — 34. **Sine lictoribus.** Because he was under the *imperium* of the dictator. — **Dictatorem,** not *se,* because it is the dignity of the office, not the person merely, that is in point. — **Vetustate.** See note on *jam diu,* p. 151, line 39.

7. The **libertini** who had children had a stake in the state, as 155
their children were *ingenui.* They probably served on the fleet. — **In verba juraverant,** had taken the oath; lit., had sworn according to the words (of the oath read over to them).

XII.–XVIII. The Fabian Policy (**217 B. C.**). **XII. Fabius** baffles Hannibal by **avoiding battle. XIII. Hannibal is led out of his way** by a mistake of his guide. **XIV. Manucius,** the master of the horse, **inveighs against the inactivity of Fabius. XV. Mancinus,** a young officer sent out by Fabius with four hundred horsemen to reconnoitre, is attacked by a party of Hannibal's cavalry, and **slain** with the best of his followers. **XVI, XVII. Hannibal** is **shut in** by Fabius in a place unsuited for

Page

155 wintering, but **escapes by a stratagem. XVIII. Fabius follows Hannibal about** the country, always keeping near him, but **never engaging** with him. He is **recalled to Rome** to perform some religious duties, and leaves **Minucius** in command, **conjuring** him to continue the **cautious** mode of operation. Z.

XII. 14. "The **via Latina** leads from Rome, southwards by Ferentinum, Frusino, and Fregellae, to Campania."—**22.** I do not hesitate to omit the *quos* of the MSS. between **tandem** and **Martios**, as making no sense. Various emendations have been proposed, as *aliquando, suos, illos.* — **Increpans,** etc., *with the taunting words, indeed, that the martial spirit of the Romans was at last subdued, and that the war was brought to an end, and they had publicly renounced their claim to valor and glory.* — **Martios,** strictly, *of Mars:* such as befitted his descendants. — **28. Novi.** Gr., Mg., in place of *non vim.* — **34. Subsistebat,** *lay in wait.* So i. 4, ix. 23. — **36. Ut,** etc., *so that he neither lost sight of him nor engaged with him.* — **37. Cogerent,** sc. *egredi.* — **39. Equitum — statio,** *an outpost of cavalry and light infantry.*

156 **3. Universo periculo.** I. e. a general battle on which everything was staked. — **4, 5. Parva — receptu,** "slight successes gained in skirmishes, which were begun from a point of safety, with a place of retreat near at hand." — **10. Impar,** sc. *dictatori.* — **11. Ferox,** *self-confident.* — **14. Conpellabat** (Fabium).

XIII. 22. Ad aecum (aequum) **certamen.** I. e. to battle in the plain.—**25. Jam tum,** at that very time (when they were released), immediately; for Hannibal knew the importance of gaining Capua. — **28. Major,** *of greater weight.* — **29. Alternis,** sc. vicibus, *by turns,* alternately. — **34. Duci,** *his guide.* — **38.** *Pronuntiatione os, Casilinum.* Haupt., Wsb., Mg. — **Punicum os.** It is supposed that Hannibal pronounced the *s* in *Casinum* thick, like a Phoenician *shin* (sh), ש. But the whole story, says Ihne, "looks like a camp anecdote, and is in every respect improbable."

157 **3. Circumspexisset,** he had seen around himself, i. e. he found that he had come into. — **13. Socios,** the allies (of Rome).

XIV. 17. Castra, sc. *Hannibalis.* — **26, 27.** Venimus huc, spectatum caedes? etc. — **Ut rem fruendam oculis,** tamquam rem jucundam visu. Gron., from whom I adopt **ut** in place of *ad.* — **28, 29. Nullius, civium.** Translate, after nos pudet, *before* no one else, etc.; *in regard to.* What will they say? what will they think? — **38. Modo,** *of late,* just now. — **Indignando,** *in our in-*

Page

dignation at.—**39. Ciebamus,** called aloud upon, invoked. First 157
meaning, set in motion, stirred up.

2. Lenti. Ed. Mogunt., Mg. The MSS. *laeti*. — **6. Aestivos** 158
saltus. The mountains where the Romans were posted were called "summer hills;" woody heights where flocks and herds were pastured in summer. — **8. M. Furius** (Camillus). — **10. Unicus.** Ironical. — **13. Hannibali,** *only* for Hannibal, etc. — **Servaverint.** Perfect subjunctive after *vereor*, of a future result, like the future perfect: I fear it will prove that our ancestors have so often preserved Rome, only that it should fall into the hands of the Phoenicians (Poeni). — **14. Vir,** (that *true*) man; deserving the name of man. I. e. Camillus. — **17. Ubi** = *ut ibi*. — **26. Modo,** recently, (as compared with the Samnite war.) It was twenty-five years before this time. Z. 287, *init.* — **28. Classem,** sc. *Punicam*.—**30. Debellari posse,** *that the war can be brought to a close.* — **38. Ferebant,** *they* (the soldiers) *declared.* — **39. Ducem.** Gr. The MSS. *duci*. — (Se) **praelaturos** (esse).

XV. 1. Pariter, *at the same time;* **haud minus,** *in no less de-* 159
gree. — **3. Scit.** The historical present, rare in subordinate clauses. — **8, 9. Praesentis — perpetuae,** was able to supply subsistence for the present, not for a long-continued period: for the summer, not for the whole year. — **Arbusta,** etc. A somewhat free appositive to *regio*. Wsb. — **11. Haec.** I. e. Hannibal's position and plans. — **13.** (Hannibalem) rediturum (esse). — **15. Dirempta** is used because the city *as a whole* is parted asunder by the river; **dividit** denotes a natural division, and "severs only an external relation." — **16. Jugis îsdem,** along the same hills on which he had followed Hannibal. — **22. Et.** Inserted by Madvig. — **23. Occupatus certamine est,** *was filled with (thoughts of) battle.* — **25. Quantum — progressum,** *after having advanced as far as he could with safety.* — **29. Pertraxere,** sc. *eum*. — **Carthalo.** The Carthaginian commander of the cavalry in the army of Hannibal. — **32. Hostis.** Accusative plural. — **35. Omni — impar,** *in every respect unequal in strength.*

3. Appiae limite, *by the high-way of the Appian road.* The 160
limes here is the *agger* (Cf. Verg. Aen. 5, 273) or carriage-way in the middle, on both sides of which were paths for foot-passengers.

XVI. 9. Aequiore, *more favorable.* — **10. Expeditis,** light-armed (foot-soldiers). — **14. Ab,** *on the side of.* — **16. Videri** (historical infinitive) **Hannibal,** *Hannibal thought himself,* per-

Page

160 ceived that he was (inclusus). — **17, 18. Tantum divitum sociorum,** *so many rich allies.* — **19. Harenas** = *arenas.*

161 **XVII. 1. In adversos montis,** *up the mountains* (on the side of the pass). — **2. Ad vivum,** *to the quick.* — **5. Visa.** Added by A. Perizon., approved by Mg. — **6. Inrita,** in vain, fruitless: its object being to shake off the lighted fagots and extinguish the flames, but its result being only to increase the evil. — **9, 10.** English order: ubi conspexere ignes in summis montibus, **ac super se quosdam,** (*and some straight above them.*) — **11. Minime,** *least;* (not, here, 'by no means.') — **15. Flammas spirantium,** (of beings) or (of apparitions) breathing flames. The omission of the substantive indicates the mysterious nature of the spectacle. — **18. Incurrere** (historical infinitive) with the dative (levi armaturae); more commonly with *in* and the accusative. — **19. Neutros,** etc., i. e. *eos tenuit ad lucem ut neutri pugnam inciperent,* etc.

XVIII. 26, 27. Interclusam — armaturam, *some light-armed troops;* (of the Carthaginians) *shut off from their (comrades).* — **29. Ad id ipsum,** *for this very purpose.* — **Supervenisset.** Gr., Mg. The MSS. *venisset* or *venissent.* Wsb. *pervenisset.* — **32. Campestrem,** *accustomed to fight in the plain.* — **33. Statarius,** ordines servans (Liv. ix. 19), fighting in regular line of battle. — **Pugnae genere,** "*by their mode of fighting.*" — **34. Elusit,** *baffled.*

162 **1 sq.** Hannibal crosses the Apennines for the fourth time in this one year. — **2. Jugis.** Ablative of the route. — **8. Revocatus.** Sc. by the senate. — **12. Ne nihil actum censeret,** "he was not to think that nothing had been done," or, *do not think,* said he, *that nothing has been accomplished.* Subjunctive in oratio obliqua, for imperative of direct discourse. — **14. Quiete,** by inaction, by doing nothing. Näg., p. 288. — **16. Ab,** *after.*

XIX.-XXII. The Campaign of 217 B. C. in Spain. **XIX, XX. Cn. Scipio,** sailing from Tarraco with a fleet of thirty-five vessels, **defeats a Carthaginian fleet** of forty ships at the mouth of the Ebro, causing them a loss of twenty-five ships. **Scipio** makes a **successful excursion** with his fleet. More than one hundred and twenty states of Spain give hostages and accept the Roman rule. **XXI.** Further movements. The **Celtiberi** invade the Carthaginian province, and **defeat Hasdrubal** in two battles. **XXII. Publius Scipio,** the consul of the former year, is **sent to Spain** with a reinforcement of **thirty vessels** and **eight thousand**

men. Through the **treason of Abelux,** a Spanish chief, the 162
Spanish hostages detained by the Carthaginians **in Saguntum**
are **set free** by the Scipios.

XIX. 24. Carthagine, sc. *Nova.* — **28. Idem — fuit,** sc. *ei, he had the same intention,* i. e. of fighting *quacumque parte copiarum hostis occurrisset.* — **30. Delecto — imposito,** *having put on board the soldiers chosen for the ships.* — **34. Speculatoriae,** sc. *naves.*

6. Aperientibus, admitting a view of. — **17 sq.** Vessels were 163
generally anchored with their sterns to the shore and their prows
to the sea. The **orae** (hawsers) passed from the sterns to the fastening-places on the shore or in the harbor; while the prow was fastened to the anchors by **ancoralia** or cables. When the ropes were untied which fastened the vessels to the shore, the ships swung out to sea, and were held only by their anchors. — **26. Adversi.** I. e. with its current running against the ship, *with its opposing current.*—**28, 29. Vadis, litore.** The ablative is instrumental, (received *by* shallow-places, *by* the shore,) not simply locative.

XX. 37, 38. Religatas puppibus, having fastened them to the sterns of their own vessels.

2. Ejus orae. On the east side of Spain. — **5. Carthaginem,** 164
sc. *Novam.*— **6, 7. Tecta injuncta,** etc., the suburbs.— **9. Sparti,**
a Spanish rush, *stipa tenacissima,* Linn. "Its thread-like leaves are used in the same way as hemp, for making mats and cords; and the indestructibility of these, particularly their remaining uninjured by wet, is famed." Cf. Plin. 19, 2, 30: conplectatur animo qui volet miraculum aestimare, quanto sit in usu (spartum) omnibus terris navium armamentis, machinis aedificationum, aliisque desideriis vitae. Ad hos omnis usus quae sufficiant minus triginta milia passuum in latitudinem a litore Carthaginis novae minusque C. in longitudinem esse reperientur. Wsb. — **10. Sublato.** Ablative absolute with *eo,* the understood antecedent of *quod.*—**12. Praelectast** = *praelecta est.*— **Set** = *sed.*— **22. Qui,** *such as.* Hence the subjunctive. — **27. Concessit.** *Concedebat* would better express the fact. Wsb. — **36. Auxiliis.** Perhaps Spanish. Wsb.

XXI. 29. Per, ("for,") so far as depended on; so far as lay with. — **38. Partis** (accusative plural) is supplied by Madvig.

5. Principes. Accusative. — **Miserant.** Supplied by Gron. 165

XXII. 17. Ingens — onerariarum, *large in consequence of the*

Page

165 *train of vessels of burden.* — **23. Nec ullo** = *et nullo.*—**25. Traditos**, sc. *custodiendos.*—**36. Corpus**, *creature.*—**Id agebat**, he was aiming at this, *he kept this object in view.* — **38, 39. Potestatis — facere**, *could put in his power.*

166 **8. Metum**, fear (of the Carthaginians). — **Continuisse**, sc. *in fide.* — **14. Tantae rei**, i. e. *of so great efficacy.* — **18. Ipsam.** I. e. true, genuine, not compelled.— **22. Adiciam** = *adjiciam.*— **23. Ad**, *in comparison with.* — **Ut**, *when.* — **39. Futura fuerat.** The lively periphrastic indicative instead of *fuisset.* — **Illos.** Sc. *Carthaginienses.* — **Gravis.** Accusative plural.

XXIII.-XXXI. Remainder of the Dictatorship of Fabius. **XXIII.** The **character of Fabius. XXIV.** In the absence of the dictator, **Minucius**, the master of the horse, **engages** with the Carthaginians **with some success. XXV.** A **storm** in Rome **against Fabius.** An absurd law is passed conferring the **dictatorship** on **Minucius** equally with Fabius. **XXVI.** The rise of **C. Terentius Varro. Fabius** bears with **dignity** the slight put upon him. **XXVII.** The **exultation of Minucius.** Fabius and he **divide the legions** and occupy separate camps. **XXVIII, XXIX. Minucius** makes a **hasty attack** on the Carthaginians, on a field which Hannibal himself had chosen, and where five thousand Carthaginian troops were concealed in ambush. He **is worsted,** and is **saved** from annihilation only by the **interposition of Fabius. XXX. Minucius returns thanks** to Fabius, and voluntarily **resumes his subordinate station. XXXI. Cn. Servilius,** the consul, not being able to find the Carthaginian fleet in pursuit of which he had been sent from Ostia (chap. xi.), **sails to Africa.** He **plunders** the island of **Meninx,** and exacts **ten silver talents** as a war-contribution from the island of **Cercina.** Venturing to land **in Africa,** he is **repulsed with great loss.** He **returns to Italy,** in order **to assume the command** of the army with his colleague at the expiration of the dictatorship of Fabius.

167 **XXIII. 9. Quoque** probably found its way here into the MSS. from the second line above. —**12, 15. Ut,** *while* or *although;* **ita,** *yet.* — **13. Eum** = *talem.* — **23 sq. Ut ea — posset,** *that this might appear the reward.* — **25. Dubio,** variously judged.— **In eo,** in the matter; therein. — **Non expectata,** etc. A dictator was not allowed to expend any of the public moneys without a special authorization of the senate. — **30.** The sum here given = a

thousand sesterces or a *sestertium*. Crev. — **34. Tardius eroga-** 167
retur, *was rather slowly voted.*

XXIV. 2. Duas partes, two-thirds. — **9. Monte.** Calēne, 168
between the Tifernus and Frento. — **15. Ferocius quam consultius,** *with more daring* (or self-confidence) *than prudence.* — **22. Tumulus.** Probably Monte Secco. — **26. Tenentis.** Accusative plural. — **27 sq.** It is Ussing's suggestion to omit **tum ut.** Wsb. reads *tum utique* instead of *tum ut itaque* of the MSS. — **28. Exiguum — aberat,** (*the*) *rampart* (*of one camp*) *was* (*but*) *a little way distant from* (*the*) *rampart* (*of the other camp*). — **30.** Supply *loca* before **aversa.**—**33. Paucitate.** So many soldiers had been sent out by Hannibal to forage that he had few in camp. — **35.** Mg. can satisfy himself with no emendation of this passage. Perhaps *cogente* should be supplied with *fame,* and the clause explains *paucitate* (Wsb.). Crevier changes the position of the words, placing *pars exercitus aberat* after *paucitate.*—**39. Conlatis signis** = in full line of battle; for the *signa* were carried in the main body of the army, not in the advanced guard nor among the light skirmishers.

7. These troops were *socii Italici,* called out as auxiliaries. — 169
13. Quinque, sc. *milia.* — **Admodum,** fully, at least. Wsb.

XXV. 19. Ut, *even if;* granting that. — **21, 22. Id — negat,** *cries, "Why! this is really not to be borne!"* The elliptical force of **enim** (like γάρ) may be represented by our exclamatory *why!* —**24. Gestae obstare.** Sc. by refusing his belief and depreciating the value of the victory.— **27. Consulem alterum,** Flaminium; **alterum,** Cn. Servilium. — **29. Praetores.** T. Otacilius Crassus and A. Cornelius Mammula.

1. Ut, *when, as soon as.* — **2. Ut,** *as if.* — **7. Jure,** *the authority.* 170
— **Ne ita quidem,** *no, not even on these conditions.* — **10. Actione,** *a cause, a case.* — **11. Populari.** So Gron., followed by Mg. and many editors. The MSS. *popularis.* — **14. Et.** Inserted by Mg. — **17. Bono imperatore.** Ablative absolute of the condition. With a good general; if the general is a good one. — **19. In tempore,** in a *critical* time. — **22. Consule.** (In place of Flaminius, who was slain at the Trasimene lake.) — **25. Plebis concilium.** The comitia tributa. — **29. Auctoritas,** the *influence* and support of men of character and distinction. — **30. Unus,** *only* one; alone. — **33. Ipsum — mercis,** i. e. he kept a stall at which he sold his meat.

Page

170 **XXVI. 35. Quaestus.** Genitive. — **36 sq. Animos fecit,** raised his spirits, *gave him courage.* — **Ad,** *for.* — **Toga et forum.** The *toga* distinguished men of leisure or public distinction; the lower class of people wore only the *tunic.* The *forum* was the centre of political life, where the assemblies and courts were held. — **37, 38. Proclamando** is used contemptuously. *Dicendo* would be the respectful expression. — **Bonorum.** In an aristocratic sense.

171 **1. Honores.** The *quaestorship* was the first step to the curule honors. Wsb. thinks that Varro must have begun his career with the minor offices, as those of the tresviri capitales, tresviri monetales, and the decemviri litibus judicandis. — **5. Dictatoris** (objective genitive). Mg. after recent MSS. Vulgo, *dictatoria.*— **13. Senatus.** Mg., with some MSS. authority. A vastly better reading than the vulgate *senatus consulti* or even Gronov's *senatusque consulto.* — **15. Cum aeque.** The best MSS. *cumque;* many editors simply *cum.* I adopt gladly a suggestion of Bauer. Perhaps *aeque* alone would be still better, as the preposition is unnecessary.

XXVII. 20. Illum. Sc. *Fabium.* — **28. Deorum,** (who gave the victory to Minucius;) **hominum,** (who associated Minucius with him in power.)

172 **1, 2. Se—cessurum,** *that he would never agree to retire from the function, in which it was in his power to refuse to yield, of carrying on the war by wise deliberation.* **Parte** = *munere.* — **Qua posset,** sc. *non cedere;* (others, *consilio res gerere.*) — **3.** (Sed) exercitum. —**4. Non liceret,** sc. *servare.*— **5. Optinuit** = *obtinuit.*— **6. Esset.** The subjunctive represents this as a statement of Fabius, appealing to the example of consuls. Z.

XXVIII. 12. Quae agerentur, which *happened to* be doing. — **14. Nam,** sc. *cogitabat.* — **15. Sollertiae.** Dative. — **17. Quem qui occupasset,** *and whoever should take* (lit. with the strict accuracy of the Latin idiom, should have taken) *possession of it first.*—**23, 24. Non modo silvestre quicquam,** *not only no ground that was wooded.* On *non modo* before *ne quidem,* see note on chap. iii. (p. 146, l. 15.) — **39. Dimittit.** Bracketed by Gr. and Mg.

173 **4.** Most editors **ut crescente.** Mg., after some recent MSS., omits **ut.** — **7, 8. Praeoccupatum — tumulum,** *advancing, from lower ground, up the hill already occupied* (by the enemy). **Mg.**

Page

inserts the **ex.** — **11. Justa ac directa pugna,** *a regular and* 173
straightforward battle. **Directa.** Mg.'s emendation of *si recta.*

XXIX. 21. Imperio. Ablative specifying the respect in which. — **22. Videt,** sc. Minucius. — **27 sq. Ad auxilium** defines *demissa.* — **29. Suos,** their comrades; (Minucius's army.) — **33. Volventes orbem,** *forming a circle.* — **35 sq.** Acies victi atque integri exercitus (*genitive case*) facta erat prope una. — **39. Variam,** *changing.*
3. Primum, the best: 174

οὗτος μὲν πανάριστος, ὃς αὐτῷ πάντα νοήσῃ (Hes. Ἔργ. 293).

In rem, useful, advantageous, expedient. — **8. Dum imperare discimus,** *so long as we are* only *learning how to command.* This noble self-denial of Minucius more than balances his former presumption. Z.—**13. Ac.** Inserted by Mg.—**14. Patronos,** *as* patrons.

XXX. 16. Ut colligantur vasa, *to pack up.* — **17. Ad.** Wsb., Mg., from old editors. — **24. Modo,** *just now.* — **Quod fando possum,** (*all*) *that I can do in speech.* **Quod,** J. H. Voss, Mg. Vulgo, *quo.* — **26, 27. Oneratus, honoratus.** A good play upon words; "beschwert . . . geehrt." **Sum** (a necessary addition), Wsb., Mg. — **Antiquo abrogoque.** "Two public formulae of throwing out a bill; *antiquo* being used in the rejection of a *new* law that had been proposed, and meaning 'I stand by the old way;' and *abrogo* being 'I support the repeal of an existing law.'" — **28.** The **quod** in brackets is better omitted. — **32. Ordines suos.** I. e. as centurions or as milites gregarii, hastati, principes, or triarii. — **38. Volgo** = *vulgo.* — **39. Maximus.** The people, in praising the dictator, would naturally make use of this *cognomen* (or family name) rather than either the *praenomen,* Quintus, or the *nomen* (or gentile name), Fabius: "*Greatest* is he truly, and worthy of his name."

3. Sentire, sc. *Poenos.* Historical infinitive. — Bellum esse 175
cum Romanis.

XXXI. 12. Classe. See chap. xi. — **Centum viginti.** The number (wanting in the MSS.) is supplied from Polybius. — **14. Utrimque.** I. e. *ab utraque insula.*—**20. Juxta ac si,** in the same manner as if; just as if. — **In.** Added by Wsb. and **Mg.** — **26. Amisso.** In sense, the participle belongs to *ad mille hominum* as well as *quaestore,* but it is accommodated in form to the nearer word. — **29. Pedibus** = *terrestri itinere.*— **35. Coelius.** See note on xxi. 38.

Page

176 **4. Augentis** (accusative plural) — **posteros.** As by writing under his '*imago*' *dictator bis*, as in the Elogium of Fabius, or *II dictator*, as in the Fasti. — **5.** The *lacuna* is thus filled by Wsb., followed by Mg. P, *pro dictatore caederetur.*

XXXII, XXXIII. THE CONSULS CONTINUE THE FABIAN POLICY. (Autumn of 217 B. C. and onward.) The **Neapolitans send golden vessels** from their temples to Rome, as a voluntary contribution towards the expenses of the war. The senate accepts only the smallest vessel, to honor the intention of the allies. A **spy's** hands are cut off. Twenty-five **rebellious slaves** are **crucified. Ambassadors** are sent **to the king of Macedonia,** to **demand the surrender of Demetrius of Pharos,** who had taken refuge with him; **to the Ligurians,** to warn them against aiding the Carthaginians; **and to the king of the Illyrians,** reminding him to pay **the tribute** due to Rome. A **chapel,** previously vowed, is built **to Concord.** A dictator is named to hold the comitia for the election of new consuls.

XXXII. 8. Fabi artibus, *in accordance with the plans* (or system) *of Fabius.*—**12. In—dimicationis,** to the hazard (or to the uncertain issue) *of a general engagement.* — **13. Non veniebant,** they were *not willing* to come. Presents and imperfects sometimes denote *readiness*, purpose, desire.—**Eo,** *to such a degree.* —**14, 15. Nisi—fuisset,** *were it not that his departure would have necessarily had the appearance of a flight* (lit. he would have had to depart with the appearance, etc.). — **Ei fuisset** is Madvig's admirable emendation of *timuisset.*—**23. Exhauriri.** The present implies the *constant* drain upon the resources of Rome. — **29. In sese,** i. e. in their own persons, as soldiers. By the terms of their alliance, the Neapolitans were bound only to furnish ships and sailors. (Liv. 8, 26.) Wsb. — **30. Oblaturos,** sc. *eam*. — **32. Dignos.** Sc. the Neapolitans.— **Judicaverint.** The perfect subjunctive (representing the future perfect of direct discourse) gives the time from the standpoint of the *speaker;* the pluperfect (*duxissent*) from the standpoint of the *narrator.*— **33 sq. Animo, voluntate, re.** Ablative of specification.

177 **XXXIII. 1. Quod — conjurassent.** Zonaras, 9, 1: *καὶ τίνες δοῦλοι συνωμοσίαν ἐπὶ τῇ Ῥώμῃ πεποιηκότες προκατελήφθησαν.* Zonaras certainly represents the affair as a rebellion or servile insurrection; and if Livy had meant anything else, would he not have expressed himself more plainly? Ussing, however, with the approbation of Madvig,

understands that the slaves mixed themselves with the soldiers 177
who were taking the military oath, for the sake of fraudulently obtaining their liberty. (Cf. Plin. Ep. x. 29, 38 sqq.) — **2, 3. Aeris — milia.** About $830. (It should always be remembered that gold and silver were worth much more in ancient times than now.) — **4. Demetrius,** born in Pharos or Pharia, an island on the Illyrian coast, received from the Romans a great part of the dominions of Queen Teuta on the islands and coasts of Dalmatia, in return for aiding them against her. Venturing afterwards upon acts of piratical hostility, the Romans sent the consul L. Aemilius Paulus against him, who took his strongholds (219 B. C.), and obliged him to fly for refuge to the king of Macedonia. — **5. Ligures.** Cf. xxi. 59. — **8. Pineum.** Pineus, stepson and ward of Queen Teuta, inherited from her the obligation to pay tribute to Rome. — **13, 14. In religionem venit,** it came upon, or *it came home to their consciences* (or their sense of religious obligation). — **Per,** on occasion of; during. — **15. Praetor.** 218 B. C. — **16. Locatam,** let out by contract to be built. — **30. Vitio,** with a fault (in the auspices).

XXXIV.–XLII. ON TO CANNAE! **XXXIV, XXXV.** Election of **new consuls.** Opposition to the nobility. **C. Terentius Varro** is chosen **consul** for the year **216 B. C.,** whilst of three patrician candidates none received a sufficient number of votes. Varro holding the comitia for the election of a colleague, **L. Æmilius Paulus** is elected. **XXXVI. New troops are levied. Religious excitement** at Rome. Ambassadors from **Paestum,** offering gifts, are thanked, but their gold is not received. **XXXVII.** King **Hiero of Syracuse** sends to Rome a golden image of **Victory,** three hundred thousand modii of **wheat,** two hundred thousand of **barley,** and one thousand **archers** and **slingers.** The **Victory** is accepted as a good omen, and placed in the temple of the Capitoline Jupiter; the grain and the troops are delivered to the consuls. **XXXVIII. Varro boasts** that **he will finish the war on the day that he shall first meet the enemy; Paulus** is less sanguine. **XXXIX. Q. Fabius Maximus,** addressing Paulus, **cautions him against the rashness of his colleague,** and **counsels prudence and deliberation. XL.** The **consuls** proceed to the **seat of war.** Hannibal is delighted at their approach. **XLI, XLII.** A **successful skirmish** among the outposts has the effect, perhaps intended by Hannibal, of **raising the courage of**

Page

177 **the Romans.** A **stratagem of Hannibal,** to draw the Romans into an ambuscade, **fails** through the prudence of Paulus and the final disclosure of the plot.

XXXIV. 37. Patrum. The nobility; the patricians. — **37 sqq.** Quem, **sui generis hominem** (*as a man of their own class*), . . . volgus extrahere ad consulatum nitebatur.

178 **39–1. Ab — splendentem,** *conspicuous, after he had shaken the influence and the dictatorial power of Fabius, in consequence of the hatred he had excited against another* (i. e. against Fabius). — **3. Se** and **sibi** refer to *patres.* — **12. Cum,** *while;* although. — **Universis,** *if kept together.* — **Pugnari posse,** they could have fought *successfully.* — **13. Eo,** *from this fact.* — **15. Objectas,** had been thrown to the enemy. — **16. Appellaretur,** sc. *Fabius.* — **18, 19. Id foedus,** an alliance, or agreement, *to this end.* — **20. Nec habituros,** nor would *they* (i. e. the people) have, etc. — **21.** A **homo novus** is a plebeian, who is the first of his family to obtain a curule office. He has no imagines of his ancestors; but his own imago is set up in the atrium after he is dead, and his descendants are **plebeii nobiles.** — **23. A.** Inserted by Mg., after recent MSS. — **Patribus,** *the patricians.* — **24. Actum,** *aimed at.* — **25.** The *interreges* were always chosen from the patricians. — **26. Ambos — morando,** *by remaining both of them with the army.* — **28. Vitiosus,** *chosen against the* (or with faulty) *auspices;* his election, consequently, being null and void. — **29. Fieret,** *should be declared.* — **30 sq. Plebis — esse,** *belonged to the Roman plebs.* — **31. Populum—habiturum,** *that the people would dispose of it freely* (i. e. in accordance with their own will).

XXXV. 35, 36. Duobus — plebei, *two already noble, belonging to families of the plebs.*

179 **2, 3.** Æmilius Paulus and Livius were engaged, as consuls, in the Illyrian war, 219 B. C. "They were afterwards accused of fraud in the division of the booty. Livius was condemned, and Paulus with great difficulty obtained an acquittal; coming off *ambustus* or *semiustus,* "scorched," "half-burnt." — **7. Par — adversandum,** *more as an equal to oppose him.* — **10. Juri dicundo** (dicendo). Dative defining *sors.*

XXXVI. 26. Milibus. For the distributive numeral, which is not in use. — **29. Peditis,** sc. *numerum.* — **31. Fuisse.** Added by Mg. after Perizon. — **32–35.** Although Livy afterwards endeavors to throw all the blame of the defeat at Cannae upon the rashness

of the plebeian Varro, this sentence (so far as it goes) accords 179
rather with the statement of Polybius (3, 107, 108), that the senate, placing great hopes in the skill and experience of Æmilius, gave the new consuls positive orders to offer a battle. In preparing this great force, (larger than any that Rome had ever sent against an enemy,) their object was to make victory certain. — **37. Libros.** Sc. *Sibyllinos.*

1. Signa, statues of the gods. — **2.** I follow a suggestion of 180
Mg. in the emendation of this line. — **Gelidas,** *icy-cold.* — **4.** The *Via Fornicata* or *Via Tecta,* a colonnade closed in on both sides, led from the city to the Campus Martius, not far from the subsequent site of the Mausoleum of Augustus.

XXXVII. 13. Adlatam, *the tidings of.* — **14. Ut,** *so that* (he could not have been more moved by any, *etc.*). — **18. Se** refers to Hiero, whose ambassadors speak as though he himself were speaking. They use the plural, however, (*subvecturos* (esse), sc. *se,* line 26,) when they speak of an action in which they themselves are to be agents. — **26. Quo,** etc. I. e. to the Roman magazines. — **27. Scire,** sc. *se,* as in l. 18. — **30. Mille** as a substantive, as in chap. xxxi.

4. Gratia rei accepta, while taking in good part the kind feel- 181
ing of the offer. — **11–13.** Quinque et viginti quinqueremes additae (sunt) ad classem, etc.

XXXVIII. 16. Paucos, *but* a few; few days *only.* — **18 sqq.** "The general military oath, *sacramentum,* contained only a promise of implicit obedience. Besides taking it, however, the soldiers had been in the habit of swearing among themselves not to leave their ranks in face of an enemy, etc. This latter oath was now, by the agency of the staff-officers (*tribuni militum*), made a public one, and administered more formally than before." — **21, 22.** The cavalry were divided into *decuriae,* of which three made a *turma,* while ten turmae formed an *ala.* The infantry were divided into *centuriae,* of which two made a *manipulus,* while three maniples formed a *cohort,* and ten cohorts a *legion.* — **Decuriandum aut centuriandum.** Mg.'s emendation of *decuriatum aut centuriatum.* — **26. Repetendi.** Crevier's emendation of *petendi.* — **28. Ac.** Wsb., Mg., Hz. The MSS. generally *ad.* — **36, 37. Verior quam gratior.** A well-known Latin idiom. In English, the second adjective would be in the *positive* degree. — **38. Quod denique.** Mg.'s conjecture. P, *quod ne qui.*

Page

182 5. **Res,** *occasions, circumstances.*—9. **Ad id locorum,** *up to this time.* —**Et.** A good conjecture of Gronov, in place of *id.*—11. **Id.** *Perseverare* generally takes the infinitive, or *in* with the ablative. But intransitive verbs often take a neuter pronoun in the accusative, denoting the thing in reference to which the action is performed.

XXXIX. 15–17. Et duo boni . . . et mali. Hypothetical. *For if both of you were good consuls . . . and if bad.* —16. **Indicente** =*non dicente.*— **E,** *in accordance with.*— **Re,** interests, advantage. —17. **Fideque.** *Quĕ* added by Perizon, Wsb., Mg.—21, 22. **Altera — publica,** *while the state limps on the other side.* **Claudente,** em. Ussing. Vulgo, *claudet res publica.* — 22. **Ac,** *as.* — 26–29. **Cum — erit.** I adopt Mg.'s emendations.—31, 32. **Consul demum,** *not until he was consul.* — 34. **Consulatu.** Rightly bracketed by Gron. and Mg.

183 3. **Adversus,** *in the presence of.* Crev.—**Unum,** as distinguished from the senate or the people. — 5. **Excesserim.** Subjunctive of choice or preference.—14. **Meliores,** sc. *bello.*—14, 15. **Tempus diesque,** *time and (in fact each) day.* Wsb. renders, 'circumstances and time.'—19. **In diem rapto,** *upon what he has plundered for the day* (or for each day).—26, 27. **Sedet. Sed.** A. Perizon, Mg. The MSS. simply *sed.* Gronov makes it an instance of *aposiopesis:* moenibus —! Sed, *etc.*—29. **Ludificati sint,** *have baffled him.* — 37. **Falsa,** *undeserved.* — 38. **Gloriam.** Muretus would add *vanam.*

184 5. **Suadeo.** Inserted by Mg.—6. **Tuae — sint,** *be master always of yourself and of all your circumstances;* literally, let yourself and all your affairs be always in your (own) power.—7. **Occasioni,** favorable *opportunity.*

XL. 16. Populare incendium . . . semustum (semiustum). Cf. *ambustus,* chap. xxxv., and note.—20. **Ab,** forth from, *immediately after.*—22. **Sua,** *of his party,* his own friends.—**Dignitates,** like "dignities" in old English writers, *men of rank.* — 25. **Bifariam,** *in two places.* — 37. **Convecto.** By order of the consuls. —38, 39. The statement that Hannibal was hard pressed for want of provisions is probably an invention of the aristocratic writers, who wished to condemn the strategy of the plebeian Varro. Polybius knows nothing of it. Before the arrival of the new consuls, Hannibal had seized the citadel of Cannae, where the Romans had established a magazine for the supply of their army.

It was *the Romans* themselves, whom the scarcity of supplies for 184
an army of ninety thousand men in a country which, almost for a whole year, had been made to support the armies of two nations, forced to give battle.

XLI. 5. Procursu is causal ablative after *orto.* — **8, 9. Non** 185
plus — occisis, *while* not more than a hundred of the allies and Romans fell. — **11. Alternis,** sc. *diebus.* — **15. Inescatam,** *allured with the bait.*—**25. Mediam.** An excellent emendation of Madvig's. Vulgo, *medium agmen.* P, *medium amnem.* — **30, 31. In locis,** *in their places;* where they stood.

XLII. 32. Subductae — stationes, *the fact that* the (Carthaginian) outposts were withdrawn. This clause, as well as *silentium,* is a subject of the verb *fecit.* — **35. Concursus** (militum) nuntiantium.

19. The auspices from the feeding of chickens were especially 186
employed on military expeditions. When the auspices were to be taken, the *pullarius* opened the cage and threw to the chickens pulse or a kind of soft cake. If they refused to come out or to eat, or uttered a cry, or beat their wings, or flew away, the signs were considered as unfavorable. — **Auspicio** = *in auspicio,* at the auspices; while he was taking the auspices. — **Addicere,** as an augural term, = *assentiri.* — **22. Casus,** *fate.* — **P. Claudius Pulcher** sustained the *memorable naval defeat* at Drepana, in the first Punic war, 249 B. C. It was afterwards alleged that he had despised the augury of the sacred fowls: ordering them, when he was informed that they would not eat, to be cast into the sea, that at least they might drink. — **33. Imperi potentis,** *masters of their command;* "able to keep the soldiers to their duty, obedient to their commands." Crev. — **Cum — solvisset,** although the efforts of one consul to gain the favor of his soldiers — (this is the meaning of *ambitio*) — had, by wrong indulgence, first undermined their respect for himself (and afterwards injured the influence of his colleague also). Crev., Z.

XLIII.-LII. THE BATTLE AT CANNAE (June, **216 B. C.**). **XLIII.** Hannibal proceeds to Cannae. The Romans follow. **XLIV.-XLIX. The battle. Slaughter of the Romans. Flight. L.-LII.** The **fugitives. Advice of Maharbal** to Hannibal. Appearance of **the field.** Terms of **surrender.**

XLIII. 5. Annonam, *the high price of grain.* —**13. Ut.** Ed. 187
Ascens. 1513, Mg., Wsb. P, *simul quod longius.* — **28.** The S. E. wind.

Page

187 **XLIV. 34. Sequentis.** Nominative plural. — **37.** The broad bed of the **Aufidus** is *filled* only in winter and spring; and the river was now so narrow and shallow that it could be crossed everywhere without any serious difficulty. The battle-field selected by Varro was on the *left* or northern bank. Ihne.

188 **13. Velut usu cepisset,** had as it were acquired a title to the country by prescription, having so long had undisputed possession. — **18. Videret,** (Varro) should see to it; Varro ought to take care.

XLV. 29, 30. Tumultuario auxilio, *by irregular auxiliaries,* troops adapted only for irregular fighting, i. e. the Numidians. — **33. Fuerit,** not *esset,* on account of its close connection with *tenuerit.*

189 **3. Extremi,** *at the ends.* — **Intra,** farther in, (towards the centre.) Here almost substantively: the space within. Wsb. — **7. Pugna** = *acies.* The centre or *media acies* was composed of the legions of infantry. — **8. Tuenda,** to lead, to take charge of.

XLVI. 14. Peditibus. Instrumental ablative. — **19.** These **scuta,** protecting the whole body, were long but narrow. — **26.** The Spanish soldiers wore white linen coats with red borders. **Purpura,** ablative. — **35. Adversus,** *unfavorable.*

190 **XLVII. 4. Ad evagandum,** *for wheeling* to the right or left. — **5. Derectum** = *directum.* — **6, 7. Stantibus — equis,** *the horses at last standing still and crowded together in a mass.* — **13. Gallis Hispanisque** = *Gallorum Hispanorumque.* — **Obliqua.** Mg. Vulgo, *aequa.* — **14. Conisi** = *connisi.* — **Densa** = *confertis ordinibus.* — **16. A cetera prominentem acie.** "Hannibal arranged his infantry in the form of a crescent (*μηνοειδὲς ποιῶν τὸ κύρτωμα,* Polyb. 3, 113), placing the column of Gauls and Spaniards in the middle, so that it stood out a considerable way beyond the Africans. The Roman centre troops, driving in these Spaniards and Gauls, advanced like a wedge against the retiring centre; but they were immediately outflanked, surrounded, and annihilated by the still fresh Africans." — **23. Aequavit frontem,** made the line in front straight, the projecting centre having been driven in. — **25. Romanis,** dative. The Romans must have advanced with all of the battle-lines at once, — the hastati, principes, and triarii. Wsb. — **26. Cornua.** The extreme outer files of the *alae.* — **27. Hostis.** Acc. plural. — **28. Proelio uno,** cum Gallis Hispanisque. — **29.** The best MSS. *et adversus;* but Crev. and Mg. rightly omit the conjunction.

Page

XLVIII. 11. Ea parte. I. e. on the Carthaginian right wing. 191
Hasdrubal had been stationed, with the Gallic and Spanish horse, on the *left* wing; but after routing the Roman cavalry there opposed to him, he passed round from the left wing to the right, where he attacked the allied cavalry in the rear: the front being at the same time attacked by the Numidians. — **12. Ex media acie,** *from the middle of the fight;* 'media' referring more to the time than to the position. Z. — **14. Equites.** Gr., Wsb., Mg., Hz. The MSS. *pedites.* — **15. Afris,** etc. Hasdrubal now fell with all his heavy Spanish and Gallic cavalry upon the rear of the Roman infantry, where the young inexperienced troops were placed, at the same time that the African infantry upon the right and left fell upon the Roman flanks (chap. 47). "Thus the huge, unwieldy masses of the Roman infantry were crowded upon one another in helpless confusion, and surrounded on all sides. Whilst the outer ranks were falling fast, thousands stood idle in the centre pressed close against each other, unable to strike a blow, penned in like sheep, and doomed to wait patiently until it should be their turn to be slaughtered. Never before had the god of battle gorged himself so greedily with the blood of his children. It seems beyond comprehension that in a close combat, man to man, the conquerors could strike down with cold steel more than their own number. The physical exertion alone must have been almost superhuman. The carnage lasted nearly the whole day. Two hours before the sun went down, — (the sun had been two hours risen when the battle began), — the Roman army was annihilated, and more than one-half lay dead on the field of battle. The victory, which surpassed his boldest expectations, had cost Hannibal not quite six thousand men, (4000 Gauls, 1500 Spaniards and Africans, and 200 knights, *Polyb.* 3, 117,) and among them only two hundred of the brave horsemen to whom it was principally due." Ihne, ii. 236 sqq.

XLIX. 17. Parte altera pugnae. The right Roman wing was already annihilated, and Paulus (as, in Livy's silence, we know from Polybius,) had passed over to the main battle in the centre of the army. The right wing gone, the centre is now the only *other part* of the fight when we have been speaking of the left wing. — **24 sq. Quam mallem,** how I should prefer that he delivered them to me in chains! Sportively or ironically spoken, meaning *how little* I should prefer: how little better would it be

Page

191 for me, etc.; for if they have dismounted, they are as good as my captives already.

192 7. **Et vixisse adhuc** (both has lived up to this time). Alsch., Mg., Wsb. The MSS. *et vixisse et adhuc.* — **10. Alieno crimine,** *by accusing another.* — **11. Haec eos agentis.** Mg. em. P, *haec exagentis.* — **21 sqq.** Polybius (3, 117,) makes the losses of the Romans still greater: viz., 72,000 killed and 20,000 taken, while no more than 4000 escaped. Mommsen follows Polybius, Ihne Livy.

193 **L. 2, 3. Alterius — fuit,** almost the whole army was the other consul's who died: a lively way of saying 'almost the whole army *shared the fate* of the other consul who died.' — **9, 10. Cur illos non venire.** A question expressed by the accusative and infinitive in Oratio obliqua, which in direct speech would have its verb in the indicative. — **19. Tua,** i. e. *Romani civis.* — **Alteri.** I. e. *socio Latino,* "who might hope that Hannibal would either let him free, as after the battle of Lake Trasimenus (vii.), or would fix a lower ransom for him, as really happened (lii.)." — **23. Cives,** *the fellow-citizens.* The transition to the plural is natural, because *tu* above (**20**) stands for the whole class. — **26 sq. Quamvis — hostis,** *through enemies crowded never so thickly.* — **31.** This line is an hexameter.

194 **LI. 3. Diei — quietem,** *what remained of the day, and the repose of the following night.* — **Relicum** = *reliquum.* — **12. Temporis.** The genitive of the thing needed after *opus* is found here and Liv. xxiii. 21. — **20, 21. Aut pugna aut fuga,** *either in the battle or in the flight.* — **21. Adsurgentis.** Nominative plural. — **24, 25. Jacentis, nudantis.** Accusative plural.

LII. 36. Brachio, *a fortified wall,* a line of intrenchments. — **Flumine eos** (sc. Romanos) **excludit.** Hannibal wished to cause a water-famine in the camp.

195 **1. Nummis quadrigatis.** These were Roman silver denarii, of the value of sixteen and two-thirds cents each, named from the stamp they bore. — **13. Ad vescendum facto.** I. e. *argentum mensarium,* services of plate. — **16.** As before stated, Polybius (3, 117,) makes the Carthaginian loss only 5700.

LIII.-LXI. After the Battle (**216 B. C.**). **LIII.** Some **Roman knights,** in their despair, form a **plan of escaping** to the sea-shore, and seeking shelter with **some foreign king.** The youthful **P. Cornelius Scipio,** forcing his way into their council, and drawing his sword, terrifies them as if Hannibal himself had

appeared before them, and forces them to swear never to abandon 195
their country. **LIV.** Roman **fugitives join** the consul **Varro** at Venusia; he leads them to **Canusium.** The **consternation at Rome.** **LV.** The **senate meets.** At the advice of **Q. Fabius Maximus,** measures are taken to calm the tumult, to obtain surer news of the posture of affairs, and to defend the city. **LVI.** An **official account** of the battle is received from **Varro.** Disquieting **news from Sicily.** **LVII. M. Claudius Marcellus,** in command of the fleet at Ostia, is ordered to march through Campania to Apulia **to collect the scattered remains of the Roman army. Prodigies** and **sacrifices.** A **levy** is held, in which even boys are enrolled, and "the pride of the Romans stoops to the arming of slaves." **LVIII.** Hannibal sends **Carthalo** to Rome, with ten of the foremost prisoners, to **treat with the senate** for the **ransom** of the captives, and to open negotiations for **peace.** The prisoners arriving in the city, Hannibal's messenger is warned to depart from the Roman boundaries. **LIX.** The **speech of M. Junius,** the leader of the deputation of prisoners, asking the senate that the money should be granted for their release. **LX.** The speech of **T. Manlius Torquatus,** in opposition to the grant. **LXI. The application** of the captives is **refused. Another account. Defection of some of the Roman allies.**

LIII. 28. P. Cornelius Scipio. The son of the consul who fought at Ticinus and the preserver of his life (xxi. 46), and the future conqueror of Carthage. He was now nineteen (*admodum adulescens*). — **37. Principem Metellum,** sc. *esse.* — **39 sq. Praeterquam atrox** =*praeterquam quod atrox erat.*

4. Fatalis, *the destined.* — **7. Nulla,** sc. *castra.* — **8. Ea,** *such* 196
plans. — **11, 12. Ex mei animi sententia,** sc. *juro.* "A common formula of asseveration, equivalent to 'on my honor and conscience.'" — **Ut,** (I swear) that. — **13. Neque patiar,** *and that I will not suffer* (permit). Others translate **ut,** *as,* and supply *ita* before *neque patiar,* 'so also I will not permit.'

LIV. 31. Venusia was a Latin colony, while Canusium was merely a city of the allies (Apulians).

15 sq. Nulla — esset. This is no exaggeration. Ihne repeats 197
the statement, "The overthrow at Cannæ was so complete that every other nation but the Romans would at once have given up the idea of further resistance."

LV. 28 sq. Ne — expediret, *they could not even come to any*

Page

197 *sufficiently prompt determination.* — **30. Nondum palam facto,** *no information having been given as yet,* (sc. *qui vivi, qui mortui essent.*) — **37. Romani nominis** = (*civium* or) *militum Romanorum.*

198 **8. Auctorem,** *the messenger,* the bearer of tidings.

LVI. 14, 15. Cum—issent, *when all had agreed in this opinion.* "The voting in the Roman senate was by the members favorable to a proposal going to one side of the house, and those unfavorable to the other." — **Submovere** is the technical word for the lictor's *putting aside the people,* or clearing the way before the magistrates. — **Per.** Wanting in the MSS., but rightly inserted in the Ascensian edition, and many following. — **16. Diversi,** *in various directions.* — **39. Provinciamque aliam Romanam,** *and other parts of the Roman province,* (which was the western and largest part of the island.)

199 **1. Classe.** Z. understands *nova.* But Wsb. says that it is only a reinforcement of the fleet which Otacilius already has that is meant.

LVII. 3, 4. Lectis — praetorem. These words have been supplied by the editors. — **11. Conpertae,** *proved guilty.* — **14. Pontificius.** Vaasen. The MSS. *pontificis.* Vaasen rests on Priscian, 7, 3, 11, p. 733, who cites from Cassius Hemina, *scriba pontificius, qui cum eabus stuprum fecerat.* — **19. Libros,** sc. *Sibyllinos.* — **Q. Fabius Pictor.** The historian (chap. vii. and I. xliv.), and a relative of the dictator. — **21. Supplicia** (in archaic style) = *supplicationes.* The word literally means *a kneeling down,* either (1) in supplication or (2) to receive punishment. Stuart on Sall. Cat. 9. — **23. Fatalibus libris.** These were the Roman national prophecies, not to be confounded with the Sibylline books. — **24 sqq.** Preller regards these sacrifices as a form of *devotio,* the two pairs of foreign birth standing as representatives of the Roman state. — **Jam ante.** Ten years before, in the Gallic war. Zon. 8, 19. — **27. Inbutum,** "*made familiar with.*" — **37. Junioris.** Accusative plural. — **Ab,** etc., from seventeen *upwards.* — **38. Praetextatos,** viz., *under* seventeen. The arming of children and slaves, and even (Liv. xxiii. 14) of criminals and debtor-serfs, was necessary, says Ihne (ii. 247–9), "to fill up the gaps which bloody battles had made in the Roman ranks. Since the engagement on the Ticinus, the Romans must have lost in Italy alone 120,000 men, actually slain or taken prisoners, without reckoning those who succumbed to disease and the fatigues and privations of the prolonged campaigns."

Page

1. **Formula,** *the roll,* or list of men capable of bearing arms. — 200
8. **Redimendi** (depending upon *copia*). Ed. Ascens., Mg. The other reading is *redimere.*

LVIII. 18. Certare, sc. *se.* — **Patres,** *his* fathers. — **24. Quo** (ablative of price) **pepigerant,** *on which they had agreed.* — **29. Carthalo.** Perhaps the same who is mentioned in chap. xv.

LIX. 17. Majores, sc. *nostros.* — **19. Ad,** *in regard to.* — **21.** 201
The head-quarters of King Pyrrhus were at **Tarentum** in the winter of 280 B. C., after he had conquered the Romans on the Liris, near Heraclea. — **23. Cannensis.** Accusative plural. — **25. Nisi,** sc. *ii.* — **31 sqq. Ne illi quidem,** etc. (But I will say this: that) *they too, most of them* (**qui plerique**) *fleeing unarmed, etc., cannot justly prefer themselves to us* (line **35**), etc. — **37. Utemini,** *you will find.*

4. Nam si. I speak only of our number and the price: for if 202
I were to compare *ourselves* with those slaves, *etc.* — **6, 7. Si jam — faciatis,** *if you really are willing to be somewhat harsh,* — *a thing which you would do with* (i. e. when there has been) *no fault of ours.* **Si jam,** if you go so far as to, etc. — **15. Intueri,** etc. During a session of the senate, the doors of the senate-house were kept open. — **21. Contra naturam suam.** The charge of detestable cruelty was one of the Roman slanders against Hannibal. — **23. A** is bracketed by Mg., who takes **vobis** as in the dative after *visi simus.* — **26. Redeam,** etc. A question of appeal. — **27. Non aestimatus,** *not thought worth.* — **28. Habet.** A necessary addition to the text of the MSS. — **Animum,** feeling, disposition, opinion.

LX. 38. Arbitris. Sc. the messengers. — **Consuli.** The senators were called upon singly to give their opinion. — **39. De publico,** *from the public treasury.*

1. Nec, *and yet not.* — **4. Praedibus,** *by securities.* Ablative of 203
means, though living agents are spoken of. — **Praediis,** *pledged estates;* estates handed over as security. — **5. T. Manlius Torquatus.** He had been consul 235 and 224 B. C., and censor 231 B. C. — **Priscae severitatis.** The descriptive genitive and ablative are both generally subjoined to an indefinite appellative noun, as *vir;* the omission of which, as in this instance, is exceptional. M. 287, Obs. 3. — **10, 11. Quid — essetis,** for what else (should be done) than (that) you should be reminded: i. e. I should have needed only to remind you. M. 444, *b,* Obs. 1; Z.

Page

203 771. — **14. Praeferri** (sc. *se*) depends upon **aecum** (= aequum) **censuerint** (17). — **28. Per.** Inserted by Alsch., Mg., Wsb., Hz. — **Possent,** could (at any time). A *general* assertion. Wsb. — **36. P. Decius Mus** served as tribune of the soldiers in the Samnite war, 343 B. C. In the mountain passes of Samnium the Roman consul had allowed his army to be surrounded in a valley by the enemy. Destruction seemed inevitable; when Decius offered, with the hastati and principes of the legion, to seize a height which commanded the way by which the Samnites were hastening down to attack the Roman army. Here he maintained himself gallantly, while the Roman army gained the summit of the mountain. In the ensuing night he persuaded his soldiers to follow him and break through the Samnites who were encamped around him. Succeeding in this brave attempt, he joined the consul, and induced him to make an immediate attack upon the enemy, which resulted in a brilliant victory. See Liv. vii. 34. This Decius is the same who gave his life, with heroic *devotio*, as the price of Roman victory in the great Latin war, B. C. 340. — **37. Calpurnius Flamma** was a tribune of the soldiers in the first Punic war. A Roman consular army in Sicily having been led into a defile where it found itself beset by the Carthaginians on the surrounding heights, Calpurnius offered to draw the fire of the enemy by occupying a hill in the pass, with the prospect of certain death for himself and the soldiers who should follow him. While the Carthaginians were fighting with him, the Roman army escaped. Cato, *Orig.*, (in Gell. *Noctes Atticae*, iii. 7,) a different name, however, being given to the tribune.

204 **2. Vos.** In his earnestness, the speaker addresses the captives as though they were present. — **12. Immo,** *nay, rather.* "As you have now lost your country by your cowardice, it is idle to speak of longing for it." — **14. Capite.** "One who lost his liberty, or his right of citizenship, or his position in his tribe, or the right of voting according to the census, underwent, according to Roman notions, a loss of *caput*, that is, *civil existence.*" The *capitis deminutio maxima* is here meant, the two most important points of which are mentioned, — the loss of the rights of citizenship and the loss of freedom. — **19. Quamquam.** The MSS. only *quam*. — **35. Dixerint,** sc. *se*. — **36, 38. Eos** is the subject of **favisse,** as well as of **invidere.** I give Madvig's excellent emendation of this vexed passage.

3. **At** (supplied by Wex) is necessary to mark what follows 205 (3–9. **Ad — victi sunt**) as the supposed *answer* of a defender of the prisoners: *But, you say.* — 6. **Armis.** Gr., Wsb., Mg., Hz. The MSS. *arma.*—12. **Vobis.** Ethical dative. Compare with the argument of this speech the 5th Ode of the 3d Book of Horace, lines 12 sqq. "In this war Rome wanted men who rated their lives as nothing, and were determined rather to die than to flee or surrender. In order to impress this necessity upon all Roman soldiers, the unfortunate prisoners of Cannae were sacrificed. At the very time when Rome armed slaves in her defence, she handed over thousands of freeborn citizens to be sold in the slave-markets of Utica and Carthage, and to be kept to field-labor under the burning sun of Africa. We may admire the grandeur of the Roman spirit, but we are bound to express our horror and detestation of the idol of national greatness to which the Romans sacrificed their own children in cold blood." Ihne, ii. 250 sq.

LXI. 28. Homines. Sc. the senators. — **31. Hujusce rei,** sc. *pecuniae.*—**35. Que.** C *manu secunda,* Mg., Wsb. — **39. Publice,** *by direction of the state.*

1. **Alia fama.** It is not improbable that the account which 206 follows is the true story. — 3. **Ita . . . ne,** *with this restriction . . . that . . . not.* Cicero generally says *ita . . . ut ne.* M. 456, Obs. 4. — **Tamen,** notwithstanding (their admission into the city). — 5. **Tris** = *tres.* — 12. **Religione.** I. e. from the obligation of their oath by which they had bound themselves to return. — 15. **Ignominīs** = *ignominiis.*—17. **Foro.** I. e. all participation in public life, in the assemblies of the people, or in business in general. — 22. **Est — socio.** Supplied by Alschefski. — 25. **De imperio.** I. e. that Rome could maintain her supremacy. — **Defecere,** etc. Some of the colonies here named did not leave the Roman alliance until several years afterwards. — 28. **Graecorum ora.** Magna Graecia, but only on the east coast. — 31. **Usquam.** Neither in the senate nor in the assembly of the people. — 35. **Cujus** (with the subjunctive in an adversative clause), *although . . . of it.* If it had been true that Varro forced on the battle against the instructions of the senate and the advice of his colleague, the senators could hardly have met him in this conciliatory spirit. But at all events the senate deserves honor for the generous concessions by which it sought to conciliate the people, and remove the distrust between the government and the governed. Ihne, ii. 243; Mommsen, Book III., chap. 5.

GEOGRAPHICAL INDEX.

Aborigĭnes. A name applied to early inhabitants of Latium.

Actium. A promontory in Acarnania near which Octavius conquered Antonius, 31 B. C. Adjective, **Actiăcus.**

Adriatĭcum mare. The Adriatic sea, east of Italy, now Gulf of Venice.

Ægātes insulae. Three islands on the western coast of Sicily, near which the Carthaginian fleet was defeated by C. Lutatius Catulus, 241 B. C., thus ending the first Punic war.

Æqui. A people in north-eastern Latium.

Æquicŭli. A portion of the ancient Æquians, dwelling north of the Æqui proper, in the Sabine country.

Æsis. A river between Picenum and Umbria.

Alba or **Alba Longa,** a town in Latium, south-east of Rome, of which it was the mother-city.

Albānus mons, the Alban mount, now *Monte Cavo,* on a ridge of which Alba was built.

Albŭla. An ancient name of the Tiber.

Algĭdus. A mountain range in Latium, north or north-east from the Alban mount, forming a part of the outer extinct crater of the same volcanic group. From it the Æqui made incursions into the Roman territory.

Alĭa. A small river which rises in the Crustuminian hills, and flows into the Tiber. It is memorable by the defeat of the Gauls on its banks, July 16, B. C. 390. Adjective, **Aliensis.**

Allīfæ or **Allĭfa,** a town in Samnium, on the Vulturnus, in a fertile country north of Capua. Adjective, **Allifānus.**

Allobrŏges, (nominative singular, **Allŏbrox.**) A people of Gaul dwelling in the modern Dauphiné and Savoy, between the Rhone and the Isère, and extending to the lake of Geneva. Their chief town was Vienna on the Rhone, now Vienne.

Ameriŏla. An old Latin town in the region between the Tiber, Anio, and Mount Lucretĭlis. Its exact site is not known.

Amiternum. A town of the Sabines, on the Aternus.

Anio, gen. Aniĕnis. The most celebrated tributary of the Tiber, into which it flows three miles above Rome.

Antemnae. A Sabine town at the junction of the Anio and Tiber. Adjective, **Antemnas**, ātis.

Antium. A town of Latium on a rocky promontory south of Rome. Adjective, **Antias**, ātis.

Apiŏlae. A town of Latium, destroyed by Tarquinius Priscus.

Apulia. A large country in the south-east of Italy.

Arbocăla. The chief town of the Vaccæi in Hispania Tarraconensis, taken by Hannibal after a long resistance.

Ardĕa. The chief town of the Rutuli in Latium, a little to the left of the river Numicus, three miles from the sea.

Argilētum. The district in Rome behind the buildings on the north-eastern side of the Forum, extending to the southern extremity of the Quirinal. Varro derives its name from *argilla*, as clay for the manufacture of pottery was found there. The origin of the name is thus similar to that of the Tuileries and the Cerameicus. The popular derivation, however, was *Argi letum*, from a person called Argus, said to have been killed there while plotting against the life of his host Evander.

Aricia. A town in Latium, on the Appian way, at the foot of the Alban mount.

Ariminum. A town on the Adriatic, on the coast of Umbria, now *Rimini*.

Arnus. The *Arno*, the chief river of Etruria.

Arpi. An inland town in the Daunian Apulia, which revolted to Hannibal after the battle of Cannæ.

Arretium. One of the most important cities of Etruria, possessing a fertile country near the sources of the Arnus and the Tiber. Now *Arezzo.*

Atanagrum. The chief town of the Ilergĕtes, probably in the neighborhood of Ilerda.

Atella. A town in Campania between Capua and Neapŏlis. Adjective, **Atellānus.**

Aufīdus, now *Ofanto*, the principal river of Apulia. It rises in Samnium, and flows into the Adriatic.

Ausetāni. A people in north-eastern Spain, near the sea.

Aventīnus (mons), Aventinum. The southern and highest of the seven hills of Rome.

Baliāres or **Baleāres.** Two islands in the Mediterranean off the coast of Spain, distinguished as *Major* and *Minor*, whence their modern names *Majorca* and *Minorca*. Their inhabitants, also called *Baliares* or *Baleares*, were celebrated as slingers.

Bargusii. A people in the N. E. of Spain, near Ilerda.

Beneventum. A town in Samnium, on the Appia via. Adjective, **Beneventānus.**

Boii. A powerful tribe in Cisalpine Gaul, between the Po and the Apennines.

Boviānum. The chief town of the Pentri in Samnium.

Brixiani. The people of **Brixia,** now *Brescia*, a town in Gallia Cisalpina, near the Alps.

Brundisium. A town in Calabria, in the S. E. of Italy, with an excellent harbor on the Adriatic. Now **Brindisi.**

Bruttii. The people of **Bruttium,** in the S.W. extremity of Italy.

Caelius (mons). The south-eastern of the seven hills of Rome.

Caenina. A town of the Sabines in Latium, N. E. of Rome. Adjectives, **Caeninensis, Caenīnus.**

Cære. A city in Etruria, N. W. of Rome. Near it were warm baths, *aquae Cærētes*. Adjective, **Caeres,** ĭtis and ētis.

Calatia. A town in Campania on the Appia via between Capua and Beneventum. Adjective, **Calatīnus.**

Călēs. A town in Campania, N. W. of Capua, famed for its excellent wine. Adjective, **Calēnus.**

Callicŭla. A mountain in Campania, stretching from Cales eastward.

Allĭfæ. A town in Samnium, in the valley of the Vulturnus, S. E. of Allifæ. Adjective, **Callifānus.**

Cameria. A Sabine town in Latium, near Mons Lucretĭlis.

Campania. A rich and fruitful district south of Latium.

Cannæ. A village in Apulia, in an extensive plain E. of the Aufidus and N. of the small river Vergellus.

Canusium. A town in Apulia, on the Aufidus, S. W. of Cannæ. Adjective, **Canusīnus.**

Capēna. A town of Etruria, N. of Veii.

Capēna, Porta. A gate of Rome, on the south, in the wall of Servius Tullius.

Capitolīnus (mons). One of the hills of Rome, near the Tiber, north of the Aventine and north-west of the Palatine.

Capua. The capital of Campania.

Carpetāni. A powerful people in the centre of Hispania Tarraconensis.

Cartala. Capital of the Olcades.

Carthāgo Nova. A town founded by the Carthaginians on the south coast of Hispania Tarraconensis, now *Carthagena*.

Casilinum. A town in Campania on the Vulturnus, on the site of the modern Capua. Adjective, **Casilinas**, ātis.

Casinum. A town in Latium near Samnium, on the river Casinus. Adjective, **Casinas**, ātis.

Castŭlo. A town of the Oretani in Spain, on the Bætis.

Caudinae Furcŭlae. The *Caudine Forks*, narrow passes in the mountains near Caudium, where the Roman army surrendered to the Samnites and was sent under the yoke, B. C. 321.

Caudium. A town in Samnium on the road from Capua to Beneventum.

Celtiberia. A mountainous country in the central part of Spain. Inhabitants, **Celtibēri.**

Cenomāni. A powerful tribe in Gallia Cisalpina, north of the Po, near Brescia, Verona, and Mantua.

Cercina. An island and town off the north coast of Africa, in the mouth of the Lesser Syrtis.

Circēii. A town of Latium on the promontory Circeium.

Cissis. A town in Spain near Tarraco.

Clastidium. A town in Liguria south of the Po, on the road from Dertona to Placentia.

Collatia. A Sabine town in Latium, near the right bank of the Anio.

Corcȳra. An island in the Ionian sea, now *Corfu.*

Cornicŭlum. A town in Latium in the mountains north of Tibur.

Corsi. The people of the island of Corsica.

Cortōna. A city in Etruria north-west of the Trasimene lake. Adjective, **Cortonensis.**

Cosānus portus. The harbor of Cosa in Etruria, called also *portus Herculis.*

Cremōna. A city in Cisalpine Gaul on the northern bank of the Po.

Cremōnis jugum. The modern Little St. Bernard.

Croton or **Crotōna.** A Greek city on the east coast of Bruttium. Adjective, **Crotoniensis.**

Crustumerium or **Crustumeria.** A town of the Sabines in the mountains near the sources of the Alia. Adjective, **Crustuminus.**

Cures. A Sabine town on the Via Salaria, N.E. of Rome.

Delphi. A town in Phocis, north of the Corinthian gulf, seat of the celebrated oracle of Apollo.

Druentia. A large and rapid river of Gallia Narbonensis, which flows into the Rhone, near Avenio (*Avignon*). Now the *Durance.*

Ebŭsus. The largest of the Pityusae insulae, off the east coast of Spain.

Emporiæ. A town of the Indigetes in Hispania Tarraconensis near the Pyrenees.

Enĕti. A people of Paphlagonia on the north side of Asia Minor.

Eryx. A mountain and town on the N. W. coast of Sicily. Adjective, **Erycīnus, Erucīnus.**

Esquiliae (Exquiliae). The eastern and the largest of the seven hills of Rome. Adjective, **Esquilīnus, Esquiliārius.**

Etruria. A country in Italy north of Latium. Adjective, **Etruscus, Tuscus.**

Euganei. A people said to have been driven by the Eneti or Veneti towards the Alps and the Lacus Benācus (*Lago di Garda*) from Venetia.

Faesŭlae. A city in Etruria, now *Fiésole*, near Florence.

Falerii. A town in Etruria on a lofty height near Mt. Soracte.

Falernus ager. A district in the north of Campania, famed for its choice wine.

Ferentīnum. An ancient town of the Hernici in Latium. Near it was the grove and the source of the sacred brook **Ferentīna,** at which the Latins used to hold their meetings.

Ficāna. A town in Latium on the Via Ostiensis eleven miles from Rome.

Ficulĕa. An ancient town of the Sabines east of Fidenae.

Fidēnae. A Sabine town five miles N. E. of Rome. Adjective, **Fidēnas,** ātis.

Formiae. A town in Latium, on the Appia Via, in the innermost corner of the Sinus Caietanus, near *Mola di Gaëta.*

Frentāni. A Samnite people between Apulia and Picenum, on the Adriatic.

Gabii. A town in Latium between Rome and Praeneste. Adj., **Gabīnus.**

Gades. A town in Hispania Baetica, now *Cadiz.* Adj., **Gaditānus.**

Galliae. This plural is often used, with reference to the different divisions both of Gallia Transalpina and of Gallia Cisalpina.

Genua. A town in Liguria, on the Ligurian gulf, the modern *Gênoa.*

Gereonium (Geronium). A town in the southern part of the country of the Frentani, N. W. of Apulia.

Hadriānus ager. The territory of Hadria, in the south-eastern part of Picenum.

Heraclēa. A town in Lucania, on the Gulf of Tarentum, near which Pyrrhus routed the Roman army under M. Valerius Laevinus, B. C. 280.

Hercŭlis Columnae. The *Pillars of Hercules,* Calpe (Gibraltar) and Abyla, mountains opposite each other on the coasts of Spain and Africa.

Hermandica. A city of the Vaccaei in Spain.

Hernĭci. A brave people in the eastern part of central Latium in the Apennines.

Hibērus (Ibērus). The *Ebro,* the principal river in the N. E. of Spain.

Hirpini. A Samnite people between Apulia, Lucania, and Campania.

Hispaniae. This plural is often used by Livy, in reference to Hispania citerior and Hispania ulterior.

Histri (Istri). A warlike Illyrian race, at the northern extremity of the Adriatic, who carried on several wars with the Romans, till their final subjugation, B. C. 177.

Ictumuli. A town of the Insubres.

Ilergavonenses. A people in Hispania Tarraconensis, mostly south of the Ebro.

Ilergētes. A people in Hispania Tarraconensis between the Ebro and the Pyrenees.

Iliberri or **Iliberris.** A town in the S. W. of Gaul, at the foot of the Pyrenees. Now *Elne.*

Illyrii. The people of Illyricum or Illyria, a large country east of the Adriatic.

Insubres. A Gallic people north of the Po, next to the Boii the most powerful and warlike of the Gallic tribes in Cisalpine Gaul. Their chief town was Mediolanum (*Milan*). Singular, **Insŭber.**

Isăra. The *Isère,* a river in Gallia Narbonensis, descending from the Graian Alps (the Little St. Bernard), flowing westward with a rapid stream, and emptying into the Rhone north of Valentia.

Janicolŭm, Mons Janicŭlus. A high hill on the right bank of the Tiber at Rome.

Lacetania. A district in Hispania Tarraconensis at the foot of the Pyrenees. Adjective, **Lacetānus.**

Lanuvium. A city in Latium on a southern hill of the outer range of the Alban Mount. Adjective, **Lanuvīnus.**

Larīnum. A town of the Frentani on the river Tifernus, near the borders of Apulia. Adjective, **Larīnas,** ātis.

Latīni. The people of Latium, a district of Italy south of Etruria and north of Campania.

Laurens ager. The country around Laurentum, a town of Latium between Ostia and Lavinium, near the sea.

Lavinium. A town of Latium, S. of Rome, three miles from the sea.

Libui Galli. A tribe in Gallia Cispadana in the neighborhood of Brescia; but afterwards, perhaps, living near Vercellae.

Liby-phoenices. The Liby-phœnicians; the smaller settlements sent forth from Carthage along the whole north and part of the north-west coast of Africa; and the old Phœnician settlements also, which were numerous along the coast of the present province of Constantine and beylik of Tunis. There was equality of law between them and the Carthaginians, but they paid tribute and furnished contingents to Carthage.

Ligŭres. The people of Liguria, the country around Génoa.

Lilybæum. A town at the western extremity of Sicily on a promontory of the same name.

Lipărae insulae. The *Lipari isles* north of Sicily; called also **Æoliae** and **Vulcaniae** or **Vulcani insulae.**

Liternum (Linternum). A town on the coast of Campania, S. W. of Capua.

Locri, Locrenses Epizephyrii, inhabitants of Locri, an ancient Greek city in the S. E. of Bruttium.

Longuntica. A city on the east coast of Spain.

Luca. A Ligurian city at the foot of the Apennines, now *Lucca.*

Lucāni. The people of **Lucania,** a country in Italy south of Samnium and Campania and north of Bruttium.

Luceria. A town in Apulia near Samnium, S. W. of Arpi.

Lusitania. A country in the western part of Hispania, corresponding nearly to the modern Portugal.

Marrucīni. A people in the eastern part of central Italy, east of the Paeligni and north of the Frentani.

Marsi. A warlike people in the centre of Italy east of Rome.

Massĭcus mons. A mountain range between Campania and Latium, celebrated for its wine.

Massilia. A city on the Mediterranean, in Gallia Narbonensis, now Marseilles. Adjective, **Massiliensis.**

Mauri. The people of Mauretania in Africa between Numidia and the Atlantic (in Fez and Morocco).

Medullia. A colony of Alba in the land of the Sabines, between the Tiber and the Anio.

Melĭta. The island of *Malta.*

Meninx (Menix). An island at the S. E. extremity of the Syrtis Minor, off the coast of Africa.

Messāna. A town on the N. E. coast of Sicily, now *Messina.*

Mescia silva (Mesia, Maesia). An elevated range of woodland on the right bank of the Tiber west of Rome.

Metapontum. A Greek city on the east coast of Lucania on the Gulf of Tarentum.

Mutĭna. The modern *Módena,* a town in Gallia Cispadana.

Neapŏlis. A city in Campania, the modern *Naples.*

Nomentum. Originally a Latin town founded by Alba. but subsequently a Sabine town, 14 Roman miles N. E. of Rome.

Nova Classis. A town in Spain.

Numicus (Numicius). A small river in Latium flowing into the Tyrrhene sea near Ardea.

Numĭdae. The people of Numidia, a country of north Africa west of Carthage.

Ocricŭlum. A town in southern Umbria on the Tiber near its confluence with the Nar.

Olcădes. A people in Hispania Tarraconensis north of Carthago Nova.

Omissa (?). A town between Carthago Nova and the Ebro.

Onusa. A town on the east coast of Spain.

Oretāni. A powerful people in the S. W. of Hispania Tarraconensis.

Ostia. A town in Latium at the mouth of the river Tiber.

Padus. The *Po,* the chief river of Italy, in Cisalpine Gaul.

Paeligni. A brave and warlike people of Sabine origin in central Italy, bounded S. W. by the Marsi, N. W. by the Marrucini, S. by Samnium, and E. by the Frentani.

Paestum or **Posidonia.** A city of Lucania.

Pallanteum (Pallantium). A town in the southern part of Arcadia in the Peloponnesus.

Paphlagonia. A country in the northern part of Asia Minor, south of the Euxine.

Pentri. One of the most important tribes in Samnium. Their chief town was Bovianum.

Petra. A town in Pieria in south-eastern Macedonia.

Picēnum. A country in central Italy along the Adriatic. Adjective, **Picens,** entis.

Pisae. A town in northern Etruria on the Arnus about six miles from the sea. Now *Pisa.* Adjective, **Pisānus.**

Placentia. A Roman colony in Cisalpine Gaul, on the right bank of the Po, not far from the mouth of the Trebia. Now *Piacenza.*

Poenīnus (Penninus) mons. The modern *Great St. Bernard.*

Politorium. A town in Latium south of Rome.

Pometia. See **Suessa.** Adjective, **Pomptīnus.**

Praeneste. A town in Latium about 20 miles S. E. of Rome. Now *Palestrīna.*

Praetutiānus ager. The territory of the Praetutii, on the south of Picenum.

Prisci Latini. The ancient Latins, as distinguished from the Latin communities beyond the bounds of Latium.

Pydna. A town in Pieria in south-eastern Macedonia, near the Thermaic gulf.

Rhodănus. The *Rhone,* a river in Gallia.

Ruscīno. A town in the S. E. part of Gallia Narbonensis at the foot of the Pyrenees.

Rutŭli. An ancient Umbro-Sabellian people on the coast of Latium, a little south of the Tiber. Their capital was Ardea.

Sabīni. One of the most ancient and powerful of the peoples of central Italy, over which their tribes were widely spread. The Sabini proper inhabited the country between the Nar, the Anio, and the Tiber, between Latium, Etruria, Umbria, and Picenum.

Saguntum and **Saguntus.** A town of the Edetani in Hispania Tarraconensis, about three miles from the coast.

Salyes. A powerful tribe inhabiting the south coast of Gaul from the Rhone to the Maritime Alps.

Samnium. A mountainous country east of Latium and Campania, inhabited by the Frentani, the Pentri, the Caudini, and the Hirpini. Its inhabitants, **Samnites,** are of the same stock as the Sabines.

Samothrāce. A small island in the north of the Ægean sea opposite the mouth of the Hebrus in Thrace.

Sardi. The people of the island of Sardinia.

Sedūni. An Alpine people in Gallia Belgica, east of the lake of Geneva, in the valley of the Rhone.

Senŏnes. A powerful people in Gallia Lugdunensis, a portion of whom crossed the Alps about 400 B. C., and settled on the coast of the Adriatic in Umbria.

Sidicīni. An Ausonian people in the N. W. of Campania and on the borders of Samnium. Chief town, Teanum.

Signia. A town in Latium south-east of Rome.

Sinuessa. A town in Latium on the confines of Campania. Near it were celebrated warm baths, **Aquae Sinuessānae.**

Spolētium or **Spolētum.** A town in Umbria on the Via Flaminia, now *Spoleto.*

Stellas campus. A fertile plain in Campania, south of the ager Urbanus and Falernus, between the Via Appia and the Vulturnus.

Suessa Pometia. A town of the Volsci in Latium.

Sulci. A town in Sardinia founded by the Carthaginians.

Surrentum. A town of Campania on the promontory of Minerva opposite the island of Capreae. Now *Sorrento.* Adjective, *Surrentīnus.*

Syracūsae. A city on the south part of the east coast of Sicily.

Tagus. One of the chief rivers of Spain, rising in the land of the Celtiberians, and flowing westerly into the Atlantic.

Tannetum. A town of the Boii in Gallia Cispadana between Mutina and Parma.

Tarentum. An important city of southern Italy, on the west coast of the peninsula of Calabria, on a harbor of the Gulf of Tarentum. Now *Taranto.*

Tarquinii. A city of Etruria on the river Marta, N. W. of Rome.

Tarracīna. A town of Latium, on the coast, 58 miles S. E. of Rome. Now *Terracina.*

Tarrăco. A town on the east coast of Spain, between Ebro and the Pyrenees. Now *Tarragona.*

Taurīni. A "semi-Gallic" tribe in the western part of Liguria. Their chief town, Augusta Taurinorum, is now *Turin.*

Taurus. A chain of mountains in the south of Asia Minor and Armenia.

Teănum Sidicīnum. A town of Campania, on the north slope of Mt. Massicus, commanding the road from Capua to Rome.

Telesia. A town in Samnium on the road from Allifae to Beneventum.

Tellenae. A town in Latium south or south-east of Rome.

Thurii. A Greek city in Lucania, near the Gulf of Tarentum.

Tibur. A town of Latium 16 miles N. E. of Rome. Now *Tivoli.*

Ticīnus. An important river of Gallia Cisalpina, which, after flowing through Lacus Verbanus (*Lago Maggiore*), falls into the Po, near the town of Ticīnum (now *Pavia*). The modern name of the river is *Tessino.*

Trasumennus lacus (Trasumēnus, Trasimēnus). A lake in the eastern part of the central portion of Etruria, between Clusium and Perusia, now *Lago di Perugia.*

Trebia. A small river in Gallia Cisalpina, south of the Po, into which it falls near Placentia.

Tricastīni. A people in Gallia Narbonensis between the Cavares and the Vocontii, south of the Isère and north of the Drôme.

Tricorii. A people in Gallia Narbonensis east of the Tricastini.

Turdetāni. The most numerous people in Hispania Baetica, in the south of Spain, on both banks of the Baetis. They were regarded as the most civilized people in Spain. Livy speaks of a people of the same name as living near Saguntum.

Tusculum. A town of Latium on a lofty hill connected with the Alban mount, about ten miles S. E. of Rome. Adjective, **Tusculānus.**

Umbria. A district of Italy, S. of Gallia Cisalpina, W. of the Adriatic, N. of Picenum and the country of the Sabines, and E. of Etruria. Its inhabitants were connected with the Sabines and Samnites.

Uzentīni. The people of Uzentum (now *Ugento*), a town on the east side of the gulf of Tarentum.

Vaccaei. A people in Hispania Tarraconensis, N. of the Carpetani.

Veii. An old city of Etruria, about twelve miles northwesterly of Rome. Inhabitants, **Veientes.**

Venĕti. The people of Venĕtia, in the N. E. of Italy.

Venusia. A town in Apulia, S. of the river Aufidus, and near Mt. Vultur. Adjective, **Venusinus.**

Verāgri. A people of Gallia Belgica, on the Pennine Alps, near the confluence of the Dranse and the Rhone.

Vestīni. A Sabellian people in the eastern part of central Italy, south of Picenum.

Viboniensis ager. The country around Vibo, a town on the S. W. coast of Bruttium.

Victumviae. A town in Cisalpine Gaul, near Placentia.

Viminālis (collis). One of the seven hills of Rome, between the Quirinal and the Esquiline.

Vocontii. A people in Gallia Narbonensis, between (and southward from) the Tricastini and Tricorii.

Volcae. A Celtic people in Gallia Narbonensis, in two tribes, extending from the Pyrenees along the coast as far as the Rhone.

Volciani. A tribe in Spain, near the Bargusii.

Volsci. A people in southern Latium, both sides of the Liris.

Vulcani insula. The most southerly of the Lipari islands.

Vulturnus (Volturnus). The chief river in Campania, rising in the Apennines and falling into the Tyrrhene sea. Now *Volturno.*

Zacynthus. An island in the Ionian sea, west of Elis. Now *Zante.*

SUMMARY

OF AN

HISTORICAL EXAMINATION

OF THE

FIRST BOOK OF LIVY.

BY J. R. SEELEY, M. A.

THE result of our whole examination is a very meagre outline, but one in every way probable, of the earliest condition of Rome.

We see a number of 'gentes' or clans living apparently on local districts or 'pagi' side by side. They bear for the most part the names afterwards conspicuous in Roman history as the names of the great patrician houses.

They are divided into three great tribes. They regard themselves as connected both with the Latins and with the Sabines.

Where several sacred places are near together — the Ara Maxima of Hercules, the sacred place of Faunus Lupercus on the Palatine, the temple of Quirinus on the Quirinal — a town springs up. To this the clans resort for festivals, markets, and for common deliberation.

The clans are an exclusive body, and are in possession of various priesthoods and religious privileges. Though we are told of a great Sabine clan — the Claudian — being admitted among them, they do not as a rule admit strangers into their body.

They have a king, chosen from their own body, who rules for life.

He summons round him a council of chiefs or elders, called 'senatus.' This body, whatever deference may be paid to it, has no function beyond that of advising.

He commands the army, presides in the senate, and performs certain sacrifices.

He has the power of appointing two law-officers called 'quaestors.'

There is a general assembly of the clans called 'comitia curiata.'

At this, among other things, family questions, such as adoptions from one clan into another, are decided.

The community has a religious ritual of an extremely complicated yet inexpensive kind, to which it is much devoted.

It has religious rites proper to the family and also to the gens; it has also several private religious guilds, which exist to perform certain rites at intervals; sometimes these guilds are connected with particular clans.

It has priests connected with particular temples and some highly venerated priests, but no organized priesthood; a priest is not necessary to a sacrifice.

It has three guilds of persons skilled in theology — the pontiffs, the augurs, and the fetiales.

The king appears to have the supreme religious as well as civil power.

The army consists principally of cavalry, which is chosen in equal numbers from the three tribes.

In this primitive constitution a great reform takes place.

In consequence of a great population having grown up outside the clans, an army is formed from the whole community, each citizen being ranked according to his property, and required to provide himself with corresponding arms. This army consists mainly of infantry arrayed in phalanx.

The army so constituted is regarded as a national assembly, and when the will of the nation is to be expressed, a single vote is given to each century of the army.

In order to make the property-register, a new local classification is required. Four local city tribes are established.

At some unknown time, but possibly at the same time, the outside population is admitted into the clans, into the three tribes, and into the comitia curiata. But the original clans continue to regard themselves as being the only true clans.

A national temple of unprecedented magnificence is built on the Capitoline hill.

A foreign sacred book is acquired, which introduces a Greek element into the religion of the country.

Finally, a revolution takes place, and the king for life is superseded by two magistrates holding power only for a year.

THE END.

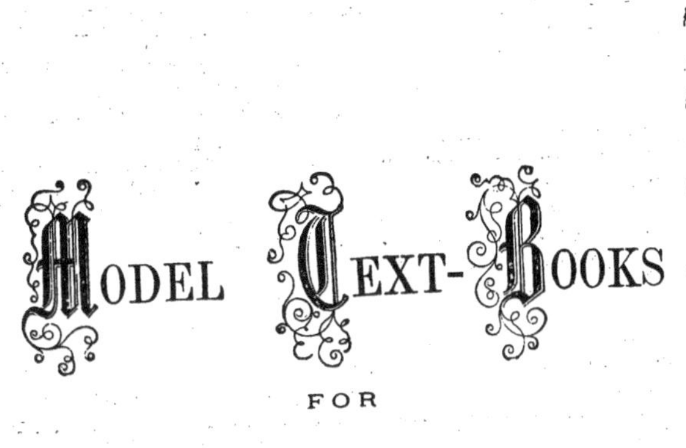

SCHOOLS, ACADEMIES AND COLLEGES.

MODEL TEXT-BOOKS

FOR

Schools, Academies, and Colleges.

CHASE AND STUART'S CLASSICAL SERIES.

EDITED BY

THOMAS CHASE, A.M., PROFESSOR OF CLASSICAL LITERATURE, HAVERFORD COLLEGE, PENNA.

GEORGE STUART, A.M., PROFESSOR OF THE LATIN LANGUAGE, CENTRAL HIGH SCHOOL, PHILADA.

AND

E. P. CROWELL, A.M., PROFESSOR OF LATIN IN AMHERST COLLEGE.

REFERENCES TO

HARKNESS'S LATIN GRAMMAR,
ANDREWS & STODDARD'S LATIN GRAMMAR,
BULLIONS & MORRIS'S LATIN GRAMMAR,
GILDERSLEEVE'S LATIN GRAMMAR,
ALLEN'S MANUAL LATIN GRAMMAR,
AND
ALLEN & GREENOUGH'S LATIN GRAMMAR.

THE publication of this edition of the Classics was suggested by the constantly increasing demand by teachers for an edition which, by judicious notes, would give to the student the assistance really necessary to render his study profitable, furnishing explanations of passages difficult of interpretation, of peculiarities of Syntax, &c., and yet would require him to make faithful use of his Grammar and Dictionary.

It is believed that this classical Series needs only to be known to insure its very general use. The publishers claim for it peculiar merit, and beg leave to call attention to the following important particulars:

The purity of the text.
The clearness and conciseness of the notes, and their adaptation to the wants of students.
The beauty of type and paper.
The handsome style of binding.
The convenience of the shape and size.
The low price at which the volumes are sold.
The preparation of the whole Series is the original work of American scholars.

The text is not a mere reprint, but is based upon a careful and painstaking comparison of all the most improved editions, with constant reference to the authority of the best manuscripts.
No pains have been spared to make the notes accurate, clear, and helpful to the learner. Points of geography, history, mythology, and antiquities are explained in accordance with the views of the best German scholars.

The generous welcome given to these books, proves very conclusively that they are well adapted to the wants of the class-room. They have been adopted in every State of the Union, and we have the proud satisfaction of stating that they are at this time the standard text-books in more than

One Thousand Schools,

and the number is daily increasing. Among these are many of the largest and most important classical institutions in the country.

The Publishers desire to acknowledge their indebtedness to the teachers of Latin throughout the country who are using these books, for the high position that has been accorded to them. Grateful for the very flattering welcome they have received, we pledge ourselves that the entire Series shall be-

In Scholarship **Inferior to None.**
In Appearance **The Most Attractive.**
In Binding **The Most Durable.**
In Price **The Most Reasonable.**

To those teachers who do not use them we suggest the consideration of two facts:

1. **Large and permanent success follows only real merit.**
2. **Such success has been obtained by these books.**

And we are confident that if they will inquire into the merit which has insured this success, they will find that they are well worthy of the commendation bestowed upon them.

The Series contains the following works, viz.:

CÆSAR'S COMMENTARIES on the Gallic War. With Explanatory Notes, Lexicon, Geographical Index, Map of Gaul, Plan of the Bridge, &c. By Prof. GEORGE STUART. Price by mail, postpaid, $1.25.

FIRST SIX BOOKS OF VIRGIL'S ÆNEID. With Explanatory Notes, Lexicon, Remarks on Classical Versification, Index of Proper Names, &c. By Prof. THOMAS CHASE. Price by mail, postpaid, $1.25.

VIRGIL'S ÆNEID. With Explanatory Notes, Metrical Index, Remarks on Classical Versification, Index of Proper Names, &c. By Prof. THOMAS CHASE. Price by mail, postpaid, $1.50.

VIRGIL'S ECLOGUES, GEORGICS, AND MORETUM. With Explanatory Notes, Lexicon, &c. By Prof. GEORGE STUART. Price by mail, postpaid, $1.25.

CICERO'S SELECT ORATIONS. With Explanatory Notes, Lexicon, Life of Cicero, List of Consuls during his Life, Plan of the Roman Forum and its Surroundings, &c. By Prof. GEORGE STUART. Price by mail, postpaid, $1.50.

SALLUST'S CATILINE AND JUGURTHINE WAR. With Explanatory Notes, Lexicon, &c. By Prof. GEORGE STUART. Price by mail, postpaid, $1.25.

CORNELIUS NEPOS. With Explanatory Notes, Lexicon, &c. By Prof. GEORGE STUART. Price by mail, postpaid, $1.25.

HORACE'S ODES, SATIRES, AND EPISTLES. With Explanatory Notes, Metrical Key, Index of Proper Names, &c. By Prof. THOMAS CHASE. Price by mail, postpaid, $1.50.

LIVY. BOOKS I, XXI, AND XXII. With extracts from Books IX, XXVI, XXXV, XXXVIII, XXXIX, and XLV. With Explanatory Notes, Geographical Index, &c. By Prof. THOMAS CHASE. Price by mail, postpaid, $1.50.

CICERO DE SENECTUTE ET DE AMICITIA. With Explanatory Notes, &c. By E. P. CROWELL, A.M., Professor of Latin, and H. B. RICHARDSON, Instructor of Latin in Amherst College. Price by mail, postpaid, $1.25.

CICERO DE OFFICIIS. With Explanatory Notes, &c. By E. P. CROWELL, A.M., Professor of Latin in Amherst College. Price by mail, postpaid, $1.50.

CICERO'S TUSCULAN DISPUTATIONS. Book First. The Dream of Scipio, and Extracts from the Dialogues on Old Age and Friendship. With Explanatory Notes. By Prof. THOMAS CHASE. Price by mail, postpaid, $1.25.

A SERIES OF TEXT-BOOKS ON THE ENGLISH LANGUAGE.

By JOHN S. HART, LL.D., Professor of Rhetoric and of the English Language in the College of New Jersey.

The Series comprises the following volumes, viz.:

First Lessons in Composition, . . .	Price,	**$0.90**
Composition and Rhetoric, . . .	"	**1.50**
A Short Course in Literature, . . .	"	**1.50**

And for Colleges and Higher Institutions of Learning:

A Manual of American Literature, . .	"	**2.50**
A Manual of English Literature, . .	"	**2.50**

Hart's First Lessons in Composition is intended for beginners. A greater help to the Teacher never was invented. It will revolutionize the whole work of teaching. By the increased power of expression which it gives to the pupil, it doubles his progress in every study. There is not a school but in which a class can be formed for its advantageous use. Any pupil able to read tolerably well can use it to advantage.

Hart's Composition and Rhetoric has been prepared with a full knowledge of the wants of both teacher and scholar in this important branch of education, and the author has spared no pains to make the book eminently practical and adapted to use in the class-room. Dr. Hart has been engaged for more than one-third of a century in the practical duties of the school-room, and for years past has made a specialty of the subject of which the present volume treats. The great variety and copiousness of the "Examples for Practice" will commend the book to general favor. In this respect it is unequalled by any similar work heretofore published.

Hart's Short Course in Literature, English and American, is intended as a text-book for Schools and Academies. It is designed for the use of those who have not the time to devote to the study of Literature as laid down in the larger books of the Series.

Hart's Manual of English Literature is intended as a text-book for Colleges, and as a book of reference.

Hart's Manual of American Literature is a companion volume to the "English Literature," with which it corresponds in general character and design. It is intended as a text-book for Colleges, and as a book of reference.

In these volumes Prof. Hart has embodied the matured fruits of his life-long studies in this department of letters. We believe they will be found in advance of any other text-books on the subject, in the comprehensiveness of the plan, the freshness of much of the materials, the sound judgment shown in the critical opinions, the clearness with which the several topics are presented, and the beauty as well as the practical convenience of the mechanical arrangements.

The scholarly culture and excellent literary judgment displayed, entitle these books to a high place among the works on English literature. The plan and arrangement present many novel features, and the thoroughness of detail, brevity and precision of statement, elegance of style, and soundness of opinion which characterize the volumes, call for the sincerest commendation.

ANATOMY, PHYSIOLOGY, AND HYGIENE.

A Text-Book for Schools, Academies, Colleges, and Families. By JOSEPH C. MARTINDALE, M.D., late Principal of the Madison Grammar School, Philadelphia. Price by mail, postpaid, $1.30.

The study of Physiology and the Laws of Health is as important as it is interesting. Its importance has become so generally recognized that there are now few schools in which it does not occupy a prominent position in the course of instruction. Dr. Martindale's Anatomy, Physiology, and Hygiene presents the following claims to the consideration of teachers. Technicalities have been avoided, so far as consistent with the treatment of the subject. The style in which it is written is not only pleasing, but such as to be readily comprehended by those for whose use it is designed. Superfluous matter has been omitted, so that the book can be completed in a much shorter period than any other text-book on the subject as yet published.

Descriptive circular sent on application.

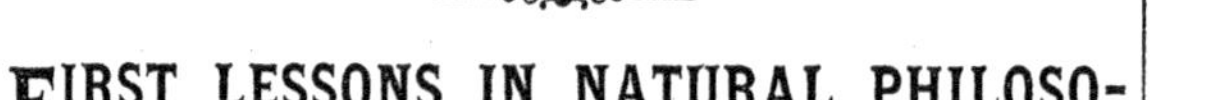

FIRST LESSONS IN NATURAL PHILOSOPHY. For Beginners. By JOSEPH C. MARTINDALE, M.D., late Principal of the Madison Grammar School. Price by mail, postpaid, 60 cents.

This book is what its title indicates, "First Lessons in Natural Philosophy;" and it presents each division of the subject in such an easy and familiar style, that it cannot fail to interest and instruct any child of ordinary intelligence. Beginning as it does in a simple and easy manner, it secures the interest of the pupil by first directing his attention to objects in nature with which he is familiar. When the interest is thus excited, the subject is gradually unfolded by presenting, one after another, the familiar things met with in the every-day walks of life; thus, the most common objects are made the means of teaching great philosophical truths. Only so much of the subject is presented as can be taught with profit in our public and private schools, yet what has been given will be found to embrace all the more common phenomena met with in every-day life. The facts are so clearly and so plainly set forth, that they are entirely capable of comprehension by those for whose use and benefit this little work is designed.

Teachers interested in the "Object Lesson" system of teaching will find this little book a valuable aid, in furnishing subjects for discussion.

Circular containing specimen pages, &c., sent to any address on application.

AN ELEMENTARY ALGEBRA, FOR SCHOOLS AND ACADEMIES. By JOSEPH W. WILSON, A.M., Professor of Mathematics in the Philadelphia Central High School. Price by mail, postpaid, $1.25.

The present work is the result of an effort to produce an Elementary Algebra suited to the wants of classes commencing the study. It has been prepared by one who for years has felt the need of just such a book, and is the fruit of long experience in the school-room.

With this book in hand, the pupil cannot help avoiding the difficulties which invariably present themselves at the very threshold of the study of Algebra.

It has been the aim to give such a presentation of the subject as will meet the wants of Common Schools and Academies. It is an *elementary* work, and no attempt has been made to include everything which might be brought under the head of Algebra. The treatment of the subject is on the principle of "step by step," so that the pupil at the very outset is inspired with a degree of confidence which induces self-reliance; rendering unnecessary a constant application to the teacher for help.

The book is commended to teachers in the hope that it will satisfy a need which the author has himself frequently felt.

Descriptive circular sent on application.

A KEY TO WILSON'S ELEMENTARY ALGEBRA, for the use of Teachers only. By Prof. JOSEPH W. WILSON, A. M. Price by mail, postpaid, $1.25.

THE CRITTENDEN COMMERCIAL ARITHMETIC AND BUSINESS MANUAL. Designed for the Use of Teachers, Business Men, Academies, High Schools, and Commercial Colleges. By JOHN GROESBECK, Principal of Crittenden's Philadelphia Commercial College. Price by mail, postpaid, $1.50.

In every High School and Academy in the land, the organization of a class in Commercial Arithmetic, Business Calculations and Forms, will prove an element of popularity and success that will yield rich results. The subject itself is so intrinsically valuable as a means of developing thought, that, were this the only result to be gained, it would be entitled to and should receive the special attention of the progressive teacher. But apart from this, the introduction of a study so interesting in itself, so attractive to the scholar, and having so direct a bearing on his future welfare, will, in many an instance, decide the welfare of a school, directing the channel of popular opinion in its favor, and prove the means of filling it with students anxious to secure its advantages.

Circulars containing full descriptive notice, testimonials, &c., will be sent to any address on application.

A MANUAL OF ELOCUTION. Founded upon the Philosophy of the Human Voice, with Classified Illustrations, Suggested by and Arranged to meet the Practical Difficulties of Instruction. By M. S. MITCHELL. Price by mail, postpaid, $1.50.

SUBJECTS TREATED OF.

Articulation, Pronunciation, Accent, Emphasis, Modulation, Melody of Speech, Pitch, Tone, Inflections, Sense, Cadence, Force, Stress, Grammatical and Rhetorical Pauses, Movement, Reading of Poetry, Action, Attitude, Analysis of the Principles of Gestures, and Oratory.

The compiler cannot conceal the hope that this glimpse of our general literature may tempt to individual research among its treasures, so varied and inexhaustible; — that this text-book for the school-room may become not only teacher, but friend, to those in whose hands it is placed, and while aiding, through systematic development and training of the elocutionary powers of the pupil, to overcome many of the practical difficulties of instruction, may accomplish a higher work in the cultivation and refinement of character.

THE MODEL SPEAKER: Consisting of Exercises in Prose, Poetry, and Blank Verse, Suitable for Declamation, Public Reading, School Exhibitions, &c. Compiled for the Use of Schools, Academies, Colleges, and Private Classes, by Prof. PHILIP LAWRENCE. Price by mail, postpaid, $1.50.

Great care has been taken to consult the authorized editions of the various writers represented, that the extracts from their works may be relied upon as accurate; though, in some instances, preference has been given to an early edition, when, in later issues, the alterations have not been deemed improvements. Many poems have been introduced which have never before found their way into any book of selections, being now for the first time published in this country in a permanent form.

It is believed that this book will be found admirably adapted for use as a "Reader," either in connection with any of the regular series of reading-books, or to be taken up by classes that, having used the higher readers of the different series, need variety as an incentive to interest. For this purpose we particularly commend it to the attention of Principals of Academies, Seminaries, High Schools, Normal Schools, and Institutions for Young Ladies.

Descriptive Circular, containing entire List of Contents, sent to any address on application.

THE MODEL DEFINER. An Elementary Book for Beginners, containing Definitions, Etymology, and Sentences as Models, exhibiting the correct use of Words. By A. C. WEBB. Price by mail, postpaid, 25 cents.

THE MODEL ETYMOLOGY. Giving not only the Definition, Etymology, and Analysis, but also that which can be obtained only from an intimate acquaintance with the best authors, viz.: the correct use of Words. By A. C. WEBB. Price by mail, postpaid, 60 cents.

The plan adopted in the Model Definer and Model Etymology is not new. All good Dictionaries illustrate the meaning by a Model. To quote from a good author, a sentence containing the word, as proof of its correct use, is the only authority allowed. A simple trial of the work, either by requiring the child to form sentences similar to those given, or by memorizing the sentences as models for future use, will convince any one of the following advantages to be derived from the Model Word-Book Series.

1. Saving of time.
2. Increased knowledge of words.
3. Ease to teacher and scholar.
4. A knowledge of the correct use of words.

Descriptive Circular sent on application.

MARTINDALE'S HISTORY OF THE UNITED STATES. From the Discovery of America to the close of the late Rebellion. By JOSEPH C. MARTINDALE, M.D., Principal of the Madison Grammar School, Philadelphia. Price by mail, postpaid, 60 cents.

With this book in his hand, the scholar can in a single school-term obtain as complete a knowledge of the History of the United States as has heretofore required double the time and effort.

Descriptive circular sent on application.

THE YOUNG STUDENT'S COMPANION; or, Elementary Lessons and Exercises in Translating from English into French. By M. A. LONGSTRETH, Principal of a Seminary for Young Ladies, Philadelphia. Price by mail, postpaid, $1.00.

TABLES OF LATIN SUFFIXES. Designed as an Aid to the Study of the Latin Grammar. By AMOS N. CURRIER, A.M., Professor of Latin in the University of Iowa. Price, 50 cents.

A FRENCH VERB BOOK; or, the New Expositor of Verbs in French. By ERNEST LAGARDE, A.M., Professor of Modern Languages in Mount St. Mary's College. Price, $1.00.

Lagarde's French Verb Book embraces a comprehensive analysis of the conjugations, a new method for the formation and use of the tenses, and a complete paradigm of all the verbs, the whole explained and exemplified by full illustrations. It is believed that the book will be found a valuable aid to the study of the French language.

COMPENDIUM OF FRENCH RULES. A Compendium of the Grammatical Rules of the French Language. By F. A. BRÉGY, A.M., Professor of French in the University of Pennsylvania.

IN THREE PARTS.

PART FIRST. Price by mail, postpaid, 75 cents.
PART SECOND. " " 50 "
PART THIRD. In Preparation.

These hand-books can be advantageously used in connection with any system. They lead the student from the first elements of the language to and through the principal rules of the French Syntax, enabling him, in a short time, to master intelligently what otherwise would prove a tedious and difficult task.

SELECTIONS FOR LITTLE FOLKS. A Book of Poetical Selections for Children. Price by mail, postpaid, 50 cents.

That sympathy which loves to link the present with the past, has prompted the preparation of this volume. Simply to make a child glad, is a worthy motive for storing its mind with poetic utterances, especially when the remembrance of such happiness becomes a well-spring of delight for a lifetime.

This little book is intended for children not more than nine or ten years of age, and the compiler would feel it a good excuse for adding another book to those already extant, should the little ones find pleasure in it.

IN THE SCHOOL-ROOM; or, CHAPTERS IN THE PHILOSOPHY OF EDUCATION. By JOHN S. HART, LL.D., Principal of New Jersey State Normal School. Price by mail, postpaid, $1.25.

This work gives the results of the experience and observation of the author "In the School-room" for a period of years extending over more than one-third of a century.

No teacher can afford to be without it.
It is a teacher's library in a single book.

Descriptive circular sent on application.

THE MODEL ROLL-BOOK, No. 1. For the Use of Schools. Containing a Record of Attendance, Punctuality, Deportment, Orthography, Reading, Penmanship, Intellectual Arithmetic, Practical Arithmetic, Geography, Grammar, Parsing and History, and several blanks for special studies not enumerated. Price by mail, postpaid, $5.00.

THE MODEL ROLL-BOOK, No. 2. For the use of High Schools, Academies, and Seminaries. Containing a Record of all the studies mentioned in Roll-Book No. 1, together with Declamation, Elocution, Algebra, Geometry, Composition, Rhetoric, French, Latin, Philosophy, Physiology, and several blanks for special studies not enumerated. Price by mail, postpaid, $5.00.

THE MODEL POCKET REGISTER & GRADE-BOOK. A Roll-Book, Record, and Grade-Book combined. Adapted to all grades of classes, whether in College, Academy, Seminary, High or Primary School. Bound in fine English cloth, crimson edges. Price by mail, postpaid, 65 cents.

THE MODEL SCHOOL DIARY. Designed as an aid in securing the co-operation of parents. It consists of a Record of the Attendance, Deportment, Recitations, &c., of the Scholar, for every day in the week. At the close of the week it is to be sent to the parent or guardian for examination. Price per dozen, by mail, postpaid, $1.05.

THE MODEL MONTHLY REPORT. The general character of the Monthly Report is the same as that of the Model School Diary, excepting that it is intended for a *Monthly* instead of a *Weekly* Report of the Attendance, Recitations, &c., of the Pupil. Price per dozen, by mail, postpaid, $1.05.

BOOK-KEEPING BLANKS. Consisting of six blank books, as follows: Day Book, Cash Book, Ledger, Journal, Bill Book, and Book for Miscellaneous Exercises. Price for each book by mail, postpaid, 15 cents; or the entire set of six books by mail, postpaid, 90 cents.

These books have been prepared as a matter of practical convenience for students in Book-keeping. They can be used with any treatise, and will be sold singly or in sets, as may be desired.

Teachers corresponding with us are requested to supply us with a copy of the circular or catalogue of the school of which they are the Principal, or with which they are connected.

Descriptive circulars of all our publications will be sent to any address on application.

Please address,

ELDREDGE & BROTHER,
No. 17 North Seventh Street,
PHILADELPHIA.